Non seulement à la mémoire
de Monsieur André Voyer
(1892-1956)
mais aussi à l'intention
de Madame André Voyer
unique et irremplaçable amie.

PONTIFICAL INSTITUTE OF MEDIAEVAL STUDIES

STUDIES AND TEXTS

14

PRINTED BY UNIVERSA — WETTEREN — BELGIUM

ST. THOMAS AQUINAS
QUAESTIONES DE ANIMA

A newly Established Edition of the
Latin Text with an Introduction and Notes

Edited by
JAMES H. ROBB
Associate Professor of Philosophy
Marquette University

TORONTO
PONTIFICAL INSTITUTE OF MEDIAEVAL STUDIES
1968

TABLE OF CONTENTS

FOREWARD

ONE of the pleasures connected with the publication of such a text as St. Thomas Aquinas' *Quaestiones De Anima* is the opportunity it affords me to express publicly my gratitude and my indebtedness to the institutions, teachers, scholars, librarians and friends who have made it possible for me to begin, continue and complete my work. First of all I wish to thank the Fulbright Commission for a year's fellowship at the University of Paris in 1953-54, a fellowship which enabled me to examine in person the majority of the manuscripts of the *Quaestiones De Anima*. Marquette University, through a grant for the summer of 1963, made it possible for me to study manuscripts in Germany, Austria and Switzerland which I had not previously seen. I have also been assisted financially in my research through the generosity of friends and relatives, my brother, Howard J. Robb, my aunt, Mrs. L. E. Carroll, Mr. and Mrs. Harry Houle, and Mrs. Eddie Shipstad.

My debts to my teachers are easy and pleasant to acknowledge, though quite impossible to repay. Let me begin by citing Miss Mildred Swenson, my first teacher of Latin, who, through her unfailing enthusiasm and her warm personal interest in students, kindled in me a love for Latin that never ceased to grow. My professors at the Pontifical Institute of Mediaeval Studies in Toronto prepared me for the work I wished to do. Each of them helped me, but I must single out for special thanks Professor Etienne Gilson, Professor Anton C. Pegis, the Reverend J. Reginald O'Donnell, C.S.B., and the Rev. I. Eschmann, O.P. I also wish to thank the Rev. John Stapleton, C.S.B., former librarian of the Pontifical Institute, for his unfailing courtesy in helping me obtain microfilms of manuscripts and early editions.

Anyone who has ever worked on Latin manuscripts in Paris will know how much I owe to the unfailing help of Mlle. Marie-Thérèse D'Alverney. She not only aided me in gaining access to all the French manuscripts, but wrote letters that opened scholarly doors all over Europe. She also suggested the names of modest and delightful hotels and restaurants, perfectly suited for the impecunious student travelling in Italy, Belgium and Germany. However, to Mlle. D'Alverney I owe a very special debt, for it was she who sent me to the Rev. H. Dondaine, O.P., at Le Saulchoir, and Father Dondaine put at my disposal the thousands of pages of notes on mediaeval manuscripts which had been gathered over many years by Rev. Jean Destrez, O.P. Rev. H. Guyot, O.P., was my guide and host during the many happy days that I spent working at Le Saulchoir in the Fall of 1953, reading volume after volume of the notebooks of Fr. Destrez.

In Rome, both at the Vatican Library and at the headquarters of the Leonine Commission at Santa Sabina, all doors were opened through the kindness of the Rev. A. Dondaine, O.P. I must also thank the Rev. J. Isaac, O.P., and the Rev. P. C. Vansteenhiste, O.P., for counsel and help. The late Rev. Daniel Callus, O.P., introduced me to the libraries and the librarians of Oxford. My thanks also go in a very special way to Professor J. N. Bryson, Librarian of Balliol College. It was he who gave me permission to obtain a microfilm of Ms. Balliol 49, the manuscript which serves as the basis for the present text. Finally, though I shall not name them, I wish to express my gratitude to librarians in every corner of Europe, who opened to me with unfailing courtesy, interest and gene-rosity, not only their treasures of manuscripts but also their own personal wealth of erudition and scholarship.

The Rev. Francis Wade, S.J., as Assistant Director of the Department of Philosophy at Marquette University, helped me in my work in many ways, by arranging for reduced teaching schedules at times, through helping me through departmental grants to obtain Xeroxed materials, and by helping me in the tedious task of proof-reading my original drafts. Dr. Kenneth Schmitz of Indiana University helped me by securing manuscript materials for me at the library of the University of Basel.

In preparing the references and notes I have been helped by a number of outstanding graduate assistants. Of signal assistance to me were Miss Helen Keane, Mr. James Godar, and particularly Mr. Donald Barbeau and Mr. Thomas Wallenmaier. The tedious and exacting task of typing the manuscript was done cheerfully and accurately by a succession of secretaries, Miss Esther Diehl, Mrs. Robert Urban, and Mrs. Jerome Klinkowitz.

I have saved until the last the names of two dear friends, the late Mon-sieur André Voyer and his wife, Madame Voyer, to whom the present volume is dedicated. It was in their charming and gracious homes in Paris and in the little French village of Condé-sur-Huisne, surrounded by their children and grandchildren, inspired by their love for all that is of permanent value in the Western Christian tradition, in whose formation France has played so noteworthy a role, that I began my work on the *De Anima* and it was at their home that the bulk of the work was done. St. Thomas' *Quaestiones De Anima* depicts man as that extraordinary and unique being who is located on the horizons of two worlds, the spiritual and the material, on the horizons of time and eternity, open to infinity in the realms of knowledge and love. Monsieur and Madame Voyer in their many happy years together verified such a view of man, and I have grown in my own appreciation of that vision of man through having known and loved them. It is to them both, one living in the realm of eternity, the other still abiding in the world of time, that I dedicate this volume. Though I single out these two cherished friends for special mention, I wish, in their name and through my abiding affection for them, to include all my other friends, colleagues and students, here unnamed, who have helped me and encouraged me at every stage of my work. If through wisdom we can be joined to God in friendship, then perhaps it is also true that through deep and continuing friendships we may steadily make progress in our pursuit of wisdom.

WORKS CITED BY ST. THOMAS
IN HIS *QUAESTIONES DE ANIMA*

ALCHERIUS CLARAVALLENSIS (Ps. AUGUSTINUS)

Liber de spiritu et anima, PL 40, 779-832.

ALEXANDER APHRODISIENSIS

De Intellectu et intellecto, ed. G. THÉRY in *Autour du décret de 1210:*
II; ALEXANDRE D'APHRODISE, Le Saulchoir, 1926 (*Bibliothèque
Thomiste*, VII, p. 74-84).
Supplementum Aristotelicum, Vol. II, Praeter commentaria scripta
minora De Anima liber cum Mantissa; consilio et auctoritate Aca-
demiae Litterarum Regiae Borussicae, ed. IVON BURNS, Berolini,
1887.

ANONYMUS

Liber de causis; Die pseudo-aristotelische Schrift über das reine Gute,
bekannt unter dem Namen *Liber de causis*, ed. O. BARDENHEWER,
Freiburg, i.B., 1882.

ARISTOTELES

Aristotelis Opera, ed. Academia Regia Borussica. Berolini apud
G. Reimerum, 1831-1870.
Aristotelis Opera ex recensione IMMANUELIS BEKKERI. Accedunt
indices Sylburgiani. Oxonii et Typographeo academico, 1837.
The Works of Aristotle, translated into English, ed. W. D. ROSS.
New York, London, Oxford: Clarendon Press, and Oxford University
Press, 1910-1952.

S. AUGUSTINUS

Confessiones, PL 32, 659-968.
De Civitate Dei, PL 41, 13-804.
De Cura pro mortuis gerenda, PL 40, 591-610.
De Divinatione daemonum, PL 40, 581-592.
De Ecclesiasticis dogmatibus, PL 42, 1213-1222; Cf. GENNADIUS.
De Genesi ad litteram, PL 34, 219-466.
De Immortalitate animae, PL 32, 1021-1034.

De Natura boni, PL 42, 551-572.
De Quantitate animae, PL 32, 1035-1080.
De Trinitate, PL 42, 819-1098.
Enchiridion, PL 40, 231-290.
Retractiones, PL 32, 583-656.

AVERROES

Commentaria in opera Aristotelis, Venetiis, apud Juntas, 1562-1576. *Averrois Cordubensis commentarium magnum in Aristotelis De Anima*, ed. F. S. CRAWFORD (Corpus commentariorum Averrois in Aristotelem, series Latina, VI, 1); Cambridge, Mass., Mediaeval Academy of America, 1953.

AVICEBRO

Avencebrolis (Ibn Gebirol) Fons Vitae ex arabico in latinum translatus ab Iohanne Hispano et Dominico Gundissalino, ed. C. BAEUMKER, Munster i. W., 1892-1895 (Beiträge zur Geschichte der Philosophie und Theologie des Mittelalters, Band I, Hefte 2-4).

AVICENNA

Opera in lucem redacta ac nuper quantum ars niti potuit per canonicos emendata, trans. per DOMINICUM GUNDISSALINUM, Venetiis, 1508.
De Anima, ed. G. P. KLUBERTANZ, S. J., based on Venetiis, 1508 ed.
Metaphysica, ed. The Franciscan Institute, S. Bonaventure, N.Y.

PS. BERNARDUS

Meditationes Piissimae, PL 184, 485-508.

BIBLIA SACRA

Biblia Sacra Juxta Vulgatam Clementinam, ed. ALBERTUS COLUNGA, O.P. et LAURENTIUS TURRADO; Madrid, 1946.

BOETIUS

De Hebdomadibus, PL 64, 1311-1314.
De Trinitate, PL 64, 1247-1256.

S. JOANNES DAMASCENUS

De Fide orthodoxa, PG 94, 789-1228.
Dialogus contra Manichaeos, PG 94, 1503-1584.

DIELS, H.

> *Die Fragmente der Vorsokratiker, Griechisch und Deutsch*, 5th ed., Walther Kranz, Berlin: Weidmann, 1934-1937.

Ps. DIONYSIUS AREOPAGITA

> *De Coelesti hierarchia*, PG 3, 119-370.
> *De Divinis nominibus*, PG 3, 585-996.

GENNADIUS

> *De Ecclesiasticis dogmatibus*, PL 42, 1213-1222.

GLOSSA

> *Glossa Ordinaria*, PL 114, 9-752.
> *Glossa Ordinaria*, cum expositione LYRE litterali et morali, necnon additionibus et relicis, Basileae, IOHANNI PETRI DE LANGEDORFF et IOHANNI FROBENIO DE HAMMELBURG, 1506-1508.

S. GREGORIUS MAGNUS

> *Libri dialogorum*, PL 77, 149-430.
> *Quadraginta homiliarum in evangelia libri duo*, PL 76, 1075-1312.
> *Moralium Libri*, Lib. I-XVI, PL 75, 509-1162; Lib. XVII-XXXV, PL 76, 9-782.

S. GREGORIUS NYSSENUS

> *De Anima*, PG 45, 187-222.

GUILELMUS ALVERNUS SIVE PARISIENSIS

> *Opera Omnia*, tomis duobus contenta, Aureliae, ex typographia F. Hotot, et Parisiis, apud I. Dupuis, 1674.

MAIMONIDES SIVE RABBI MOSES

> *Rabbi Mossei Aegyptii Dux seu director dubitatium aut perplexorum*; Latin text by GIUSTINIANI; Parisiis, 1520.
> *The Guide of the Perplexed*, trans. and ed. SHLOMO PINES: Chicago, The University of Chicago Press; London and Toronto 5, CANADA, The University of Toronto Press, 1963.

MIGNE, J. P.

> *Patrologiae Cursus Completus*, series Latina, Parisiis, 1844-1855; series Graeca, Parisiis, 1857-1866.

Nemesius Emesenus

De Natura hominis, PG 40, 503-818
Gregorii Nysseni (Nemesii Emeseni) *Peri Physeos anthropou*, liber a Burgundione in Latinum translatus, ed. Carolus im. Burkhard: Wien, 1902.

Origenes

Peri Archon, PG 11, 115-414.

Plato

Platonis Opera, ed. J. Burnet: London, Oxford, Clarendon Press, 1900-1907; reprinted 1950.
Dialogues of Plato, 4th ed., by B. Jowett: London, Oxford, Clarendon Press, 1953.

INTRODUCTION

INTRODUCTION

A

NEED FOR A NEW EDITION OF THE *DE ANIMA*

There are two basic reasons, one paleographical, the other philosophical, reinforcing each other to make the editing of a corrected text of St. Thomas Aquinas' *Quaestiones De Anima*[1] quite imperative. These reasons will be considered in turn.

It is an unpleasant but inescapable fact that the works of Thomas Aquinas, apart from those which have been critically edited in recent times, all need reediting. The researches of the Leonine Commission,[2] the findings of recent editors of Thomistic texts such as Keeler,[3] Eschmann,[4] Pauson,[5] and others[6] add up to the same conclusion — that the vulgate text of the works of Thomas Aquinas as it exists today is generally very far from being adequate for the purposes of sound historical research, either textual or doctrinal.

What is true of the current text of St. Thomas' works in general (aside from those critically edited) is true of the *De Anima* in particular. The *Quaestiones De Anima* have never been properly, let alone critically, edited. A brief survey of the history of its text will make this fact compellingly evident.

---

[1] Cf. section on the title of this work, p. 26. Whenever the title *De Anima* is used in the introduction to the text, in the notes or the references without further qualification, this is the work referred to. Other treatises on the soul will always be cited with an explicit reference to the author.

[2] Cf. especially the *Praefatio* to the Leonine edition of the *Summa Contra Gentiles*, Tome XIII, pp. v-xl.

[3] Leo W. KEELER, S. J., *S. Thomae Aquinatis Tractatus De Unitate Intellectus Contra Averroistas*. Editio critica, Rome, 1946, and *Tractatus De Spiritualibus Creaturis*, Rome, 1946.

[4] I. Thomas ESCHMANN, O.P., *St. Thomas Aquinas On Kingship to the King of Cyprus*. Toronto, Pontifical Institute of Mediaeval Studies, 1949.

[5] John J. PAUSON, *Saint Thomas Aquinas, De Principiis Naturae*. Fribourg, Louvain, 1950. Cf. review of this by Philip S. Moore, CSC, in *Speculum* 27 (1952) pp. 203-204.

[6] Francis J. LESCOE, *Sancti Thomae Aquinatis Tractatus de Substantiis Separatis*. St. Joseph College, West Hartford, Conn., 1962. The *Bulletin Thomiste* in its section on Manuscripts, Editions, Versions of the Works of St. Thomas regularly prints suggestes corrections to the present vulgate text, corrections based on the manuscript findings of various scholars. Cf. Tome VII, No. 1. (1943-1946) ♯ 50, pp. 78-82.

The earliest known printed edition is the Venice edition of 1472, attributed to Franciscus Renner.[7] Like most early printed books it contains no information about the manuscripts on which its text is based; but it can be safely presumed that, again like most printed first editions of the 15th and 16th centuries, it was based either on a single manuscript or on a collation made from a very few manuscripts. These same remarks apply to the other three incunabula which contain the *De Anima*, the Venice edition of 1478 or earlier,[8] the Strassburg edition[9] and the Cologne edition,[10] both of 1500.

The next important fact in the history of the editions of the *De Anima* is the preparation of the Piana or Roman text. The Council of Trent had borne witness to the importance of Thomas Aquinas as a theologian;[11] Pius V, who was engaged in carrying out the various recommendations of the Council, and who proclaimed Thomas Aquinas a doctor of the Church, desired to have at the disposal of the teachers of the Church an authentic edition of the complete works of St. Thomas.[12] The need for an

---

[7] Cf. inventory of incunabula consulted during the preparation of this edition, ♯ 1, p. 43.

[8] Inventory of incunabula, ♯ 2, p. 47.

[9] Inventory of incunabula, ♯ 3, p. 48.

[10] Inventory of incunabula, ♯ 4, p. 49.

[11] Pope Leo XIII, Encyclical letter, "Aeterni Patris," August 4, 1879. in *Actes de Leon XIII.* Paris, (no date), Tome I, p. 66. "Sed haec maxima est et Thomae propria, nec cum quopiam ex doctoribus catholicis communicata laus, quod Patres Tridentini, in ipso medio conclavi ordini habendo, una cum divinae Scripturae codicibus et Pontificum Maximorum decretis *Summam* Thomas Aquinatis super altari patere voluerunt, unde consilium, rationes, oracula peterentur." Cf. also the bull, "Mirabilis Deus" of Pope St. Pius V in *Bullarum Privilegiorum ac Diplomatum Romanorum Pontificum Amplissima Collectio,* ed. Carolus Cocquilines. Rome, Hieronymus Mainardus, 1745. Tomus Quartus, pars secunda, p. 367. "Sed quoniam Omnipotentis Dei providentia factum est, ut Angelici Doctoris, vi et veritate doctrinae, ex eo temporis, quo coelestibus civibus adscriptus fuit, multae, quae deinceps exortae sunt haereses confusae, et convictae dissiparentur, quod, et antea saepe et liquido nuper in sacris Tridentini Concilii decretis apparuit; ejusdem memoriam, cujus meritis Orbis terrarum a pestiferis quotidie erroribus liberatur, majore etiam quam ante grati, et pii animi affectu colindam statuimus."

[12] Gundisalvus M. GRECH, O.P., "The Leonine Edition of the Works of St. Thomas Aquinas, Its Origin, Method and Published Works" in *From an Abundant Spring,* ed. by the staff of *The Thomist.* New York, P. J. Kenedy, 1952, p. 222. "St. Pius V, being well acquainted with the state of the existing editions, ordered a new and complete one. He appointed for this purpose two great Dominicans, Vincent Iustiniai, who later became cardinal, and Thomas Manriques, Master of the Sacred Palace. These two priests, together with many other Dominican theologians, among whom was the well-known Remigius Nanni, finished their task by publishing the entire edition of 17 folio volumes in the record time of about 5 years." Actually Fr. Grech errs in stating that the Piana edition was published over a five year period. It was completed between 1570 and 1571, in a little over a year.

On the life and works of Nanni, cf. QUÉTIF-ECHARD, *Scriptores Ordinis Praedicatorum,* Tome II, Lutetiae Parisiorum, 1721, pp. 259-260.

authentic text, according to the editors of the Piana edition themselves, was particularly urgent, for various texts of St. Thomas were being circulated in which the doctrine and phraseology had been deliberately changed to suit the ideas of certain Protestant reformers.[13] Accordingly, in 1570 and 1571, at the command of Pope St. Pius V, an edition of St. Thomas' *Opera Omnia* was published at Rome.[14]

In evaluating this text two facts must be kept in mind, its purpose and the speed with which it was published. With regard to the first point, the Roman editors of 1570 did not intend to produce what would be called today an *editio critica*; they wanted merely an edition that contained genuine texts of St. Thomas, texts that had not been deliberately falsified or altered. As to the second point, it is obvious, when one considers that seventeen folio volumes were issued in a little over a year, that no attempt was made to prepare new editions of all the various treatises.[15] The editors simply took existing, printed versions of the various works and reprinted them, in much the same way as Migne produced his *Patrologia Latina*. This

---

[13] In addition to the 17 folios volumes which contain the works of St. Thomas, the Roman editors published an additional volume which contains the *Tabula Aurea* of Peter of Bergomo. Several letters are published at the beginning of this volume which throw light on the purposes and methods of the Roman editors. Cf. especially the letter addressed to the reader, "Pio lectori."

Immediately following this letter is an example, furnished by the editors, of the type of corruptions which they claim had crept into the editions of St. Thomas and which they were eliminating:

"Exemplum eorum quae depravata olim in hac editione restituta sunt.

"In Commentariis super Secunda Secundae. q. 122. ar. 4. apud Viduam Antverpien. sic legis. car. 418. col. 2. circa medium.

"Ad hoc dicitur, quod corporalia opera ad dei servitutem pertinentia sunt triplicis ordinis. Quaedam sunt consistentia in ipso cultu divino, ut olim erat gestare Arcam Domini, et modo est gestare sanctorum statuas argenteas, vel aureas in processionibus, et deferre crucem, et huiusmodi: sed haec sunt omnino illicita, et non aplectenda, quia sunt pars mali cultus. Quaedam vero sunt praeparatoria simultanea cum cultu, ut olim erat praeparatio victimarum excoriando, lavando, et huiusmodi, et nunc est pulsare campanas ad Missam, et vesperas: et haec quoque proculdubio sunt omnino illicita, et impia etc.

"Hunc locum ex aliis emendatioribus exemplaribus sic catholice restituimus. Ad hoc dicitur quod corporalia opera, ad Dei servitutem pertinentia, sunt triplicis ordinis. Quaedam vero sunt consistentia in ipso cultu divino, ut olim erat gestare Arcam Domini, et modo est gestare Sanctorum statuas aureas, vel argenteas in processionibus, et deferre crucem, et huiusmodi, et haec sunt ominno licita, et amplectenda, quia sunt pars divini cultus. Quaedam sunt praeparatoria simultanea cum cultu, ut olim erat praeparatio victimarum excoriando, et huiusmodi; et nunc est pulsare campanas ad Missam, et vesperas, et haec quoque proculdubio sunt omnino licita, et sancta etc."

[14] *Divi Thomae Aquinatis... OPERA OMNIA.* Romae, apud haeredes Antonii Bladii et Ioannis Osmarini, 1570-71.

[15] Some of St. Thomas' sermons, previously unedited, were now published for the first time from the text of a Vatican manuscript, loaned to the editors by the Pope. Cf. note 13, *supra*.

means that the value of each work in the Piana edition has to be individually assessed. If the edition that the Roman editors chose to reprint happened to have been carefully done by its original editor, and if again it happened that the manuscript (or manuscripts) on which the original printed text was based were a good one, then the Piana text (*per accidens*, largely) would be good. That is to say, the editorial and critical quality of the various parts of the Piana edition is extremely uneven and each treatise needs to be individually evaluated.[16]

Because of the fact that the Piana edition was the first complete edition of the works of Thomas Aquinas and because of its semi-official status,[17] this edition has formed the basis for most of the subsequent editions of the works of St. Thomas. The various editors of later editions of the *Opera Omnia* frankly state that their editions purpose to be copies, or at most slightly emended or augmented copies of the Roman exemplar.[18] True, the editors of the Antwerp edition of 1612[19] and the Paris edition of 1660[20] claim to have had recourse to ancient manuscripts (this was the invariable editorial claim at that time), but their use of manuscripts, if any, was directed at the mere correction of obvious errors or misprints, and nothing like a genuine reediting of the text was attempted.[21]

To come down to more recent times, the Parma editors of 1852-1872 likewise made no effort to produce a genuinely critical text, at least so far as the *Quaestiones Disputatae* are concerned.[22] For the edition of the

---

[16] Illuminating examples of the technique of the Roman editors are to be found in an article by Leo W. KEELER, "History of the Editions of St. Thomas' 'De unitate intellectus'" in *Gregorianum*, 17 (1936) pp. 53-81, and in B. KRUITWAGEN, *S. Thomae de Aquino Summa Opusculorum*, (Bibliothèque Thomiste IV) Le Saulchoir, Kain (Belgique) 1924.

[17] *S. Thomae de Aquino, Summa Theologiae*. Ottawa, Inst. Studiorum Medievalium, 1941. Tome I, Praefatio, p. xi. This is made patently clear from the *Motu proprio* issued by Pope St. Pius V, which follows the letters of the Roman editors quoted above in note 13.

[18] "Ad exemplar Romanae impressionis restituta," *Opera Omnia*, Venetiis, apud Nicolinum, 1593/94, title page. "...et cum exemplari Romano collata," *Opera Omnia*. Antverpiae, apud Ioannem Keerbergium, 1612, title page.

[19] "Ad fidem vetustissimorum codicum manuscriptorum et editorum emendata, aucta..." *Ibid.*, title page.

[20] "...ad fidem vetustissimorum codicum manuscriptorum et editorum emendata, aucta et cum exemplaribus Romano, Veneto et Antwerpiensi accurate collata...", *Opera Omnia*. Parisiis, apud societatem Bibliopolarum, 1660.

[21] Leo W. KEELER, "History of the Editions", pp. 66-67.

[22] Joannia Baptistae DELLA CELLA, "Praefatio", to Vol. VIII of the Parma edition of the *Opera Omnia*, Parma, P. Fiaccadori, 1856. "Quod ad me attinet qui asperam licet ac molestissimam typographicae correctioni advigilandi provinciam suscepi, parum habeo quod dicem. Certe, quantum in me est, in id totum contuli, ut quemadmodum alia prius edita S. Doctoris volumina, ita et bina quae modo aggredimur, de Quaestionibus Disputatis et Quodlibetis, omnibus numeris

Opera Omnia published in Paris by Vivès (1871-1882) some use was made of the manuscript tradition, particularly for major works such as the *Summa Theologiae* and the *Summa Contra Gentiles*, and the editors list the manuscripts upon which their text is established.[23] In the volumes which contain the *Quaestiones Disputatae*, however, and in particular for the *De Anima*, the traditional text is largely unchanged. Most of the textual notes printed at the bottom of the pages are simply copied from the Parma edition; there are, however, a few new references to a *Codex B* and to a *Codex Victorinus*.[24] The Leonine Commission has not yet published any texts of the *Quaestiones Disputatae*.

In editions which contain only the disputed questions the story is the same. The text of the *De Anima* printed in all of them is basically that of the Piana edition with a few obvious corrections.[25]

In brief, the only text of the *Quaestiones De Anima* that is generally available today in printed form is one which stems originally from the Piana edition of 1570; this in turn merely reprinted an earlier text that was probably based on one, or at least on a few, manuscripts, and which therefore ignored the riches of the wide and diversified manuscript tradition of this work.

In addition to the evident need for a new edition of the *De Anima* on paleographical grounds, there are also strong reasons from the standpoint of doctrine why a new text is demanded. The *Quaestiones Disputatae* in general are works in which St. Thomas states, elaborates and clarifies his doctrine on specific points at greater length and in more detail than anywhere else. Their study, then, can throw great light upon the independent examination of texts in his other works where similar problems are treated. Since a truly critical edition of the *Summa Contra Gentiles* exists and since nearly as good as text of the *Summa Theologiae* is available,[26] the philosopher or historian of philosophy has had to be extremely hesitant in using the current text of the *De Anima* in conjunction with the two just mentioned works for historical or philosophical demonstrations. Until such time as a

---

absoluta prodirent. Veneta editio anni MDCCLXXV pro textu fuit: attamen probatissimas quasque, in dubiis praesertim, consulere non praetermisi. ...Parmae, v. Idus Septembris, MDCCCLVI."

[23] *Summa Theologiae*, Vol. I, Praefatiuncula, p. xxviii. *Summa Contra Gentiles*, Vol. 12, Praefatio, pp. i-xvi.

[24] Cf. Vol. 14, p. 66 for references to Codex B; cf. Vol. 14, pp. 73, 84, 98 for references to the Codex Victorinus.

[25] Cf. KEELER, *Tractatus De Spiritualibus Creaturis*, pp. VII-IX.

[26] The Leonine edition, *Summa Theologiae*, Tomes 5-12; the text of the *Summa Theologiae* is superb for II-II and the Tertia Pars. Leonine edition, *Summa Contra Gentiles*, Tomes 13-14.

completely critical text is available, the philosopher or historian needs to be provided with a new text, provisory to some extent, it is true, but still solidly based upon an examination of the early manuscript tradition, and upon a collation of a controlled number of these early manuscripts. It is to meet this two-fold need that the present text has been prepared.

B

AUTHENTICITY

No one has ever questioned the authenticity of the *Quaestiones De Anima*. This work is attributed to St. Thomas in numerous 13th and early 14th century sources, such as the Stationers' List at the University of Paris, the catalogues of Ptolemy of Lucca, Bernard of Guido, Bartholomew of Capua, Nicolas Trivet, John of Colonna and William of Thoco, as well as similar lists. The following attributions of the work to St. Thomas are taken from 13th century and early 14th century sources. Following each source are reference numbers to the three standard works which contain collected information on the writings of St. Thomas : A. Michelitsch, *Thomas-Schriften*; Mandonnet, *Des Ecrits Authentiques de S. Thomas d'Aquin*; Grabmann, *Die Werke des Hl. Thomas von Aquin* (3rd ed.)

1. List of the University of Paris, 1275-1286.[27]
Under the heading of "hec sunt scripta fratris Thome de Aquino" is found the following: "Item, Questiones de Anima." Michelitsch, p. 96; Mandonnet, p. 130; Grabmann, p. 303.

2. Catalogue of Ptolemy of Lucca, O.P., saec. 13/14.[28]
"Quaestiones De Anima" — attributed to St. Thomas. Michelitsch, p. 127; Mandonnet, p. 60; Grabmann, p. 301-302.

3. List of Bernard of Guido, O.P., saec. 13/14.[29]
"Scripsit etiam idem Doctor non parva volumina Quaestionum de diversis materiis, per diversos articulos distinguens et prosequens et eluci-

---

[27] H. DENIFLE, O. P. and A. CHATELAIN, *Chartularium Universitatis Parisiensis*. Tomus I, Paris, Delalain, 1889, p. 646. "Item, Quaestiones de Anima, et de Virtutibus, xxiiij pecias. xii den." Second list, 1304, Tomus II, Paris, 1891, p. 108. "Item in Quaestionibus de anima, et virtutibus fratris Thomae, xxiij pecias. vj den."

[28] MURATORI, *Scriptores Rerum Italicarum*, T. XI. *Ptolomaei Lucensis Historica ecclesiastica*, pp. 754-1242. Mediolani, 1727. Cf. also QUETIF-ECHARD, *Scriptores Ordinis Praedicatorum*, I, p. 288.

[29] The complete text of Bernard of Guido's list is published by MICHELITSCH, *op. cit.*, pp. 148-155.

dans veritatem, quae intitulantur Quaestiones de veritate. Item, Quaestiones de potentia Dei. Item, Quaestiones de Anima. Item, Quaestiones de Virtutibus. Item, Quaestiones de Malo. Item, Quaestiones de Spiritualibus creaturis." Michelitsch, p. 151; Mandonnet, p. 69; Grabmann, p. 104-106.

4. Tabula of Stams, saec. 13/14.[30]

"Frater Thomas de aquino, natione siculus, magister in theologia, scripsit: ...Quaestiones... De anima." Michelitsch, p. 113-115; Mandonnet, p. 93; Grabmann, p. 106-110, 303.

5. Prague Catalogue, Metropolitan Chapter's Library, Cod. 28 A XVII 1, saec. 13/14.[31]

"Ista sunt opera fratris thome de aquino ordinis predicatorum quorum exempla sunt parisius. Quattuor libri super sententias. Idem de questionibus disputatis partes tres. Unam disputavit parisius de veritate; aliam in ytalia de potentia dei et ultra; aliam secunda vice Parisius, scilicet de virtutibus et ultra." Grabmann, p. 91-96.

6. Bartholomew of Capua, O.P., saec. 14, early.[32]

"De quaestionibus disputatis, partes tres. Unam disputavit Parisius, scilicet De veritate; aliam in Italia, scilicet De potentia Dei, et ultra; aliam secunda vice Parisius, scilicet De virtutibus et ultra." Michelitsch, p. 140; Mandonnet, p. 30; Grabmann, p. 302.

7. List of Nicholas Trivet, saec. 14, early.[33]

"Scripsit et primam partem de Quaestionibus disputatis De Veritate

---

[30] Heinrich DENIFLE, O.P., "Quellen zur Gelehrtengeschichte des Predigeordens im 13. und 14. Jahrhundert," in *Archiv für Litteratur- und Kirchen-Geschichte des Mittelalters*. Zweiter Band, Berlin, 1886, p. 237. "...fr. Thomas de Aquino, natione Siculus, mag. in theol., scripsit... Questones... De anima." Denifle's transcription is made from "Hs. in fol. der Cistercienserabtei Stams in Tirol (Signatur 166 und P.1.)." *ibid.*, p. 194.

[31] The entire text of this catalog is printed in GRABMANN, *Die Werke*, pp. 92-93. Grabmann also prints the text of the Second Catalogue of Prague, the one found in the *Metropolitan Chapter's Library, Cod. 29 A XVII 2, op. cit.*, pp. 97-98.

[32] Mandonnet edited this list, using a 14th century manuscript, *Paris, Bibl. Nat. lat., 3112*. Cf. *Des écrits authentiques de S. Thomas d'Aquin*, 2nd ed. Fribourg, 1910, pp. 29-31. The heading of section I is as follows: "Fol. 58. Item dixit idem testis (Vir magnificus Dominus Bartholomaeus de Capua, Logotheta et Protonotarius regni Siciliae) quod isti sunt libri quos dedit (which Mandonnet emends to 'edidit') frater Thomas de Aquino praedictus." The heading of section II which contains the disputed questions is: "(Fol. 58ᵛ): — Tot etiam alia opera edidit, quorum exemplaria sunt Parisius, videlicet:—"

[33] Cf. QUÉTIF-ÉCHARD, *Scriptores Ordinis Praedicatorum*, Lutetiae Parisiorum, apud Ballard et Simart, Tome I, 1719, p. 288. "Trivetus fere idem (they mean "the same as Bartholomew of Capua") sed clarius: *scripsit et primam de QQ. disputatis, de veritate et ultra, quas Parisius disputavit. Item secundam partem de QQ. disputatis de potentia Dei et ultra, quas in Italia disputavit. Item et tertiam partem de QQ. disputatis, quarum initius est de virtutibus, quas disputavit cup secundo Parisius legeret.*"

et ultra, quas Parisiis disputavit. Item secundam partem de Quaestionibus disputatis De potentia Dei et ultra, quas in Italia disputavit. Item et tertiam partem de Quaestionibus disputatis, quarum initium est De Virtutibus, quas disputavit, cum secundo Parisiis legeret." Michelitsch, p. 145; Mandonnet, p. 48; Grabmann, p. 307.

8. Vatican Catalogue. Rome, *Bibl. Vat. lat.*, *813*. saec. 14, early.[34]
"...Item scripsit quaestiones de virtutibus.
Item quaestiones de anima." Grabmann, p. 116-119.

9. List of John of Colonna, O.P., saec. 14.
"Questiones de veritate, de spiritualibus creaturis, de potentia Dei, de virtutibus, de anima;" Michelitsch, p. 164; Mandonnet, p. 98; Grabmann, p. 112-115.

10. William of Thoco, O.P., saec. 14, early.[35]
"Scripsit... Quaestiones de anima." Michelitsch, p. 134; Mandonnet, p. 80.[36]

C

THE TITLE

The title of this work in all current editions of the disputed questions of St. Thomas is *Quaestio Disputata de Anima* or *Quaestio Unica de Anima*. It is divided into twenty-one articles.[37]

This way of naming the work goes back directly to the Roman edition of 1570. It may have been adopted by the Roman editors, however, from the Lyons edition of the disputed questions,[38] but since I have not examined any of the editions printed between 1500 and 1569, all I can say is that

---

[34] Grabmann likewise publishes the entire text of this list whose existence was discovered by A. Pelzer while he was cataloguing the Vatican Library.

[35] Cf. *Acta Sanctorum, Boll.* Martius, I. Paris and Rome, 1865. "Vita (of St. Thomas) auctore Guilielmo de Thoco, Ord. Praedicatorum." "Scrıpsit (Thomas Aquinas) quaestiones de Anima." p. 663. This is in chapter IV of the modern edition which corresponds to chapter 18 of the earlier version of William's biography of St. Thomas.

[36] There are a great many other catalogues of St. Thomas' writings, but the ten listed here are the earliest and the most reliable. For other catalogues, cf. MICHELITSCH and GRABMANN, *op. cit.*

[37] In the Vivès edition, for example, the title is given as "Quaestio Unica De Anima". Cf. Vol. 14, p. 61.

[38] Leo W. KEELER, *De spiritualibus creaturis*, pp. viii-ix. Fr. Keeler who had used the Lyons edition of 1569 was able to investigate the types of corrections made in it by the Piana editors. He cites some examples in note 7, page ix.

the present-day title and the division of the work into articles go back at least to 1570.

There is no justification, however, either in the manuscripts or in the incunabula for such a title. To the 13th and 14th century scribes and to the editors of this work before 1500 this work was not a *quaestio unica*, divided into twenty-one articles, but rather a series of twenty-one disputed questions on the soul. There is no doubt, of course, that the use of the word *articulus* as the designation of a question is perfectly legitimate, but not in the *De Anima*. The evidence for calling this work the *Quaestiones De Anima* is overwhelming. In fact, in the manuscript tradition, in the early catalogues and lists, and in the incunabula this work is never referred to by any other name.

I know of 60 manuscripts that contain the *Quaestiones De Anima* in whole or part. Four of these I have never examined; 17 contain no indications as to the title; the other 38 refer to the work, in incipits, in explicits, in rubrics, or in tables of contents, as the *Quaestiones De Anima*.[39] Whenever this work is referred to in early catalogues of St. Thomas' works, it is always called *Quaestiones De Anima*; the testimony of the incunabula is the same.

In the face of this unanimous evidence, it seems that the work should be called simply *Quaestiones De Anima*, and the divisions should be referred to as *Quaestio Prima, Quaestio Secunda* and so on. St. Thomas himself testifies frequently to the correctness of this usage; for example, in the first sentence of the *Responsio* of Question 2 he writes: *Ad evidentiam hujus quaestionis considerandum est . . .* And in the first sentence of the Response of Question 3 he states, *Dicendum quod ista quaestio aliqualiter dependet a superiori.*

D

DATE AND PLACE OF COMPOSITION OF THE *DE ANIMA*

The exact time when St. Thomas held his series of disputed questions *On the Soul* as well as the time when he put these questions into final literary form is unknown. And obviously since disputed questions were public academic acts, the question of the place of disputation and of editing and publishing the disputed questions is closely related to their chronology. There is however a considerable body of evidence which strongly supports the conclusion that these questions were disputed in Paris in the Spring of 1269.

---

[39] There seems no good reason for marshalling this evidence here. Much of it is given in the description of the manuscripts consulted.

As is well known, these disputations were conducted jointly by the master and his advanced students and were held publicly. Later on, after the public dispute had been held, the master frequently wrote out in complete and determinate form the substance of these public exercises. It is generally agreed that none of St. Thomas' series of disputed questions is a reportation.[40] They are all formal written accounts of discussions at which St. Thomas presided and they have been put into their final form directly by St. Thomas himself. One must keep in mind in the discussion which follows the difference between holding a disputation, writing an account of it, and finally the editing of the questions and their publication in the form in which they now exist.[41] This is not to suggest that the evidence on these points is so abundant that all stages of the process can be clearly distinguished. Still, this caution should put one on his guard against drawing too general or sweeping a conclusion from a single, specific fact, and it should suggest to him that he assess the evidence in its totality. For example, there is manuscript evidence that the disputed questions, *De Spiritualibus Creaturis*, were held in Italy.[42] There is internal evidence — reference to the river Seine — in a number of manuscripts which suggests that they were disputed in Paris.[43] Without pretending to settle this controversial question here and now, let me suggest the following possibility. Possibly they were disputed in Italy, shortly before St. Thomas left rather abruptly for Paris at the end of 1268; in Paris he may then have edited the text before putting it into the hands of the Parisian stationers for publication. This would account for the fact that not all the manuscripts contain the name of the Seine. But in the hypothesis we have suggested, it would have been very natural for St. Thomas to have inserted the name of the Seine in place of the name of the Italian river he had used in his first draft of the disputation.

The answer to the question of the time and place of composition of the *De Anima* is closely related to the problems concerning the time and place

---

[40] The evidence is negative; none of the early witnesses suggest that any of the disputed questions of St. Thomas are *reportationes*; furthermore, an examination of them from a literary point of view makes it obvious that these polished writings are not the work of students.

[41] F. STEGMÜLLER in the introduction to his *Repertorium, vol. I*, pp. xi-xii, points out many possible forms in which a series of lectures on Peter Lombard's *Sentences* may be found. It is unlikely that disputed questions would be found in quite as many divergent forms and varying stages of completeness as commentaries on the *Sentences*; still, many of these various degrees of literary completeness must exist in the manuscripts of disputed questions.

[42] Two manuscripts, one of Munich (*Clm. 3827*) and one of Lisbon (*Bibl. nac. 262*), attribute it to Italy. Cf. GRABMANN, *Die Werke*, pp. 304-305.

[43] Cf. F. PELSTER, "Zur Datierung der Quaestio disputata De spiritualibus creaturis," in *Gregorianum*, 6 (1925), pp. 231-347.

of the composition of other disputed questions. The problem of the dating
of the disputed questions must be treated as a whole. It is a fact that five
distinct, well-organized groups of disputed questions emerge from the
manuscript tradition. (Since one of these published groups is explicitly
divided into two series, we may say that there are really six sets of questions).
These five groups are: *De Veritate, De Potentia Dei, De Spiritualibus Creaturis,
De Anima et De Virtutibus*, and *De Malo*.[44] Can it be determined where and
when these series were disputed ? The problem of place and time are
closely linked, for since the dates in St. Thomas' life, including his various
periods of teaching in Paris and Italy, are quite firmly established, to locate
a series as belonging to Paris, for example, is tantamount to locating it in
time, at least within a general period; there is the further problem of
determining the relative, if not the exact chronology of these particular
works. It is therefore necessary to exploit the catalogues and the manuscript tradition to see what evidence is available for assigning various
series of questions to a particular time or place.

There are ten catalogues that have significant information on the disputed
questions. Two of them are not of much value for dating the *De Anima*.
The evidence of Ptolemy of Lucca on chronological matters is patently
unreliable;[45] the evidence of William of Thoco is incomplete and relatively
late.[46] These two have therefore been omitted. For the rest the evidence
consists in the order in which they list the questions and in any remarks
they make on the place where the questions were disputed.

1. *List of University of Paris*
   De Veritate
   De Potentia
   De Spiritualibus Creaturis
   De Anima et De Virtutibus
   De Malo

2. *Bernard of Guido*
   De Veritate
   De Potentia
   De Anima ·
   De Virtutibus
   De Malo
   De Spiritualibus Creaturis

4. *Catalogue of Prague*
   De Veritate   — Paris
   De Potentia   — Italy
   et ultra
   De Virtutibus   — Paris
   et ultra

5. *Bartholomew of Capua*
   De Veritate   — Paris
   De Potentia   — Italy
   et ultra
   De Virtutibus   — Paris
   et ultra

---

[44] Etienne AXTERS, "Pour L'État des Manuscrits des Questions Disputées de Saint Thomas
d'Aquin," in *Divus Thomas* (Piacenza), 38 (1935), pp. 129-159, esp. p. 155.

[45] He not only contradicts most of the other authors of catalogues, he also contradicts himself.

[46] According to Michelitsch, after 1317, although before 1323. Cf. *op. cit.*, p. 133.

3. *Catalogue of Stams*   6. *Nicholas   Trivet*
       De Veritate   *De Veritate*   — Paris
       De Potentia   et ultra
       De Spiritualibus Creaturis   *De Potentia*   — Italy
       De Anima   et ultra
       De Virtutibus   *De Virtutibus*   — Paris
       De Malo   et ultra

7. *Vatican Catalogue*   9. *John of Colonna*
       De Veritate   *De Veritate*
       De Potentia   *De Spiritualibus Creaturis*
       De Malo   *De Potentia*
       De Virtutibus   *De Virtutibus*
       De Anima   *De Anima*
       De Spiritualibus Creaturis

One fact emerges immediately from an examination of this evidence. All of the catalogues agree in putting the *De Veritate* at the head of the list. Other evidence establishes quite authoritatively the fact that the *De Veritate* was the first series to be disputed by St. Thomas and that it was disputed during his first Parisian sojourn (1256-1259).[47] Furthermore, because of the length of this series, it is quite unlikely that St. Thomas held any other disputes during this period.[48] There is no significant or conclusive manuscript evidence as to the exact time or place of the *De Veritate*. The order of the series of questions as found in manuscripts varies too widely to allow of definite conclusions. Moreover, when the different series are written by different hands, as frequently happens, there is the additional problem that can arise from a shift in order because of the mere fact of binding. One manuscript, however, the earliest one which contains all the disputed questions, namely, Rome, *Vat. lat. 786*, deserves to be examined further on this point, but it will be studied in detail when the theory of Joseph Koch is discussed.

The *De Veritate*, then, stems from the first Parisian period. What questions belong to St. Thomas' first Italian teaching period, between 1259 and 1268, and which ones belong to a later period ? The Prague Catalogue, the Catalogue of Bartholomew of Capua and that of Nicholas Trivet agree in assigning the *De Potentia* and some other disputations, not specified, to Italy. The citations are as follows: Prague Catalogue: — "Idem de

---

[47] P. GLORIEUX, "Les Questions Disputées de S. Thomas et leur suite chronologique," in *Recherches de Théologie ancienne et médiévale*, 4 (1932), pp. 5-33, especially p. 23.

[48] The *De Veritate* consists of 29 sets of questions, each of which in turn is made up of varying numbers of disputed questions. There are 253 questions in the complete series. St. Thomas would have had to hold disputations at least twice a week during his entire career at Paris in order to complete this number of disputations.

quaestionibus disputatis partes tres. Unam disputavit parisius de veritate; aliam in Italia de potentia dei et ultra; aliam secunda vice Parisius, scilicet de virtutibus et ultra."[49] Catalogue of Bartholomew of Capua: — "De quaestionibus disputatis, partes tres. Unam disputavit Parisius, scilicet De veritate; aliam in Italia, scilicet De potentia Dei, et ultra; aliam secunda vice Parisius, scilicet De virtutibus et ultra." List of Nicholas Trivet: — "Scripsit et primam partem de Quaestionibus De Veritate et ultra, quas Parisiis disputavit. Item secundam partem de Quaestionibus disputatis De potentia Dei et ultra, quas in Italia disputavit. Item et tertiam partem de Quaestionibus disputatis, quarum initium est De Virtutibus, quas disputavit, cum secundo Parisiis legeret."

In the light of this evidence, it seems safe to assign the *De Potentia* to Italy[50] and the *De Virtutibus* to Paris. But what is the meaning of the oft recurring phrase, "et ultra"? The meaning of the phrase itself is clear. The authors of these catalogues had at their disposal editions or lists of the disputed questions of St. Thomas that were so well known that all the authors of the catalogues had to do was to mention one question, the initial or principal question of a group, and all their readers would know which questions were referred to. The real difficulty, since no one today knows with certainty which edition or list these authors used, is to decide which questions are included under a particular "et ultra".

Joseph Koch, in an important article,[51] suplies some information on this point. In this article Koch notes that the disputed questions of St. Thomas were widely used and frequently cited by an early 14th century Dominican author, John of Naples.[52] When John refers to the questions, however, he does not do so by name and number of the questions as is done today (e.g. *De Veritate*, q. 14, a. 2); he merely refers to them by number (e.g. "contra Thomam eadem d. a. 3 et p. 1, q. 94, a. 1, et q. disp. 18, a. 1, et 2").[53] In this work John of Naples refers to questions numbered as low as 14 and as high as 54.[54] It seems clear, then, that John of Naples used an edition of the disputed questions in which all the questions formed a single series, in which each of the questions was assigned a number,

---

[49] The numbers assigned to the catalogues here correspond to those given them in the section on authenticity, Cf. *supra*, pp. 24-26.

[50] M. GRABMANN, *Die Werke*, p. 306.

[51] Joseph KOCH, "Ueber die Reinhenfolge der quaestiones disputatae des hl. Thomas von Aquin," in *Phil. Jahrbuch*, 37 (1924), pp. 359-367.

[52] F. STEGMÜLLER, *op. cit.*, Vol. I, p. 230, "Johannes de Neapoli OP, Legit Sententias Parisius 1310/1311; 1315 mag. theol.; 1317 lector in Studio Neapolitano OP; obiit c. 1336."

[53] J. KOCH, *op. cit.*, p. 362.

[54] *Ibid.*, p. 361.

and that in order to identify a question, all one need do was to cite this
number. Koch then proceeds to check the citations of John and by com-
paring the doctrines at stake he works out the following table:[55]

qq. 1-29	De Veritate
q. 30	De Unione Verbi (conjecture)
qq. 31-40	De Potentia Dei
q. 41	De Spiritualibus Creaturis
qq. 42-46	De Virtutibus
q. 47	De Anima (conjecture)
qq. 48-63	De Malo

Koch's list compares favorably with the stationers' list at the University
of Paris (except that the *De Anima* and the *De Virtutibus* are reversed in
order). Furthermore, it would fit very well with the Catalogue of Stams,
the Prague Catalogue and the text of the lists of Bartholomew of Capua and
Nicholas Trivet. The disposition of the questions by time and place would
be as follows:

Paris (1256-59)	De Veritate
	De Unione Verbi
Italy (1259-68)	De Potentia Dei et ultra
	ultra — De Spiritualibus Creaturis
Paris (1269-72)	De Virtutibus et ultra
	ultra — De Anima
	De Malo

The only seriously embarassing fact is that according to this scheme the
De Unione Verbi follows the *De Veritate* and is assigned to the first Parisian
period. The manuscript tradition opposes such a conclusion. However,
we must remember that John of Naples had no references to the *De Unione
Verbi* and its location in Koch's list is by conjecture.

There is, fortunately, an even earlier witness to such a system of num-
bering St. Thomas' disputed questions than John of Naples. This is the
Vatican manuscript, *Vat. lat. 786*, the earliest known manuscript which
contains all of St. Thomas' disputed questions.[56] It contains the questions
in the following order: *De Veritate, De Potentia Dei, De Spiritualibus Creaturis, De Anima, De Virtutibus, De Unione Verbi, De Malo.* This manuscript
is the work of a number of scribes, but at the "incipits" and "explicits" of
each question and at the tops of the folios appears, in a hand as early
as that of the scribes who wrote the text — if not actually the hand of one
of them —, a consecutive series of numbers — ranging from one to sixty-

---

[55] *Ibid.*, pp. 366-367.

[56] A. PELZER, *Codices Vaticani Latini*, Tomus II, Pars Prior, Codices 679-1134, 1931, In Bibliotheca Vaticana, pp. 114-115.

three. For example, on folio 276ᵛ, at the very top of the folio is written, "Quaestiones de anima xli", and at the beginning of the text there is the following notation: "Quaestio est de anima ·xli· ". From an examination of the section which contains the *De Potentia*, and from the reading of the section which contains the *De Anima* and the beginning of the *De Virtutibus in Communi*, plus the knowledge of the total number of questions contained in the *tabula* at the end of the work[57] and the knowledge of the order of the works in the manuscript, the following table can be set up:

qq. 1-29	*De Veritate*
qq. 30-39	*De Potentia Dei*
q. 40	*De Spiritualibus Creaturis*
q. 41	*De Anima*
qq. 42-46	*De Virtutibus*
q. 47	*De Unione Verbi Incarnati*
qq. 48-63	*De Malo*

First of all, note that this list does not differ too much from that of Koch. If we change his attribution of the *De Unione Verbi* (which is only a conjecture) from question 30 to question 47, then Koch's list and the one based upon the Vatican manuscript are very close to being the same. They agree exactly on questions 1 through 29 and on questions 42 through 63. Secondly, we must note that if we make this change in Koch's list, then the placement of the *De Anima* becomes a serious problem.

The Vatican manuscript's list, on the other hand, has several advantages over that of Koch. First of all it makes room for the *De Unione Verbi* and puts it where it is most often found in the manuscripts, following the *De Virtutibus*.[58] Secondly, it agrees perfectly with the list of the Parisian stationers who possessed the *exemplaria* of St. Thomas' disputed questions. Thirdly, it agrees with the Catalogue of Stams. One serious objection can be made to its order, however. If one accepts very literally the testimony of Bartholomew of Capua, Nicholas Trivet, and the Prague Catalogue, then on the basis of the Vatican manuscript list, the places where the questions were disputed would be as follows:

Paris:	*De Veritate*
Italy:	*De Potentia* et ultra
	ultra — *De Spiritualibus Creaturis*
	— *De Anima*
Paris:	*De Virtutibus* et ultra
	ultra — *De Unione Verbi*
	— *De Malo*

[57] *Ibid.*, p. 115, "Subsequitur (ff. 425ᵛ-428ʳ) tabula 63 quaestionum et 496 articulorum contentorum."

[58] E. AXTERS, *op. cit.*, p. 153.

3

There are, however, serious objections to assigning the *De Anima* to Italy. These will be taken up later in this section. There are some general objections to the above scheme. Since the *De Anima* and the *De Virtutibus* are linked in the Parisian stationers' lists with the *De Anima* preceding the *De Virtutibus*, and since the University exemplar[59] which contains the *De Anima* also contains the *De Virtutibus* and the *De Unione Verbi*, it seems reasonable to group these three series of questions together. The result is the following:

Paris:	*De Veritate*
Italy:	*De Potentia, De Spiritualibus Creaturis*
Paris:	*De Anima, De Virtutibus, De Unione Verbi*, and *De Malo*.

The first "et ultra" of the catalogues, then, would refer to the *De Spitirualibus Creaturis* and the second "et ultra" to the *De Anima*, the *De Unione Verbi* and the *De Malo*.

The findings thus far are not conclusive, however; more direct evidence is needed to corroborate our present tentative hypothesis. Fortunately, this evidence, although not abundant, is available.

There are notes in two manuscripts which state that the *De Spiritualibus Creaturis* was disputed in Italy. One of these notes is form a Munich manuscript (*Cl. 3287*).[60] On folio 115v, at which point the *De Spiritualibus Creaturis* begins, at the beginning of the question is this notation in the same handwriting as that of the copyist, "Hic incipiunt questiones fratris Thome de Aquino disputate in Ytalia." Another hand, but dating from the same period, i.e. the end of the 13th century, has added a further precision, "De spiritualibus creaturis." The validity of this notation has been called in question by Mandonnet,[61] but it is confirmed by another manuscript, this time one from Spain. Beltran de Heredia reports that a Spanish manuscript, which is now preserved in Portugal (*Lisbon, Bibl. Nac. cod. 262*) and which dates from the beginning of the 14th century, contains the *De Anima*, the *De Virtutibus*, and the *De Malo*, in that order. It also contains (fol. 135-151) the *De Spiritualibus Creaturis*, and once again this question is preceded by the notation, "Hic incipiunt questiones fratris T. de Aquino disputate in Italia."[62]

There is likewise manuscript evidence that the *De Anima* was disputed in Paris. Glorieux calls attention to a manuscript of Klosterneuburg

[59] *Ibid.*, p. 154.

[60] M. GRABMANN, *Die Werke*, pp. 304-305.

[61] P. MANDONNET, *Bulletin Thomiste*, 1 (1924), p. 59.

[62] B. DE HEREDIA, "Crónica de Movimiento Tomista," in *La Ciencia Tomista*, 37 (1928), p. 67 ff. Cf. also P. GLORIEUX, "Les questions disputes," p. 13.

(*Stiftsbibl. 274*) which has at the end of the *Quaestiones De Anima* the following colophon: "Expliciunt questiones de anima determinate parisius
a fratre Thoma de aquino de ordine fratrum predicatorum."[63] This
manuscript evidence is further strengthened by a manuscript which
Axters described, three years after Glorieux had done his work, *Ms.
Angers, 418*, a manuscript which dates from the 14th century.[64] This
manuscript contains only a fragment of the *De Anima*, breaking off in the
middle of the reply to the third objection of Question 2, but its incipit
(fol. 160r) reads: "Questiones sancti Thome de aquino disputate parisius
de anima. Questio est de anima humana utrum..." The fact that Thomas
is referred to as a saint means that the incipit dates from later than 1323,
but this notation is still an early witness to the place where the questions
were disputed.

Glorieux marshalls a number of other arguments in favor of the Parisian
composition of the *De Anima*.[65] In summary form they are the following:

1. Its length — the *De Anima* with its twenty-one questions would
fit very neatly into the period from January to June 1269, that section of
the school year during which St. Thomas taught after returning to
Paris from Italy.

2. If the *De Anima* were disputed immediately upon his return from
Italy, its appearance preceding the *De Virtutibus* in the stationers' lists is
explained.

3. St. Thomas had been sent to Paris by the Minister General of his
order in order to combat the vigorous Averroistic teachings of some Parisian masters. That being so, it is likely that he would launch immediately
into a series of questions directed at the main errors of Averroism; and,
as Marcel Chossat points out, the essential and central error of Latin
Averroism, as it appeared to the ecclesiastical authorities in Paris at this
period, can be seen in the first two propositions condemned in Paris by
Stephen Tempier, bishop of Paris, in December of 1270. These two propositions were:

1) That the intellect is one and numerically the same for all men.
2) That the proposition, 'Man understands', is false or improper.[66]

---

[63] P. Glorieux, *ibid.*, p. 21; M. Grabmann, *Die Werke*, p. 305.

[64] E. Axters, *op. cit.*, p. 147.

[65] P. Glorieux, "Les questions disputées," pp. 26-27.

[66] Marcel Chossat, "Saint Thomas d'Aquin et Siger de Brabant," in *Revue de Philosophie*, 24
(1914), pp. 552-575 and 25 (1914), pp. 25-52, Cf. epecially p. 565.

Cf. also Denifle-Chatelain, *Chart. Univ. Paris.* Tome I, pp. 486-487. "1270, Decembris 10,
Parisiis. Isti sunt errores condempnati et excommunicati cum omnibus, qui eos docuerint scienter

Hence it is against these errors that St. Thomas would probably direct his first series of public disputes, and in the *De Anima* the questions which begin the series are a positive answer to both of the condemned, Averroistic positions.

4. The comparison of parallel texts in the *Quodlibets* and the *De Anima* also confirms Glorieux's thesis that the *De Anima* was disputed in the first half of the year 1269.

To Glorieux's arguments we can suggest several additions: —

5. The extreme unlikelihood that St. Thomas would dispute twice on the same topic in the same place and before the same audience; this would have happened if he had disputed the questions *De Spiritualibus Creaturis* and *De Anima* in the same locale. The fact, therefore, that there is strong evidence for assigning the *De Spiritualibus Creaturis* to Italy[67] and very little for attributing it to Paris lends support to the thesis that the *De Anima* was disputed in Paris.

6. Another text, albeit a minor one, which seems to indicate that St. Thomas disputed the above mentioned two series of questions before two different audiences is that he takes the trouble to point out in each series that Augustine is not the author of the *De Spiritu et Anima*, something he would not need to have done if his auditors were the same.[68]

Summary of the evidence for dating the De Anima

It is quite true that the multiplication of "probables" does not result in scientific certitude; still, the direct testimony of some of the early manuscripts, plus the reasonableness of the other arguments in favor of Paris as the place where the *Quaestiones De Anima* were disputed, makes a very strong case for Glorieux's conclusion that the *De Anima* was disputed and written in Paris, during St. Thomas' second sojourn there. The evidence is strong, but not so conclusive, that these questions were disputed during the second half of the school year, 1268-1269. In other words, the dating of the *De Anima* by Glorieux, done by him in 1932, still seems to be the most satisfactory answer to the problem. More recent evidence only serves to confirm his conclusions.

One slight change seems to be in order in Glorieux's general chrono-

---

vel asseruerint, a domino Stephano, Parisiensi Episcopo, anno Domini MᵒCCᵒLXXᵒ, die mercurii post festum beati Nicholai hyemalis. Primus articulus est: Quod intellectus omnium hominum est unus et idem numero. 2. Quod ista est falsa vel impropria: Homo intelligit."

[67] P. GLORIEUX, "Les questions disputées," pp. 13-14; 25-26.

[68] *De Anima*, q. 9, ad 1; q. 12, ad 1; *De Spiritualibus Creaturis*, q. 3, ad 6.

logy of the disputed questions of St. Thomas. As it was suggested above, Axters has discovered in examining the manuscripts of the disputed questions of St. Thomas which are preserved in the libraires of France and Belgium that the *De Unione Verbi Incarnati* follows, with great regularity, the *De Virtutibus*. Since two of the five manuscripts he describes are from the 13th century and the other three from the beginning of the 14th, he concludes that, from the beginning, or at least from a very early date, the *De Unione* was incorporated into the collection of the questions on the virtues.[69] This would account for the fact that the Paris stationers do not mention the *De Unione* in their lists. On the strength of this evidence it might be better to place the five questions of the *De Unione* after the *De Virtutibus* and before the *De Malo*, rather than after the *De Malo* as Glorieux has done.

The final chronological arrangement would therefore be the following:

I. Paris	(1256-1259)	*De Veritate*
II. Italy	(1259-1268)	*De Potentia*
		De Spiritualibus Creaturis
III. Paris	(1269-1272)	*De Anima*
		De Virtutibus
		De Unione Verbi Incarnati
		De Malo

E

SOURCES USED IN THE PREPARATION OF THE PRESENT TEXT

Group I

A	Ms. Oxford, Balliol 49
L	Ms. Rome, Bibl. Vat. Latinus 786
P[1]	Ms. Paris, Bibl. Nat. Lat. 14547
P[2]	Ms. Paris, Bibl. Nat. Lat. 15352

Group II

O	Ms. Rome, Bibl. Vat. Ottob. 212
V	Ms. Rome, Bibl. Vat. Borg. 15
B	Ms. Bruges, Bibl. de la Ville 491
H	Inc. Venice, Franciscus Renner, de Heilbron, 1472
g	Agreements of *mss.* OVB

---

[69] E. AXTERS, *op. cit.*, p. 153.

To my knowledge there are sixty manuscripts which contain in whole or in part St. Thomas' *Quaestiones De Anima*. Of these manuscripts, I have personally examined fifty before selecting the manuscripts and the incunabulum which I used in preparing the present corrected text of the *De Anima*. For a fully critical edition, of course, all of these sixty manuscripts would have to be collated in order to establish, as completely and accurately as possible, the complete stemma of this work. I have been content with a much more moderate procedure, awaiting, as all other scholars do, the definitive Leonine text.

Since this is a Parisian work, and since the overwhelming number of manuscripts follow in general the manuscripts which contain *pecia* indications, that is, the tradition of the Parisian exemplars, I decided to use as the basis for my text a manuscript whose place of origin is the University of Paris, and which contains a complete set of *pecia* indications. The following are the manuscripts which contain *pecia* marks: Assisi, *San Francesco*, 112, 14th century; Arras, 136 (134), 13th/14th century; Avignon, 256, beginning of 14th century; Basel, *Univ.* F. I. 33, 13th century; Basel, *Univ. Cod.* B. III. 8, 13th/14th century; Oxford, *Balliol*, 49, 13th/14th century; Padua, *Univ.* 1457, 13th/14th century; Paris, *Bibl. Nat. lat.*, 14547, beginning of 14th century.

Of these I selected as my basic manuscript the Oxford manuscript, *Balliol College* 49. Its origin is Parisian; it is a carefully written manuscript; there are no corrections by any later hand; it is relatively free from errors; there are few omissons or homoioteleuta; it is legible and complete. It dates from the end of the 13th or the first years of the 14th century, and is thus possibly as early as any other manuscript which I have examined.

My procedure has been to follow the text of this manuscript, changing it, correcting it, or adding to it only when absolutely necessary. In order to control my corrections of the text of this basic manuscript, I principally used another manuscript from the University of Paris stationers, *Ms.* Paris, *Bibl. Nat. lat.* 14547, and two other manuscripts which, though not containing *pecia* indications, belong to the same family as the above two manuscripts and are both superb texts: *Ms.* Paris, *Bibl. Nat. lat.* 15352 and *Ms.* Rome, *Bibl. Vat. lat.* 786.

There is *at least* one other distinct family in the manuscript tradition, containing nine manuscripts, and exhibiting rather marked differences from the Parisian exemplar tradition which is found in the other forty-one manuscripts I examined. These nine manuscripts contain readings that cannot be explained solely on the basis of scribal errors. To make sure that no important readings in the complete tradition be overlooked, I used three manuscripts from this tradition and have recorded in my critical apparatus all the significant variants found in these manuscripts. These manuscripts are *Ms.* Rome, *Bibl. Lat. Ottob.* 212, *Ms.* Rome, *Bibl. Vat. Borg.* 15, and *Ms.* Bruges, *Bibl. de la Ville,* 491.

I have also utilized the *editio princeps* of the *De Anima,* the edition printed in Venice in 1472 by Franciscus Renner. This edition is very closely related to the last three manuscripts cited.

My procedure, in short, has been the following: I totally transcribed the text of *Ms.* Oxford, *Balliol* 49, as representing the best example of an uncorrected text in that broad family of manuscripts which contains forty-one of the fifty manuscripts I consulted. I then recored all the variants of the other six manuscripts and the one incunabulum. Next I proceeded to correct the basic text where there were obvious omissions, homoioteleuta or errors, using as my first and nearly exclusive source of corrections the three other manuscripts in the same family grouping. There have been some instances when I was forced to adopt a reading from the second family of manuscripts since all the manuscripts of the exemplar tradition had obvious misreadings. I have not had to introduce a single reading for which I do not have manuscript authority.

My text, then, represents a corrected version of what was historically the most widely diffused and the most standard and authoritative version of St. Thomas' text as it existed in mediaeval times. It will have, therefore, an historical as well as purely doctrinal importance.

F

DESCRIPTIONS OF MANUSCRIPTS USED IN PREPARATION OF THE TEXT

I. Group I

    1. Oxford, *Balliol College,* 49 (A)
      Parchment. 375 × 252 mm., fol. 323, 13th/14th centuries.

    Incipit: Quaestio est de anima. Utrum anima humana possit esse forma et hoc aliquid et videtur quod non. (fol. 257).
    Explicit: ... et ideo praemia animarum non sunt convenienter intelligenda nisi spiritualiter. poenae autem intelliguntur corporaliter. (then in red: Quaestio est de virtutibus in communi) Expliciunt quaestiones de anima. Incipiunt quaestiones de virtutibus in communi. (fol. 278).
    Literature: R. A. B. Mynors, *Catalogue of the Manuscripts of Balliol College Oxford.* Oxford, Clarendon Press, 1963, pp. 34-35.

This carefully written manuscript from the end of the 13th or the beginning of the 14th century is of Parisian origin. It is based upon a university exemplar and contains a complete set of *pecia* indications.

2. ROME, *Bibl. Vat. Latinus,* 786 (L)
Parchment. 379 × 265 mm., fol. 429, 13th/14th centuries.

Incipit: Quaestio est de anima ·xli· Quaestio est de anima utrum anima humana possit esse forma et hoc aliquid. Et videtur quod non. (fol. 276ᵛ).

Explicit: ...poenae autem intelligi possunt corporaliter. (fol. 303ᵛ).

Literature: Augustus Pelzer. *Codices Vaticani Latini.* Tomus II, Pars Prior. In Bibliotheca Vaticana, 1931, pp. 114-115. Leo W. Keeler, S. J., *De Spiritualibus Creaturis*, Rome, 1946, p. vi. Martin Grabmann, *Die Werke*, p. 303. Jean Destrez, *Études critiques sur les œuvres de Saint Thomas d'Aquin d'après la tradition manuscrite.* (Bibliothèque Thomiste, XVIII) Tome I, Paris, Vrin, 1933, p. 129.

This splendidly written manuscript of the late 13th or early 14th century is noteworthy for the fact that it is the earliest known manuscript that contains all the disputed questions of Thomas Aquinas. Keeler used it for his edition of the *De Spiritualibus Creaturis*. Its contents are fully analyzed in another section of this introduction where the relative ordering of the various series of disputed questions is taken up. It is of English origin and it represents that family of manuscripts in the general manuscript tradition from which our present vulgate text is derived.

3. PARIS, *Bibl. Nat. lat.*, 14547 (P¹)
Parchment. 288 × 205 mm., fol. 1 plus 263, 14th century.

Incipit: Quaestio est de anima utrum anima humana possit esse forma et hoc aliquid. Et videtur quod non. (fol. 138ʳ)

Explicit:... poenae autem intelliguntur corporaliter. Then, in a later hand, is given a table of the questions. (fol. 177ᵛ)

Literature: Etienne Axters, O.P., *op. cit.*, pp. 131-132. Leopold Delisle, *Inventaire des Manuscrits de l'abbaye de Saint-Victor conservés à la Bibliothèque impériale sous les numéros 14232-15175 du fonds latin,* in Bibliothèque de l'école des Chartes, 30 (1869) p. 24.

Axters assigns this manuscript to the 14th century. It is written by a single scribe who made some marginal corrections in his text. Other marginal corrections and marginal notes and comments are added by later hands.

The title "De Anima" is divided between the two sides of each folio, the "De" on the versio, and the "Anima" on the recto. Each question begins with an ornate initial letter.

The section of this manuscript which contains the *De Anima* has most of the *pecia* indications. Axters lists these in his article on the manuscript.

4. PARIS, *Bibl. Nat. lat.* 15352 (P²)
Parchment. 388 × 275 mm., fol. 208, 13th century.

Incipit: Quaestio est de anima utrum anima possit esse forma et hoc aliquid. Et videtur quod non. (fol. 122ᵛ).

Explicit:... poenae autem intelligi possunt corporaliter. (fol. 157ᵛ)

Literature: Etienne Axters, O.P., *op. cit.*, pp. 129-131. Leopold Delisle, *Inventaire des Manuscrits latins de la Sorbonne conservés à la Bibliothèque impériale sous les numéros 15176-16718 du fonds latin*, in Bibliothèque de l'Ecole des Chartes, 31 (1870) p. 6.

This 13th century manuscript contains all the *quaestiones disputatae* except the *De Veritate* and the *De Malo*. The series of questions follows the same order as that of *Ms. Vat. lat. 786*. Axters is convinced, both from his analysis of the script, which is an extremely beautiful Gothic hand, and from other evidence, that the manuscript dates from the 13th century.

Titles at the tops of the folios were written in by a later, more cursive hand. The initial letters at the beginnings of the questions are elaborate; room was left for the insertion of the titles of the questions but these were never added. The scribe made very few marginal corrections or additions.

II. Group II

5. ROME, *Bibl. Vat. Ottobon.* 212 (0)
Parchment. 345 × 255 mm., fol. 233, 13th/14th centuries.

Incipit: Quaestio est utrum anima humana possit esse forma et hoc aliquid. Videtur quod non. (fol. 195ᵛ)

Explicit: ...poenae autem intelligi possunt corporaliter. Et hoc de anima sufficiat. (fol. 221ᵛ)

Literature: Leo W. Keeler, S. J., *Sancti Thomae Aquinatis Tractatus de Spiritualibus Creaturis*, Rome, 1946, p. vi.

This manuscript, written in a beautifully regular and splendidly clear and well-formed script is assigned to the late 13th or early 14th century by Keeler. It was written by a single scribe and also corrected by him. Keeler called it one of the three best manuscripts that he used in preparing his edition of the *De Spiritualibus Creaturis*.

6. ROME, *Bibl. Vat. Borg.* 15 (V)
Parchment. 290 × 215 mm., fol. ii plus 193, 13th/14th centuries.

Incipit: Quaestio est de anima. Primo quaeritur utrum anima humana possit esse forma et hoc aliquid. Et videtur quod non. (fol. 165ʳ)

Explicit: ...poenae autem possunt intelligi corporaliter. A later hand has added the following sentence: Expliciunt quaestiones de spiritualibus creaturis secundum fratrem Thomam de Aquino. (fol. 193ʳ)

Literature: Leo W. Keeler, S. J., *De Spiritualibus Creaturis*, Rome, 1946, pp. vi-vii. F. Pelster, S. J., "Zur Datierung der Quaestio disputata De spiritualibus creaturis," in *Gregorianum*, 6 (1925) pp. 231-247. Cf. especially pp. 235 and 238.

Both Pelster and Keeler state that this manuscript dates from about the end of the 13th century. It is written by a number of different hands, but the section which contains the *De Anima* is all written by a single scribe. There are no corrections or marginal notes in the section which contains the *De Anima*.

There are no folio headings but large initial letters set off the beginning of each question. Space was left at the beginning of each question for the scribe or another rubricator to insert the titles of the questions, but these were never added.

7. BRUGES, *Bibl. de la Ville*, 491 (B)
Parchment. 253 × 178 mm., fol. 315, 13th/14th centuries.

Incipit: Quaestio est de anima. Utrum scilicet anima humana possit esse forma et hoc aliquid. Et videtur quod non. (fol. 65^v).

Explicit: Ad tertium dicendum quod ratio ista non pertinet ad propositum eo quod non ponimus quod anima separata cognoscat... (fol. 83^v).

This manuscript breaks off in the middle of the answer to the third *argumentum in contrarium*. The rest of question 18 and all of questions 19, 20 and 21 are missing.

Literature: A. de Poorter, *Catalogue des Manuscrits de la Bibliothèque Publique de la Ville de Bruges*. Vol. II of the series, *Catalogue Général des Manuscrits des Bibliothèques de Belgique*, Gembloux and Paris, 1934, pp. 561-570. The analysis of *Ms. 491* was made by A. Dondaine, O. P. Etienne Axters, O.P., "Pour l'état des manuscrits des questions disputées de Saint Thomas d'Aquin," in *Divus Thomas* (Piacenza) 38 (1935), p. 149. Palemon Glorieux, "Une élection priorale à Gand en 1309," in *Archivum Fratrum Praedicatorum*, 7 (1937) pp. 246-267. Palemon Glorieux, "Les Correctoires. Essai de mise au point," in *Recherches de théologie ancienne et médiévale*, 14 (1947) pp. 290-291. Martin Grabmann, *Die Werke des Hl. Thomas von Aquin*. Dritte stark erweiterte Auflage, in *Beitrage zur Geschichte der Philosophie und Theologie des Mittelalters*, Band XII, Heft 1/2 Munster Westfalen, 1949, pp. 135-143 (referred to hereafter as Grabmann, *Die Werke*). Leo W. Keeler, S.J. *Sancti Thomae Aquinatis Tractatus de Unitate Intellectus Contra Averroistas*, Rome, 1946, p. ix.

Because some of St. Thomas' *Opuscula* are included in this manuscript, it has been the subject of considerable investigation by Grabmann, Glorieux and others. Glorieux declares that the text is remarkably accurate and correct in the sections upon which he worked. He maintains that the manuscript dates from before 1309 and that certain sections probably date from between 1295 and 1303. Dondaine dates is from the beginning of the 14th century, while Keeler assigns it to the end of the 13th or the beginning of the 14th century. The script is beautiful, uniform and very carefully written. It is singularly free from scribal errors; the scribe was evidently extremely competent and particular about the quality of his work.

The section containing the *De Anima* seems to have been written by two scribes whose handwritings are very much alike. There are some marginal corrections made by the scribe himself and some added by another hand.

Unfortunately the text is not complete. It ends in the middle of the answer to the third *argumentum in contrarium* of Question 18.

III. Incunabulum Used:

Inc. 1. DE ANIMA (Venice, Franciscus Renner, de Heilbron) 1472. In folio, but no folio or page numbers are given in this edition. (H)

Incipit: Questiones dignissime de anima edite ab angelico divinoque doctore Sancto Thoma de aquino, almi ordinis predicatorum feliciter incipiunt. Questio est de anima. Et primo queritur utrum anima humana possit esse forma et hoc aliquid. Et videtur quod non.

Explicit: ... pene autem intelligi possunt corporaliter. Questiones de anima sacnti Thome de Aquino feliciter expliciunt, M. CCCC. LXXII.

Literature: Stillwell, T 152; Hain, 1522; Michelitsch, 197; Klebs, 960.1; Pellechet, 1084; Proctor, 4156; BMC, V 191. N. B. For the titles of the works to which these names and abbreviations refer, cf. note 32.

According to Stillwell's notation, this book is printed in type similar to that used in Venice by Franz Renner around 1472; however, it is not indisputably a Renner edition. So far as we know, this is the *editio princeps* of St. Thomas' *De Anima*. It is also the only 15th century edition which prints the *De Anima* separately, not in conjunction with other disputed questions. The text was based on a good manuscript, related to Group II. It was well edited and superbly printed in a delicate Roman type. There are remarkably few apparent typographical errors.

IV. The following manuscripts were consulted frequently during the establishment of the text, but no variant readings from them were recorded or used in the final version of the text.

8. OXFORD, *Corpus Christi College*, 225
   Parchment, 208 × 145 mm., fol. 261, 14th century.
   De Anima, fol. 5-44

9. PARIS, *Bibl. Nat. lat.*, 15811
   Parchment. 320 × 220 mm., fol. 206, 13th century.
   De Anima, fol. 2^r-36^v.

10. MUNICH, *Clm.*, 3827
    Parchment. 332 × 228 mm., fol. v + 137, 13th century.
    De Anima, fol. 85-113.

11. BASEL, *Bibl. Univer.* F. I. 33
    Parchment. 360 × 241 mm., fol. 50, 13th/14th centuries.
    De Anima, The text is incomplete. This manuscript contains only *Quaestiones* 10, 18, 19, 20 and 21. Fol. 3rb-10vb.

12. BASEL, *Bibl. Univer.* B. III. 8
    Parchment. 330 × 230 mm., fol. 340. 13th/14th centuries.
    De Anima, fol. 230-253.

V. Manuscripts which contain the *Quaestiones De Anima* in whole or in part, but which were not actually used in establishing the revised text.

13. AMIENS, *Bibl. de la Ville*, 244
   Parchment. 354 × 245 mm., fol. 281, 14th century.
   De Anima, fol. 2-24; 279-280. The text should be read as follows: fol. 279-280, then fol. 4-24ᵛ, ignoring fol. 2-3 which contain a later addition, supplied for the material on fol. 279-280.

14. ANGERS, *Bibl. de la Ville*, 418
   Parchment and paper. 286 × 195 mm., fol. 285. 15th century.
   De Anima, fol. 160-162ᵛ. This manuscript contains only *Quaestio* 1 and part of *Quaestio* 2, breaking off in the middle of the *Ad* 3.

15. ARRAS, *Bibl. de la Ville*, 136 (134)
   Parchment. 322 × 260 mm., fol. 234, 13th/14th centuries.
   De Anima, fol. 84ᵛ-124ᵛ. The text breaks off in the middle of the response of *Quaestio* 21. *Quaestiones* 13 and 15 are also missing although they were originally part of the manuscript.

16. ASSISI, *S. Francesco*, 112
   Parchment. 360 × 250 mm., fol. 326, 14th century.
   De Anima, fol. 160-182ᵛ.

17. AVIGNON, *Bibl. de la Ville*, 256.
   Parchment. 329 × 234 mm., fol. 187, 13th/14th centuries.
   This manuscript is of Parisian origin and contains a complete set of *pecia* indications.

18. BOLOGNA, *Univ.*, 861 (1655) **XIII**
   Parchment. 315 × 220 mm., fol. 187, 14th century.
   De Anima, fol. 107-133.

19. BOLOGNA, *Univ.*, 1508.
   Parchment. 312 × 202 mm., fol. 118, 13th century.
   De Anima, fol. 117-118. This manuscript contains only *Quaestio* 2.

20. CAMBRAI, *Bibl. de la Ville*, 486.
   Parchment. 260 × 178 mm., fol. 89, 13th century.
   De Anima, fol. 3-40ᵛ; 41; 1.

21. CAMBRAI, *Bibl. de la Ville*, 542
   Parchment. 370 × 268 mm., fol. 200. 13/14th centuries.
   De Anima, fol. 174-193.

22. DOUAI, *Bibl. de la Ville*, 423.
   Parchment. 339 × 247 mm., fol. 130, 14th century.
   De Anima, fol. 1-24.

23. FLORENCE, *Laurentiana*, Fesul 103.
   Parchment. 365 × 250 mm., fol. 327, 15th century.
   De Anima, fol. 252-299.

24. KLOSTERNEUBURG, *Stiftsbibl.*, 274.
   Parchment. 260 × 182 mm., fol. 161, 14th century.
   De Anima, fol. 1-30.

25. LAON, *Bibl. de la Ville*, 165.
Parchment. 300 × 216 mm., fol. 238, 14th century.
De Anima, fol. 3-31.

26. LONDON, *St. Dominic's Priory*
Parchment. fol. 183, 13th century.
De Anima, fol. 160-183ᵛ. The text breaks off in *Quaestio* 21, Obj. 15.

27. OXFORD, *Balliol*, 47
Parchment. 357 × 240 mm., fol. 267. 13/14th centuries.
De Anima, fol. 237-267.

28. OXFORD, *Bodleian*, 214 (2048)
Parchment. 350 × 238 mm., fol. 180, 13/14th centuries.
De Anima, fol. 1-41ᵛ.

29. OXFORD, *Cod. Laud. Misc.*, 480
Parchment. 198 × 138 mm., fol. 198, 13/14th centuries.
De Anima, fol. 160-196. This manuscript contains only the following *Quaestiones*: 1, 4, 7, 8, 9, 11, 14, 21, 15, 16, 17.

30. OXFORD, Merton, 275 (H.3.6.)
Parchment. 278 × 200 mm., fol. 238, 13/14th centuries.
De Anima, fol. 122-154.

31. PADUA, *Univ.*, 613
Parchment. 259 × 187 mm., fol. 32, 14th century.
De Anima, fol. 1-29.

32. PADUA, *Univ.*, 661
Paper. 295 × 215 mm., fol. 333, 15th century.
De Anima, fol. 99-142.

33. PADUA, *Univ.*, 1457 (A.75)
Parchment. 322 × 245 mm., fol. 197, 13/14th centuries.
De Anima, fol. 169ᵛ-197ᵛ.

34. PARIS, *Bibl. de l'Arsenal*, 184.
Parchment. 325 × 235 mm., fol. A + 212, 14th century.
De Anima, fol. 177-211.

35. PARIS, *Bibl. Nat. lat.*, 16183.
Parchment. fol. 296, 14th century .
De Anima, fol. 72-95. This manuscript is very badly written; dozens of objections and answers to objections are omitted; some of the *Sed contra's* are suppressed or combined, and responses are abbreviated.

36. PARIS, *Bibl. Mazarine*, 3493.
Parchment. 351 × 250 mm., fol. 2 + 284, 14th century.
De Anima, fol. 241-283.

37. PARIS, *Université de Paris*, 209
Parchment. 305 × 220 mm., fol. 217. The manuscript is written by two scribes; one hand (fol. 1-176), 14th century; second hand (fol. 176-217), 15th century.
De Anima, fol. 1-35.

38. ROME, *Bibl. Angelica*, 62.
    Parchment. 298 × 210 mm., fol. 100, 14th century.
    De Anima, fol. 73-99^v.

39. ROME, *Bibl. Angelica*, 104.
    Paper. 290 × 210 mm., fol. 263, 15th century.
    De Anima, fol. 161-182.

40. ROME, *Bibl. Vat. Borghes.*, 120
    Parchment. 300 × 223 mm., fol. 147, 13/14th centuries.
    De Anima, fol. 115-195.

41. ROME, *Bibl. Vat. lat.*, 780
    Parchment. 323 × 220 mm., fol. 159, 15th century.
    De Anima, fol. 106-159^v.

42. ROME, *Bibl. Vat. lat.*, 1015.
    Parchment. 345 × 248 mm., fol. 221, 13/14th centuries.
    De Anima, fol. 133-166^v.

43. ROME, *Bibl. Vat. Ottobon. lat.*, 184.
    Parchment. 320 × 215 mm., fol. 286, 14th century.
    De Anima, fol. 203-225^v

44. ROME, *Bibl. Vat. Reg. lat.* 1883
    Parchment. 430 × 306 mm., fol. 420, 14th century.
    De Anima, fol. 344-365.

45. ROME, *Bibl. Vat. Urbinates lat.*, 140
    Parchment. 350 × 242 mm., fol. 303, 15th century.
    De Anima, fol. 206-249^v.

46. ROUEN, *Bibl. de la Ville*, 585.
    Paper. 295 × 208 mm., fol. 307, 15th century.
    De Anima, fol. 288-307. The text is incomplete, ending in the middle of the
    reply to the 18th objection of *Quaestio* 10.

47. TOULOUSE, *Bibl. de la Ville*, 872 (III, 140)
    Parchment and paper. 210 × 145 mm., fol. 328. Century: mixed, 14th
        and later.
    De Anima, fol. 25-67.

48. TROYES, *Bibl. de la Ville*, 769.
    Parchment. 313 × 240 mm., fol. 252, 15th century.
    De Anima, fol. 216-252.

49. TROYES, *Bibl. de la Ville*, 1256.
    Paper. 208 × 136 mm., fol. 207, 15th century.
    De Anima, fol. 1-54. The text breaks off in the middle of *Ad* 16 of *Quaestio* 21.

50. VENICE, *Maricana, lat. fondo antico* 120.
    Parchment. 373 × 265 mm., fol. 311, 15th century.
    De Anima, fol. 265^v-310.

VI. Manuscripts which contain the *Quaestiones de Anima* in whole or in part, but which I have never examined.

51. CAMBRIDGE, *Gonville and Caius*, 460.
Parchment. 14th century.
De Anima, fol. 13.

52. ERLANGEN, *Univ.*, 208
Parchment. 305 × 225 mm., fol. 103, 14th century.
De Anima, fol. 51-66. Does not contain *Quaestiones* 20 and 21.

53. LISBON, *Bibl. Nac.*, Cod. 262.
Parchment. 332 × 227 mm., fol. 226, 14th century.
De Anima, fol. 1-30.

54. MADRID, *Bibl. Nac. de Madrid*, 1565.
Parchment. 250 × 185 mm., fol. 113, 13/14th centuries.
De Anima, fol. 48-67. The text is incomplete, breaking off in the middle of *Quaestio* 21, obj. 13.

55. MADRID, *Bibl. Real*, Cod. 11.
Parchment. 345 × 243 mm., fol. 178, 14th century.
De Anima, fol. 1-24.

56. MUNICH, *Bibl. Regia Mon.*, 23808 (zz 808)
Fol. 174, 15th century.
De Anima, fol. 51-98.

57. NAPLES, *Bibl. Nazionale*, VII B 23.
Parchment. 315 × 218 mm., fol. 215, 14th century.
De Anima, fol. 153-177.

58. SUBIACO, 78 (LXXVI)
Parchment. 310 × 217 mm., fol. 134, 15th century.
De Anima, fol. 35 sqq.

59. VALENCIA, *Bibl. de la Catedral*, 142A
Parchment. 320 × 220 mm., fol. 145, 14th century.
De Anima, fol. 79-100.

60. VALENCIA, *Bibl. Univer. de Valencia*, 2301.
Parchment. 390 × 266 mm., fol. 227, 15th century.
De Anima, fol. 45 sqq.

VII. Incunabula that have been consulted: These are listed in chronological order.

Inc. 2. QUAESTIONES DISPUTATAE. (Venice, Christophorus Arnoldus. Not after 1478). In folio. No folio or page numbers are given in this edition. (A)

Contents: De Potentia Dei, De Malo, De Spiritualibus Creaturis, De Anima, De Unione Verbi, De Virtutibus in Communi, De Charitate, De Correctione Fraterna, De Spe, De Virtutibus Cardinalibus.

Incipit: Incipiunt questiones de anima sanctissimi et clarissimi doctoris Thome de aquino ordinis predicatorum. Et primo utrum anima humana possit esse forma et hoc aliquid. Questio est de anima. Utrum anima humana possit esse forma et hoc aliquid. Et videtur quod non.

Explicit: ...pene autem intelliguntur corporaliter. Expliciunt questiones de anima sancti Thome de aquino.

Literature: Stillwell, T 155; Hain and Hain-Copinger, 1416; Michelitsch, 91; Pellechet, 1015; Polain, 3722; Proctor, 4217; BMC, V 206. Leo W. Keeler, S. J., *De Spiritualibus Creaturis*. Rome, 1946, p. viii.

Stillwell's notation indicates that this work is printed in type such as Christophorus Arnoldus was using in Venice before 1478. Hain-Copinger also assigns this edition to Venice but dates it as 1480 and assigns Philippus Venetus as the printer. In other words, these authoities at least agree in assigning the edition to Venice in or before the year 1480. It is printed in Gothic characters.

Since this edition contained all of the disputed questions except the *De Veritate*, it is only natural that it should have been used as the basis for several subsequent printed editions, rather than the better edited Venice version of 1472, which has the text of only the *De Anima*.

Inc. 3. QUAESTIONES DISPUTATAE. Strassburg, Martin Flach, 23 February 1500. In folio. (F)

Contents: De Potentia Dei, De Unione Verbi, De Spiritualibus Creaturis. De Anima, De Virtutibus, De Malo.

Incipit: Incipiunt questiones de anima disputate per sanctum Thomam ordinis fratrum predicatorum. Questio prima. Primo queritur utrum anima humana possit esse forma et hoc aliquid. Et videtur quod non. (fol. 140^v)

Explicit: ...pene autem intelligi possunt corporaliter. Expliciunt questiones de anima per sanctum Thomam de Aquino disputate. Following this there is a Tabula questionum de anima. The questions are then listed. (fol. 174^v)

Literature: Stillwell, T 156; Hain, 1417; Michelitsch, 92; Pellechet, 1016; Polain, 3723; Proctor, 717; BMC, I 156; Leo W. Keeler, S.J., *De Spiritualibus Creaturis*, Rome, 1946, p. viii.

This edition, one of two editions published the same year in Germany, was edited by a Dominican, Johannes Winckel, and published by Flach at Strassburg. Its readings agree very closely with edition Q.

It is well printed in Gothic characters; the text is divided into two columns, and it is the first edition to have the folios numbered. Notations were inserted in the margins to indicate the numbers of the arguments, the location of the *Sed contra*'s and the beginning of the *Solutio* of each question.

Inc. 4. QUAESTIONES DISPUTATAE. Cologne, Heinrich Quentell. 7 May 1500. In folio. (Q)

Contents: *De Potentia Dei, De Malo, De Spiritualibus Creaturis, De Anima, De Unione Verbi, De Virtutibus.*

Incipit: Incipiunt questiones de anima disputate per Thomam ordinis fratrum predicatorum. Questio prima. Utrum anima humana possit esse forma et hoc aliquid. Et videtur quod non. (fol. 114^v).
Explicit: ...pene autem intelliguntur corporaliter. Expliciunt questiones de anima per sanctum Thomam de Aquino disputate. Then there follows a *Tabula questionum.* (fol. 143^r)
Literature: Stillwell, T 157; Hain and Hain-Copinger, 1418; Michelitsch, 93; Voullieme, 1145; Pellechet, 1017; Proctor, 1365; BMC, I 292; Leo W. Keeler, S. J., *De Spiritualibus Creaturis*, Rome, 1946. p. viii. Quetif-Echard, *Scriptores Ordinis Praedicatorum*, Lutetiae Parisiorum, 1721. Tome II, p. 289a.

According to the title page of this work, published just two months after the Strassburg edition, the editor was likewise a Dominican, Magister Theodericus Susteren, from the Cologne convent of the Order of Preachers.

Like editions A and F, it is printed in Gothic type, in two columns, and like F, it has numbers in the margins to indicate the sequence of arguments, the *solutio,* and so on. Like edition F, furthermore, it seems to be dependent on edition A, not on edition H.

G

VARIANTS

The recording of variants is not complete; it has had to be of selected and of significant ones only. There is certainly no need in an edition such as the present one, nor in any edition, to record every blunder of every blundering scribe. In Question One alone, I recorded 947 variant readings. Since some of these appeared in two or more manuscripts, the total number of recorded variants rose to over 1300. Obviously it is foolish to record all these variants; but how to make a selection ? One can never apply an absolutely inflexible rule to the selection of variants in a mediaeval text, but I tried as consistently as possible to do the following:

1) I have recorded every variant, no matter how insignificant, of the basic manuscript (*Balliol* 49) with the finally established text.

2) I have recorded every variant of Ms. P^1 with the established text except for differences in word order.

3) I have included a goodly number of two types of significant variants from other manuscripts:

    a) Those that would be of real help in showing important relation-
ships between manuscripts.

    b) Those that would indicate a difference in meaning or in emphasis,
even though slight, from the established text.

4) I have generally not recorded the following:

    a) Ordinary changes in word order, e.g., *diversas complexiones* for
complexiones diversas.

    b) Common variations in basic words, *ergo* for *igitur* or vice versa,
item for *praeterea*, *nec* for *neque.*

    c) Standard shortenings of conclusions by an *ergo, etc.*

    d) Obvious grammatical blunders.

    e) Omissions of words or phrases, especially when these appear in
only one manuscript.

In short, the purpose of the recorded variants is not to make available the total textual history, but to give sufficient evidence to support any adopted reading or to show wherever there is important manuscript disagreement with the adopted readings. Whenever I adopted any significant reading that I felt was the least bit questioned by the other manuscripts, I have always given the variant readings.

TEXT

QUAESTIO PRIMA

Loca parallela: *In II Sent.*, dist. I, q. 2, a. 4; dist. XVII, q. 2, a. 1; *Contra gent.*, II, 56-59, 68-70; *De Pot.*, q. 3, a. 9, 11; *Summa theol.*, I, q. 75, a. 2; q. 76, a. 1; *De Spir. creat.*, a. 2; *De Anima*, q. 2, 14; *De Unit. intell.*, cap. 3; *In II De An.*, lect. 4; *In III De An.*, lect. 7; *Compend. theol.*, cap. 80, 87.

Quaestio est de anima,[1] Utrum anima humana possit esse forma et hoc aliquid. Et videtur quod non.

(1) Si enim anima humana est hoc aliquid, est[2] subsistens et habens per se esse completum. Quod autem advenit alicui post esse completum advenit ei accidentaliter, ut albedo homini aut etiam vestimentum.[3] Corpus igitur unitum[4] animae[5] advenit ei accidentaliter. Si ergo anima est hoc aliquid, non est forma substantialis corporis.

(2) Praeterea, si anima[6] est hoc aliquid, oportet quod sit aliquid individuatum. Nullum enim universalium[7] est hoc aliquid. Aut igitur individuatur[8] ex aliquo alio aut ex se. Si ex alio et est forma corporis, oportet quod individuetur ex corpore; nam formae individuantur[9] ex propria materia et sic sequetur[10] quod remoto[11] corpore tolletur individuatio animae; et sic anima non poterit esse per se subsistens nec hoc aliquid. Si autem ex se individuatur, aut est forma simplex[12] aut est aliquid compositum ex materia et forma. Si est[13] forma simplex, sequitur quod una anima individua[14] ab alia differre non poterit nisi secundum forman. Differentia[15] autem secundum formam facit diversitatem[16] speciei. Sequitur igitur quod animae diversorum hominum sint specie differentes. Unde et homines specie differrent si[17] anima est[18] forma corporis, cum unumquodque a propria forma speciem sortiatur. Si autem anima est composita ex materia et forma, impossibile est quod secundum se totam[19] sit forma corporis, nam materia nullius est forma. Relinquitur igitur quod impossibile sit animam simul esse hoc aliquid et forma.

(3) Praeterea, si anima est hoc aliquid, sequitur quod sit individuum

---

[1] de anima] *om.* O *add.* primo quaeritur V *add.* et primo quaeritur H   [2] Si enim... aliquid, est] si sic esset O   [3] Plato, *Phaedo*, 87B   [4] unitum] *om.* V   [5] animae] *add.* esse tamen V   [6] anima] *add.* humana V   [7] universalium] universale O   [8] individuatur] individuatum V   [9] formae individuantur] forma individuatur B   [10] sequetur] sequitur B   [11] remoto] recedente B   [12] simplex] substantialis O   [13] forma. Si est] *om.* L   [14] individua] individuata P²VBH   [15] Differentia] divisio V   [16] diversitatem] differentiam O   [17] si] sed L   [18] est] sit O esset VH   [19] totam] totum ALP¹O

quoddam. Omne autem[20] individuum est in aliqua specie et in aliquo genere.

Relinquitur igitur quod anima habeat propriam speciem et proprium genus. Impossibile est quod aliquid propriam speciem habens recipiat superadditionem[21] alterius ad speciei cujusdam[22] constitutionem, quia, ut Philosophus dicit VIII *Metaphysicae*,[23] formae vel[24] species rerum sunt sicut numeri,[25] quibus quicquid[26] subtrahitur[27] vel additur speciem variat. Materia autem et forma uniuntur ad specierum[28] constitutionem. Si igitur anima est hoc aliquid non unietur corpori ut forma materiae.

(4) Praeterea, cum Deus res propter sui[29] bonitatem fecerit, quae in diversis[30] rerum[31] gradibus manifestatur, tot gradus entium instituit quot potuit[32] natura[33] pati. Si igitur anima humana potest per se subsistere, quod oportet dicere si est hoc aliquid, sequitur quod animae per se existentes[34] sint unus gradus entium. Formae autem[35] non sunt unus gradus entium seorsum[36] sine materiis.

Et[37] igitur[38] anima, si est hoc aliquid, non erit forma alicujus materiae.

(5) Praeterea, si anima est hoc aliquid et per se subsistens,[39] oportet quod sit incorruptibilis cum neque contrarium habeat neque ex contrariis composita sit. Si autem est incorruptibilis,[40] non potest esse proportionata corpori corruptibili[41] quale est corpus humanum. Omnis autem forma est proportionata suae materiae. Si igitur[42] anima est hoc aliquid, non erit forma corporis humani.

(6) Praeterea, nullus subsistens est actus purus nisi Deus. Si igitur anima est hoc aliquid, utpote per se subsistens, erit in ea aliqua compositio actus et potentiae. Et sic non poterit esse forma, quia potentia non est alicujus actus. Si igitur anima sit hoc aliquid, non erit forma.[43]

(7) Praeterea, si anima est hoc aliquid potens per se subsistere, non oportet quod corpori uniatur nisi proper aliquod bonum ipsius. Aut igitur propter aliquod[44] bonum essentiale aut propter bonum[45] accidentale. Propter bonum essentiale non,[46] quia sine corpore potest subsistere; neque

---

[20] autem] esse V   [21] superadditionem] additionem B   [22] cujusdam] ejusdem POBH
[23] ARISTOTLE, *Metaph.*, VIII, 3 (1043b 33-1044a 2)   [2ᵘ] formae vel] *om.* Lg   [25] numeri]
add. in P²OVH   [26] quicquid] quisque L si quid H   [27] subtrahitur] subtrahetur P
[28] specierum] speciei LP²VB   [29] sui] suam OBH   [30] diversis] suis O   [31] rerum]
om. O   [32] potuit] *add.* in rerum V *add.* rerum H   [33] natura] *add.* rerum B   [34] existentes] subsistentes L   [35] autem] aliae V   [36] seorsum] *om.* VH   [37] Et] *om.* ALg
[38] igitur] sic P²   [39] subsistens] existens est O   [40] incorruptibilis] incorporalis V
[41] corruptibili] carnali V   [42] Si igitur] igitur si ALP¹O   [43] *Text.* in B: Praeterea si
anima est hoc aliquid erit in ea compositio actus et potentia sed potentia nullius est actus ergo
anima si est hoc aliquid non erit forma corporis   [44] aliquod] *om.* B   [45] propter bonum]
om. VBH   [46] Propter bonum essentiale non] non propter primum O

etiam propter bonum accidentale,[47] quia praecipue videtur esse cognitio veritatis, quam anima humana per sensus accipit qui sine organis corporeis[48] esse non possunt; quia animae puerorum ante etiam quam nascantur morientium dicuntur a quibusdam perfectam[49] cognitionem rerum[50] habere, quam tamen constat quia per sensum[51] non acquisierunt. Si igitur anima est hoc aliquid, nulla ratio est quare corpori uniatur ut forma.

(8) Praeterea, forma et hoc aliquid ex opposito dividuntur. Dicit enim Philosophus in II *De Anima*[52] quod substantia dividitur in tria, quorum unum est forma, aliud materia, et tertium quod est hoc aliquid. Opposita autem non dicuntur de eodem. Ergo anima humana non potest esse forma et hoc aliquid.

(9) Praeterea, id quod est hoc aliquid per se subsistit. Formae autem proprium est ut sit in alio, quae videntur esse opposita. Si igitur anima est hoc aliquid, non videtur quod sit forma.

Sed dicebat quod corrupto corpore anima[53] remaneat[54] hoc aliquid et per se subsistens; sed tunc perit in ea ratio formae.

(10) Sed contra, omne quod potest abscedere ab aliquo manente substantia[55] ejus inest ei accidentaliter. Si igitur anima manente[56] post corpus perit in ea ratio formae, sequitur quod ratio formae conveniat ei accidentaliter. Sed non unitur corpori ad constitutionem hominis nisi prout est forma. Ergo unitur corpori[57] accidentaliter, et per consequens homo erit ens per accidens, quod est inconveniens.

(11) Praeterea, si anima humana est hoc aliquid et per se existens,[58] oportet quod per se habeat[59] propriam operationem, quia[60] uniuscujusque rei per se existentis est aliqua propria operatio. Sed anima humana non habet aliquam propriam operationem quia ipsum intelligere, quod maxime videtur esse ejus proprium, non est animae sed hominis[61] per animam, ut dicitur in I *De Anima*.[62] Ergo anima humana[63] non est hoc aliquid.

(12) Praeterea, si anima humana[64] est forma corporis, oportet quod habeat aliquam dependentiam ad corpus.[65] Forma enim[66] et materia a se invicem dependent. Sed quod dependet ex aliquo non est hoc aliquid. Si igitur anima est forma corporis, non est hoc aliquid.[67]

(13) Praeterea, si anima est forma corporis, oportet[68] quod animae et corporis sit unum esse; nam ex materia et forma fit unum secundum esse.

---

[47] neque ...accidentale] non propter secundum O   [48] corporeis] corporis P²V   [49] perfectam] certam VBH   [50] rerum] *add.* naturalium g   [51] sensum] sensus VBH   [52] Aristotle, *De Anima*, II, 1 (412a 6-9)   [53] anima] *om.* P² anima remanet BH   [54] anima remaneat] remanet anima OV   [55] substantia] subjecto H remanet L remanet P²   [56] manente] remanente P¹g remante L   [57] corpori] ei B   [58] existens] subsistens P²   [59] habeat] *add.* aliquam VH   [60] si ...quia] *om.* B   [61] hominis] corporis B   [62] Aristotle, *De Anima*, I, 4 (408b 13-15)   [63] humana) *om.* L   [64] humana] *om.* L   [65] si anima ...corpus] *om.* B   [66] enim] *om.* B   [67] Si ...aliquid] *om.* L   [68] oportet] oporteret A

Sed animae et corporis non potest esse unum esse[69] cum sint diversorum generum. Anima[70] enim est in genere substantiae incorporeae; corpus vero in genere substantiae[71] corporeae. Anima igitur non potest esse forma corporis.[72]

(14) Praeterea, esse corporis est esse corruptibile[73] et ex partibus quantitatis resultans. Esse autem[74] animae est incorruptibile et[75] simplex. Ergo corporis et animae non est unum esse.

Sed dicebat quod corpus humanum ipsum esse corporis habet[76] per animam.

(15) Sed contra, Philosophus dicit in II *De Anima*[77] quod anima est actus corporis physici organici. Hoc igitur quod comparatur[78] ad animam ut materia ad actum est jam corpus physicum organicum, quod non potest esse nisi per aliquam formam qua constituatur[79] in genere corporis. Habet igitur corpus humanum suum esse praeter esse animae.

(16) Praeterea, principia essentialia,[80] quae sunt materia et forma, ordinantur ad esse. Sed ad id quod potest haberi in natura[81] ab uno[82] non requiruntur duo. Si igitur anima cum sit hoc aliquid habet in se proprium esse, non adjungetur ei[83] secundum naturam corpus ut materia formae.

(17) Praeterea, esse comparatur ad substantiam animae[84] ut actus ejus et sic oportet quod sit supremum in anima. Inferius autem non contingit illud quod est superius secundum supremum in eo, sed magis secundum infimum. Dicit enim Dionysius VII capitulo *De Divinis Nominibus*[85] quod divina sapientia contingit[86] finem[87] primorum[88] principiis secundorum. Corpus igitur quod est inferius anima non pertingit[89] ad esse quod est supremum in ipsa.

---

[69] potest esse unum esse] efficitur unum secundum esse B   [70] Anima] animae A
[71] incorporeae ...substantiae] *in marg.* P1₂   [72] corporis] *add.* Praeterea anima habet proprium esse ex suis potentiis. Si ergo habet aliquod esse commune corpori sequitur quod habet duplex esse quod est impossibile O *add.* Praeterea anima habet esse proprium ex suis principiis. Si igitur habet aliud esse commune corpori sequitur quod habeat duplex esse quod est impossibile V *add.* Praeterea anima habet esse ex suis principiis. Si igitur habet aliquod esse commune corpori sequitur quod habeat esse duplex quod est impossibile B *add.* Praeterea anima habet esse proprium ex suis principiis id est si igitur habet aliquod esse commune corpori sequitur quod habeat duplex esse quod est impossibile H   [73] corruptibile] corporale V   [7] autem] *ss.* P1
[75] et] *om.* LP2 *add.* esse P1   [76] ipsum ...habet] habet esse B   [77] ARISTOTLE, *De Anima*, II, 1 (412a 27-28)   [78] comparatur] operatur H   [79] constituatur] instituatur V
[80] essentialia] naturalia VH   [81] in natura] secundum naturam VBH   [82] ab uno] per unum VB ad unum H   [83] ei] *om.* AL *add. ss.* P1₂ nisi P2   [84] substantiam animae] animam B   [85] PSEUDO-DIONYSIUS, *De Divinis nominibus*, VIII, 3 (PG 3: 871)
[86] contingit] continet O conjungit VH   [87] finem] fines g   [88] primorum] principiorum O
[89] pertingit] convenit OVB contingit H

(18) Praeterea, quorum est unum esse[90] et una operatio. Si igitur esse animae humanae conjunctae[91] corpori et operatio ejus, quae est intelligere, erit communis animae et corpori; quod est impossibile, ut probatur in III *De Anima*.[92] Non est[93] igitur unum esse animae humanae et corporis. Unde sequitur quod anima non sit forma corporis et hoc aliquid.[94]

SED CONTRA, unumquodque sortitur speciem per propriam formam. Sed homo est homo in quantum est rationalis; ergo anima rationalis est propria forma hominis.[95] Est autem hoc aliquid et per se subsistens cum per se operetur; non enim est intelligere per organum corporeum, ut probatur in III *De Anima*.[96] Anima igitur humana est hoc aliquid et forma.

(2) Praeterea, ultima perfectio animae humanae consistit in cognitione veritatis quae est per intellectum. Ad hoc autem quod perficiatur anima[97] in cognitione veritatis indiget uniri corpori, quia intelligit per phantasmata quae non sunt sine corpore. Ergo necesse est ut anima corpori uniatur ut forma, etiam si sit hoc aliquid.

RESPONSIO. Dicendum quod hoc aliquid proprie dicitur individuum in genere substantiae. Dicit enim Philosophus in *Praedicamentis*[98] quod primae substantiae indubitanter hoc aliquid significant; secundae vero substantiae, etsi videantur hoc aliquid significare, magis tamen significant quale quid. Individuum autem in genere substantiae non solum habet quod[99] per se possit subsistere, sed quod sit aliquid completum in aliqua specie et genere substantiae.[100] Unde Philosophus etiam[101] in *Praedicamentis*[102] manum et pedem et hujusmodi nominat partes substantiarum magis quam substantias primas vel secundas. Quia licet non sint in alio sicut in subjecto, quod proprie[103] substantiae est, non tamen participant complete[104] naturam alicujus speciei; unde non sunt in aliqua specie neque[105] in aliquo genere nisi[106] per reductionem.

Duobus igitur existentibus de ratione ejus quod est hoc aliquid, quidam utrumque animae humanae abstulerunt, dicentes animam esse harmo-

---

[90] unum esse] *add.* est H   [91] conjunctae] conjuncta a *corr. ss.* P²₁ concomitatur O conjungatur V conjungantur H   [92] ARISOTLE, *De Anima*, III, 4 (429a 24-27)   [93] est] *om.* ALP²   [94] *In* B (18): quorum est unum esse. et una operatio. sed intelligere non est corporis ut probatus in tertio de anima. ergo nec animae et corporis erit unum esse. unde sequitur quod non sit forma corporis et hoc aliquid.   [95] hominis] corpor's VH   [96] ARISTOTLE, *De Anima*, III, 4 (429a 24-27)   [97] anima] animae OVB *om.* H   [98] ARISTOTLE, *Categoriae*, V (3b 10-23)   [99] quod] *add.* duo sunt ipsius quod est hoc aliquid O   [100] substantiae] *om.* P²   [101] etiam] *om.* LP²g   [102] ARISTOTLE, *Categoriae*, V (3a 28-31)   [103] proprie] proprium OBH   [104] complete] completam V   [105] neque] vel P²B   [106] nisi] sed P²

niam ut[107] Empedocles[108] aut complexionem[109] ut Galienus[110] aut aliquid hujusmodi. Sic enim anima neque per se poterit subsistere neque erit aliquid completum in aliqua specie vel[111] genere substantiae, sed erit forma tantum, similis[112] aliis materialibus formis.[113] Sed haec positio stare non potest, nec quantum ad animam vegetabilem, cujus operationes oportet habere aliquod principium supergrediens qualitates activas et passivas, quae in[114] nutriendo et in[115] augendo se habent instrumentaliter tantum, ut probatur in II *De Anima*.[116] Complexio autem et harmonia[117] qualitates elementares non transcendunt.

Similiter autem non potest stare quantum[118] ad animam sensibilem, cujus operationes sunt in recipiendo species sine materia,[119] ut probatur in II *De Anima*,[120] cum tamen qualitates activae et passivae ultra materiam se non extendant, utpote materiae[121] dispositiones existentes. Multo autem minus potest stare quantum ad animam rationalem, cujus operationes sunt in[122] abstrahendo species non solum a materia sed ab omnibus conditionibus materialibus individuantibus, quod requiritur ad cognitionem universalis. Sed adhuc aliquid amplius proprie in anima rationali considerari oportet, quia non solum absque materia et conditionibus materiae species intelligibiles recipit,[123] sed nec etiam in ejus propria operatione possibile est communicare[124] aliquod organum corporale, ut sit[125] aliquod corporeum[126] organum intelligendi, sicut oculus est organum videndi, ut probatur in III *De Anima*.[127]

Et sic oportet quod anima intellectiva per se agat, utpote propriam operationem habens absque corporis communione.[128] Et quia unumquodque agit secundum quod est actu, oportet quod anima[129] intellectiva habeat esse per se absolutum, non dependens a corpore. Formae enim quae habent esse dependens a materia vel subjecto non habent per se operationem; non enim calor agit, sed calidum. Et propter hoc posteriores philosophi judicaverunt partem animae intellectivam[130] esse aliquid per

---

[107] harmoniam ut] *add.* est L   [108] Aristotle, *De Anima*, I, 4 (407b 27-408a 28) Nemesius, *De Natura hominis*, cap. 2 (PG 40: 537), ed. Burkhard, Part II, p. 3 [27] "...Dinarchus autem harmoniam quattuor elementorum..."; Cf. Gregory of Nyssa, *De Anima*, Sermo Primus (PG 45: 193D).   [109] complexionem] *in marg.* P¹   [110] Nemesius, *De Natura hominis*, cap. 2 (PG 40: 553), ed. Burkhard, p. 9; Cf. Gregory of Nyssa, *De Anima*, Sermo Primus (PG 45: 196) [111] vel] *add.* in aliquo VH   [112] similis] consimilis O   [113] Sic ...formis] *om.* B [114] quae in] *om.* in L   [115] et in] *om.* in P¹g   [116] Aristotle, *De Anima*, II, 4 (416b 17-30)   [117] harmonia] harmoniam P¹OV   [118] quantum] quantam LP²O   [119] materia] *add. in marg.* tamen cum appenditiis materiae B   [120] Aristotle, *De Anima*, II, 12 (424 a 17-21)   [121] materiae] naturae P²   [122] in] et A   [123] recipit] respicit AP² *in marg.* L [124] communicare] *del. et in marg.* reperire O   [125] sit] sic VBH *om.* P²   [126] corporeum] *add.* sit AP¹P²   [127] Aristotle, *De Anima*, III, 4 (429a 24-27)   [128] communione] communicatione O   [129] anima] *om.* ALP²   [130] intellectivam] intellectivae H

se[131] subsistens. Dicit enim Philosophus[132] in I *De Anima*[133] quod intellectus est substantia quaedam et non corrumpitur.[134] Et in idem redit dictum Platonis,[135] ponentis animam immortalem et per se subsistentem ex eo quod movet se ipsam. Large enim accepit motum pro omni operatione, ut sic intelligatur quod intellectus movet seipsum quia se ipso operatur.

Sed ulterius ponit[136] Plato[137] quod anima non solum per se subsisteret,[138] sed quod etiam haberet in se completam naturam speciei. Ponebat enim totam naturam speciei in anima esse, definiens hominem non aliquid compositum ex anima et corpore sed anima corpore utentem,[139] ut sit comparatio[140] animae ad corpus sicut nautae ad navem, vel sicut induti ad vestem.

Sed haec opinio stare non potest. Manifestum est enim illud quo vivit[141] corpus animam esse. Vivere autem est esse viventium.[142] Anima igitur[143] est quo corpus humanum habet esse actu; hujusmodi autem forma est. Est igitur anima humana corporis forma. Item, si anima esset in corpore sicut nauta in navi, non daret speciem corpori neque partibus ejus; cujus contrarium apparet ex hoc quod recedente anima, singulae partes[144] non retinent[145] pristinum nomen nisi aequivoce. Dicitur enim oculus mortui aequivoce oculus,[146] sicut pictus aut lapideus, et simile est de aliis partibus. Et praeterea, si anima esset in corpore sicut nauta in navi, sequeretur quod unio animae et corporis esset accidentalis. Mors igitur quae significat eorum separationem[147] non esset corruptio substantialis, quod patet esse falsum. Relinquitur igitur quod anima est hoc aliquid ut per se potens subsistere, non quasi habens in se completam speciem, sed quasi perficiens speciem humanam ut est forma corporis; et sic simul est forma et hoc aliquid.

Quod quidem ex ordine formarum naturalium considerari potest. Invenitur enim inter formas inferiorum corporum tanto aliqua altior quanto superioribus principiis magis assimilatur et appropinquatur.[148] Quod quidem ex propriis formarum operationibus perpendi[149] potest. Formae enim elementorum, quae sunt infimae et materiae[150] propinquis-

---

[131] per se] *om.* VBH   [132] Philosophus] Aristoteles VBH   [133] Aristotle, *De Anima*, I, 4 (408b 18-19)   [134] quod... corrumpitur] intellectum nostrum esse substantiam quamdam et non corrumpi B corrumpitur] corrumpi P²H corruptibilis O corrupta V   [135] Plato, *Phaedrus*, 245c-246A   [136] ponit] posuit VBH   [137] Plato, *Alcibiades*, I, 129E-130C   [138] subsisteret] existeret V   [139] utentem] viventem ALP²   [140] comparatio] operatio O   [141] illud quo vivit] quod vivificat O   [142] esse viventium] viventibus esse V   [143] igitur] autem LP² ergo OVBH   [144] partes] *add.* corporis g   [145] retinent] recipiunt O   [146] aequivoce oculus] *om.* oculus P²   [147] Nemesius, *De Natura hominis*, cap. 2 (PG 40: 550), ed. Burkhard, p. 8.   [148] appropinquatur] appropinquat VBH   [149] perpendi] apprehendi V   [150] materiae] naturae V

simae,[151] non habent aliquam operationem excedentem qualitates activas et passivas, ut[152] rarum et densum et aliae[153] quae videntur esse materiae dispositiones. Super has autem sunt formae mixtorum corporum, quae praeter praedictas operationes habent aliquam operationem consequentem speciem quam sortiuntur ex corporibus caelestibus, sicut quod adamas trahit[154] ferrum, non propter calorem aut frigus aut aliquid hujusmodi sed ex quadam participatione virtutis caelestis. Super has autem formas sunt iterum animae plantarum quae habent similitudinem non solum ad ipsa corpora super[155] caelestia sed ad motores corporum caelestium,[156] in quantum sunt principia cujusdam motus, quibusdam se ipsa[157] moventibus. Super has autem ulterius sunt animae brutorum, quae similitudinem jam habent ad substantiam moventem caelestia corpora, non solum in operatione qua movent corpora sed etiam in se ipsis cognoscitivae sunt, licet brutorum cognitio[158] sit materialium tantum et materialiter,[159] unde organis corporalibus[160] indiget. Super has autem ultro[161] sunt animae humanae quae similitudinem habent ad superiores substantias etiam in genere cognitionis, quia immaterialia[162] cognoscere possunt[163] intelligendo. In hoc tamen ab eis differunt[164] quod cognitionem immaterialem intellectus ex cognitione quae est per sensum materialium[165] animae humanae naturam acquirendi habent.

Sic igitur ex operatione animae humanae modus esse ipsius cognosci potest. In quantum enim habet operationem, materialia transcendentem,[166] esse[167] suum est supra corpus elevatum, non dependens ex ipso. In quantum vero immaterialem cognitionem ex materiali est nata acquirere, manifestum est quod complementum suae speciei esse non potest absque corporis unione.[168] Non enim aliquid est completum in specie nisi habeat ea quae requiruntur ad propriam operationem ipsius[169] speciei. Sic igitur anima humana in quantum unitur corpori ut forma etiam habet esse elevatum supra corpus, non dependens ab eo, manifestum[170] est quod ipsa est in[171] confinio corporalium et separatarum substantiarum constituta.[172]

---

151 propinquissimae] propinquantes O   152 ut] et AP¹ (ut P¹₂) P²VBH   153 aliae add. hujusmodi OBH   154 trahit] attrahat P² attrahit VBH   155 super] om. g
156 corporum coelestium] ipsorum VH   157 se ipsa] se ipsam AL   158 cognitio] om.
P²   159 et materialiter] om. LO   160 corporalibus] corporeis O   161 ultro] ultimo
VBH   162 immaterialia] materialia L   163 possunt] add. in P²   164 differunt] deficiunt BH   165 materialium] materialem B   166 transcendentem] add. etiam O
167 esse] add. etiam H add. autem A   168 unione] unitione A   169 ipsius] om. g
170 manifestum] add. enim B   171 in] om. A   172 Liber de Causis, II, 7-9; ed. BARDEN-HEWER, p. 165

AD PRIMUM ergo dicendum quod licet anima habeat esse completum, non tamen sequitur quod corpus ei accidentaliter uniatur, tum quia illud idem esse quod est animae communicatur corpori ut sit unum esse totius compositi, tum etiam quia etsi possit[173] per se subsistere, non tamen habet speciem completam sed corpus advenit ei ad completionem[174] speciei.

Ad secundum dicendum quod unumquodque secundum idem habet esse[175] et individuationem. Universalia enim non habent esse in rerum natura[176] ut universalia sunt, sed solum secundum quod sunt individuata. Sic igitur esse animae est a Deo sicut a principio[177] activo, et est in corpore sicut in materia. Nec tamen esse animae perit periente[178] corpore, ita et individuatio animae, etsi aliquam relationem[179] habeat ad corpus, non tamen perit corpore periente.

Ad tertium dicendum quod anima humana non est hoc aliquid sicut substantia completiva[180] speciem habens, sed sicut pars[181] habentis[182] speciem completam, ut ex dictis patet. Unde ratio non sequitur.[183]

Ad quartum dicendum quod licet anima humana per se possit subsistere, non tamen per se habet speciem completam. Unde non possit esse quod animae separatae constituerent unum gradum entium.

Ad quintum dicendum quod corpus humanum est materia proportionata animae humanae; comparatur enim ad eam ut potentia ad actum. Non tamen oportet quod ei adaequetur in virtute essendi; quia anima humana non est forma a materia totaliter comprehensa, quod patet ex hoc quod aliqua ejus operatio est supra materiam. Potest tamen aliter dici secundum sententiam fidei quod corpus humanum a principio aliquo modo incorruptibile constitutum est,[184] et per[185] peccatum necessitatem moriendi incurrit a qua iterum in resurrectione liberabitur. Unde per accidens est quod ad immortalitatem animae non pertingit.

Ad sextum dicendum quod anima humana, cum sit subsistens, composita est ex potentia et actu; nam ipsa susbstantia[186] animae non est suum esse, sed[187] quod[188] comparatur ad ipsum ut potentia ad actum. Nec tamen sequitur quod anima non possit esse forma corporis; quia etiam in aliis formis id quod est ut forma et actus in comparatione ad unum est ut[189] potentia in comparatione ad aliud. Sic[190] diaphanum formaliter advenit aeri quod tamen est[191] potentia respectu luminis.

---

[173] possit] add. etiam O   [174] completionem] complementum V   [175] esse] add. unum H
[176] et individuationem ...natura] om. H   [177] principio] primo V   [178] periente] perempto B
[179] relationem] resolutionem H   [180] completiva] completa O completam VBH
[181] pars] add. alicujus O add. habens vel B   [182] habentis] habens H   [183] sequitur] concludit B   [184] est] fuit B   [185] per] propter O   [186] substantia] potentia V
[187] sed] secundum P¹P²   [188] quod] om. VBH   [189] ut] in B   [190] Sic] sicut P²B
[191] est] add. in OVB

Ad septimum dicendum quod animae unitur corpus, et propter bonum quod est perfectio substantialis ut scilicet compleatur species, et propter bonum quod est perfectio accidentalis ut scilicet perficiatur in cognitione intellectiva quam anima[192] ex sensibus acquirit. Hic enim modus intelligendi est naturalis homini; nec obstat si[193] animae separatae puerorum vel aliorum hominum alio modo intelligendi utuntur, quia hoc magis competit eis[194] ratione separationis quam ratione speciei humanae.

Ad octavum dicendum quod non est de ratione ejus quod est hoc aliquid quod sit ex materia et forma compositum, sed solum quod possit per se subsistere. Unde licet compositum sit hoc aliquid non tamen removetur quin alius possit[195] competere quod sit[196] hoc aliquid.

Ad nonum dicendum quod in alio esse sicut accidens in subjecto tollit rationem ejus quod est hoc aliquid. Esse autem in alio sicut partem, quomodo anima est in homine, non omnino excludit quin illud quod est in alio possit hoc aliquid dici.[197]

Ad decimum dicendum quod corrupto corpore non perit ab anima natura secundum quam competit ei ut sit forma licet non perficiat materiam actu ut sit forma.[198]

Ad undecimum dicendum quod intelligere est propria operatio animae si consideretur[199] principium a quo egreditur[200] operatio. Non enim egreditur ab anima mediante organo corporali[201] sicut visio[202] mediante oculo. Communicat tamen in ea corpus ex parte objecti,[203] nam phantasmata quae sunt[204] intellectus[205] sine corporis[206] organis esse non possunt.

Ad duodecimum dicendum quod etiam anima aliquam dependentiam habet ad corpus in quantum sine corpore non pertingit ad complementum suae[207] speciei. Non tamen sic dependet a corpore quin[208] sine corpore[209] esse[210] possit.

Ad tertium decimum dicendum quod necesse est, si anima est forma corporis, quod animae et corporis sit unum esse commune quod est esse compositi. Nec[211] hoc impeditur per hoc quod anima et corpus sint diversorum generum; nam neque anima neque corpus sunt in specie vel genere nisi per reductionem, sicut partes reducuntur ad speciem vel genus totius.[212]

[192] anima] *add.* humana V   [193] si] sed AP²   [194] eis] ei ALP² *om.* O   [195] alius possit] possit aliis VBH   [196] sit] fuit P²   [197] Ad nonum.... dici] *om.* VBH
[198] *Responsiones ad decimum et ad undecimum inversi sunt* Omnes MSS. actu ut sit forma] *om.* P²
          [199] consideretur] consideret AL   [200] quo egreditur] quo pergreditur B   [201] corporali] naturali V   [202] visio] visus V   [203] ex parte objecti] subjecti O   [204] sunt] *add.* objecta OBH   [205] intellectus] *add.* quae B   [206] corporis] corporeis P¹₂BH *om.* O
[207] suae] *om.* VBH   [208] quin] quod B   [209] Non... corpore] *om.* P²   [210] esse] *add.* non P²B   [211] Nec] *add.* in O   [212] speciem vel genus totius] totum et species ad genus V

Ad quartum decimum dicendum quod illud quod[213] proprie corrumpitur non est forma neque materia neque ipsum esse sed compositum. Dicitur[214] autem esse corporis[215] corruptibile[216] in quantum corpus per corruptionem deficit ab illo esse quod erat sibi[217] et animae commune, quod remanet[218] in anima subsistente. Et pro tanto etiam dicitur ex partibus consistens esse corporis quod[219] ex suis partibus[220] constituitur[221] tale ut possit ab anima esse recipere.

Ad quintum decimum dicendum quod in definitionibus formarum aliquando ponitur subjectum ut informe,[222] sicut cum dicitur motus est actus existentis in potentia. Aliquando enim ponitur subjectum formatum, sicut[223] cum dicitur motus est actus mobilis et lumen est actus lucidi. Et hoc modo dicitur anima actus corporis organici physici,[224], quia[225] anima facit ipsum esse corpus organicum sicut lumen facit aliquid esse lucidum.

Ad sextum decimum dicendum quod principia essentialia alicujus[226] speciei ordinantur,[227] non ad esse tantum,[228] sed ad esse hujus speciei. Licet igitur anima possit per se esse, non tamen potest in complemento suae speciei esse sine corpore.

Ad septimum decimum dicendum quod licet[229] sit esse [230] formalissimum inter omnia, tamen est etiam[231] maxime communicabile, licet non eodem modo ab inferioribus et superioribus communicetur. Sic ergo[232] corpus esse animae participat, sed non ita nobiliter[233] sicut anima.[234]

Ad octavum decimum dicendum quod quamvis esse animae sit[235] quodammodo corporis, non tamen corpus attingit ad esse animae participandum secundum totam suam nobilitatem et virtutem; et ideo est aliqua operatio animae in qua non communicat corpus.

---

[213] illud quod] *om.* P²O   [214] Dicitur] videtur V   [215] corporis] corporale L [216] corruptibile] corporale H   [217] sibi] corporis VH   [218] remanet] remaneret P² [219] quod] quia P²OH *add. in marg.* alibi quia P¹   [220] partibus] *add.* esse L *add.* corpus P²OVH   [221] constituitur] *add.* esse B   [222] ut informe] uniforme H   [223] sicut] ut VBH   [224] organici physici] physici organici P¹   [225] quia] quod P¹   [226] alicujus] cujuslibet P²   [227] ordinantur] ordinatur AP²   [228] tantum] commune O   [229] licet] cum B   [230] sit esse] esse sit g   [231] etiam] *om.* B   [232] ergo] *add.* et g   [233] nobiliter] *add.* corpus VH   [234] Sic ...sicut anima] *om.* P²   anima] *add. infra* quia esse causatur a forma a materia vero participatur et hoc prout est reducta in actum per formam B [235] sit] *add.* etiam OH

QUAESTIO SECUNDA

Loca parallela sunt fere eadem atque in Quaestio prima, et: *In III Sent.*, dist. 5, q. 3, a. 2; dist. 22, q. 1, a. 1; *De Ente et ess.*, 2; *Summa theol.*, I, q. 75, a. 4; *In VII Metaph.*, lect. 9.

Secundo quaeritur utrum ANIMA HUMANA SIT SEPARATA SECUNDUM ESSE[1] A CORPORE. Et videtur quod sic.

(1) Dicit enim Philosophus in III *De Anima*[2] quod sensitivum non sine corpore est; intellectus autem est separatus.[3] Intellectus autem est anima humana. Ergo anima humana est secundum esse a corpore separata.

(2) Praeterea, anima est actus corporis physici organici,[4] in quantum corpus est organum[5] ejus. Si igitur intellectus unitur secundum esse corpori ut forma, oportet quod corpus sit organum ejus; quod est impossibile, ut probat Philosophus in III *De Anima*.[6]

(3) Praeterea, major est concretio formae ad materiam quam virtutis ad organum. Sed intellectus propter[7] sui[8] simplicitatem non potest esse concretus[9] corpori sicut virtus organo. Ergo multo minus potest ei uniri sicut forma ad materiam.

Sed dicebat quod intellectus, id est potentia intellectiva, non habet organum, sed ipsa essentia animae intellectivae[10] unitur corpori ut forma.

(4) Sed contra, effectus non est simplicior sua causa. Sed potentia animae est effectus essentiae ejus, quia[11] omnes[12] potentiae fluunt ab esse[13] ejus. Nulla ergo potentia animae est simplicior esse[14] animae.[15] Si ergo intellectus non potest esse actus corporis, ut probatur in III *De Anima*,[16] neque anima intellectiva poterit uniri corpori ut forma.[17]

(5) Praeterea, omnis forma unita materiae individuatur per materiam. Si igitur anima intellectiva unitur corpori ut forma, oportet quod sit individua.[18] Ergo formae receptae in ea sunt formae individuatae. Non ergo anima intellectiva poterit universalia cognoscere,[19] quod patet esse falsum.

---

[1] esse] rem H   [2] ARISTOTLE, *De Anima*, III, 4 (429b 4-5)   [3] est separatus] separatus est A   [4] ARISTOTLE, *De Anima*, II, 1 (412a 27-28)   [5] organum] organicum A   [6] ARISTOTLE, *De Anima*, III, 4 (429a 24-27)   [7] propter] per V   [8] sui] suam OVBH   [9] concretius] junctus V   [10] intellectivae] intellectus AL   [11] quia] *add.* sic videtur H   [12] omnes] esse L   [13] esse] essentia OVBH   [14] esse] essentia OVBH   [15] animae] ejus VBH   [16] ARISTOTLE, *De Anima*, III, 4 (429a 24-27; 429b 4-5)   [17] forma] *add.* corporalis H   [18] individua] individuata P²OVBH   [19] universalia cognoscere] cogitare universalia O

(6) Praeterea, forma universalis non habet quod sit intellectiva[20] nisi[21] a re quae est extra animam, quia omnes formae[22] quae sunt in rebus extra animam[23] sunt individuatae. Si igitur formae intellectus[24] sint[25] universales, oportet quod hoc habeant ab anima intellectiva. Non ergo anima intellectiva est forma individuata; et ita non unitur corpori secundum se.[26]

Sed dicebat quod formae intelligibiles ex illa parte qua inhaerent animae[27] sunt individuatae; sed ex illa[28] parte qua sunt rerum similitudines, sunt universales,[29] repraesentantes res[30] secundum naturam communem, et non secundum principia individuata.[31]

(7) Sed contra, cum forma sit principium operationis, operatio egreditur a forma secundum modum quo inhaeret subjecto. Quanto[32] enim aliquid est calidum, tantum calefacit. Si igitur species rerum, quae sunt in anima intellectiva, sunt individuatae ex ea parte qua inhaerent animae, cognitio quae sequitur erit[33] individualis tantum et non universalis.

(8) Praeterea, Philosophus dicit in II *De Anima*[34] quod sicut trigonum est in tetragono et tetragonum est in pentagono, ita nutritivum[35] est in sensitivo et sensitivum in intellectivo.[36] Sed trigonum non est in tetragonum actu, sed potentia tantum;[37] neque etiam[38] tetragonum in pentagono. Ergo nec nutritivum nec sensitivum sunt actu in intellectiva parte animae. Cum ergo[39] pars intellectiva[40] non uniatur[41] corpori nisi mediante nutritivo et sensitivo, ex quo[42] nutritivum et sensitivum non sunt[43] actu in intellectivo, intellectiva pars animae non erit[44] corpori unita.

(9) Praeterea, Philosophus dicit, in XVI *De Animalibus*,[45] quod non est simul animal et homo, sed primum[46] animal et postea homo. Non igitur idem est quod est animal et quod est homo, sed animal est per sensitivum, homo[47] per intellectivum.[48] Non igitur sensitivum et intellectivum[49] uniuntur[50] in una substantia animae, et sic idem quod prius.

(10) Praeterea, forma est in eodem genere cum materia cui unitur. Sed intellectus non est de[51] genere corporalium.[52] Intellectus igitur non est forma unita[53] corpori sicut materiae.

---

[20] intellectiva] individuata O   [21] nisi] *om.* OVB   [22] formae] *add.* universales V
[23] quia omnes ... extra animam] in marg. P$^1_2$ [24] intellectus] intellectivae VH   [25] sint] sunt P²VBH   [26] se] esse OVBH   [27] animae] *add.* non V   [28] illa] *om.* V   [29] sunt universales] *om.* V   [30] res] rem B   [31] individuata] individuantia BH   [32] quanto] quantum OB in quantum V   [33] erit] est V   [34] ARISTOTLE, *De Anima*, II, 3 (414b 28-32)   [35] nutritivum] nutrimentum P²   [36] in intellectivo] *om.* in A   [37] tantum] *add.* similiter [38] etiam] *om.* B   [39] cum ergo] sed B   [40] pars intellectiva] *add.* animae OVBH [41] uniatur] unitur B   [42] ex quo] et VH *add.* igitur B   [43] non sunt] *om.* non L [44] erit] est H   [45] ARISTOTLE, *De Generatione animalium*, II, 3 (736b 1-5)   [46] primum] prius OVBH   [47] sensitivum, homo] *add.* autem B *add.* vero H   [48] intellectivum] intellectum P²OVB   [49] Non igitur idem... intellectivum] *om.* O   [50] uniuntur] unitur V [51] de] in VH   [52] corporalium] corruptibilium O   [53] forma unita] unitus V

(11) Praeterea, ex duabus substantiis[54] existentibus actu non fit aliquid unum. Sed tam corpus quam intellectus est substantia existens[55] actu. Non igitur intellectus potest uniri corpori ut ex eis fiat aliquid unum.

(12) Praeterea, omnis forma unita[56] materiae reducitur[57] in actum per motum et[58] mutationem materiae. Sed anima intellectiva non reducitur[59] in actum de potentia materiae, sed est ab extrinseco, ut Philosophus dicit XVI *De Animalibus*.[60] Ergo non est forma unita[61] materiae.[62]

(13) Praeterea, unumquodque secundum quod est, sic operatur. Sed anima intellectiva habet operationem per se sine corpore, scilicet intelligere. Ergo non est unita[63] corpori secundum esse.[64]

(14) Praeterea,[65] minimum inconveniens est Deo impossibile. Sed inconveniens est quod anima innocens corpori[66] includatur,[67] quod est quasi carcer. Impossibile est igitur in[68] Deo quod animam intellectivam[69] univerit[70] corpori.

(15) Praeterea, nullus artifex sapiens[71] praestat impedimentum suo operato. Sed animae intellectivae est maximum impedimentum corpus ad veritatis cognitionem percipiendam[72] in qua perfectio ejus consistit, secundum illud *Sapientiae* IX,[73] "Corpus quod corrumpitur aggravat animam."[74] Non igitur Deus animam intellectivam corpori univit.[75]

(16) Praeterea, ea quae sunt unita ad invicem habent[76] mutuam affinitatem ad invicem. Sed anima intellectiva et corpus habent[77] contrarietatem, quia "caro concupiscit adversus spiritum et spiritus adversus carnem," *Gal.* V.[78] Non igitur anima intellectiva unita est corpori.

(17) Praeterea, intellectus est in potentia ad omnes formas intelligibiles, nullam earum habens in actu, sicut materia prima est in potentia ad omnes[79] formas sensibiles, et nullam earum habet in actu. Sed hac ratione est prima materia una omnium. Ergo et intellectus est unus omnium, et sic non est unitus[80] corpori quod ipsum individuet.[81]

(18) Praeterea, Philosophus probat, in III *De Anima*,[82] quod si intellectus possibilis[83] haberet[84] organum corporale, haberet aliquam naturam deter-

---

[54] duabus substantiis] duobus O   [55] existens] *add.* in O   [56] unita] juncta V
[57] reducitur] educitur O   [58] et] vel O   [59] reducitur] educitur O   [60] ARISTOTLE,
De Generatione animalium, II, 3 (736b 27-29)   [61] unita] juncta V   [62] Ergo... materiae]
igitur etc. O   [63] unita] juncta V   [64] ergo... esse] igitur etc. O *et passim*   [65] Praeterea]
add. secundum Ans—B   [66] corpori] in corpore BH   [67] Anima... includatur] animam innocentem in corpore includi V includatur] recludatur B   [68] in] *om.* P²OVBH   [69] animam intellectivam] anima intellectiva P¹V   [70] univerit] unitur P¹ uniri O uniatur V uniat
BH   [71] sapiens] *om.* P¹   [72] percipiendam] participatam V   [73] *Sapientia*, 9: 15
[74] aggravat animam] *add.* etc. B   [75] univit] unit V   [76] habent] habens ALP²H
[77] habent] habet ALP²   [78] *Epistola ad Galatas*, 5:17   [79] omnes] *om.* H   [80] est unitus]
conjungetur B   [81] individuet] induet LP²   [82] ARISTOTLE, *De Anima*, III, 4 (429a
24-27)   [83] possibilis] *om.* V   [84] haberet] posset habere V

minatam de naturis sensibilibus; et sic non esset receptivus[85] et cognoscitivus omnium formarum[86] sensibilium. Sed magis forma unitur materiae
quam virtus organo. Ergo, si intellectus uniatur corpori ut forma, habebit aliquam naturam sensibilem determinatam; et sic non erit perceptivus[87]
et[88] cognoscitivus omnium formarum sensibilium, quod est impossibile.

(19) Praeterea, omnis forma unita materiae est in materia recepta.
Omne[89] autem quod recipitur in aliquo est in eo per modum recipientis.[90]
Ergo omnis forma[91] unita materiae est in ea per modum materiae. Sed
modus materiae sensibilis et corporalis[92] non est quod recipiat aliquid per
modum intelligibilem. Cum igitur intellectus habeat esse intelligibile,
non est[93] forma materiae corporali unita.

(20) Praeterea,[94] si anima unitur materiae corporali, oportet quod recipiatur in ea. Sed quicquid recipitur ab eo quod est a materia receptum
est in materia receptum. Ergo, si anima est unita materiae, quicquid
recipitur in anima recipitur[95] in materia.[96] Sed formae intellectus[97]
non possunt recipi a[98] materia prima, quinimmo per abstractionem a
materia intelligibiles fiunt.[99] Ergo anima quae est unita materiae corporali non est receptiva formarum intelligibilium. Et ita intellectus qui est
receptivus formarum intelligibilium non erit[100] unitus materiae corporali.[101]

SED CONTRA est quod Philosophus dicit, in III[102] *De Anima*,[103] quod non
oportet quaerere si anima et corpus sint unum, sicut neque de cera et
figura. Sed figura nullo modo[104] potest esse separata a cera secundum
esse. Ergo nec anima est separata a corpore. Sed intellectus est pars
animae, ut Philosophus dicit in III *De Anima*.[105] Ergo intellectus non est
separatus a corpore secundum esse.

(2) Praeterea, nulla forma est separata a materia secundum esse. Sed

---

[85] receptivus] receptibilis H   [86] formarum] naturarum B creaturarum naturalium H
[87] perceptivus] perfectivus O   [88] perceptivus et] *om.* B   [89] Omne] esse V   [90] reci-
pientis] *add.* et non per modum recepti V   [91] forma] *add.* quae est V   [92] corporalis]
corruptibilis P²   [93] non est] non potest esse VH est] erit B   [94] (20) *In textu* B: Si
anima unitur materiae corporali, oportet quod recipiatur in ea. Sed quicquid recipitur in eo per
quod est receptum a materia est in materia receptum. Formae intelligibiles recipiuntur in anima, quae tamen non recipiuntur in materia cum non formarum sensibilium; quin immo per
abstractionem a materia fiunt intelligibiles actu. Ergo nec anima sive intellectus erit corpori
unita ut forma materiae. *Est altera versio in margine* B, *similis versioni in* A   [95] recipitur] reci-
pietur H   [96] in materia] *add.* prima V *add.* propria H   [97] intellectus] intelligibiles
OVBH   [98] a] in H   [99] fiunt] sunt H   [100] erit] est VH   [101] corporali] *add.*
in marg. est idem argumentum cum ultimo argumento ad ——m B   [102] III] II OVB
[103] ARISTOTLE, *De Anima*, II, 1 (412 b 6-7)   [104] modo] *om.* A   [105] ARISTOTLE, *De Anima*,
III, 4 (429a 10-13, 22-23)

anima intellectiva est forma corporis. Ergo non est separata a materia
secundum esse.

RESPONSIO.[106] Ad evidentiam hujus quaestionis, considerandum est quod
ubicumque aliquid quandoque invenitur in potentia, quandoque in actu,
oportet esse aliquod principium per quod res illa sit in potentia, sicut
homo quandoque est sentiens actu et quandoque in potentia.[107] Et propter[108] hoc in homine oportet[109] ponere principium sensitivum quod sit in
potentia ad sensibilia. Si[110] enim[111] esset semper sentiens actu, formae
sensibilium[112] semper[113] inessent[114] actu[115] principio sentiendi. Similiter
cum homo inveniatur[116] quandoque intelligens actu, quandoque intelligens in potentia tantum, oportet in homine considerare[117] aliquod intellectivum principium quod sit in potentia ad intelligibilia;[118] et hoc principium
nominat[119] Philosophus, in III *De Anima*,[120] intellectum possibilem. Hunc
igitur intellectum possibilem necesse est esse in potentia ad omnia[121]
quae sunt intelligibilia per hominem et receptivum eorum, et per consequens denudatum ab his; quia omne quod est receptivum aliquorum et in
potentia ad ea, quantum de se est, est denudatum ab eis, sicut pupilla,
quae est receptiva omnium colorum, caret omni colore. Homo autem
natus est intelligere formas omnium sensibilium rerum. Oportet igitur
intellectum possibilem esse denudatum, quantum in se est, ab omnibus
sensibilibus formis et naturis; et ita oportet quod non habeat aliquod[122]
organum corporeum. Si[123] igitur[124] haberet aliquod organum corporeum,
determinaretur ad aliquam naturam sensibilem, sicut potentia visiva
determinatur ad naturam oculi.

Per hanc autem Philosophi[125] demonstrationem[126] excluditur[127] positio
antiquorum philosophorum,[128] qui ponebant intellectum non differre a
potentiis sensitivis;[129] vel quicumque alii[130] posuerunt principium quo
intelligit homo esse[131] aliquam formam vel virtutem permixtam corpori,[132]
sicut aliae formae aut virtutes materiales.[133] Sed hoc quidam fugientes,

---

106 RESPONSIO] *add.* sumendum quod V *add.* dicendum quod BH   107 sicut homo... in
potentia] *om.* P¹   108 propter] semper O   109 oportet] est L   110 Si] sic A
111 enim] igitur LP² similiter O   112 sensibilium] sensibiles V   113 semper] *om.* LP²OV
114 inessent] inesset AL   115 inessent actu] inhaerent H   116 inveniatur] invenitur A
117 considerare] considerari VBH   118 ad intelligibilia] intellectiva V   119 nominat] vocat V
120 ARISTOTLE, *De Anima*, III, 4 (429b 30-31)   121 omnia] ea O   122 aliquod] *om.* ALB
123 Si] sic A si sic O   124 Sic igitur] nam si V igitur] enim BH   125 Philosophi] Aristotelis OH   126 demonstrationem] determinationem O   127 excluditur] destruitur OVH
128 Ionians; Cf. *In Aristotelis librum De Anima commentarium*, 3rd ed. A. M. PIROTTA (Taurini,
Marietti, 1948), No. 34-36, 38, 39, 45, 58-61, 63   129 ARISTOTLE, *De Anima*, II, 3 (427a 21-29)
130 alii] *add.* qui O   131 esse] *add.* in V   132 corpori] corporis A materiae OH
133 AVERROES, *Commentarium magnum in Aristotelis De Anima*, III, 5; ed. CRAWFORD, p. 395

in contrarium dilabuntur errorem. Estimant enim sic intellectum possibilem esse denudatum ab omni natura sensibili et impermixtum[134] corpori quod[135] sit quaedam substantia secundum esse a corpore separata, quae sit in potentia ad omnes formas intelligibiles.[136]

Sed haec positio[137] stare non potest. Non enim inquirimus de intellectu possibili nisi secundum quod per eum intelligit homo. Sic enim etiam[138] Aristoteles[139] in ejus notitiam devenit; quod patet ex[140] hoc quod dicit[141] in III *De Anima*,[142] incipiens tractare de intellectu possibili:[143] "De parte autem[144] animae[145] qua cognoscit anima[146] et sapit considerandum est." Et iterum, "Dico autem intellectum possibilem[147] quo intelligit anima." Si autem intellectus possibilis esset substantia separata, impossibile esset quod eo[148] intelligeret homo. Non enim est possibile quod si aliqua substantia[149] operatur aliquam operationem[150] quod illa operatio[151] sit alterius substantiae ab ea[152] diversae, licet tamen[153] duarum substantiarum[154] una possit alteri[155] esse causa operandi[156] ut principale agens instrumento; tamen actio principalis agentis non est actio instrumenti eadem secundum numerum, tamen[157] actio principalis agentis ponitur[158] sicut[159] in[160] movendo instrumentum, actio vero instrumenti in moveri a principali[161] agente et movere aliquid alterum. Sic igitur si intellectus possibilis sit substantia separata secundum esse ab hoc[162] homine sive ab illo[163] homine, impossibile est quod intelligere intellectus possibilis sit[164] hujus hominis vel illius. Unde cum[165] ista operatio quae est intelligere non attribuatur[166] alii principio in homine nisi intellectui possibili, sequitur quod nullus homo aliquid intelligit. Unde idem modus[167] disputandi[168] est contra hanc positionem et contra negantes principium, ut patet per disputationem Aristotelis contra eos in IV *Metaphysicae*.[169]

---

134 impermixtum] permistum AP¹L *add. ss.* im L   135 quod] quae O quasi V
136 Averroes, *Commentarium magnum in Aristotelis De Anima*, III, 20, lines 29-33, 294-295; Cf. III, 5   137 positio] *add.* omnino LP²OVBH   138 etiam] in A   139 Aristoteles] *om.* AL *in marg.* P¹₂   140 ex] per OVBH   141 dicit] *add.* philosophus V   142 Aristotle, *De Anima*, III, 4 (429a 10-13)   143 possibili] *add.* sic O   144 autem] *om.* VH   145 autem animae] animae autem A   146 anima] *om.* P¹OH   147 intellectum possibilem] possibilem intellectum A   148 quod eo] eo quod A   149 substantia] potentia O   150 operationem] actionem H *add. vel* actionem V   151 operatio] *add. vel* actio V   152 ea] eo AP¹P²L   153 tamen] *om.* LP²OVBH   154 substantiarum] *add.* diversarum VH   155 alteri] alterius AOB   156 operandi] ad operandum B   157 tamen] cum VBH   158 ponitur] *om.* O proprie B   159 ponitur sicut] sit H   sicut] sic V sit B   160 sicut in] sit in P²   161 principali] principio AP¹L   162 hoc] *om.* AP¹   163 illo] isto P¹   164 substantia... possibilis sit] *in marg.* AL   sit] *add.* cum A *add.* intelligere O   165 cum] *om.* AP²   166 attribuatur] attribuitur AP¹P²L *corr. ad* attribuatur L₂   167 modus] *add.* servandus H   168 disputandi] servandus O *add.* servandus V   169 Aristotle, *Metaph.*, IV, 4 (1005 b 35 sq.)

Hoc autem inconveniens evitare intendens, Averroes,[170] hujus positioni sectator,[171] posuit intellectum possibilem, licet[172] secundum esse a corpore separatum, tamen continuari[173] cum homine mediantibus phantasmatibus. Phantasmata enim,[174] ut dicit Philosophus in III *De Anima*,[175] se habent ad intellectum possibilem sicut sensibilia ad sensum et colores[176] ad visum. Sic igitur species intelligibilis habet duplex subjectum, unum in quo est secundum esse intelligibile, et hoc est intellectus possibilis;[177] aliud in quo est secundum esse reale, et hoc subjectum sunt ipsa phantasmata. Est igitur[178] quaedam continuatio intellectus possibilis cum phantasmatibus, in quantum species intelligibilis et quodammodo utrobique, et per hanc continuationem homo intelligit per intellectum possibilem.

Sed ista continuatio ad hoc non sufficit.[179] Non enim aliquid est cognoscitivum ex hoc quod ei adest species cognoscibilis, sed ex hoc quod ei adest species[180] cognoscitiva. Patet autem secundum praedicta[181] quod homini non aderit[182] nisi sola species intelligibilis; potentia autem intelligendi, quae est intellectus possibilis, est omnino separata. Homo igitur ex continuatione praedicta non habebit quod sit intelligens,[183] sed solum quod intelligatur intellectus[184] vel species vel aliquid ejus, quod per simile supra inductum manifeste apparet. Si enim sic se habent phantasmata ad intellectum[185] sicut colores ad visum, non[186] erit secundum praedicta alia continuatio intellectus possibilis ad nos per phantasmata quam quae est visus ad parietem per colores. Paries autem non habet per hoc quod colores sunt in eo quod videat, sed quod videatur tantum. Unde et homo non habebit per hoc quod phantasmata sunt in eo quod intelligat, sed solum quod intelligatur. Et praeterea,[187] phantasma[188] non est[189] subjectum speciei intelligibilis secundum quod est intellecta[190] in actu, sed magis per abstractionem a phantasmatibus fit intellecta[191] in actu. Intellectus autem possibilis non est subjectum speciei intelligibilis nisi secundum quod est intellecta[192] jam in actu et abstracta a phantasmatibus. Non igitur aliquid unum est quod sit in intellectu possibili et phantasmatibus per quod intellectus possibilis continuetur nobiscum. Et praeterea,[193]

---

[170] AVERROES, *Commentarium magnum in Aristotelis De Anima*, III, 5, lines 500-527; ed CRAWFORD, pp. 404-405   [171] sectator] scrutandus O   [172] licet] *add.* sit OVBH   [173] continuari] *add.* habet O   [174] enim] autem OVH   [175] ARISTOTLE, *De Anima*, III, 7 (431a 14-15) [176] colores] oculus V   [177] possibilis] *add.* et OVH   [178] igitur] ibi O   [179] Sed ...sufficit] sed in contingentibus non sufficit ad hoc V   [180] species] potentia VBH   [181] secundum praedicta] per jam habita O   [182] aderit] advenit O adest B   [183] intelligens] intellectus P²V   [184] intellectus] *om.* LP²VBH   [185] intellectum] *add.* possibilem OVBH [186] non] *add.* enim P¹H   [187] praeterea] praeter A propterea LP²H   [188] phantasma] phantasmata AP¹ *corr. ad* phantasma P¹P²LVOH   [189] est] sunt LO habet P²   [190] est intellecta] intelligitur O intellecta] intellectiva VH   [191]intellecta] intellectus A intelligentia O intellectiva H   [192] intellecta] intellectum L   [193] praeterea] propter ea H

si per[194] species intelligibiles non est aliquis[195] intelligens[196] nisi secundum quod sunt intellectae in actu, sequitur quod nos nullo modo simus[197] intelligentes[198] secundum praedictam positionem.[199] Non enim aderunt nobis species intelligibiles nisi secundum quod sunt in phantasmatibus prout sunt intellectae in potentia tantum.

Sic igitur apparet[200] ex parte nostra praedictam positionem esse impossibilem, quod etiam apparet ex natura substantiarum[201] separatarum; quae cum sint perfectissimae, impossibile est quod in propriis operationibus indigeant aliquibus rebus materialibus aut operationibus earum, aut quod sint in potentia ad alia quae sunt hujusmodi; quia[202] hoc[203] etiam[204] manifestum est de corporibus caelestibus, quae[205] sunt infra substantias praedictas.[206] Unde cum intellectus possibilis sit in potentia ad species rerum sensibilium, et non[207] compleatur ejus operatio sine phantasmatibus quae ex corpore dependeret, impossibile et inopinabile est quod intellectus possibilis sit una de substantiis separatis.

Unde dicendum est[208] quod est quaedam vis seu potentia animae humanae. Cum enim[209] anima humana sit quaedam forma unita corpori, ita tamen quod non sit a corpore totaliter comprehensa quasi[210] ei immersa sicut[211] aliae formae materiales,[212] sed excedat capacitatem[213] totius materiae corporalis, quantum ad hoc in[214] quo[215] excedit materiam corporalem inest ei esse in[216] potentia ad intelligibilia,[217] quod pertinet[218] ad intellectum possibilem; secundum vero quod unitur[219] corpori, habet operationes et vires in quibus communicat ei corpus, sicut sunt vires partis nutritivae et sensitivae. Et[220] sic salvatur natura intellectus possibilis quam Aristoteles[221] demonstrat,[222] dum intellectus possibilis non est potentia fundata in aliquo organo corporali, et tamen[223] eo intelliget homo[224] in quantum fundatur in essentia animae humanae, quae est hominis forma.

AD PRIMUM ergo dicendum[225] quod intellectus dicitur separatus, non[226] sensus, quia intellectus remanet,[227] corrupto corpore, in anima separata,

---

[194] per] om. AV   [195] aliquis] aliquid ALP¹P²B   [196] aliquis intelligens] intellectus O
intelligens] intellectus VH   [197] simus] sumus ALOV   [198] intelligentes] intelligibiles B
[199] positionem] opinionem H   [200] apparet] patet B   [201] substantiarum] formarum O
[202] quia] per H   [203] quia hoc] quod O   [204] quia hoc etiam] et etiam hoc V
[205] quae] add. non L   [206] praedictas] supradictas OH   [207] non] om. H   [208] dicendum est]dico O   [209] enim] igitur LP²   [210] quasi] et VOH   [211] sicut] sic AL
[212] materiales] immateriales O   [213] capacitatem] operationem O   [214] hoc in] om. in AV
[215] quo] quod V   [216] esse in] om. OV   [217] intelligibilia] intelligendum OV et add. ea V
[218] quod pertinet] quae pertinent V   [219] unitur] juncta est O   [220] Et] om. A ss. LP¹
[221] ARISTOTLE, De Anima, III, 4 (429a 10-29)   [222] demonstrat] determinaverat B
[223] tamen] add. in H   [224] homo] add. formaliter OVH   [225] Ad primum ergo dicendum]
ad primum argumentum dico O   [226] non] add. autem OVBH   [227] remanet] manet OV

non autem potentiae sensitivae.[228] Vel melius dicendum[229] quod[230] intellectus non utitur[231] organo corporali in operatione sua sicut sensus.

Ad secundum dicendum quod anima humana est actus corporis[232] organici eo quod corpus est organum ejus. Non tamen oportet quod sit organum ejus[233] quantum ad quamlibet ejus potentiam et[234] virtutem,[235] cum anima humana excedat proportionem corporis, ut dictum est.

Ad tertium dicendum quod organum alicujus potentiae est principium operationis illius potentiae. Unde si intellectus possibilis[236] uniretur alicui organo, operatio ejus esset etiam operatio illius organi. Et sic non esset possibile quod principium quo intelligimus[237] esset denudatum ab omni natura sensibili. Principium enim quo intelligimus esset possibilis intellectus simul cum suo organo, sicut principium quo videmus[238] est visus cum pupilla. Sed si anima humana est forma corporis[239] et intellectus possibilis est quaedam virtus ejus, non sequitur quod intellectus possibilis determinetur[240] ad aliquam[241] naturam[242] sensibilem, quia anima humana excedit corporis proportionem, ut dictum est.

Ad quartum dicendum quod intellectus possibilis consequitur animam humanam in quantum supra materiam[243] corporalem elevatur. Unde per hoc quod non est actus alicujus organi, non excedit totaliter[244] essentiam[245] animae sed est supremum in ipsa.

Ad quintum dicendum quod anima humana est quaedam forma individuata et similiter potentia ejus[246] quae dicitur intellectus possibilis et formae intelligibiles in eo[247] receptae. Sed hoc non prohibet eas esse intellectas[248] in actu. Ex hoc[249] aliquid est intellectum in actu quod est immateriale; non autem ex hoc quod est universale, sed magis universale[250] habet quod sit intelligibile[251] per hoc quod est abstractum a principiis materialibus individuantibus.[252] Manifestum est autem substantias separatas esse intelligibiles actu, et tamen individua quaedam sunt, sicut Aristoteles dicit, in VII[253] Metaphysicae,[254] quod formae separatae, quas Plato ponebat, individua quaedam erant.[255] Unde manifestum est quod si

---

[228] potentiae sensitivae] sensus B   [229] dicendum] om. OBH   [230] quod] quia BH   [231] utitur] unitur VB   [232] corporis] add. physici O   [233] Non tamen... organum ejus] in marg. L₂ om. P²V   [234] et] vel OVH   [235] virtutem] add. non tamen oportet quod sit organum V   [236] possibilis] primo V   [237] esset denudatum ... quo intelligimus] in marg. P¹₂   [238] videmus] sentimus BH add. et sentimus V   [239] corporis] corporalis V   [240] determinetur] terminetur OV unietur H   [241] aliquam] aliam ALP²   [242] naturam] materiam H   [243] materiam] naturam O naturalis V   [244] totaliter] corporaliter O   [245] essentiam] esse P²   [246] ejus] est AP²O   [247] eo] ea V   [248] intellectas] intellectivas P²   [249] Ex hoc] add. in marg. enim L₂ add. enim OVB   [250] sed magis universale] om. LP²   [251] intelligible] add. in marg. actu sed magis universale habet quod sit intelligibile L₂ per] ex OVBH   [252] individuantibus] individualibus H   [253] VII] primo O   [254] ARISTOTLE, Metaph., VII, 15 (1040a 8-9); 14 (1039 a 25)   [255] erant] esse O sunt H

individuatio repugnaret intelligibilitati,[256] quod eadem difficultas remanere ponentibus intellectum possibilem substantiam separatem; sic enim et[257] intellectus possibilis individuus[258] esset, individuans species in se receptas.[259] Sciendum igitur quod quamvis species receptae in intellectu possibili sint individuatae ex illa parte qua inhaerent intellectui possibili, tamen eis,[260] inquantum sunt immateriales, cognoscitur[261] universale quod concipitur[262] per abstractionem a principiis individuantibus. Universalia enim, de quibus sunt scientiae, sunt quae cognoscuntur per species intelligibiles, non[263] ipsae species intelligibiles,[264] de quibus planum est[265] quod non sunt scientiae omnes sed sola physica et metaphysica.[266] Species enim intelligibilis est[267] quo[268] intellectus intelligit, non[269] illud quod intelligit,[270] nisi per reflexionem in quantum intelligit se intelligere et illud quo intelligit.

Ad sextum dicendum quod intellectus[271] dat formis intellectis universalitatem in quantum abstrahit eas[272] a principiis materialibus individuantibus. Unde non oportet quod intellectus sit universalis, sed quod sit immaterialis.[273]

Ad septimum dicendum quod species operationis consequitur speciem formae, quae est operationis principium, licet[274] inefficacia operationis sequatur[275] formam secundum quod inhaeret[276] subjecto. Ex eo enim quod calor[277] est, calefacit; sed secundum modum quo perficit subjectum magis vel minus[278] efficaciter calefacit. Intelligere autem universalia pertinet ad speciem intellectualis[279] operationis. Unde hoc consequitur speciem intellectualem[280] secundum propriam operationem.[281] Sed ex eo quod inhaeret intelligenti[282] perfectius vel minus perfecte, sequitur quod aliquis perfectius vel minus perfecte intelligat.

Ad octavum dicendum quod similitudo Philosophi de figuris[283] ad partes animae attenditur quantum ad hoc quod sicut tetragonum habet quicquid habet trigonum et adhuc amplius, et pentagonum quicquid habet tetragonum; ita sensitiva anima habet quicquid habet nutritiva[284]

---

[256] intelligibilitati] intellectui V   [257] et] om. OVBH   [258] individuus] individuatio O
[259] receptas] acceptas P²   [260] tamen eis] in eis tamen H eis] in marg. L₂ om. P²V
[261] cognoscitur] cognoscetur P² cognoscuntur V   [262] concipitur] recipitur LP²V
[263] non] add. autem B   [264] non ipsae species intelligibiles] in marg. L₂   [265] planum est] constat OVH est] constat B   [266] metaphysica] mathematica P²B   [267] est] dicitur P²
[268] quo] qua OBH illud quo V   [269] non] add. autem B   [270] intelligit] intelligitur V
[271] intellectus] universale P²   [272] eas] ea ALP²V   [273] quod sit immaterialis] particularis ? O   [274] licet] sed O   [275] sequatur] consequitur O   [276] inhaeret] in hoc O est in hoc B   [277] calor] calidum V   [278] minus] add. efficacius vel minus AP¹
[279] intellectualis] universalis P² intelligibilem H   [280] intellectualem] intelligibilem OVBH
[281] operationem] rationem H   [282] intelligenti] intellectui B intellectualitati H   [283] figuris] signis H   [284] nutritiva] add. et adhuc amplius O

et intellectiva quicquid habet sensitiva et adhuc amplius. Non autem[285] per hoc ostenditur quod nutritivum et sensitivum essentialiter distant[286] ab intellectivo, sed magis quod unum illòrum includat alterum.

Ad nonum dicendum quod sicut non simul est[287] quod concipitur animal et homo, ita non simul est[288] animal et equus, ut Philosophus *ibidem* dicit. Non igitur haec est ratio dicti quod aliud principium sit in homine substantialiter anima sensitiva, qua est animal, et aliud anima intellectiva, qua est homo; cum non possit dici quod in equo sint[289] principia diversa[290] quorum uno[291] sit animal et alio[292] sit equus.[293] Sed hoc ea ratione dicitur, quia in animali concepto primum[294] apparent operationes imperfectae[295] et postea apparent magis perfectae, sicut omnis generatio est transmutatio de imperfecto ad perfectum.

Ad decimum dicendum quod forma non est in aliquo genere, ut dictum est. Unde cum anima intellectiva sit forma hominis, non est in alio genere[296] quam corpus; sed utrumque est in genere animalis et in specie hominis per reductionem.

Ad undecimum dicendum quod ex duabus substantiis, actu existentibus et perfectis in sua specie et natura, non fit aliquid unum. Anima autem et corpus non sunt hujusmodi, cum sint partes humanae naturae. Unde ex eis nihil prohibet fieri unum.

Ad duodecimum dicendum quod anima humana, licet sit forma unita corpori, tamen excedit proportionem totius materiae corporalis; et ideo non potest educi[297] in actum de potentia materiae[298] per aliquem[299] motum vel mutationem,[300] sicut aliae formae quae sunt immersae materiae.[301]

Ad tertium decimum dicendum quod anima habet operationem in qua non communicat corpus, sed[302] ex ea parte qua superat[303] omnem corporis proportionem. Et hoc tamen non removetur quin sit aliquo modo corpori unita.

Ad quartum decimum dicendum quod objectio illa procedit secundum positionem Origenis,[304] qui posuit animas[305] creatas[306] a principio absque corporibus inter substantias spirituales et postea eas unitas esse corporibus quasi carceribus inclusas. Sed[307] et[308] hoc dicebat animas passas non

---

[285] autem] ergo AVH igitur O　　　[286] distant] differant VB differunt OH　　　[287] simul est] est simile O　　[288] simul est] est simile O　　　[289] sint] sunt OB *et add.* plura O *add.* plura H [290] diversa] *add.* substantialiter BH *add.* et substantiarum O diversarum substantiarum V [291] uno] unum V　　[292] alio] aliud V　　[293] uno... equus] unum est id per quod est animal et aliud per quod est equus O　　[294] primum] prius OVBH　　[295] imperfectae] *in marg.* P1₂ [296] genere] genus LP²　[297] educi] reduci P²OVBH　　[298] materiae] *om.* P²　[299] per aliquem] nisi secundum illum P²　　[300] mutationem] intentionem ? P²　　[301] immersae materiae] immateriales P²　　[302] sed] *om.* P²OVBH　　[303] superat] sint AL *del. et add. ss.* superat L excedit B　　[304] ORIGENES, *Peri Archon,* II, 9 (PG 11: 229); III, 5 (PG 11: 330)　　[305] animas] *add.* esse B　[306] creatas] Terminatas O creaturas H　　[307] Sed] *om.* AP²L　[308] et] *om.* VBH

innocentes,[309] sed merito praecedentis peccati. Estimabat igitur[310] Origenes quod anima humana haberet in se speciem completam secundum opinionem Platonis, et quod corpus adveniret ei per accidens. Sed cum hoc sit falsum, ut supra ostensum[311] est, non est in detrimentum animae quod corpori uniatur, sed hoc est ad perfectionem[312] suae naturae. Sed quod corpus sit ei carcer et eam inficiat, hoc est ex merito praevaricationis primae.[313]

Ad quintum decimum dicendum quod iste modus cognoscendi est naturalis animae ut percipiat[314] intelligibilem[315] veritatem infra modum quo percipiunt spirituales substantiae superiores, accipiendo scilicet eam ex sensibilibus. Sed in hoc etiam modo patitur impedimentum ex corruptione corporis, quae provenit ex peccato primi parentis.[316]

Ad sextum decimum dicendum quod hoc ipsum quod caro concupiscit adversus spiritum ostendit affinitatem animae ad corpus. Spiritus enim dicitur pars animae superior, qua[317] homo excedit alia animalia, ut Augustinus dicit, *Super Genesim Contra Manicheaum*.[318] Caro autem concupiscere dicitur[319] quia[320] partes animae carni affixae ea quae sunt delectabilia[321] carni concupiscunt, quae concupiscentiae spiritum interdum repugnant.[322]

Ad septimum decimum dicendum quod hoc quod[323] intellectus possibilis non habet aliquam formam intelligibilem in actu sed[324] potentia tantum, sicut materia prima non habet aliquam formam sensibilem actu, non ostendit[325] quod intellectus possibilis sit unus in omnibus,[326] sed quod sit unus respectu omnium formarum intelligibilium, sicut materia prima est una[327] respectu omnium formarum sensibilium.

Ad octavum decimum dicendum quod si intellectus possibilis haberet[328] aliquod organum corporale, oporteret quod illud organum esset principium simul cum intellectu possibili quo intelligimus, sicut pupilla[329] cum potentia visiva est principium quo videmus. Et ita principium quo intelligimus haberet aliquam naturam determinatam sensibilem, quod patet esse falsum ex demonstratione[330] Aristotelis[331] supra inducta. Hoc autem

---

[309] innocentes] ignoscentes B   [310] igitur] enim LOVH   [311] ostensum est] *om.* est AP²V   [312] perfectionem] complementum V   [313] primae] *add.* ut dicit magister sententiarum O   [314] percipiat] participat OH   [315] intelligibilem] *add.* necessitatem sive O   [316] quae... parentis] *om.* L   [317] qua] quia A   [318] S. AUGUSTINUS, *De Genesi contra Manichaeos*, II, 8 (PL 34: 202)   [319] dicitur] *add.* adversus spiritum B   [320] quia] eo quod OVH   [321] delectabilia] desiderabilia V detestabilia B   [322] repugnant] repugnat AO repugnabit L   [323] hoc quod] *om.* LP²OVH   [324] sed] *add.* in OVBH   [325] non ostendit] ideo non oportet OV non oportet H   [326] omnibus] *add.* hominibus OBH   [327] una] *add.* potentia B   [328] haberet] *in marg.* P¹₂   [329] pupilla] *add.* oculi V   [330] demonstratione] determinatione V   [331] ARISTOTLE, *De Anima*, III, 4 (429a 18-27)

non sequitur ex hoc quod anima est forma humani corporis, quia[332] intellectus possibilis est quaedam potentia ejus in quantum excedit corporis proportionem.

Ad nonum decimum dicendum quod anima, licet uniatur corpori secundum modum corporis,[333] tamen ex ea parte qua excedit corporis capacitatem, naturam[334] intellectualem[335] habet; et sic formae receptae in ea sunt intelligibiles et non materiales.

Unde patet solutio[336] ad vicesimum.[337]

---

[332] quia] et LP²OVBH   [333] corporis] aliquam AP¹L *del. et add. in marg.* corporis P¹₂ *om.* P²
[334] naturam] naturalem ALP²OVH   [335] intellectualem] intelligibilem OV   [336] solutio]
responsio P¹   [337] Unde... vicesimum] ad 20 dico quod patet per praedicta O

QUAESTIO TERTIA

Loca parallela: *In I Sent.*, dist. 8, q. 5, a. 2, ad. 6; *In II Sent*, dist. 17, q. 2, a. 1; *Contra gent.*, II, 59, 73, 75; *Summa theol.*, I, q. 75, a. 2; *De Spir. creat.*, a. 9; *In III De An.*, lect. 7, 8; *Compend. theol.*, cap. 85.

Tertio[1] quaeritur utrum INTELLECTUS POSSIBILIS SIVE ANIMA INTELLECTIVA SIT UNA IN OMNIBUS.[2] Et videtur quod sic.[3]

(1) Perfectio enim proportionata[4] perfectibili est veritas.[5] Sed veritas est perfectio intellectus; nam verum est bonum[6] intellectus,[7] sicut Philosophus dicit in VI[8] *Ethicorum.*[9] Cum igitur veritas sit una quam[10] omnes intelligunt, videtur quod intellectus possibilis sit unus in omnibus.

(2) Praeterea, Augustinus dicit in libro *De Quantitate Animae:*[11] "De numero animarum nescio quid tibi respondeam. Si enim dixero unam esse animam, conturbaberis quod in altero beata est, et[12] in[13] altero misera; nec[14] una res simul beata et misera esse potest. Si unam simul et multas dicam, ridebis; nec facile mihi unde tuum risum comprimam suppetit. Si multas tantummodo dixero esse, ipse me ridebo minusque[15] me mihi displicentem[16] quam tibi proferam."[17] Videtur ergo derisibile in pluribus hominibus esse plures animas.

(3) Praeterea, omne quod distinguitur ab alio, distinguitur[18] per aliquam naturam determinatam quam habet. Sed intellectus possibilis est in potentia ad omnem formam,[19] nullam habens actu.[20] Ergo intellectus possibilis non potest distingui. Ergo nec multiplicari[21] ut sint multi in diversis.

(4) Praeterea, intellectus possibilis denudatur ab omni[22] quod intelligitur,[23] quia nihil est eorum quae sunt ante intelligere, ut dicitur in III *De Anima.*[24] Sed, ut in eodem dicitur, ipse[25] est intelligibilis sicut et alia.

---

[1] Tertio] secundo A *om.* O   [2] omnibus] *add.* hominibus O   [3] Et... sic] et quod sic probo O   [4] proportionata] *add.* suo O   [5] est veritas] *om.* B veritas] *om.* VH   [6] bonum] objectum O   [7] nam... intellectus] *om.* B   [8] VI] 8 O   [9] ARISTOTLE, *Ethica Nicomachea*, VI, 2 (1139a 27-30). Cf. S. THOMAS, *In Decem libros ethicorum Aristotelis ad Nicomachum expositio*, VI, lect. 2 ♯1130, ed. Novissima, Spiazzi, 1949   [10] quam] qua O   [11] S. AUGUSTINUS, *De Quantitate animae*, cap. 32, 69 (PL 32: 1073)   [12] et] *om.* BH   [13] in] *om.* AP² *ss.* P¹   [14] nec] sed A nisi P¹   [15] minusque] minus quia LP¹P²V   [16] displicentem] dispicentem ALP² despicerem O   [17] proferam] perferam B H   [18] alio, distinguitur] *add.* ab eo OV   [19] omnem formam] omnes formas VH   [20] ad omnem... actu] ad omnes formas in actu O   [21] multiplicari] intelligendi V   [22] omni] *add.* eo V eo OH   [23] intelligitur] intelligit OH   [24] ARISTOTLE, *De Anima*, III, 4 (429a 21-22)   [25] ipse] intellectus OVH

Ergo ipse est denudatus a seipso, et ita non habet unde[26] possit multiplicari in diversis.

(5) Praeterea, in omnibus distinctis et multiplicatis[27] oportet aliquid esse commune. Pluribus enim hominibus commune est homo; et pluribus animalibus, animal. Sed intellectus possibilis nulli aliquid[28] habet commune, ut dicitur in III *De Anima*.[29] Ergo intellectus possibilis non[30] potest distingui et multiplicari in diversis.

(6) Praeterea, in his quae sunt separata a materia, ut dicit Rabbi Moyses,[31] non multiplicantur[32] nisi secundum causam et causatam.[33] Sed intellectus hominis unius, aut anima, non est causa intellectus aut animae alterius. Cum igitur intellectus possibilis sit[34] separatus, ut dicitur in III *De Anima*,[35] non erit intellectus possibilis multiplex[36] in diversis.[37]

(7) Praeterea, Philosophus dicit, in III *De Anima*,[38] quod idem est intellectus[39] et quod intelligitur. Sed id[40] quod intelligitur est idem apud omnes. Ergo et[41] intellectus possibilis est unus in omnibus hominibus.

(8) Praeterea, id quod intelligitur est[42] universale, quod est unum in multis. Sed forma intellecta[43] non habet hanc unitatem[44] ex parte rei. Non enim est forma hominis in rebus nisi individuata et multiplicata in diversis. Ergo hoc habet ex parte intellectus.[45] Intellectus igitur est unus[46] in omnibus.

(9) Praeterea, Philosophus, in III *De Anima*,[47] dicit quod anima[48] est locus specierum. Sed locus est communis diversis quae in loco sunt. Non ergo anima multiplicatur secundum diversos homines.

Sed dicebat quod anima dicitur locus specierum quia est specierum contentiva.

(10) Sed contra, sicut intellectus est contentivus specierum intelligibilium, ita sensus est contentivus specierum sensibilium. Si igitur intellectus est locus specierum quia est contentivus earum, pari ratione et sensus erit locus specierum. Quod est contra Philosophum dicentem, in III *De*

[26] unde] quod OVH   [27] multiplicatis] determinatis O   [28] nulli aliquid] nihil OV non H   [29] ARISTOTLE, *De Anima*, III, 4 (429 b 22-25)   [30] possibilis non] *in marg.* P¹₂
[31] Rabbi Moyses] Salomon O MOSES MAIMONIDES, *Dux seu director dubitantium aut perplexorum*, II, fol. 39r, Propositio XVI; Cf. *The Guide of the Perplexed*, MOSES MAIMONIDES, p.337, Premise 16, ed. S. PINES, Chicago, 1963   [32] multiplicantur] est multiplicatio O fit multiplicatio B
[33] causatam] causatum P¹B   [34] sit] *add.* intellectus OH   [35] ARISTOTLE, *De Anima*, III, 4 (429b 5)   [36] multiplex] multiplicatus V   [37] non erit... diversis] non enim intellectus possibilis multiplicatur in diversis B   [38] ARISTOTLE, *De Anima*, III, 4 (430a 3-4)   [39] intellectus] quod est L intelligens B   [40] id] *om.* P¹VB   [41] et] *om.* P¹P²V   [42] intelligitur est] intellectus est V   [43] intellecta] intellectiva O universalis B   [44] unitatem] universalitatem BH   [45] intellectus] *add.* ratio H   [46] unus] una H   [47] ARISTOTLE, *De Anima*, III, 4 (429 a 27-29)   [48] anima] intellectus O

Anima,[49] quod anima est locus specierum, praeter quod non tota, sed intellectiva tantum.[50]

(11) Praeterea, nihil operatur nisi ubi est. Sed intellectus possibilis operatur ubique.[51] Intelligit enim[52] quae sunt in caelo, et quae sunt in terra, et quae sunt ubique.[53] Ergo intellectus possibilis est[54] in omnibus unus.[55]

(12) Praeterea, quod est definitum[56] ad aliquid[57] unum[58] particulare habet materiam[59] determinatam, quia principium individuationis materia est. Sed intellectus possibilis non terminatur[60] ad materiam,[61] ut probatur[62] in III *De Anima*.[63] Ergo non definitur ad aliquod particulare, et ita est unus in omnibus.

Sed dicebat quod intellectus possibilis habet materiam in qua est, ad quam determinatur, scilicet corpus humanum.

(13) Sed contra, principia individuantia debent[64] esse de essentia individuata.[65] Sed corpus[66] non est de essentia intellectus possibilis. Ergo non potest individuari per corpus, et per consequens nec multiplicari.

(14) Praeterea, Philosophus dicit, in I *De Caelo et Mundo*,[67] quod si essent plures mundi, essent plures caeli primi. Sed[68] si essent plures primi caeli,[69] essent plures primi motores. Et sic[70] primi motores[71] essent materiales. Pari igitur ratione, si sint plures intellectus possibiles in pluribus hominibus, intellectus possibilis esset[72] materialis, quod est impossibile.

(15) Praeterea, si intellectus possibiles sunt[73] plures in hominibus,[74] oportet quod remaneant multi, corruptis[75] corporibus. Sed cum tunc non[76] possit in eis esse differentia[77] nisi secundum speciem, oportebit quod differant secundum speciem. Cum igitur, corrupto corpore, speciem aliam[78] non obtineant, quia nihil mutatur de specie in speciem nisi corrumpatur, et ante corruptionem corporum[79] secundum speciem non differebant.[80]

---

[49] Aristotle, *De Anima*, III, 4 (429 a 27-29)   [50] Si igitur... tantum] Sed propter hoc sensus non dicitur locus specierum quia secundum philosophum in tertio de anima anima est locus specierum praeter quod non tota sed intellectiva ergo nec intellectus prope hoc quod dicitur contentivus specierum potest dici locus specierum B   [51] ubique] ubicumque V *add.* ergo intellectus possibilis est ubique H   [52] enim] *add.* aeque V ea H   [53] Intelligit... ubique] *om.* P¹B [54] est]*add.* ubique ergo est VH   [55] Ergo... unus] igitur est ubique ergo est unus O [56] definitum] determinatum O   [57] aliquid] aliquod OBH-   [58] unum] *add.* in H [59] materiam] naturam P²V   [60] terminatur] determinatur g   [61] materiam] *add.* primam O   [62] probatur] *add.* per philosophum O   [63] Aristotle, *De Anima*, III, 4 (429 a 18-30);   [64] debet] *om.* P²   [65] individuata] in dividuati g   [66] corpus] *add.* humanum B [67] *et Mundo*] *om.* P¹P²LB Aristotle, *Metaph.*, XII, 8 (1074 a 31-38)   [68] Sed] et OVB [69] caeli] *bis exhibit* A   [70] sic] sicut AP²   [71] Et sic primi motores] *in marg.* P¹₂   [72] esset] esse P¹ erit V   [73] sunt] sint VBH   [74] in hominibus] *om.* OB   [75] corruptis corporibus] corrupto corpore OH   [76] non] nec A   [77] in eis esse differentia] differre O differentia] diffinitum B   [78] aliam] hominis V   [79] corporum] corpoream O   [80] differebant] differant L differunt P² differre habeat O

Sed homo habet speciem ab anima intellectiva. Ergo diversi homines non sunt ejusdem speciei, quod patet esse falsum.[81]

(16) Praeterea, illud quod est separatum a corpore non potest multiplicari[82] secundum corpora.[83] Sed intellectus possibilis est separatus a corpore, ut probat Philosophus in III *De Anima*.[84] Ergo non potest multiplicari vel distingui secundum corpora. Non ergo in pluribus hominibus sunt plures.

(17) Praeterea, si intellectus possibilis multiplicatur in diversis, oportet[85] quod species intelligibiles multiplicentur in diversis. Et ita sequitur quod sint formae individuales.[86] Sed formae individuales non sunt intellectae nisi in potentia. Oportet enim quod abstrahatur ab eis universale quod proprie intelligitur. Formae igitur quae sunt in intellectu possibili erunt intelligibiles in potentia tantum. Et ita intellectus possibilis non poterit[87] intelligi[88] in actu quod est inconveniens.

(18) Praeterea, agens et patiens et[89] movens et motum habent aliquid commune. Phantasma[90] autem comparatur[91] ad intellectum possibilem[92] qui est in nobis sicut agens ad patiens et movens ad motum. Ergo intellectus qui est in nobis habet aliquid commune cum phantasmatibus. Sed intellectus possibilis nihil[93] habet commune, ut dicitur in III *De Anima*.[94] Ergo intellectus possibilis est alius ab intellectu qui est in nobis. Et ita intellectus possibilis non multiplicatur in diversis hominibus.

(19) Praeterea, unumquodque[95] in quantum est, unum est. Cujus igitur esse non dependet ab alio, nec unitas ejus dependet ab alio. Sed esse intellectus possibilis non dependet a corpore, alias corrumperetur, corrupto corpore. Ergo nec unitas intellectus possibilis dependet a corpore, et per consequens nec ejus multitudo.[96] Non igitur intellectus possibilis multiplicatur in diversis corporibus.[97]

(20) Praeterea, Philosophus dicit, in VIII *Metaphysicae*,[98] quod in illis quae sunt formae tantum, idem est res et quod[99] quid erat esse, id est, natura speciei.[100] Sed intellectus possibilis vel anima intellectiva[101] est forma tantum. Si enim componeretur[102] ex materia et forma, non esset forma alterius. Ergo anima intellectiva est ipsa natura suae speciei.

---

[81] patet esse falsum] falsum est B   [82] multiplicari] *add.* vel distingui V   [83] corpora] corpus OBH   [84] ARISTOTLE, *De Anima*, III, 4 (429a 24-27)   [85] oportet] *add.* etiam OVH   [86] individuales.] individuatae B   [87] poterit] *add.* per eas B   [88] intelligi] intelligere g   [89] patiens et] *om.* et OBH   [90] Phantasma] phantasmata V phantasia OBH   [91] comparatur] comparantur V   [92] possibilem] *om.* OBH   [93] nihil] nullum V nullius BH   [94] ARISTOTLE, *De Anima*, III, 4 (429a 23-24)   [95] unumquodque] omne quod est O   [96] multitudo] multiplicatio ? V   [97] corporibus] hominibus V   [98] ARISTOTLE, *Metaph.*, VIII, 6 (1045a 36-b 7)   [99] quod] *om.* AP² *ss.* P1₂   [100] speciei] specifica B   [101] vel anima intellectiva] *om.* OH   [102] componeretur] esse poneretur P²

Si igitur natura speciei est una in omnibus animabus intellectivis, non potest esse quod anima intellectiva multiplicatur in diversis.[103]

(21) Praeterea, anima non multiplicatur[104] secundum corpora nisi ex eo quod unitur corpori. Sed intellectus possibilis ex ea parte consequitur animam qua corporis excedit unionem. Intellectus igitur possibilis non multiplicatur in hominibus.

(22) Praeterea, si[105] anima humana multiplicatur secundum divisionem corporum,[106] et intellectus possibilis per multiplicationem animarum, cum constet quod oporteat species intelligibiles multiplicari, si[107] intellectus possibilis multiplicetur,[108] relinquitur quod primum multiplicationis[109] principium erit[110] materia corporalis. Sed[111] quod multiplicatur secundum materiam est individuale et non intelligibile[112] in actu. Species igitur quae sunt[113] in intellectu possibili non erunt intelligibiles actu, quod est inconveniens. Non igitur anima humana et intellectus possibilis multiplicantur in diversis.

SED CONTRA, per intellectum possibilem homo intelligit. Dicitur enim in III[114] *De Anima*[115] quod intellectus possibilis est quo intelligit anima. Si igitur unus[116] sit intellectus possibilis in omnibus, sequitur quod illud quod unus intelligit, alius intelligit; quod patet esse falsum.

(2) Praeterea, anima intellectiva comparatur ad corpus ut forma ad materiam, et[117] ut motor ad instrumentum. Sed omnis forma requirit determinatam materiam et omnis motor determinata instrumenta. Impossibile est igitur quod sit una anima intellectiva in diversis hominibus.[118]

RESPONSIO. Dicendum[119] quod ista quaestio aliqualiter dependet a superiori.[120] Si igitur[121] intellectus possibilis est substantia separata secundum esse a corpore, necessarium est eum[122] esse unum tantum. Quae enim secundum esse sunt a corpore separata, nullo modo per multiplicationem[123] corporum multiplicari possunt. Sed tamen unitas[124] intellectus[125] specialem requirit considerationem, quia specialem habet difficultatem.[126]

Videtur enim in[127] primo aspectu hoc esse impossibile[128] quod unus

---

[103] in diversis] om. A   [104] Praeterea... multiplicatur] om. A   [105] si] om. LV   [106] corporum] corporis OVH   [107] si] add. ergo V   [108] multiplicetur] multiplicatur VB   [109] multiplicationis] multiplicativum H   [110] erit] est H   [111] Sed] secundum AOB   [112] intelligibile] intellectuale A   [113] sunt in] om. in A   [114] III] secundo P²B   [115] ARISTOTLE, *De Anima*, III, 4 (429 a 23)   [116] unus] *in marg.* P¹₂   [117] et] add. non O   [118] hominibus] *in marg.* P¹₂   [119] RESPONSIO. Dicendum] Ad quaestionem dico O   [120] a superiori] ex superioribus V   [121] igitur] enim g   [122] eum] omni A eam P² unum O ipsum V etiam H   [123] multiplicationem] multitudinem O   [124] unitas] add. et P² veritas O   [125] intellectus] om. B   [126] difficultatem] distinctionem O   [127] in] om. g   [128] impossibile] im ss. P¹

6

intellectus[129] sit omnium hominum. Manifestum est enim quod intellectus possibilis comparatur ad perfectiones[130] scientiarum sicut perfectio prima ad secundam, et per intellectum possibilem sumus in potentia[131] scientes. Et hoc cogit ad ponendum intellectum possibilem. Manifestum est autem quod perfectiones scientiarum non sunt[132] eaedem in omnibus,[133] cum quidam inveniantur habere scientias quibus alii carent. Hoc autem videtur inconveniens et impossibile quod perfectio secunda non sit una in omnibus,[134] perfectione prima existente una in eis; sicut est impossibile quod unum subjectum primum sit in actu et in potentia respectu ejusdam formae, sicut quod superficies sit in potentia et actu simul alba.

Hoc autem inconveniens evadere nituntur[135] quidam, ponentes intellectum possibilem unum[136] in omnibus per hoc quod species intelligibiles, in quibus consistit perfectio scientiae, habent duplex subjectum, ut etiam[137] supra dictum est,[138] ipsa phantasmata et intellectum possibilem. Et quia phantasmata non sunt eadem in omnibus ab illa parte neque species intelligibilium[139] sunt eaedem omnibus. Ex illa vero parte qua sunt in[140] intellectu possibili, non[141] multiplicantur. Et inde est quod propter diversitatem phantasmatum, unus habet scientiam qua[142] alius caret.[143]

Sed hoc patet frivolum esse ex his quae superius dicta sunt. Species enim non sunt[144] intelligibiles actu nisi per hoc[145] quod a phantasmatibus abstrahuntur[146] et sunt[147] in intellectu possibili. Diversitas igitur phantasmatum non potest esse causa unitatis vel multiplicationis[148] perfectionis quae est secundum scientiam intelligibilem. Nec habitus scientiarum sunt sicut in subjecto[149] in aliqua parte pertinente ad animam sensitivam, ut dicunt.

Sed adhuc[150] aliquid[151] difficilius sequitur ponentibus intellectum possibilem esse in omnibus unum. Manifestum enim est quod haec operatio quae est intelligere egreditur ab intellectu possibili sicut a primo[152] principio per quod intelligimus, sicut haec operatio sentire[153] egreditur a potentia sensitiva. Et licet[154] supra ostensum sit[155] quod si intellectus possibilis est secundum esse ab homine separatus, non est possibile quod intelligere, quod est intellectus possibilis, sit operatio hujus vel illius hominis; tamen

---

[129] intellectus] *add.* possibilis g   [130] perfectiones] perfectionem OB   [131] potentia] possibili A   [132] sunt] sint AP1L   [133] in omnibus] apud omnes V   [134] omnibus] hominibus V   [135] nituntur] *in marg.* P1   [136] unum] *add.* esse V   [137] etiam] *om.* AVBH [138] dictum est] *add.* ut L *add.* vel P2 *add.* scilicet g   [139] intelligibilium] intelligibiles H [140] in] *om.* ALV   [141] non] *om.* O   [142] qua] quam B   [143] caret] non habet B [144] non sunt] *om.* A   [145] per hoc] propter B   [146] abstrahuntur] abstractae sunt B [147] et sunt] *om.* B   [148] multiplicationis] multitudinis LOH   [149] sicut in subjecto] *in marg.* P1₂   [150] adhuc] ad hoc H   [151] aliquid] aliud BH   [152] primo] proprio B *om.* V [153] sentire] *add.* quae H   [154] licet] hoc B   [155] sit] est B

hoc[156] causa inquisitionis dato,[157] sequitur quod hic homo vel[158] ille intelligunt[159] per ipsum intelligere intellectus possibilis. Nulla autem operatio potest multiplicari nisi dupliciter, vel[160] ex parte objectorum vel ex parte principii[161] operantis;[162] potest tamen addi et tertium ex parte temporis, sicut cum aliqua operatio recipit interpolationem[163] temporum.[164]

Ipsum ergo intelligere quod est operatio intellectus possibilis potest quidem multiplicari secundum objecta, ut aliud sit intelligere hominem, aliud intelligere equum;[165] et etiam secundum tempus, ut aliud sit numero[166] intelligere quod fuit heri et quod est[167] hodie, si tamen discontinuetur operatio. Non autem potest multiplicari ex parte principii[168] operantis si[169] intellectus possibilis est unus tantum. Si igitur ipsum[170] intelligere[171] intellectus possibilis est intelligere hujus hominis et illius, poterit quidem aliquod intelligere esse hujus hominis et intelligere illius, si diversa intelligant;[172] cujus aliqua ratio esse potest diversitas phantasmatum, ut ipsi[173] dicunt. Et similiter poterit multiplicari[174] ipsum intelligere, sed[175] ut unus[176] hodie intelligat et alius[177] cras, quod etiam potest referri ad diversum usum phantasmatum. Sed duorum hominum simul et idem[178] intelligentium, necesse est quod sit unum et idem numero ipsum intelligere, quod manifeste[179] est impossibile. Impossibile est igitur quod intellectus possibilis, quo intelligimus formaliter, sit unus in omnibus.

Si autem per intellectum possibilem intelligeremus sicut per principium activum, quod faceret[180] nos intelligentes per aliquod principium intelligendi in nobis, esset[181] positio magis rationabilis.[182] Nam unum movens[183] movet diversa ad operandum, sed quod diversa operentur per aliquod[184] unum formaliter, hoc est omnino impossibile. Item formae et species rerum naturalium per proprias operationes cognoscuntur. Propria autem operatio hominis, in eo quod est homo, est intelligere et ratione uti. Unde oportet quod principium hujus operationis, scilicet intellectus, sit illud quo homo speciem sortitur et non per animam sensitivam aut per aliquam[185] vim ejus. Si igitur intellectus possibilis est unus in omnibus, velut quaedam substantia separata, sequeretur[186] quod omnes homines sortiantur speciem

---

[156] hoc] hac O haec H   [157] dato] data OH   [158] vel] et g   [159] intelligunt] om. AP² *in marg.* P¹₂ intelligit O intelligat V intelligatur B intelligant H   [160] vel] unde ALP²B ut V   [161] principii] principalis V   [162] operantis] operationis B   [163] interpolationem] interpellationem H   [164] temporum] om. LVBH   [165] equum] canem O   [166] numero] uno A om. V   [167] est] fuit AO   [168] principii] *add.* operationis vel B   [169] si] sive A   [170] ipsum] primum O   [171] intelligere] *add.* est O   [172] intelligant] intelligantur B   [173] ipsi] ipsum ALP¹P² *corr. ad* ipsi P¹   [174] multiplicari] multiplicare H   [175] sed] sic V scilicet OH si B   [176] ut unus] si unus V   [177] alius] aliud V   [178] idem] *add.* et AL   [179] manifeste] manifestum OVH   [180] faceret] facit B   [181] esset positio] sed haec positio est O   [182] rationabilis] intolerabilis O Tolerabilis BH   [183] movens] *ss.* P¹₂   [184] aliquod] *add.* principium O   [185] aliquam] aliam P¹P²   [186] sequeretur] sequitur P²g

per unam substantiam separatam, quod est simile positioni idearum et eandem difficultatem habens.[187]

Unde simpliciter[188] dicendum est quod intellectus possibilis non est unus in omnibus, sed multiplicatur[189] in diversis. Et cum sit quaedam vis vel potentia animae humanae, multiplicatur secundum multiplicationem[190] substantiae[191] ipsius animae, cujus multiplicatio sic considerari potest. Si enim aliquid consideratione[192] vel[193] sub ratione[194] alicujus communis[195] materialem[196] multiplicationem recipiat, necesse esse quod illud commune multiplicetur secundum numerum, eadem specie remanente,[197] sicut de ratione animalis sunt carnes et ossa. Unde distinctio[198] animalium quae est secundum has vel illas carnes facit diversitatem in numero,[199] non in specie.

Manifestum est autem,[200] ex his quae supra[201] dicta sunt, quod de ratione animae humanae est quod corpori humano sit unibilis,[202] cum non habeat in se speciem completam sed speciei complementum sit[203] in ipso composito.[204] Unde quod sit unibilis[205] huic aut illi corpori multiplicat animam secundum numerum, non autem secundum speciem, sicut et haec albedo differt ab illa numero[206] per hoc quod est esse hujus et illius subjecti. Sed in hoc differt anima humana ab aliis formis, quod esse suum non dependet a corpore; unde nec esse individuatum ejus a corpore dependet. Unumquodque enim in quantum est unum, est in se indivisum[207] et ab aliis distinctum.[208]

AD PRIMUM ergo dicendum quod veritas est adaequatio intellectus ad rem. Sic igitur est una veritas, quam diversi intelligunt, ex[209] eo quod eorum conceptiones eidem rei adaequantur.

Ad secundum dicendum quod Augustinus se derisibilem[210] profitetur non si dicat multas animas, sed si dicat multas tantum, ita scilicet quod sint multae[211] et secundum numerum et secundum speciem.

Ad tertium dicendum quod intellectus possibilis non multiplicatur in diversis secundum differentiam alicujus formae, sed secundum multiplicationem[212] substantiae animae cujus potentia est.

---

[187] habens] habet B   [188] Unde simpliciter] ideo O   [189] multiplicatur] diversificatur B [190] multiplicationem] *add.* ergo A *add. et del.* P[1]   [191] substantiae] *om.* AL *in marg.* P[1]₂   [192] aliquid consideratione] ad considerationem L   [192] consideratione] consideratur commune P² considerationi P[1] *et add. in marg.* sub ratione P[1]₂ considerationis O   [193] vel] *om.* P[1] [194] vel sub ratione] *om.* g   [195] communis] *add.* secundum P[1]   [196] materialem] naturalem VH [197] remanente] remanere A   [198] distinctio] diffinitio V   [199] numero] *add.* et g [200] autem] *ss.* P[1]₃   [201] supra] *om.* OVH   [202] unibilis] universalis O   [203] sit] sic P[1]P²L est OB   [204] composito] complemento A ipso composito] ipsa composita V [205] unibilis] universalis O   [206] numero] uno A   [207] indivisum] divisum OVH [208] distinctum] disjunctum V   [209] ex] *om.* OVH   [210] derisibilem] derisibile AL [211] tantum, ita... multae] *om.* B   [212] multiplicationem] multitudinem O

Ad quartum dicendum quod non est necessarium[213] intellectum omnem[214] denudari[215] ab eo quod intelligit,[216] sed solum[217] intellectum in potentia; sicut et omne recipiens denudatur a natura recepti.[218] Unde si aliquis intellectus est quod[219] sit actus tantum, sicut intellectus[220] divinus, se intelligit per seipsum.[221] Sed intellectus possibilis intelligibilis dicitur,[222] sicut et alia intelligibilia[223] quia per speciem intelligibilem aliorum intelligibilium se intelligit. Ex objecto enim cognoscit suam operationem per quam devenit ad cognitionem sui ipsius.

Ad quintum dicendum quod intellectus possibilis intelligendus est non habere commune cum aliqua naturarum sensibilium a quibus[224] sua[225] intelligibilia[226] accipit;[227] communicat tamen unus intellectus possibilis cum alio in specie.

Ad sextum dicendum quod in his quae sunt secundum esse a materia separata, non potest esse distinctio[228] nisi secundum speciem. Diversae autem species in diversis gradibus constitutae sunt. Unde et assimilantur[229] numeris,[230] in quibus species diversificantur[231] secundum additionem et subtractionem[232] unitatis. Et ideo secundum positionem quorundam dicentium ea quae sunt inferiora in entibus causari[233] a superioribus, sequitur quod in separatis a materia fit[234] multiplicatio secundum causam et causatum. Sed haec positio secundum fidem non sustinetur. Intellectus etiam possibilis non est substantia separata a materia secundum esse; unde ratio non est ad propositum.[235]

Ad septimum dicendum quod licet species intelligibilis qua intellectus formaliter intelligit sit in intellectu possibili istius et[236] illius hominis, ex quo intellectus possibiles sunt plures, id tamen quod[237] intelligitur per hujusmodi species est unum, si consideremus, habito respectu ad rem intellectam, quia universale quod intelligitur ab utroque est idem in omnibus. Et quod per species multiplicatas[238] in diversis id, quod est unum[239] in omnibus, possit intelligi, contingit ex immaterialitate[240] specierum quae repraesentant[241] rem absque materialibus conditionibus individuantibus, ex quibus[242] una natura secundum speciem multiplicatur numero in diversis.

---

[213] necessarium] necesse O   [214] omnem] esse B   [215] denudari] denudatum B   [216] intelligit] add. actu B   [217] solum] add. quod B   [218] recepti] recepta B   [219] quod] qui P¹OV   [220] sicut intellectus] add. possibilis A   [221] seipsum] semetipsum O   [222] intelligibilis dicitur] est multiplicabilis O   [223] intelligibilia] om. OBH   [22] quibus] qua H   [225] sua] sunt H   [226] sua intelligibilia] suam intelligentiam O   [227] accipit] accipiat O   [228] distinctio] diffinitio V   [229] assimilantur] assimilatur H   [230] numeris] in eis A materiis L numerus H   [231] diversificantur] diversificatur AL   [232] subtractionem] abstractionem V   [233] causari] creari AOV   [234] fit] sint AP¹B sit P²OVH   [235] propositum] oppositum L   [236] et] vel BH   [237] quod] quidem A   [238] multiplicatas] multiplicatis A   [239] unum] idem B   [240] immaterialitate] immaterialitatem A materialitate VH   [241] quae repraesentant] quod repraesentat O   [242] quibus] quo O

Ad octavum dicendum quod secundum platonicos[243] causa hujus quod intelligitur[244] unum[245] de multis non est ex parte intellectus, sed ex parte rei. Cum enim intellectus[246] intelligat aliquid unum in multis, nisi aliqua res esset una participata a multis, videretur quod intellectus esset varius,[247] non habens[248] aliquid sibi respondens in re. Unde coacti sunt ponere ideas per quarum participationem, et res naturales speciem sortiuntur et intellectus nostri fiunt universalia intelligentes. Sed secundum sententiam Aristotelis[249] hoc est ab intellectu quod intelligat unum in multis per abstractionem a principiis individuantibus. Nec tamen intellectus est varius[250] aut falsus, licet non sit aliquid abstractum in rerum natura, quia eorum quae sunt simul, unum potest vere intelligi aut nominari absque hoc quod intelligatur vel nominetur alterum; licet non possit[251] vere intelligi vel dici eorum quae sunt simul, unum sit sine altero. Sic igitur vere potest considerari et dici illud[252] quod est in aliquo individuo de natura speciei, in quo simile[253] est[254] aliis, absque eo quod considerentur[255] principia individuantia secundum quae distinguitur ab omnibus aliis. Sic igitur sua abstractione intellectus facit istam unitatem[256] universalis,[257] non eo quod sit unus in omnibus, sed in quantum est immaterialis.

Ad nonum dicendum quod intellectus est locus specierum eo quod continet species. Unde non sequitur quod intellectus possibilis sit unus omnium hominum,[258] sed unus et communis omnibus speciebus.[259]

Ad decimum[260] dicendum quod sensus non recipit species absque organo, et ideo non dicitur locus specierum sicut intellectus.

Ad undecimum[261] dicendum quod intellectus possibilis potest dici ubique operari, non quia operatio ejus sit ubique, sed quia operatio ejus[262] est circa ea quae sunt ubique.

Ad duodecimum[263] dicendum quod intellectus possibilis, licet materiam determinatam non habeat, tamen[264] substantia animae, cujus est potentia, habet materiam determinatam, non ex qua sit, sed in qua sit.

Ad tertium decimum[265] dicendum quod principia individuantia omnium formarum non sunt de essentia[266] earum, sed hoc solum verum est in compositis.[267]

---

[243] platonicos] platonem V PLATO, *Republic*, 475E-476A; 478E-480A   [244] intelligitur] intellectus V   [245] quod intelligitur unum] quaeritur O   [246] intellectus] add. non H   [247] varius] vanus OH   [248] habens] habent A habet L   [249] ARISTOTLE, *De Anima*, III, 4 (429b 20-22)   [250] varius] verus P² vanus VH   [251] possit] possint ALV   [252] illud] id P¹P² hoc OH *om.* V   [253] simile] simul H   [254] est] add. cum H   [255] considerentur] *add.* in eo VH   [256] istam unitatem] universalitatem istam O unitatem] virtutem V   [257] universalis] universalem P²H   [258] omnium hominum] in omnibus hominibus O   [259] Ad nonum... speciebus] *om.* V   [259] sed unus... speciebus] *om.* OH   [260] decimum] nonum LV   [261] undecimum] X V   [262] operatio ejus] *om.* OVH   [263] duodecimum] XI V   [264] tamen] et non O cum H   [265] tertium decimum] XII V   [266] essentia] substantia OV   [267] sed... compositis] sed hoc dictum est verum in compositis O

Ad quartum[268] decimum dicendum quod primus motor caeli est omnino separatus a materia, etiam secundum esse; unde nullo modo potest numero multiplicari. Non autem[269] simile de[270] anima humana.

Ad quintum decimum[271] dicendum quod animae separatae[272] non differunt specie sed numero ex eo quod sunt tali vel tali corpori unibiles.

Ad sextum decimum dicendum quod licet intellectus possibilis sit separatus a corpore quantum ad[273] operationem, est tamen[274] potentia animae, quae est actus corporis.

Ad septimum decimum[275] dicendum quod aliquid est intellectum[276] in potentia, non[277] eo quod est[278] individuale,[279] sed ex[280] eo quod est materiale.[281] Unde species intelligibiles quae immaterialiter recipiuntur in intellectu, etiam si sunt individuatae, sunt intellectae in actu. Et praeterea, idem sequitur apud ponentes intellectum possibilem esse unum, quia si intellectus possibilis est unus sicut quaedam substantia separata, oportet quod sit aliquod[282] individuum, sicut et de ideis Platonis Aristoteles[283] argumentatur.[284] Et eadem ratione species intelligibiles in ipso essent[285] individuatae, et essent etiam diversae in diversis intellectibus[286] separatis, cum omnis intelligentia[287] sit plena formis intelligibilibus.

Ad octavum decimum[288] dicendum quod phantasma movet intellectum prout est factum intelligibile actu, virtute intellectus agentis, ad quem[289] comparatur intellectus possibilis sicut potentia ad agens; et ita cum eo communicat.

Ad nonum decimum[290] dicendum quod licet esse animae intellectivae[291] non dependeat[292] a corpore, tamen habet habitudinem ad corpus naturaliter propter perfectionem suae speciei.

Ad vicesimum[293] dicendum quod licet anima humana non habeat materiam partem sui,[294] est tamen forma corporis. Et ideo quod quid[295] erat esse suum includit habitudinem ad corpus.

Ad vicesimum primum[296] dicendum quod[297] licet intellectus possibilis

[268] quartum decimum] XIII V   [269] autem] *add.* est B   [270] simile de] similis est V
[271] quintum decimum] XIII V   [272] separatae] humanae O   [273] quantum ad] secundum O   [274] est tamen] nec tamen est V   [275] Ad septimum decimum] ad 16 OV
[276] intellectum] intellectus O in intellectu H   [277] non] *add.* ss. ex P1₂ *add.* ex VB *add.* in O
[278] non eo quod est] *add.* indivisibile A   [279] individuale] indivisibile O   [280] ex] *om.*
H in O   [281] materiale] naturale O immateriale VH   [282] aliquod] aliquid OB
[283] Aristoteles] *in marg.* P1₂   [283] ARISTOTLE, *Metaph.*, VII, 14 (1039a 24-26); 15 (1040 a
8-9)   [284] argumentatur] arguit OV   [285] essent] erunt V in ipso essent] esse in ipso O
[286] intellectibus] intelligibilibus H   [287] intelligentia] anima intellectiva H   [288] octavum decimum] septimum decimum OV   [289] quem] quam ALP²OV   [290] Ad 19] Ad
18 OV   [291] intellectivae] intelligibilis V   [292] dependeat] dependebat AP²B
[293] Ad 20] Ad 19 OV   [294] partem sui] corporis O   [295] quid] *om.* AP¹P²L   [296] Ad
21] Ad 20 OV   [297] quod] *add.* quid A

elevetur supra[298] corpus, non tamen elevatur supra totam substantiam[299] animae, quae multiplicatur secundum habitudinem ad diversa corpora.

Ad vicesimum secundum[300] dicendum quod ratio illa procederet[301] si corpus sic uniretur animae quasi totam[302] essentiam et virtutem comprehendens. Sic enim oporteret quicquid[303] est in anima esse materiale.[304] Sed hoc non est ita, ut supra manifestatum[305] est. Unde ratio non sequitur.[306]

---

[298] supra] sic secundum O   [299] substantiam] essentiam V   [300] Ad 22] Ad ultimum V [301] procederet] procedit *et add.* ac O   [302] totam] *add.* suam O *add.* ejus B   [303] quicquid] quod quid B   [304] materiale] immateriale V   [305] manifestatum] manifestum VBH [306] sequitur] concludit V

QUAESTIO QUARTA

Loca parallela: *Contra gent.*, II, 77; *Summa theol.*, I, q. 54, a. 4; q. 79, a. 3; *De Spir. creat.*, a. 9; *In III De An.*, lect. 10; *Compend. theol.*, cap. 83.

Quarto quaeritur utrum NECESSE SIT PONERE INTELLECTUM AGENTEM. Et videtur quod non.[1]

(1) Quod enim[2] potest per unum fieri in natura non fit per plura.[3] Sed homo potest sufficienter intelligere per unum intellectum, scilicet possibilem; non ergo necessarium est ponere intellectum agentem. Probatio mediae:[4] Potentiae quae radicantur in una essentia animae compatiuntur sibi ad[5] invicem. Unde ex motu facto in potentia sensitiva relinquitur aliquid in imaginatione; nam phantasia[6] est motus a sensu[7] factus secundum actum, ut dicitur in III *De Anima*.[8] Si ergo intellectus possibilis est in anima nostra[9] et non est substantia separata, sicut superius dictum est, oportet quod sit in eadem essentia[10] animae cum imaginatione. Ergo motus imaginationis[11] redundat in[12] intellectum possibilem; et ita non est necessarium ponere intellectum agentem, qui[13] faciat phantasmata intelligibilia[14] a phantasmatibus abstracta.[15]

(2) Praeterea, tactus et visus sunt diversae potentiae. Contingit autem in caeco[16] quod ex motu relicto in imaginatione a sensu tactus, commovetur imaginatio ad imaginandum aliquid[17] quod[18] pertinet[19] ad sensum visus; et hoc ideo quia visus et tactus radicantur in una essentia animae. Si igitur intellectus possibilis est quaedam potentia animae, pari ratione ex motu imaginationis[20] resultabit aliquid[21] in intellectum possibilem;[22] et ita non est necessarium ponere intellectum agentem.

(3) Praeterea, intellectus agens ad hoc ponitur quod intelligibilia[23] in potentia faciat intelligibilia[24] actu. Fiunt autem aliqua[25] intelligibilia

---

[1] non] *add.* probatio O   [2] enim] et A *om.* O   [3] non fit per plura] non debet fieri per duo V   [4] mediae] *add.* propositionis O   [5] ad] *om.* LP[2]O   [6] phantasia] phantasma V   [7] a sensu] sensus H   [8] ARISTOTLE, *De Anima*, III, 3 (428b 30-429a 2) [9] nostra] *om.* A   [10] essentia] potentia L   [11] imaginationis] imaginatus H   [12] in] et A *om.* L ad OV   [13] qui] quid A quod L   [14] intelligibilia] receptibilia OVH [15] phantasmata... abstracta] abstrahendo phantasmata intelligibilia B a phantasmatibus abstracta] in intellectu possibili OVH   [16] in caeco] ex caeco ALP[2] *om.* in V   [17] aliquid] *add.* de his VH   [18] quod] quae VH   [19] pertinet] pertinent V   [20] imaginationis] tangibili P[2]   [21] aliquid] aliquod AL   [22] intellectum possibilem] intellectu possibili OBH intellectum potentia V   [23] intelligibilia] intelligentia O   [24] intelligibili] intelligentia in O   [25] aliqua] omnia L

actu per hoc quod abstrahuntur a materia et a materialibus conditionibus. Ad hoc ergo ponitur intellectus agens ut species intelligibiles a materia abstrahantur. Sed hoc potest fieri sine intellectu agente; nam[26] intellectus possibilis, cum sit immaterialis,[27] immaterialiter necesse est quod recipiat, cum omne receptum sit in recipiente per modum recipientis. Nulla igitur[28] necessitas est ponendi[29] intellectum agentem.

(4) Praeterea, Aristoteles, in III *De Anima*,[30] assimilat intellectum agentem lumini. Sed lumen non est necessarium ad videndum nisi in quantum facit diaphanum esse actu lucidum. Est[31] enim[32] color secundum[33] se visibilis et motivus lucidi secundum actum, ut dicitur in II[34] *De Anima*.[35] Sed[36] intellectus agens non est necessarius ad hoc quod faciat intellectum possibilem aptum[37] ad recipiendum,[38] quia,[39] secundum id quod est, est in potentia[40] ad intelligibilia. Ergo non est necessarium ponere intellectum agentem.

(5) Praeterea,[41] sicut se habet intellectus ad intelligibilia, ita[42] sensus ad sensibilia. Sed sensibilia ad hoc quod moveant sensum non indigent aliquo[43] agente; licet secundum esse spirituale sint in sensu, qui[44] est susceptivus[45] rerum[46] sensibilium sine materia, ut dicitur in III *De Anima*,[47] et in medio[48] quod[49] recipit spiritualiter species sensibilium. Quod patet[50] ex hoc quod in eadem parte sui[51] recipit species contrariorum, ut albi et nigri. Ergo nec intelligibilia indigent aliquo alio[52] intellectu agente.

(6) Praeterea, ad hoc quod aliquid quod est in potentia reducatur in actum[53] in rebus[54] naturalibus sufficit[55] id quod est[56] in actu ejusdem generis, sicut ex materia, quae est[57] potentia ignis, sit[58] actu ignis per ignem qui est in actu. Ad hoc igitur quod intellectus qui in nobis est in potentia fiat in actu, non requiritur nisi intellectus in actu, vel ipsiusmet intelligentis sicut quando[59] ex cognitione principiorum venimus in cognitionem[60] conclusionum, vel alterius sicut cum[61] aliquis addiscit a magistro. Non est igitur necessarium ponere intellectum agentem ut videtur.

---

[26] nam] *add.* cum O   [27] immaterialis] *add.* sive O   [28] igitur] autem A ergo OH
[29] ponendi] ponere OVBH   [30] ARISTOTLE, *De Anima*, III, 5 (430a 15-16)   [31] Est] *add.*
igitur A   [32] enim] igitur L   [33] secundum] de B   [34] II] III LH   [35] ARISTOTLE,
De Anima, II, 7 (418a 31-418b2)   [36] Sed] si V   [37] aptum] actum ALP² *om.* O   [38] recipiendum] rectificandum O   [39] quia] quod ALB   [40] est in potentia] *om.* est ALP¹P²OVB
[41] Praeterea] sed contra L   [42] ita] sic V sic se habet O *add.* se habet H   [43] aliquo] alio
P¹P   [44] qui] quod AH   [45] susceptivus] receptivus OVH   [46] rerum] specierum O
[47] sine... *De Anima*] *om.* B   [47] ARISTOTLE, *De Anima*, III, 2 (425b 24)   [48] in medio] *om.*
in A   [49] quod] quo V   [50] species... patet] *om.* V   [51] sui] medii LOVBH
[52] alio] *om.* OVB   [53] in actum] ad actum P¹OV   [54] rebus] *om.* V   [55] sufficit]
sufficienter potest reduci per O   [56] est] *om.* AP¹P²V   [57] quae est] *add.* in OVB
[58] sit] fit OBH   [59] quando] quandoque P² actus O   [60] cognitionem] cognitione AP²L
[61] cum] tamen ALO *om.* V

(7) Praeterea, intellectus agens ad hoc ponitur ut illuminet nostra phantasmata, sicut lux solis illuminat colores.[62] Sed ad nostram[63] illuminationem sufficit divina lux, quae illuminat omnem hominem venientem in hunc mundum, ut dicitur *Jo.* I.[64] Non igitur est necessarium ponere intellectum agentem.[65]

(8) Praeterea, actus intellectus[66] est intelligere.[67] Si igitur est duplex intellectus, scilicet agens et possibilis, erit unius hominis duplex[68] intelligere, quod videtur inconveniens.

(9) Praeterea, species intelligibilis[69] videtur esse[70] perfectio intellectus. Si igitur est duplex intellectus, scilicet possibilis et agens,[71] est duplex[72] intelligere, quod videtur superfluum.[73]

SED CONTRA est[74] ratio Aristotelis,[75] in III *De Anima*,[76] quod cum in omni natura sit agens et id quod est in potentia, oportet hoc[77] et in[78] anima esse, quorum alterum est intellectus agens,[79] alterum intellectus possibilis.

RESPONSIO. Dicendum quod necesse[80] est ponere intellectum agentem. Ad cujus evidentiam considerandum est quod cum intellectum possibilis sit in potentia ad intelligibilia,[81] necesse est quod intelligibilia moveant intellectum possibilem. Quod autem non est non potest aliquid movere. Intelligibile[82] autem per intellectum possibilem non[83] est aliquid in rerum natura existens ut intelligibile est. Intelligit[84] enim[85] intellectus possibilis noster[86] aliquid quasi unum[87] in multis et de multis.[88] Tale autem[89] non invenitur in rerum natura subsistens,[90] ut Aristoteles probat in VII *Metaphysicae*.[91] Oportet igitur[92] si intellectus possibilis debeat[93] moveri[94] ab intelligibili, quod[95] hujusmodi intelligibile per intellectum fiat. Et cum non possit esse illud quod est in potentia ad aliquid factivum[96] ipsius,

---

[62] colores] corpora V   [63] nostram] veram O   [64] *Evang. secundum Joannem*, 1: 9
[65] agentem] *add.* ut videtur V   [66] intellectus] *add.* agentis O   [67] intelligere] intelligibilis O   [68] duplex] unum P²   [69] intelligibilis] intelligibiles AL   [70] videtur esse] est B
[71] scilicet possibilis et agens] *om.* B   [72] duplex] *add.* perfectio et B   [73] Si igitur... superfluum] si igitur est duplex intellectus agens et possibilis igitur erit similiter in alio videlicet in homine quod sit duplex species intelligibilis simul intellecta vel alter horum intellectuum superfluerit. O   [74] est] *om.* A Sed contra est] Oppositum vult O   [75] Aristotelis] philosophi B
[76] ARISTOTLE, *De Anima*, III, 5 (430a 10-14)   [77] hoc] haec P¹P²LVBH   [78] in] *om.* A
[79] agens] *add.* et LOVB   [80] necesse] necessarium OV   [81] ad intelligibilia] ad intelligendum O   [82] Intelligibile] intelligere L   [83] non] *om.* L   [84] Intelligit] Intelligere H
[85] enim] autem AP²   [86] noster] videtur H   [87] unum] *add.* et idem B   [88] et de multis] *om.* B   [89] autem] *add.* esse L   [90] subsistens] existens V   [91] ARISTOTLE, *Metaph.*, VII, 13 (1038b 35-36)   [92] Oportet igitur] igitur oportet A   [93] debeat] debet ALP²OVBH]   [94] moveri] *add.* ad intelligendum et hoc O   [95] quod] ad AP²
[96] factivum facturum AP²L perfectum O

oportet ponere praeter intellectum possibilem intellectum agentem, qui faciat[97] intelligibilia in actu, quae moveant[98] intellectum possibilem.

Facit autem[99] per abstractionem a materia et materialibus conditionibus, quae sunt principia[100] individuationis. Cum enim natura speciei, quantum ad id quod per se ad speciem pertinet, non habeat unde multiplicetur in diversis, sed individuantia[101] principia sint[102] praeter[103] rationem[104] ipsius, poterit intellectus accipere eam[105] praeter omnes conditiones[106] individuantes; et sic accipietur[107] ut aliquid unum. Et eadem ratione intellectus accipit naturam generis, abstrahendo a differentiis specificis,[108] ut[109] unum in multis[110] et de multis speciebus.

Si autem universalia per se subsisterent in rerum natura sicut Platonici[111] posuerunt,[112] necessitas nulla esset ponere intellectum agentem, quia ipsae res intelligibiles per se intellectum possibilem moverent. Unde videtur Aristoteles[113] hac necessitate[114] inductus ad ponendum intellectum agentem, quia non consentit opinioni Platonis de positione idearum.[115] Sunt tamen et aliqua[116] per se intelligibilia in actu subsistentia in rerum natura, sicut sunt substantiae immateriales. Sed tamen ad ea[117] cognoscenda intellectus possibilis[118] pertingere non potest, sed aliqualiter in eorum[119] cognitionem devenit[120] per ea quae abstrahit[121] a rebus materialibus et sensibilibus.

AD PRIMUM ergo dicendum quod intelligere nostrum non potest compleri per intellectum possibilem tantum. Non enim intellectus possibilis potest intelligere, nisi moveatur[122] ab intelligibili; quod, cum[123] non praeexistat in rerum natura, oportet quod fiat per intellectum agentem. Verum est autem quod duae potentiae, quae sunt in una substantia animae radicatae,[124] compatiuntur sibi ad invicem. Sed ista compassio quantum ad duo potest intelligi; scilicet[125] quantum ad hoc quod una potentia impeditur[126] vel totaliter abstrahitur[127] a suo actu quando alia potentia intense[128] operatur, sed hoc non est ad propositum;[129] vel etiam quantum ad hoc

---

[97] faciat] facit LO   [98] moveant] movent P² moveat O add. ipsum V   [99] autem] add. eo g   [100] principia] add. individuantia sive O   [101] in dividuantia] individualis O
[102] sint] sunt OH   [103] praeter] per O   [104] rationem] naturam V   [105] eam] ea V
[106] conditiones] considerationes O   [107] accipietur] accipitus B   [108] specificis] om. OH specificatis V   [109] ut] quasi OBH quod V   [110] in multis et] om. L   [111] PLATO, Timaeus, 52A; Phaedo, 73-79 ; Cf. ARISTOTLE, Metaph., I, 6 (987b 7-10); 9 (991b 2-3); III, 2 (997b 11)   [112] posuerunt] ponunt B   [113] ARISTOTLE, Metaph., I, 9 (990a 32 sq.); XIII, 1-9 (1076a 8 sq.)   [114] necessitate] auctoritate ? A   [115] idearum] ydeali O   [116] aliqua] alia L   [117] ad ea] add. plene O   [118] possibilis] add. ad ea H   [119] eorum] earum O
[120] devenit] deveniret V deveniet O   [121] a] in A   [122] moveatur] movetur O
[123] quod, cum] cum illud tamen O   [124] radicatae] inditae L   [125] scilicet] et A sed P² om. O   [126] impeditur] impediatur H   [127] abstrahitur] auffertur V om. B abstrahatur H
[128] intense] intensa A   [129] propositum] oppositum O

quod una potentia ab alia movetur sicut[130] imaginatio[131] a sensu;[132] et hoc quidem possibile[133] est, quia forma imaginationis et sensus sunt ejusdem generis; utraeque[134] enim sunt individuales.[135] Et ideo formae quae sunt in sensu[136] possunt imprimere formas quae sunt in imaginatione, movendo imaginationem[137] quasi sibi similes.[138] Formae autem imaginationis, in quantum sunt[139] individuales, non possunt causare[140] formas intelligibiles, cum sint universales.

Ad secundum dicendum quod ex speciebus receptis in imaginatione[141] a sensu tactus,[142] imaginatio non sufficeret formare formas ad visum pertinentes, nisi praeexisterent[143] formae per visum receptae in thesauro[144] memoriae vel imaginationis[145] reservatae.[146] Non enim caecus natus[147] colorem imaginari potest per quascumque alias species sensibiles.

Ad tertium dicendum quod conditio recipientis non potest transferre speciem[148] receptam de uno genere in aliud;[149] potest tamen,[150] eodem genere manente, variare speciem receptam secundum aliquem modum essendi. Et inde[151] est quod,[152] cum species universalis[153] et particularis[154] differant secundum genus, sola conditio[155] intellectus possibilis[156] non sufficit ad hoc quod species quae sunt in imaginatione particulares[157] in eo fiant universales, sed requiritur intellectus agens qui hoc faciat.

Ad quartum dicendum quod de lumine, ut Commentator[158] dicit in II[159] *De Anima*, est duplex opinio. Quidam enim dixerunt quod lumen[160] necessarium est ad[161] videndum, quantum ad hoc quod dat virtutem coloribus[162] ut possint movere visum, quasi color non ex seipso[163] sit visibilis sed per lumen. Sed hoc videtur Aristoteles removere[164] cum dicit, in III[165] *De Anima*,[166] quod color est per se visibilis, quod non esset si solum ex lumine haberet visibilitatem.[167] Et ideo alii aliter dicunt et[168] melius

[130] sicut] sic LH   [131] imaginatio] imaginative O   [132] sensu] sensitiva O   [133] possibile] impossibile H   [134] utraeque] utraque AL   [135] individuales] individualis A
[136] sensu] sensibili H   [137] imaginationem] rationem A   [138] quasi sibi similes] quia sunt similes O   [139] in quantum sunt] cum sint g   [140] causare] creare ALH
[141] imaginatione] *add.* causatis O   [142] tactus] *om.* O   [143] praeexisterent] reexisterent O   [144] in thesauro] nichilo P¹ in oculo meo O   [145] imaginationis] in imaginatione O
[146] reservatae] servatae O   [147] enim caecus natus] *om.* O   [148] speciem] comparationem L   [149] aliud] alio V   [150] tamen,] *add.* in V   [151] inde] necesse A   [152] Et inde est quod] inde quod L   [153] universalis] universales OVH   [154] particularis] particulares OVH
[155] conditio] cognitio V   [156] possibilis] potentionalis H   [157] particulares] particulari O
[158] AVERROES, *Commentarium magnum in Aristotelis De Anima*, II, 67, 13-21, ed. CRAWFORD, p. 231
[159] II] III LVH   [160] lumen] *add.* est V   [161] ad] *om.* P¹   [162] coloribus] coloris A
[163] ex seipso] per se V   [164] removere] movere LP²   [165] III] II OB I L
[166] ARISTOTLE, *De Anima*, II, 7 (418a 29-30)   [167] si solum... visibilitatem] si color per se visibilitatem haberet V haberet visibilitatem] virtutem haberet O   [168] et] quod A *om.* O

quod lumen necessarium est ad videndum in quantum perficit diaphanum faciens illud[169] esse[170] lucidum actu. Unde Philosophus dicit, in II[171] *De Anima*,[172] quod color est motivus[173] lucidi[174] secundum actum. Nec obstat quod ab eo[175] quod[176] est[177] in tenebris videntur[178] ea quae sunt in luce et non e converso. Hoc enim[179] accidit ex[180] eo quod oportet illuminari diaphanum quod circumstat rem visibilem ut recipiat[181] visibilis[182] speciem[183] quae[184] usque ad hoc visibilis est, quousque[185] porrigitur[186] actus luminis[187] illuminantis diaphanum, licet de propinquo perfectius illuminet, et a longinquo[188] magis debiliter. Comparatio[189] ergo luminis ad intellectum agentem non est quantum ad omnia, cum intellectus agens ad hoc[190] sit necessarius ut faciat intelligibilia in potentia esse intelligibilia[191] actu. Et hoc significavit Aristoteles, in III *De Anima*,[192] cum dixit quod intellectus agens est quasi lumen quoquo modo.[193]

Ad quintum dicendum quod sensibile, cum sit quoddam particulare, non imprimit nec in sensum[194] nec in medium[195] speciem alterius generis, cum species in medio et in sensu non sit nisi particularis. Intellectus autem possibilis[196] recipit species alterius generis quam[197] sint[198] in imaginatione, cum intellectus possibilis recipiat species universales, et[199] imaginatio non contineat[200] nisi particulares. Et ideo in intelligibilibus[201] indigemus intellectu agente, non autem in sensibilibus[202] alia[203] potentia activa, sed[204] omnes potentiae sensitivae sunt potentiae[205] passivae.

Ad sextum dicendum quod intellectus possibilis[206] factus[207] in actu non sufficit ad causandam scientiam in[208] nobis nisi praesupposito[209] intellectu agente. Si enim loquamur de intellectu in actu, qui[210] est in[211] ipso[212] addiscente, contingit quod intellectus possibilis alicujus[213] sit in potentia quantum ad aliquid[214] et quantum ad aliquid[215] in actu; et per id quod est in actu potest reduci etiam[216] quantum ad id quod est in potentia in

[169] illud] ipsum V   [170] esse] *om.* V   [171] II] III ALP¹P²H   [172] ARISTOTLE, *De Anima*, II, 7 (418a 31-b 2)   [173] motivus] motus AL   [174] actu. Unde... lucidi] *om.* O   [175] eo] eis O   [176] quod] qui OB   [177] est] sunt O   [178] videntur] videantur A videatur L   [179] enim] autem H   [180] ex] in O   [181] recipiat] *add.* rei O   [182] visibilis] visibilem L visibiles V   [183] speciem] species V   [184] quae] et OBH et qui V   [185] quousque] ut V   [186] porrigitur] porrigit L porrigatur OV purgatur H   [187] luminis] illius B   [188] a longinquo] a remotis V   [189] Comparatio] operatio V   [190] ad hoc] *om.* O   [191] intelligibilia] *add.* in OVB   [192] ARISTOTLE, *De Anima*, III, 5 (430a 15-16)   [193] quoquo modo] quodammodo OV   [194] sensum] sensu B   [195] medium] mediam P² medio B   [196] possibilis] post A   [197] quam] quasi L quae OH   [198] sint] sunt OH sit B   [199] et] *add.* ipsa O   [200] contineat] recipiat B   [201] intelligibilibus] intellectibus V   [202] sensibilibus] *add.* est V   [203] alia] aliqua VBH   [204] sed] quia O   [205] potentiae] *om.* H   [206] possibilis] *om.* O   [207] factus] *om.* B   [208] in] *om.* ALP²   [209] praesupposito] supposito V   [210] qui] prout O   [211] in] *om.* B   [212] ipso] *om.* O   [213] alicujus] alicui OH   [214] quantum ad aliquid] *om.* O   [215] et quantum ad aliquid] *om.* L   [216] etiam] in H

actum;[217] sicut per id quod est actu cognoscens principia fit[218] in[219] actu[220] cognoscens conclusiones,[221] quas primum[222] cognoscebat in potentia. Sed tamen[223] actualem cognitionem principiorum habere non potest intellectus possibilis nisi per intellectum agentem; cognitio enim principiorum a sensibilibus[224] accipitur,[225] ut dicitur in fine *Libri Posteriorum;*[226] a sensibilibus[227] autem non possunt intelligibilia accipi, nisi per abstractionem intellectus agentis. Et ita patet quod intellectus in actu principiorum non sufficit ad reducendum intellectum possibilem de potentia in actum[228] sine intellectu agente. Sed in hac reductione intellectus agens se habet[229] sicut artifex, et principia demonstrationis sicut instrumenta. Si autem loquamur[230] de intellectu in actu docentis, manifestum[231] est quod docens[232] non causat scientiam in addiscente tamquam interius agens,[233] sed sicut exterius[234] adminiculans;[235] sicut etiam medicus sanat sicut exterius adminiculans, natura autem tamquam[236] interius agens.

Ad septimum[237] dicendum quod sicut in rebus naturalibus sunt propria[238] principia activa in unoquoque genere, licet Deus sit causa agens prima[239] et communis; ita etiam[240] requiritur[241] proprium lumen[242] intellectuale in homine,[243] quamvis Deus sit prima lux omnes[244] communiter illuminans.[245]

Ad octavum dicendum quod duorum intellectuum,[246] scilicet possibilis et agentis, sunt duae actiones. Nam actus[247] intellectus possibilis est recipere intelligibilia;[248] actio autem intellectus agentis est abstrahere intelligibilia. Nec tamen sequitur quod sit duplex intelligere in homine, quia[249] a unum intelligere oportet quod utraque istarum[250] actionum concurrat.

Ad nonum dicendum quod[251] species intelligibilis eadem[252] comparatur[253] ad intellectum agentem et[254] possibilem; sed ad intellectum possibilem sicut ad recipientem, ad intellectum autem[255] agentem[256] sicut ad facientem hujusmodi species[257] per abstractionem.

---

[217] in actum;] et quantum ad aliquid in actu O actum;] actu H [218] fit] sit O
[219] in] *om.* OH [220] in actu] aliquis V [221] conclusiones] *add.* actu V [222] primum] prius g [223] Sed tamen] si O [224] a sensibilibus] *om.* V sensibilibus] sensibus B
[225] accipitur] causatur O [226] in fine *Libri Posteriorum*] 2 post in fine O [226] ARISTOTLE, *Analytica posteriora*, II, 19 (100a 9-11) [227] sensibilibus] sensibus BH [228] in actum] ad actum O [229] se habet] habet se A est H [230] loquamur] loquaris V [231] manifestum] quantum A [232] docens] docentis H [233] agens] *om.* O [234] exterius] *add.* agens O
[235] adminiculans] administrans O sicut... adminiculans] *om.* LOV [236] tamquam] sicut V
[237] Ad septimum] *Haec responsio invenitur in loco ultimo, cum titulo "Ad decimum"* in ALP¹P²
[238] propria] *om.* H [239] prima] propria H [240] etiam] *om.* OV et B [241] requiritur] relinquitur O [242] lumen] *add.* etiam H [243] homine] *add.* ad intelligibile O [244] omnes] omnia B [245] illuminans] illuminaris A illuminet O [246] intellectuum] *om.* B intellectus H
[247] actus] actio V *om.* B [248] recipere intelligibilia] sensibilia recipere H [249] quia] sed V
[250] istarum] illarum O harum VBH [251] quod] *add.* eadem O [252] eadem] *om.* OV
[253] comparatur] operatur LP¹P²V [254] agentem et] *om.* OV [255] intellectum autem] *om.* B
[256] agentem] *add.* vero B [257] species] speciem O *add.* intelligibiles B

QUAESTIO QUINTA

Loca parallela: *In II Sent.*, dist. 17, q. 2, a. 1; *De Ver.*, q. 10, a. 6; *Contra gent.*, II, 76, 78; *Summa theol.*, I, q. 79, a. 4, 5; *De Spir. creat.*, a. 10; *In III De An.*, lect. 10; *Compend. theol.*, cap. 86.

Quinto quaeritur utrum INTELLECTUS AGENS SIT UNUS ET SEPARATUS. Et videtur quod sic.[1]

(1) Quia Philosophus dicit,[2] in III *De Anima*,[3] quod intellectus agens non[4] quandoque intelligit et quandoque non. Nihil autem est tale in nobis. Ergo intellectus agens[5] est separatus et per consequens in omnibus unus.

(2) Praeterea, impossibile est quod aliquid[6] sit simul[7] in potentia et in actu respectu ejusdem. Sed intellectus possibilis est in potentia ad omnia intelligibilia. Intellectus autem agens est in actu respectu eorum, cum sit[8] intelligibilium[9] specierum actus.[10] Impossibile igitur[11] videtur quod in eadem substantia[12] animae radicetur[13] intellectus possibilis et agens. Et ita, cum intellectus possibilis sit in essentia animae, ut ex praedictis[14] patet, intellectus agens erit separatus.

Sed dicebat quod intellectus possibilis est in potentia ad intelligibilia, et intellectus agens actu[15] respectu eorum secundum aliud et aliud esse.

(3) Sed contra, intellectus possibilis[16] non est in potentia ad intelligibilia secundum quod habet ea,[17] quia secundum hoc, jam est actu[18] per ea. Est igitur in potentia ad species intelligibiles secundum quod sunt in phantasmatibus. Sed respectu specierum secundum quod sunt in phantasmatibus intellectus agens est actus, cum[19] faciat ea intelligibilia in[20] actu per abstractionem. Ergo intellectus[21] agens est in potentia ad intelligibilia secundum illud[22] esse secundum quod comparatur intellectus agens ad ipsa ut faciens.[23]

(4) Praeterea, Philosophus, in III *De Anima*,[24] attribuit quaedam intel-

---

[1] Et videtur quod sic] et quod sic probo O   [2] Philosophus dicit] secundum philosophum O
[3] ARISTOTLE, *De Anima*, III, 5 (430a 22)   [4] non] *om.* P²H   [5] intellectus agens] *add.* in nobis P¹ agens] ille O   [6] aliquid] aliquis V   [7] simul] vel L   [8] sit] sint L
[9] intelligibilium] intellectum V   [10] actus] accidens V   [11] igitur] *add.* ut O
[12] substantia] potentia V   [13] radicetur] radicentur OV   [14] praedictis] praemissis VBH
[15] actu] est actus B *add.* est O   [16] possibilis] potest A   [17] habet ea] habet esse O
[18] jam est actu] est anima in actu O   [19] cum] quin AL quin P¹ cum P¹₂ quia P²
[20] in] et A *om.* V   [21] intellectus] actus H   [22] illud] *add.* idem B   [23] intellectus... faciens] ad ipsa intellectus agens et faciens O   [24] ARISTOTLE, *De Anima*, III, 5 (430a 17-19)

lectui agenti quae non videntur nisi substantiae separatae convenire, dicens quod "hoc solum est perpetuum et incorruptibile[25] et separatus."[26] Est igitur intellectus[27] substantia separata ut videtur.

(5) Praeterea, intellectus non dependet ex complexione corporali cum sit absolutus ab organo corporali. Sed facultas intelligendi in nobis variatur secundum complexiones diversas. Non igitur ista facultas nobis competit[28] per istum intellectum qui[29] sit in nobis, sed[30] videtur quod intellectus agens sit separatus.

(6) Praeterea, ad actionem aliquam non requiritur nisi agens et patiens. Si igitur intellectus possibilis, qui se habet ut patiens[31] in intelligendo, est aliquid animae[32] nostrae, ut prius monstratum est, et intellectus agens[33] est aliquid[34] animae nostrae, videtur quod in nobis sufficiente habeamus[35] unde intelligere possumus.[36] Nihil igitur aliud est nobis necessarium ad intelligendum, quod tamen[37] patet esse falsum. Indigemus enim etiam[38] sensibus[39] ex quibus experimenta[40] accipimus ad sciendum. Unde qui[41] caret uno sensu,[42] scilicet visu, caret una scientia, scilicet colorum.[43] Indigemus etiam[44] ad intelligendum doctrina,[45] quae fit[46] per magistrum,[47] et ulterius[48] illuminatione, quae fit[49] per Deum, secundum quod dicitur *Jo.* I, "Erat lux vera et caetera."[50]

(7) Praeterea, intellectus agens comparatur ad[51] intelligibilia sicut lumen ad visibilia, ut patet in III *De Anima*.[52] Sed una lux separata, scilicet solis, sufficit ad faciendum omnia visibilia actu. Ergo ad faciendum omnia intelligibilia actu, sufficit una lux separata.[53] Et sic nulla necessitas[54] est ponere intellectum agentem in nobis.[55]

(8) Praeterea, intellectus agens assimilatur[56] arti,[57] ut patet in III *De Anima*.[58] Sed ars est principium separatum ab artificiatis.[59] Ergo et[60] intellectus agens est principium separatum.

---

[25] incorruptibile] intelligibile V incorporale H   [26] separatus] separatum VBH   [27] intellectus] *add.* agens ut B   [28] nobis competit] convenit nobis O convenit nisi V competit] *om.* B   [29] qui] *bis exhibit* A quod L *om.* P²   [30] sed] et ideo O et sic V   [31] patiens] faciens ALP²   [32] animae] naturae L   [33] agens] *add.* etiam VB   [34] animae nostrae... aliquid] animae nostrae ut prius demonstratum est et intellectus agens est aliquid *in marg.* P¹₂   [35] habeamus] habemus P²O   [36] possumus] possimus P²OV   [37] tamen] *om.* OV   [38] etiam] *om.* P²OV et BH   [39] sensibus] sensibilibus H   [40] experimenta] experientiam P²   [41] Unde qui] quo enim O   [42] sensu] sensus A   [43] una... colorum] et scientia colorum O colorum] occulorum V colores B   [44] etiam] *add.* auditu O   [45] doctrina] doctrinam OH   [46] fit] sit OVB   [47] magistrum] visum ? O magisterium B   [48] ulterius] alterius B   [49] fit] sit AOV   [50] *Evang. secundum Joannem*, 1: 9   [51] ad] *om.* A   [52] ARISTOTLE, *De Anima*, III, 5 (430 a 14-17)   [53] una lux separata] unus intellectus O   [54] necessitas] necessitate O   [55] intellectum agentem in nobis] unum intellectum primum activum B   [56] assimilatur] comparatur V   [57] arti] uti V   [58] ARISTOTLE, *De Anima*, III, 5 (430a 14-17)   [59] artificiatis] artifice V   [60] et] *om.* VBH

(9) Praeterea, perfectio cujuslibet naturae est ut similetur[61] suo[62] agenti. Tunc enim generatum perfectum est quando ad similitudinem generantis pertingit, et[63] artificiatum[64] quando consequitur similitudinem formae quae est in artifice.[65] Si igitur intellectus agens est aliquid animae nostrae, ultima perfectio et beatitudo[66] animae nostrae erit in aliquo quod est in ipsa; quod patet esse falsum. Sic enim anima[67] seipsa esset fruendum.[68] Non ergo[69] intellectus agens est aliquid in nobis.

(10) Praeterea, agens est honorabilius patiente, ut dicitur in III *De Anima*.[70] Si igitur intellectus possibilis est aliquo modo separatus, intellectus agens erit[71] magis separatus. Quod non potest esse, ut videtur, nisi omnino extra substantiam animae[72] ponatur.

SED CONTRA est quod dicitur in III[73] *De Anima*[74] quod sicut in omni natura est aliquid hoc quidem[75] ut[76] materia, aliud autem quod est factivum;[77] itaque[78] necesse[79] in anima esse has[80] differentias, ad quorum unum pertinet[81] intellectus possibilis, ad alterum intellectus agens. Uterque igitur intellectus possibilis et[82] agens est aliquid in anima.[83]

(2) Praeterea, operatio intellectus agentis est abstrahere species intelligibiles[84] a[85] phantasmatibus,[86] quod[87] quidem semper[88] in nobis accidit. Non autem esset ratio quare haec abstractio quandoque[89] fieret et quandoque[90] non fieret, ut videtur, si intellectus agens esset substantia separata. Non est igitur intellectus agens substantia separata.

RESPONSIO. Dicendum quod intellectum agentem esse unum et separatum plus[91] videtur rationis[92] habere quam si hoc de intellectu possibili ponatur. Est enim intellectus possibilis secundum quem sumus intelli-

---

[61] similetur] assimiletur OB   [62] suo] suae ALP¹   [63] et] ut B   [64] artificiatum] artificium V   [65] artifice] arte V   [66] beatitudo] habitudo H   [67] anima] animae AP¹P²L [68] fruendum] fruenda B   [69] ergo] igitur P¹g   [70] ARISTOTLE, *De Anima*, III, 5 (430a 18-19)   [71] erit] est H   [72] substantiam animae] animam B animae] *om.* O naturae V [73] in III] III P¹ in I P²   [74] ARISTOTLE, *De Anima*, III, 5 (430a 10-13)   [75] hoc quidem] secundum quid LP²   [76] quidem ut] quod est B   [77] factivum] activum P¹   [78] itaque] utique L ita VBH   [79] necesse] *add.* est P²VBH   [80] esse has] plures V   [81] pertinet] partium H   [82] et] scilicet A   [83] Uterque... anima] Uterque igitur et possibilis et agens est in anima vel in nobis V   Sed contra dicitur tertio de anima quod sicut in omni materia est aliquid quod est materia tantum et aliquid quod est forma tantum ita in anima necesse est esse has differentias. Ad quarum unam pertinet intellectus possibilis. Ad alteram vero intellectus agens. Utrumque igitur horum scilicet intellectus agentis et possibilis est aliquid in nobis vel in anima. O   in anima] in nobis vel anima H anima] *add.* nostra B   [84] intelligibiles] intelligibilia V   [85] a] *om.* A   [86] phantasmatibus] ad phantasma L   [87] quod] quae OV [88] semper] species V   [89] quandoque] aliquando VH hoc O   [90] et quandoque] aut O et aliquando V aliquando H   [91] plus] plures A philosophus V   [92] rationis] rationes V

gentes, quandoque quidem in potentia, quandoque autem[93] in actu. Intellectus autem agens est qui facit nos intelligentes actu. Agens autem invenitur separatum ab his quae reducit[94] in actum;[95] sed id per quod aliquid est[96] in potentia omnino videtur esse[97] intrinsecum rei.

Et ideo plures posuerunt intellectum agentem esse substantiam separatam, intellectum autem possibilem esse aliquid animae nostrae. Et hunc intellectum agentem posuerunt esse quamdam substantiam separatam, quam intelligentiam[98] nominant;[99] quae ita se habet ad animas nostras[100] et ad totam sphaeram[101] activorum et passivorum sicut[102] habent substantiae superiores separatae,[103] quas intelligentias dicunt, ad animas caelestium[104] corporum, quae animata ponunt,[105] et ad ipsa caelestia corpora; ut sicut superiora[106] corpora a praedictis substantiis separatis recipiunt motum, animae vero caelestium[107] corporum intelligibilem perfectionem; ita omnia haec inferiora corpora ab intellectu agente separato[108] recipiunt formas et proprios motus, animae vero nostrae recipiunt ab eo intelligibiles perfectiones.

Sed quia fides catholica[109] Deum et non aliquam aliam substantiam separatam in natura et in animabus[110] nostris operari[111] ponit, ideo quidam catholici posuerunt quod[112] intellectus agens sit[113] ipse Deus, qui est "lux quae illuminat omnem hominem venientem in hunc mundum."[114] Sed haec positio,[115] si quis[116] diligenter consideret,[117] non videtur[118] esse[119] conveniens.[120] Comparantur enim substantiae superiores ad animas nostras sicut corpora caelestia ad inferiora corpora. Sicut enim virtutes superiorum corporum[121] sunt quaedam principia activa, universalia[122] respectu inferiorum corporum, ita virtus divina et virtutes aliarum substantiarum secundarum,[123] si qua[124] influentia ex eis fiat in nos, comparantur[125] ad animas nostras sicut principia activa[126] universalia. Videmus

---

[93] autem] quidem LP[1]VB *om.* O   [94] reducit] reducuntur H   [95] actum] actis L
[96] est] esse O   [97] esse] *add.* quid O *om.* V   [98] intelligentiam] intellectum L intellectivam H
[99] nominant] vocant V   [99] AVICENNA, *De Anima*, V, 5 (fol. 25[rb])   [100] animas nostras] animam nostram L animam P[2]   [100] nostras] *om.* OB   [101] sphaeram] speciem O
[102] sicut] *add.* se OVBH   [103] superiores separatae] separatae inferiores B   [104] caelestium] superiorum V   [105] ponunt] ponuntur O   [106] superiora] caelestia LOVBH   [107] caelestium] superiorum V   [108] separato] separata O   [109] catholica] *add.* haec abhorret B
[110] animabus] aliquibus A   [111] operari] comparatione AP[2] comparative P[1] *corr. ad* operari P[1]₂ opportunitatem O operantem VBH comparatis L   [112] quod] ad A   [113] sit] *ss.* P[1]₂
[114] GUILELMUS ALVERNUS (PARISIENSIS), *De Anima*, VII, 6   [115] haec positio] hujus positionem H   [116] quis] *om.* V   [117] consideret] consideretur V   [118] videtur] *om.* V
[119] esse] est V   [120] conveniens] convenientem H   [121] corporum] corpora A
[122] universalia] *om.* P[1]   [123] secundarum] superiorum creaturarum BH superiorum creaturum V et superiorum creaturarum O   [124] qua] aliqua O   [125] comparantur] comparatur H
[126] activa] *add.* particularia V

autem quod praeter principia activa universalia, quae sunt virtutes caelestium[127] corporum, oportet esse principia activa particularia, quae sunt
virtutes inferiorum corporum, determinatae[128] ad proprias operationes[129]
hujus vel illius rei.

Et hoc praecipue requiritur in animalibus perfectis. Inveniuntur enim
quaedam animalia imperfecta ad quorum productionem sufficit virtus
caelestis corporis, sicut patet de animalibus[130] generatis ex putrefactione.[131]
Sed ad generationem animalium perfectorum, praeter virtutem caelestem,
requiritur etiam virtus particularis quae[132] est in semine. Cum igitur id
quod est perfectissimum in omnibus corporibus[133] inferioribus sit intellectualis[134] operatio, praeter principia activa universalia, quae sunt virtus
Dei illuminantis vel[135] cujuscumque alterius substantiae separatae, requiritur in nobis principium activum proprium, per quod efficiamur[136] intelligibiles[137] in actu, et hoc est intellectus agens.

Considerandum etiam est quod si intellectus agens[138] ponatur aliqua
substantia separata praeter[139] Deum, sequitur[140] aliquid fidei nostrae
repugnans, ut, scilicet, ultima perfectio nostra et felicitas sit in conjunctione aliquali[141] animae nostrae, non ad Deum, ut doctrina evangelica
tradit, dicens, "Haec est[142] vita aeterna ut cognoscat te Deum verum,"[143]
sed in conjuctione ad aliquam aliam substantiam separatam. Manifestum
est enim[144] quod ultima beatitudo sive felicitas hominis consistit in sua
nobilissima operatione, quae est intelligere, cujus ultimam perfectionem
oportet esse per hoc quod intellectus noster suo activo[145] principio conjungitur. Tunc enim unumquodque passivum maxime perfectum est
quando[146] pertingit[147] ad proprium[148] activum,[149] quod est ei[150] causa
perfectionis. Et ideo[151] ponentes intellectum agentem esse aliquam substantiam separatam, dicunt quod[152] ultima felicitas hominis est in hoc,[153]
quod possit intelligere intellectum[154] agentem.

Ulterius autem, si diligenter consideremus, inveniemus[155] eadem[156]
ratione intellectum agentem esse impossibile[157] substantiam separatam

---

[127] caelestium] ceterum A   [128] determinatae] de unitate B   [129] operationes]
actiones O   [130] animalibus] om. V   [131] ex putrefactione] per putrefactionem V
[132] quae] om. A   [133] corporibus] om. g   [134] intellectualis] intelligimus O intelligibilis V
[135] vel] ut A   [136] efficiamur] efficacissimus O   [137] intelligibiles] intelligentes g
[138] Considerandum... agens] in marg. P[1]2   [139] praeter] post g   [140] sequitur] sequetur H
[141] aliquali] accidentali L om. OB   [142] est] autem A   [143] Evang. secundum Joannem,
17: 3   [144] est enim] enim est P[1]   [145] activo] ultimo P[2] om. V   [146] quando] quandocumque O   [147] pertingit] attingit V   [148] proprium] principium B   [149] activum]
actum P[2]VH   [150] ei] om. LB in marg. P[1]2   [151] ideo] add. omnes g   [152] quod]
quidem A   [153] in hoc, quod] cum O   [154] intellectum] intelligentiam AP[2]B intelligibilia H   [155] inveniemus] invenimus BH   [156] eadem] eat A   [157] impossibile]
impossibilem A

esse, qua ratione et de intellectu possibili[158] hoc supra ostensum est. Sicut enim operatio intellectus possibilis est recipere intelligibilia,[159] ita propria operatio intellectus agentis est abstrahere ea.[160] Sic enim ea facit[161] intelligibilia actu. Utramque[162] autem harum operationum[163] experimur in nobis ipsis, nam et nos[164] intelligibilia recipimus et abstrahimus ea. Oportet autem in unoquoque operante esse aliquod formale principium quo formaliter operetur. Non enim potest aliquid formaliter operari per id quod est secundum esse separatum ab ipso,[165] sed etsi id quod est[166] separatum est[167] principium motivum ad operandum[168] nihilominus[169] oportet esse aliquod intrinsecum quo formaliter operetur, sive illud sit forma sive qualiscumque impressio. Oportet igitur esse in nobis aliquod principium formale quo recipiamus[170] intelligibilia et aliud quo abstrahamus ea,[171] et hujusmodi principia nominantur[172] intellectus possibilis et agens. Uterque[173] igitur eorum est aliquid in nobis. Non autem sufficit ad hoc quod actio intellectus agentis,[174] quae est abstrahere intelligibilia, communicatur[175] nobis per ipsa phantasmata quae sunt in nobis illustrata ab ipso intellectu agente. Numquam enim artificiatum[176] consequitur actionem[177] artificis, cum tamen[178] intellectus agens comparetur[179] ad phantasmata illustrata sicut[180] ad artificiata.

Non est autem difficile considerare qualiter in eadem substantia animae utrumque[181] possit inveniri, scilicet intellectus possibilis, qui est in potentia ad omnia intelligibilia, et intellectus agens, qui facit ea. Non enim est impossibile aliquid esse in potentia respectu alicujus et[182] in actu respectu ejusdem secundum diversa. Si igitur consideremus ipsa phantasmata per respectum ad animam humanam, inveniuntur quantum ad aliquid esse in potentia, scilicet in quantum non sunt ab individualibus[183] conditionibus abstracta, abstractibilia;[184] tamen quantum vero ad aliquid inveniuntur[185] esse in actu respectu animae, in quantum, scilicet, sunt similitudines determinatarum rerum. Est igitur in anima[186] invenire potentialitatem respectu phantasmatum secundum quod sunt representativa determinatarum rerum, et hoc pertinet ad intellectum possibilem, qui quantum est de se est

---

158 possibili] agente O   159 intelligibilia] *add.* in actu O   160 ea] *om.* LV *ss.* P¹
161 facit] *om.* ALP¹P²   162 Utramque] unaquaque V utraque H   163 operationum] operationium A   164 et nos] cum O   165 ipso] ipsa A illo OV   166 sed etsi... quod est] si illud O   167 est] sit g   168 operandum] operationem V   169 nihilominus] jaus V   170 recipiamus] recipimus OH   171 ea] intelligibilia H   172 nominantur] nominatur AB   173 Uterque] utrumque V   174 intellectus agentis] intelligentis V agentis] operantis L   175 communicatur] communicat ALP²g   176 artificiatum] artificialiter ALP² artificium V artificiat O   177 actionem] operationem L   178 tamen] totus O   179 comparetur] comparatur ALP²   180 sicut] *add.* ars g   181 utrumque] uterque O utraque B   182 et] *om.* AL   183 individualibus] individuantibus B   184 abstractabilia] abstrahenda V   185 inveniuntur] reperiuntur O   186 anima] *add.* nostra VH

in potentia ad omnia intelligibilia. Sed determinatur ad hoc vel ad illud[187] per speciem a phantasmatibus abstractam. Est etiam et[188] in anima invenire quamdam virtutem activam immaterialitatis,[189] quae ipsa phantasmata a materialibus conditionibus abstrahit. Et hoc pertinet ad intellectum agentem ut[190] intellectus sit agens quasi quaedam virtus participata ex aliqua substantia superiori, scilicet Deo. Unde Philosophus[191] dicit quod intellectus agens est ut habitus quidam, sicut lumen, et in *Psalmo*[192] dicitur, "Signatum est super nos lumen vultus tui, Domine." Et hujusmodi[193] simile quodammodo apparet in animalibus videntibus de nocte, quorum pupillae sunt in potentia ad omnes colores in quantum[194] nullum colorem habent determinatum in actu. Sed per[195] quamdam lucem[196] insitam faciunt[197] quodammodo colores visibiles actu.[198]

Quidam vero crediderunt intellectum agentem non esse aliud quam habitum[199] principiorum indemonstrabilium[200] in nobis.[201] Sed hoc esse non potest quia etiam ipsa principia indemonstrabilia[202] cognoscimus[203] abstrahendo a singularibus, ut docet Philosophus in fine *Posteriorum.*[204] Unde oportet praeexistere intellectum agentem habitui[205] principiorum sicut causam[206] ipsius.[207] Ipsa vero principia comparantur ad intellectum agentem ut instrumenta[208] quaedam[209] ejus, quia per ea[210] facit[211] alia[212] intelligibilia actu.[213]

AD PRIMUM ergo dicendum quod verbum illud Philosophi,[214] "Aliquando intelligit,[215] aliquando vero non intelligit,"[216] non intelligitur de intellectu agente sed de intellectu[217] in actu. Nam postquam Aristoteles[218] determinavit de intellectu possibili et agenti, necessarium fuit ut determinaret[219] de intellectu in actu, cujus primo differentiam ostendit ad intellectum possibilem. Nam intellectus possibilis et res quae intelliguntur[220] non sunt idem. Sed intellectus sive[221] scientia in actu[222] est idem rei scitae in actu,[223]

[187] illud] aliud A   [188] et] *om.* OVH   [189] immaterialitatis] materialicatis ALP[2] immaterialem B   [190] ut] cum V   [191] ARISTOTLE, *De Anima,* III, 5 (430a 15-16) [192] *Ps.,* 4: 7   [193] hujusmodi] hujus P[1]VBH   [194] quantum] quam O   [195] per] *om.* O [196] lucem] virtutem V   [197] faciunt] facientem O   [198] actu] in anima V   [199] habitum] habitus OH   [200] indemonstrabilium] demonstrabilium LH   [201] nobis] duobus AP[1]P[2] *ss.* nobis P[1]₂   [202] indemonstrabilia] in- *ss.* P[1]B   [203] cognoscimus] cognoscunt B [204] ARISTOTLE, *Analytica posteriora,* II, 19 (100a 15-100b 5)   [205] habitui] habitum O [206] causam] causa H   [207] ipsius] illius O ipsorum V   [208] instrumenta] instrumentum B [209] quaedam] *om.* B   [210] per ea] *ss.* P[1]   [211] facit] *add.* esse H   [212] alia] ea V omnia O [213] actu] extra actum V   [214] ARISTOTLE, *De Anima,* III, 5 (430a 22)   [215] intelligit] intelligitur ALP[2] habet intelligi O   [216] intelligit] intelligitur O   [217] intellectu] *add.* sed A   [218] Aristoteles] *om.* VH philosophus B   [219] ut determinaret] determinare V [220] quae intelliguntur] quas intelligimus O   [221] sive] sine H   [222] actu] anima V [223] actu] anima V

sicut et de sensu idem[224] dixerat[225] quod sensus et sensibile in potentia differunt, sed sensus et sensibile[226] in actu[227] sunt unum et idem. Iterum[228] ostendit ordinem intellectus possibilis ad intellectum in actu,[229] quia in uno et[230] eodem tempore prius[231] est intellectus in potentia quam in actu, non tamen simpliciter, sicut et multotiens consuevit[232] hoc[233] dicere de his quae exeunt[234] de potentia in actum. Et postea subdit[235] verbum inductum in quo ostendit differentiam inter intellectum possiblem[236] et[237] intellectum in actu, quia intellectus possibilis quandoque intelligit et quandoque non; quod non potest dici[238] de intellectu in actu. Et similem[239] differentiam ostendit in III[240] *Physicorum*[241] inter causas in[242] potentia et causas in actu.

Ad secundum dicendum quod substantia[243] animae est in potentia et in actu respectu eorundem phantasmatum, sed non secundum idem, ut supra expositum est.

Ad tertium dicendum quod intellectus possibilis[244] est in potentia respectu intelligibilium secundum esse quod habent in phantasmatibus; et secundum illud idem intellectus agens est[245] actu respectu eorum, tamen alia et alia ratione, ut ostensum est.[246]

Ad quartum dicendum quod verba illa[247] Philosophi[248] quod hoc solum est separatum et immortale et perpetuum[249] non possunt[250] intelligi de intellectu agente; nam et[251] supra dixerat quod intellectus possibilis est separatus. Oportet autem quod intelligatur[252] de[253] intellectu in actu[254] secundum contextum[255] superiorum verborum, ut supra dictum[256] est. Intellectus enim in actu comprehendit et intellectum possibilem et intellectum agentem. Et hoc solum animae[257] est[258] separatum et perpetuum et immortale,[259] quod continet[260] intellectum agentem et possibilem; nam ceterae partes animae non sunt sine corpore.

Ad quintum dicendum quod diversitas complexionum[261] causat facul-

---

[224] idem] id A   [225] dixerat] dixit P² dixerit H   [226] in potentia... sensibile] *om.* P¹V

[227] in actu] in anima V   [228] Iterum] Item OH   [229] actu] anima V

[230] uno et] *om.* V   [231] prius] primum H   [232] multotiens consuevit] multi consueve-runt V   [233] hoc] *om.* V   [234] exeunt] extra hunc V   [235] Aristotle, *De Anima*, III, 5 (430a 22)   [236] possibilem et intellectum] *in marg.* P¹₂   [237] et] *add.* inter ALP²B

[238] dici] intelligi P²   [239] similem] secundam O   [240] III] II O   [241] Aristotle, *Physica*, III, 1 (201a 19-25); Cf. *Metaph.*, V, 2 (1014a 15-25)   [242] [2] in] et, *del. et ss.* in P¹₂

[243] substantia] potentia V   [244] possibilis] *om.* B   [245] est] *add. ss.* in P¹₂ *add.* in VB

[246] Tamen... est.] sed non secundum idem ut supra expositum est B   [247] verba illa] verbum O   [248] Philosophi] *add.* secundum O   [248] Aristotle, *De Anima*, III, 5 (430a 23)

[249] perpetuum] incorruptibile O   [250] possunt] potest vere O potest B   [251] et] *om.* g

[252] intelligatur] intelligantur VH   [253] de] *add.* quocumque V   [254] in actu] *om.* V

[255] contextum] textum VB   [256] dictum] expositum V   [257] animae] *add.* genus B

[258] est] *om.* AP²   [259] immortale] incorruptibile O   [260] continet] convenit L contin-get P²   [261] complexionum] complexionis VBH *add.* non L

tatem[262] intelligendi vel meliorem vel minus bonam,[263] ratione potentiarum a quibus abstrahit intellectus, quae sunt potentiae utentes organis
corporalibus,[264] sicut imaginatio, memoria et hujusmodi.

Ad sextum dicendum quod licet in anima nostra sit intellectus agens et
possibilis, tamen requiritur aliquid extrinsecum ad hoc quod[265] intelligere
possimus.[266] Et[267] primo quidem[268] requiruntur[269] phantasmata a sensibus
accepta, per[270] quae repraesententur[271] intellectui[272] rerum determinatarum[273] similitudines.[274] Nam intellectus agens non est talis actus in quo
omnium rerum[275] species determinatae accipi possunt[276] ad cognoscendum,
sicut nec lumen determinare[277] potest visum[278] ad species determinatas
colorum, nisi adsint colores determinantes[279] visum. Ulterius autem cum
posuerimus intellectum agentem esse quamdam virtutem participatam[280]
in animabus nostris, velut lumen[281] quoddam, necesse[282] est ponere aliquam causam exteriorem a qua illud lumen participetur.[283] Et hanc[284]
dicimus Deum, qui interius docet, inquantum hujusmodi lumen animae
infundit, et supra hujusmodi lumen naturale[285] addit[286] pro suo bene-
placito copiosius lumen ad cognoscendum ea ad[287] quae naturalis[288] ratio
attingere[289] non[290] potest, sicut est lumen fidei et lumen prophetiae.[291]

Ad septimum dicendum quod colores moventes visum sunt extra animam, sed phantasmata quae movent intellectum possibilem sunt[292] nobis
intrinseca. Et ideo licet lux solis exterior[293] sufficiat ad faciendum colores
visibiles actu, ad faciendum tamen[294] phantasmata intelligibilia esse actu,
requiritur lux interior, quae est lux intellectus agentis. Et praeterea,
pars[295] intellectiva animae est perfectior quam sensitiva. Unde necessarium[296] est[297] quod magis ei[298] adsint sufficientia principia ad propriam
operationem; propter quod et secundum intellectivam partem[299] inveni-
mur[300] et recipere[301] intelligibilia[302] et abstrahere ea, quasi[303] in nobis

---

262 facultatem] felicitatem V   263 bonam] *add.* et hoc est O   264 corporalibus]
corous O   265 hoc quod] *ss.* P$^1_2$ 266 possimus] possumus AP^{1}P^{2}OH *om.* P$^1_2$
267 Et] *add.* oportet quod O   268 quidem] *om.* O   269 requiruntur] requirantur O
270 per] *om.* B   271 repraesententur] repraesentetur P^2 repraesentantur OV repraesentent B
272 intellectui] *om.* O intellectum V   273 determinatarum] intellectarum B   274 simi-
litudines] *add.* intellectuum O   275 rerum] *ss.* P$^1_2$ 276 possunt] possint HV   277 deter-
minare] determinatae P^1 *add.* non V   278 visum ad] *om.* O   279 determinantes] moventes
OBH   280 participatam] particularem V   281 lumen] de lumine H   282 necesse]
intelligibile O   283 participetur] participietur A participatur O participat V   284 hanc]
illuminat O   285 naturale] connaturale O   286 addit] *om.* A   287 ad] *om.* OV *ss.* B
288 naturalis] supernaturalis B   289 attingere] pertingere VBH   290 non] *ss.* P$^1_2$
291 prophetiae] propheticum O   292 sunt]*add.* in OV   293 exterior] exterioris O
294 tamen] *om.* A   295 pars] patet AL pars *ss.* P$^1_2$ 296 necessarium] intelligendum O
297 est] *ss.* P$^1_2$ 298 ei] *om.* O   299 partem] *om.* ALP^2 *ss.* P$^1_2$ 300 invenimur]
invenitur O   301 recipere] recipitur O   302 intelligibilia] in intellectiva O
303 quasi] quae O

existente[304] secundum intellectum virtute[305] activa et passiva quod[306] circa sensum non accidit.[307]

Ad octavum dicendum quod licet sit similitudo quaedam intelligentis[308] ad artem,[309] non[310] oportet hujusmodi[311] similitudinem quantum ad omnia[312] extendi.

Ad nonum dicendum quod intellectus agens non sufficit per se ad reducendum intellectum possibilem in actum,[313] cum non[314] sint[315] in eo determinatae[316] rationes[317] omnium rerum, ut dictum est. Et ideo[318] requiritur ad ultimam perfectionem intellectus possibilis quod uniatur aliqualiter[319] illi agenti in quo sunt rationes omnium rerum,[320] scilicet Deo.

Ad decimum dicendum quod intellectus agens nobilior est possibili, sicut virtus activa est[321] nobilior quam passiva, et magis separatus, secundum quod magis a similitudine materiae recedit. Non tamen ita quod sit substantia separata.

---

[304] existente] erunt O   [305] virtute] veritate L   [306] quod] et O   [307] accidit] accidunt O   [308] intelligentis] intellectus agentis g   [309] artem] quietem V   [310] non] add. tamen VBH   [311] oportet hujusmodi] tamen habet O   [312] omnia] alia V   [313] in actum] inagū A in aginī L inagūū P¹ del. et add. ss. in actum P¹₂   [314] non] om. L   [315] sint] sit V   [316] determinatae] determinare V   [317] rationes] rationem V   [318] ideo] non A   [319] aliqualiter] qualiter AL aliter P¹ del. et in marg. aliqualiter P¹₂ substantialiter O   [320] rerum] sensibilium O   [321] est] ss. P¹₂ om. ALVBH

QUAESTIO SEXTA

Loca parallela: *In I Sent.*, dist. 8, q. 5, a. 2; *In II Sent.*, dist. 3, q. 1, a. 1; dist. 17, q. 1, a. 2; *De Ente et ess.*, 5; *Quodl.*, IX, q. 4, a. 6; q. 4, a. 1; *Super. Boët. De Hebdom.*, lect. 2; *In lib. Boët. De Trin.*, q. 5, a. 4, ad 4; *Contra gent.*, II, 50, 51; *De Pot.*, VI, a. 6, ad 4; *Summa theol.*, I, q. 50, a. 2; q. 75, a. 5; *De Spir. creat.*, a. 1; a. 9, ad 9; *Quodl.*, III, q. 8, a. 20; q. 8, a. unic.; *De Subst. separatis*, cap. 5, 7, 18.

Sexto quaeritur utrum ANIMA COMPOSITA SIT EX MATERIA ET FORMA. Et videtur quod sic.

(1) Dicit enim Boethius in libro *De Trinitate*:[1] Forma simplex subjectum esse non potest. Sed anima est subjectum scientiarum, scilicet[2] et virtutem. Ergo non est forma simplex. Ergo est composita ex materia et forma.[3]

(2) Praeterea, Boethius dicit in libro *De Hebdomadibus*:[4] Id[5] quod est participare[6] aliquid potest; ipsum vero esse nihil participat. Et pari ratione subjecta[7] participant, non autem formae; sicut album potest aliquid participare[8] praeter[9] albedinem, non autem albedo. Sed anima aliquid participat, ea scilicet quibus informatur. Anima igitur non est forma tantum. Est ergo composita ex materia et forma.[10]

(3) Praeterea, si anima est forma tantum et est in potentia ad aliquid, maxime videtur quod ipsum esse sit actus ejus. Non enim ipsa est suum[11] esse; sed unius potentiae simplicis unus[12] est actus. Non igitur poterit esse subjectum[13] alterius[14] nisi ipsius esse. Manifestum est autem quod est aliorum[15] subjectum. Non est igitur substantia[16] simplex, sed composita ex materia et forma.

(4) Praeterea, accidentia formae sunt consequentia totam speciem; accidentia vero materialia sunt consequentia[17] individuum hoc vel illud. Nam forma est principium speciei; materia vero est principium individuationis. Si igitur anima sit forma tantum, omnia ejus accidentia erunt consequentia totam speciem. Hoc autem patet esse falsum; nam musicum et grammaticum et hujusmodi non consequuntur[18] totam speciem. Anima igitur non est forma tantum, sed composita ex materia et forma.

---

[1] BOETIUS, *De Trinitate*, II (Pl 64: 1250)   [2] scilicet] *om.* LOBH   [3] Ergo est... forma] *om.* OB   [4] BOETIUS, *De Hebdomadibus : Quomodo substantiae in eo quod sint, bonae sint* (PL 64: 1311)   [5] Id] ad A   [6] participare] particulare A   [7] subjecta] substantiae OV   [8] participare] particularem V   [9] praeter] *om.* OV   [10] Est... forma] sed ex materia et forma composita O   [11] suum] secundum O   [12] simplicis unus] simplicissimus ALP¹P²   [13] subjectum] subjecta A   [14] alterius] alteri ALP¹P²   [15] aliorum] *add.* est et L *add.* etiam BH   [16] substantia] forma O   [17] consequentia] *add.* etiam B   [18] consequuntur] consequitur ALP² sequitur V

(5) Praeterea, forma est principium actionis;[19] materia vero principium patiendi.[20] In quocumque igitur est actio et passio, ibi est compositio formae et materiae. Sed in anima est actio et passio. Nam operatio intellectus possibilis est[21] patiendo, propter quod dicit Philosophus[22] quod intelligere est quoddam pati. Operatio autem intellectus agentis est in agendo; facit enim intelligibilia[23] in potentia intelligibilia in actu, ut dicitur in III *De Anima*.[24] Ergo in anima est compositio formae et materiae.

(6) Praeterea, in quocumque inveniuntur[25] proprietates[26] materiae, illud oportet esse ex materia compositum. Sed in anima inveniuntur proprietates[27] materiae, scilicet esse in potentia, recipere, subici,[28] et alia[29] hujusmodi. Ergo anima est composita ex materia.

(7) Praeterea, agentium et patientium oportet esse[30] materiam communem, ut patet in I *De Generatione*.[31] Quicquid igitur pati potest ab aliquo materiali[32] habet in se materiam. Sed anima habet[33] pati ab aliquo materiali,[34] scilicet ab igne inferni, qui est ignis corporeus,[35] ut Augustinus probat XXI *De Civitate Dei*.[36] Ergo anima in se materiam habet.[37]

(8) Praeterea, actio agentis[38] non terminatur ad formam tantum, sed ad compositum ex materia et forma, ut probatur in VII *Metaphysicae*.[39] Sed actio agentis, scilicet Dei, terminatur ad animam. Ergo anima est composita ex materia et forma.

(9) Praeterea, id quod est forma tantum[40] est ens et unum, et non indiget aliquo[41] quod faciat ipsum ens et unum, ut dicit Philosophus in VIII[42] *Metaphysicae*.[43] Sed anima indiget aliquo quod faciat ipsam entem[44] et unam, scilicet Deo creante. Ergo anima non est forma tantum.

(10) Praeterea, agens ad hoc necessarium est ut reducat[45] aliquid[46] de potentia in actum. Sed reduci de potentia in actum[47] competit solum illis in quibis est materia et forma. Si igitur anima non sit composita ex materia et forma, non indiget causa[48] agente; quod patet esse falsum.

---

[19] actionis] agendi O   [20] patiendi] passionis V   [21] est] *add.* in OBH   [22] Aristotle, *De Anima*, III, 4 (429a 13-15)   [23] intelligibilia] esse O *add.* esse B   [24] Aristotle, *De Anima*, III, 5 (430a 14-16)   [25] inveniuntur] reperitur O   [26] proprietates] proprietas O   [27] inveniuntur proprietates] invenitur proprietas O   [28] subici] speciem O   [29] alia] anima est O *om.* B   [30] esse] *add.* aliquam O   [31] Aristotle, *De Generatione et corruptione*, I, 7 (324a 34-35)   [32] aliquo materiali] aliqua materia B materiali] naturali V   [33] habet] potest BH   [34] materiali] naturali V   [35] corporeus] compositus V   [36] S. Augustinus, *De Civitate Dei*, XXI, 10 (PL 41: 724-725)   [37] habet] *add.* agentis A   [38] agentis] *om.* A   [39] Aristotle, *Metaph.*, VII, 8 (1033b 16-19)   [40] tantum] statim V *add.* vel statim O *add.* statim H   [41] aliquo] alio V *add.* alio O   [42] VIII] VII V 4 O   [43] Aristotle, *Metaph.*, VIII, 6 (1045a 36-b 7)   [44] entem] esse H   [45] reducat] educat BV   [46] aliquid] *om.* A   [47] Sed... in actum] *om.* A sive duci de potentia in actum L   [48] causa] aliquo O

(11) Praeterea, Alexander[49] dicit in libro *De Intellectu*[50] quod anima habet intellectum ylealem.[51] Yle autem dicitur prima materia. Ergo in anima est aliquid de prima materia.

(12) Praeterea, omne quod est, vel est actus purus, vel potentia pura, vel compositum ex potentia et actu. Sed anima non est actus purus quid hoc solius Dei est. Non est etiam[52] potentia pura, quia sic non differret a prima materia. Ergo est composita ex potentia[53] et actu. Non ergo est forma tantum, cum forma sit actus.

(13) Praeterea, omne[54] quod individuatur, individuatur ex materia.[55] Sed anima non individuatur[56] ex materia in qua, scilicet[57] corpore; quia perempto corpore,[58] cessaret ejus[59] individuatio. Ergo individuatur ex materia[60] ex qua. Habet igitur materiam partem sui.

(14) Praeterea, agentis et patientis oportet esse[61] aliquid commune,[62] ut patet in I *De Generatione*.[63] Sed anima patitur a sensibilibus[64] quae sunt materialia. Nec est dicere quod in homine[65] sit alia substantia animae sensibilis et intellectualis.[66] Ergo anima habet aliquid commune cum materialibus; et ita videtur[67] quod in se materiam habeat.

(15) Praeterea, cum anima non sit simplicior quam angelus, oportet quod sit in genere quasi species; hoc enim angelo convenit. Sed omne quod est in genere sicut species videtur esse[68] compositum ex materia et forma. Nam genus se habet ut materia; differentia autem ut forma. Ergo anima est composita ex materia et forma.

(16) Praeterea, forma communis[69] diversificatur in multos[70] per divisionem materiae. Sed intellectualitas[71] est quaedam[72] forma[73] communis, non solum animabus,[74] sed etiam angelis. Ergo oportet quod etiam[75] in angelis et in animabus sit aliqua materia,[76] per cujus divisionem hujusmodi[77] forma distribuatur in multos.[78]

---

[49] Alexander] Aristoteles O   [50] Intellectu] *add.* et intelligibili B   ALEXANDER APHRODISIENSIS, *De Intellectu et intellecto*; ed. G. THÉRY in *Autour du décret de 1210*: II; Alexandre d'Aphrodise, Le Saulchoir, 1926 (Bibliothèque Thomiste, VII) P. 74 sq. Édition de Berlin, *Supplementum Aristotelicum, Alexandri Aphrodisiensis* praeter commentaria scripta minora (1887, Vol. II, pp. 106-113), p. 106, 19 sq.   [51] ylealem] ydealem AP^{2}O possibilem V yleale H   [52] Non est etiam] nec O nec est BH   [53] potentia] *add.* pura H   [54] omne] esse H   [55] materia] *add.* in qua V   [56] individuatur] individuata *corr. ad* individuatur P$^1_2$ [57] scilicet] *add. ss.* ex P$^1_2$ *add.* ex O *add.* e P^2 [58] corpore] *add.* tunc O   [59] ejus] *add.* operatio sive O   [60] materia] *add.* sua propria O   [61] oportet esse] est O   [62] commune] *ss.* P$^1_2$ [63] ARISTOTLE, *De Generatione et corruptione*, I, 7 (323b 33)   [64] sensibilibus] sensibus AP^2 [65] homine] anima B   [66] intellectualis] intelligibilis OV   [67] videtur] oportet OVH patet B   [68] videtur esse] est B   [69] communis] corporis V   [70] multos] multis OB   [71] intellectualitas] intelligendum O   [72] quaedam] quod O   [73] forma] *add.* est O   [74] animabus] animalibus P^2 [75] quod etiam] etiam quod P^1 etiam] *om.* g   [76] materia] *add.* communis O   [77] hujusmodi] *om.* O   [78] multos] multas ALP^2 P^1 *corr. ad* multos P$^1_2$ multis OB

(17) Praeterea, omne quod movetur habet materiam. Sed anima movetur. Per hoc enim ostendit Augustinus[79] quod anima non est divinae[80] naturae quia est mutationi[81] subjecta. Anima igitur est composita ex materia et forma.

SED CONTRA,[82] omne compositum ex materia et forma habet formam. Si igitur anima est composita ex materia et forma, anima habet formam. Sed anima est forma. Ergo forma habet formam; quod videtur[83] impossibile, quia sic esset ire[84] in infinitum.

RESPONSIO. Dicendum quod circa hanc quaestionem diversimode aliqui[85] opinantur. Quidam[86] dicunt quod anima, et[87] omnino[88] omnis substantia praeter[89] Deum, est composita ex materia et forma. Cujus quidem positionis[90] primus auctor invenitur Avicebron,[91] auctor *Libri Fontis Vitae*.[92] Hujus[93] autem ratio est, quae[94] etiam in objiciendo[95] est tacta, quod oportet in quocumque inveniuntur proprietates materiae inveniri materiam. Unde cum in anima inveniantur proprietates materiae,[96] quae sunt[97] recipere, subici, esse in potentia, et alia hujusmodi, arbitratur[98] esse necessarium quod in anima sit materia.

Sed[99] haec ratio frivola est et positio impossibilis. Debilitas autem hujus rationis apparet ex hoc quod recipere et subici et alia hujusmodi non secundum eandem rationem conveniunt animae et materiae primae, nam materia prima recipit aliquid cum[100] transmutatione et motu. Et quia omnis transmutatio et motus reducitur[101] ad motum localem, sicut ad primum et communiorem, ut probatur in VIII[102] *Physicorum*,[103] relinquitur quod materia in illis tantum invenitur in quibus est potentia ad ubi. Hujusmodi autem sunt solum corporalia, quae loco circumscribuntur. Unde materia non invenitur nisi in rebus[104] corporalibus, secundum quod philosophi de materia sunt locuti, nisi aliquis materiam sumere velit aequivoce.

---

[79] ostendit Augustinus] oportet arguere V   ALCHERIUS CLARAVALLENSIS (PSEUDO-AUGUSTINUS), *Liber de spiritu et anima*, cap. 40 (PL 40: 809)   [80] divinae] divino AO   [81] mutationi] mutabilitati H   [82] Sed contra] Oppositum apparet sic O   [83] videtur] est O *add.* esse V   [84] esset ire] procederet OB ire] procedere VH   [85] aliqui] diversi OV   [86] Quidam] *add.* enim OB   [87] et] est P¹ *corr. ss.* et P¹₂   [88] omnino] *om.* OVB   [89] praeter] *add.* solum O   [90] positionis] opinionis V   [91] Avicebron] *add.* qui fuit P²   [92] AVICEBRON, *Fons Vitae*, I, 17; III, 18 (*Beiträge zur Geschichte der Philosophie des Mittelalters*, Band I, Hefte 2, Münster, 1892; pp. 21-22, 118)   [93] Hujus] cujus V   [94] quae] quod A   [95] objiciendo] objecto V   [96] materiae] *add.* est invenire materiam V *om.* P²   [97] quae sunt] scilicet O   [98] arbitratur] arbitrari L arbitror igitur O arbitrabatur B   [99] Sed] et LP²   [100] cum] in OH   [101] reducitur] reducuntur V   [102] VIII] 4 O   [103] ARISTOTLE, *Physica*, VIII, 7 (260a 27-261a 27); VIII, 9 (265b 16-266a 5)   [104] rebus] speciebus O

Anima autem non recipit[105] cum motu et transmutatione,[106] immo per separationem a motu et rebus mobilibus;[107] secundum quod dicitur, in VII[108] *Physicorum*,[109] quod in quiescendo fit anima sciens et prudens. Unde etiam Philosophus dicit, in III *De Anima*,[110] quod intelligere dicitur pati alio modo quam fit[111] in rebus corporalibus passio. Si quis igitur concludere velit animam esse ex materia compositam per hoc quod recipit vel patitur, manifeste ex aequivocatione[112] decipitur. Sic igitur manifestum est rationem[113] praedictam esse frivolam.

Quod etiam positio sit impossibilis multipliciter manifestum esse potest: primo quidem quia forma materiae adveniens[114] constituit speciem. Si igitur anima sit ex materia et forma composita, ex ipsa unione formae ad materiam[115] animae[116] constituatur[117] quaedam species in rerum natura. Quod autem per se habet speciem[118] non unitur alteri ad speciei constitutionem,[119] nisi alterum ipsorum corrumpatur aliquo modo, sicut elementa uniuntur[120] ad componendam speciem mixti.[121] Non igitur[122] anima unitur[123] corpori ad constituendam humanam speciem, sed[124] tota species humana consisteret in anima;[125] quod patet esse falsum, quia si corpus non pertineret ad speciem hominis, accidentaliter animae adveniret. Non autem potest dici quod secundum hoc nec manus est composita ex materia et forma, quia non habet completam speciem[126] sed est pars speciei. Manifestum est enim quod materia manus non seorsum sua forma[127] perficitur, sed una forma est quae simul perficit materiam totius corporis et omnium partium ejus; quod non posset dici de anima si esset ex materia et forma composita.[128] Nam prius oporteret materiam animae ordine naturae[129] perfici[130] per suam formam, et postmodum corpus perfici per[131] animam; nisi forte quis diceret quod[132] materia animae esset aliqua pars materiae corporalis; quod est omnino absurdum.

Iterum positio praedicta[133] ostenditur impossibilis ex hoc quod in omni

---

105 recipit] sumitur O   **106** transmutatione] transmutationem A   **107** mobilibus] sensibilibus B   **108** VII] I O 8 B   **109** ARISTOTLE, *Physica*, VII, 3 (247b 9-13) **110** ARISTOTLE, *De Anima*, III, 4 (429a 29-b 4)   **111** fit] sit LOBH   **112** ex aequivocatione] aequivoce OV   **113** rationem] positionem P² **114** forma materiae adveniens] materia adveniens formae V   **115** ad materiam] cum materia O   **116** animae] *om.* P¹O **117** constituatur] constituitur LO *et add.* in anima L constituuntur P¹ constuetur P²BVH **118** speciem] compositionem O   **119** constitutionem] compositionem OH   **120** uniuntur] inveniuntur V componuntur B   **121** mixti] materiae ei P² uniri V   **122** igitur] *in marg.* P¹₂   **123** unitur] uniretur V conjungetur O   **124** sed] sic H   **125** Sed tota... animae;] totam speciem humanam constitueret anima O   **126** speciem] compositionem O **127** forma] materia V   **128** composita] quia non habet completam speciem V   **129** oporteret... naturae] debet ordine naturae materia animae O   **130** perfici] perficitur O **131** per] *add.* suam L   **132** quod] *add.* ex H   **133** praedicta] prima ALP¹P² *del. et add. in marg.* praedicta P¹₂ praemissa VBH

composito ex materia et forma, materia se habet[134] ut recipiens esse, non autem ut quo aliquid est; hoc enim proprium est formae. Si igitur anima sit composita ex materiae et forma, impossibile est quod anima[135] se tota[136] sit principium formale[137] essendi corpori. Non igitur anima erit forma corporis sed aliquid animae. Quicquid autem est illud quod est forma hujus corporis est anima. Non igitur illud[138] quod ponebatur compositum ex materia et forma est anima, sed sola forma ejus.

Apparet[139] hoc esse impossibile alia ratione. Si enim anima est composita ex materia et forma, et iterum corpus, utrumque eorum[140] habebit per se suam unitatem.[141] Et ita necessarium erit ponere aliquid tertium quo uniatur anima corpori et hoc quidam sequentes praedictam positionem concedunt. Dicunt enim animam uniri corpori mediante luce: vegetabilem quidem mediante luce caeli siderei; sensibilem vero mediante luce caeli crystallini;[142] rationalem vero mediante luce caeli empyrei, quae omnia fabulosa sunt. Oportet enim animam immediate uniri corpori sicut actum potentiae, sicut patet in VIII[143] *Metaphysicae*.[144] Unde[145] manifestum sit quod anima non potest esse composita[146] ex materia et forma. Non tamen excluditur quin in anima sit actus et potentia; nam potentia et actus non solum in rebus mobilibus[147] sed etiam in immutabilibus[148] inveniuntur[149] sed sunt communiora, sicut dicit Philosophus in VIII[150] *Metaphysicae*,[151] cum tamen materia non sit nisi[152] in rebus mobilibus.

Quomodo autem in anima actus et potentia inveniatur[153] sic considerandum est[154] ex materialibus ad immaterialia procedendo.[155] In substantiis enim ex materia et forma compositis tria invenimus, scilicet materiam, et formam, et tertium esse, cujus[156] quidem principium est forma.[157] Nam materia ex hoc quod recipit formam participat esse. Sic igitur esse consequitur ipsam formam, nec tamen forma est suum esse cum sit ejus principium. Et licet materia non pertingat ad esse nisi per formam, forma tamen, in quantum est forma, non indiget materia ad suum esse[158] cum ipsam formam[159] consequatur[160] esse; sed indiget materia[161] cum sit[162]

---

[134] se habet] est se habens V   [135] anima] secundum O *add.* secundum BH   [136] tota] totam H   [137] formale] formae P²   [138] illud] idem O   [139] Apparet] *add.* in A *om.* L *add.* etiam et P¹ *add.* etiam VBH   [140] eorum] *om.* g   [141] unitatem] virtutem H   [142] crystallini] crystalli V   [143] VIII] X O   [144] ARISTOTLE, *Metaph.*, VIII, 6 (1045b17-22)   [145] Unde] *add.* cum P²   [146] esse composita] componi O   [147] mobilibus] mutabilibus VH *add.* inveniuntur O immobilibus B   [148] sed... immutabilibus] *om.* VB   [149] inveniuntur] invenitur ALP¹P²   [150] VIII] 9 OH   [151] ARISTOTLE, *Metaph.*, VIII, 5 (1044b 27-29)   [152] nisi] *om.* ALP¹P²   [153] inveniatur] inveniantur g *add.* procedendo V   [154] est] *add.* procedendo H   [155] procedendo] *om.* VH   [156] cujus] *om.* AL   [157] esse... forma] quod est per formam O   [158] suum esse] hoc V   [159] ipsam formam] ipsa forma V   [160] consequatur] consequitur ALOB   [161] materia] *add.* ad suum esse O   [162] cum sit] *om.* O

talis forma quae[163] per se non subsistit. Nihil igitur prohibet esse aliquam formam[164] a materia separatam[165] quae habeat[166] esse, et in hujusmodi forma ipsa essentia[167] formae[168] comparatur ad esse sicut[169] ad proprium actum. Et ita in formis per se subsistentibus[170] invenitur et potentia et actus, in quantum ipsum esse[171] est actus formae subsistentis,[172] quae non est suum esse.[173] Si autem aliqua res[174] sit quae sit suum esse, quod proprium Dei est, non est ibi potentia et actus, sed actus purus. Et hinc[175] est quod Boethius dicit in libro *De Hebdomadibus*[176] quod in aliis quae sunt post[177] Deum differt esse et quod est. Vel sicut quidam dicunt quo est[178] et quod est; nam ipsum esse est quo aliquid est, sicut cursus est quo aliquis currit. Cum igitur anima sit quaedam forma per se subsistere potens, est in ea compositio actus et potentiae, scilicet esse et[179] quod[180] est, non autem compositio materiae et formae.

AD PRIMUM ergo dicendum quod Boethius loquitur ibi de forma quae est[181] omnino simplex, scilicet de divina essentia; in qua, cum nihil sit[182] de potentia sed sit actus purus, omnino subjectum esse[183] non potest.[184] Aliae autem formae simplices, etsi[185] sint[186] subsistentes ut angeli et animae,[187] possunt esse subjecta[188] secundum quod habent aliquid de potentia, ex qua competit eis ut aliquid recipere possint.

Ad secundum dicendum quod ipsum esse est actus ultimus qui participabilis[189] est ab omnibus; ipsum autem non[190] participat. Unde si sit aliquid quod sit[191] ipsum esse subsistens, sicut de Deo[192] dicimus, ipsum[193] nihil participare dicimus. Non est autem[194] similis ratio de aliis formis subsistentibus, quas necesse est participare ipsum esse et comparari ad ipsum[195] ut potentiam ad actum. Et ita cum sint quodammodo in potentia, possint aliquid aliud participare.

Ad tertium dicendum quod forma aliqua non solum comparatur ad ipsum esse ut potentia ad actum, sed etiam nihil prohibet unam formam

---

[163] quae] *om.* O   [164] formam] *add.* nec tamen forma est suum esse H   [165] separatam] separatum H   [166] habeat] habet H   [167] essentia] esse B   [168] formae] animae L   [169] comparatur ad esse sicut] consequitur sicut potentia B sicut] *add.* potentia OVH   [170] subsistentibus] existentibus LH   [171] ipsum esse] ad hoc quod ipse actus O   [172] subsistentis] subsistentia P² substantis O subsistens H *add.* actus B   [173] quae... esse] quando suum est esse O   [174] res] rerum substantia O   [175] hinc] hoc H   [176] BOETIUS, *De Hebdom., Quomodo substantiae in eo quod sint, bonae sint* (PL 64: 1311)   [177] post] praeter V   [178] quo est] quod AL   [179] et] in LP²   [180] quod] quo LP²O   [181] est] *add.* substantia P²   [182] sit] fit P¹   [183] esse] secundum esse in potentia O   [184] potest] *add.* esse O   [185] etsi] si LP²OVH   [186] sint] sunt ALP²OBH   [187] animae] anima LP¹P²   [188] subjecta] substantiae O subjectum VB   [189] participabilis] participalis ALP¹B   [190] non] nihil g   [191] aliquid quod sit] *om.* A   [192] de deo] deus O   [193] dicimus, ipsum] *om.* O ipsum] *om.* LP²H   [194] autem] *om.* A   [195] ad ipsum] *add.* esse O

comparari ad aliam ut potentia ad actum, sicut diaphanum ad lumen et humorem ad calorem. Unde si diaphaneitas esset forma separata per se subsistens, non solum esset susceptiva ipsius esse sed etiam luminis. Et similiter nihil prohibet formas subsistentes, quas sunt angeli et animae, non solum esse susceptivas[196] esse ipsius, sed etiam aliarum perfectionum. Sed tamen quanto hujusmodi formae subsistentes perfectiores fuerint, tanto paucioribus[197] participant ad sui perfectionem, utpote in essentia[198] suae naturae plus[199] perfectionis[200] habentes.

Ad quartum dicendum quod licet animae humanae sint formae tantum, sunt tamen formae individuatae in[201] corporibus et[202] multiplicatas numero[203] secundum multiplicationem[204] corporum. Unde nihil prohibet quin aliqua accidentia consequantur[205] eas secundum quod sunt[206] individuatae, quae non consequuntur totam speciem.

Ad quintum dicendum quod passio quae est in anima quae attribuitur intellectui possibili non est de genere passionum quae attribuuntur[207] materiae, sed aequivoce dicitur passio[208] utrobique, ut patet per Philosophum in III *De Anima*,[209] cum passio intellectus possibilis consistat in receptione[210] secundum quod recipit aliquid immaterialiter. Et similiter actio intellectus agentis non est ejusdem modi cum actione formarum materialium;[211] nam actio intellectus agentis consistit[212] abstrahendo a materia; actio vero agentium naturalium[213] in imprimendo[214] formas in materia. Unde ex hujusmodi actione et passione quae invenitur in anima non sequitur quod anima sit composita ex materia et forma.

Ad sextum dicendum quod recipere et subici et alia hujusmodi alio modo animae conveniunt[215] quam materiae primae. Unde non sequitur quod proprietates[216] materiae in anima inveniantur.

Ad septimum dicendum quod licet ignis inferni a quo anima patitur sit materialis et corporalis, non tamen anima patitur ab ipso materialiter[217] per modum[218] corporum scilicet[219] materialium; sed patitur ab eo afflictionem spiritualem secundum quod est instrumentum divinae justitiae judicantis.[220]

---

196 susceptivas] susceptivos P¹   197 paucioribus] pluribus O   198 in essentia] *om.* O in esse V   199 plus] prius P² *om.* B   200 perfectionis] perfectiones B   201 in] a O   202 et] *om.* O   203 numero] *om.* VH   204 multiplicationem] multitudinem P¹P²OH similitudinem V   205 consequantur] consequatur ALP²OB   206 sunt] sint ALP¹H   207 attribuuntur] attribuitur P¹   208 passio] potentia scilicet V   209 Aristotle, *De Anima*, III, 4 (430a 6-9)   210 receptione] *add.* intellectus possibilis VH   211 materialium] naturalium BH   212 consistit] *add.* in BH   213 naturalium] materialium L   214 in imprimendo] in primendo AP¹ imprimendo LP²   215 conveniunt] competunt VH   216 proprietates] *add.* primae B   217 materialiter] *add.* et corporaliter B   218 modum] *add.* scilicet AP¹P²g   219 scilicet] *om.* g   220 judicantis] vindicantis BH

Ad octavum dicendum quod actio generantis terminatur ad compositum ex materia et forma, quia generans naturale non nisi ex materia causando[221] generat,[222] actio vero creantis non est ex materia. Unde non[223] oportet quod actio creantis terminetur ad compositum ex materia et forma.

Ad nonum dicendum quod ea quae sunt formae subsistentes, ad hoc quod sint unum et ens, non requirunt causam formalem[224] quia ipsae[225] sunt formae. Habent tamen causam exteriorem agentem quae dat eis esse.

Ad decimum dicendum quod agens per motum[226] reducit aliquid de potentia in actum. Agens autem sine motu non reducit[227] de potentia in actum, sed facit esse actu[228] quod secundum naturam[229] est in potentia ad esse, et hujusmodi[230] agens est creans.

Ad undecimum dicendum quod intellectus ylealis[231] vel[232] materialis[233] nominatur a quibusdam intellectus possibilis, non quia sit forma materialis,[234] sed quia habet similitudinem cum materia, in quantum[235] est potentia ad formas intelligibiles[236] sicut materia ad formas sensibiles.

Ad duodecimum dicendum quod licet anima non sit actus purus nec potentia pura, non tamen sequitur quod sit[237] composita ex materia et forma, ut ex dictis manifestum est.

Ad tertium decimum dicendum quod anima non individuatur per materiam ex qua sit, sed secundum habitudinem[238] ad materiam in qua est; quod qualiter possit esse in quaestionibus praecedentibus[239] manifestatum[240] est.

Ad quartum decimum dicendum quod anima sensitiva non patitur a sensibilibus[241] sed conjunctum; sentire enim, quod est pati quodam, non est animae tantum sed organi animati.

Ad quintum decimum dicendum quod anima non est in genere proprie quasi species sed quasi[242] pars speciei humanae. Unde non sequitur quod sit ex materia et forma composita.

Ad sextum decimum dicendum quod intellectualitas non contingit[243] multis[244] sicut una forma speciei distributa in multos[245] secundum divi-

[221] causando] om. g communicat P² del. et add. in marg. generat P¹₂   [222] generat] om ALP²
[223] non] ss. P¹₂   [224] ad hoc... formalem] non requirunt causam finalem qua sint unum et ens B
[225] ipsae] ipsa VOH   [226] motum] modum V   [227] reducit] reducitur ALP¹   [228] actu]
add. id OVH   [229] naturam] add. non AP¹   [230] et hujusmodi] tale V   [231] ylealis]
ydealis AO yle P² realis V   [232] vel] id est OVH quasi B in marg. P¹₂   [233] materialis]
naturalis LP²H   [234] forma materialis] materia V   [235] quantum] qua P²   [236] intelligibiles] intellectuales H   [237] sit] ss. P¹   [238] habitudinem] similitudinem LP²OB
[239] praecedentibus] prioribus V   [240] manifestatum] manifestum g   [241] sensibilibus] sensibus
OVB   [242] quasi] sicut g   [243] contingit] competit P² convenit H   [244] multis] add.
modis H   [245] multos] multas LP² multa O multis B

sionem materiae, cum sit forma[246] immaterialis; sed magis diversificatur per diversitatem formarum, sive formae sint differentes specie sicut homo et angelus, sive sint differentes numero solo[247] sicut animae diversorum hominum.

Ad septimum decimum dicendum quod anima et[248] angeli dicuntur specie[249] mutabiles[250] prout possunt mutari secundum electionem, quae quidem mutatio est de operatione in operationem; ad quam mutationem[251] non requiritur materia, sed ad mutationes naturales quae sunt de forma ad formam vel de loco ad locum.

[246] forma] *add. et del.* substantialis *add.* spiritualis et H   [247] solo] solum B   [248] et] *ss.* P¹
[249] specie] species V spiritus H   [250] mutabiles] immateriales O   [251] mutationem] *add.* mutari O

QUAESTIO SEPTIMA

Loca parallela: *In II Sent.*, dist. 3, q. 1, a. 6; *Contra gent.*, II, 94; *Summa theol.*, I, q. 75, a. 7.

Septimo quaretur utrum ANGELUS ET ANIMA DIFFERANT SPECIE. Et videtur quod non.

(1) Quorum enim eadem est operatio propria et naturalis sunt eadem secundum speciem, quia per operationem natura rei[1] cognoscitur. Sed animae et angeli est eadem operatio propria et naturalis, scilicet intelligere. Ergo anima et angelus sunt ejusdem speciei.

Sed dicebat quod intelligere animae[2] est cum discursu; intelligere vero angeli sine discursu; et sic non est eadem operatio secundum speciem animae et angeli.

(2) Sed contra, diversarum operationum secundum speciem non[3] est eadem potentia.[4] Sed nos[5] per eandem potentiam, scilicet per intellectum possibilem, intelligimus quaedam sine discursu, scilicet[6] principia prima, quaedam[7] vero cum discursu, scilicet conclusiones. Ergo intelligere cum discursu et sine discursu non diversificant[8] speciem.

(3) Praeterea, intelligere cum discursu et sine discursu videntur differre sicut esse in motu et esse in quiete; nam discursus est quidam motus intellectus de uno in aliud. Sed esse in motu et quiete non diversificant[9] speciem; nam motus reducitur ad illud genus in quo est terminus motus, ut dicit Commentator in III *Physicorum*.[10] Unde et Philosophus[11] ibidem[12] dicit quod tot sunt species motus, quot et species entis sunt,[13] scilicet terminantis[14] motum. Ergo nec intelligere cum discursu et sine discursu differunt secundum speciem.

(4) Praeterea, sicut angeli intelligunt res in Verbo, ita et animae beatorum.[15] Sed cognitio quae est in Verbo est sine discursu; unde Augustinus dicit, XIV[16] *De Trinitate*,[17] quod in patria non erunt cogitationes volubiles.[18]

---

[1] rei] dei ALP¹ *del. et in marg.* rei P¹₂   [2] animae] *om.* A *in marg.* LP¹   [3] non] animae V
[4] potentia] *add.* principium OBH   [5] nos] nunc O   [6] scilicet] sicut V
[7] quaedam] aliqua P²   [8] diversificant] diversificat P²B   [9] diversificant] diversificat P²VB   [10] AVERROES, III *Physica*, T. C. 4, ed. Venetiis, 1574, fol. 87   [11] ARISTOTLE, *Physica*, III, 1 (201a 8-9)   [12] ibidem] idem AL *om.* P²   [13] species motus, quot et species entis sunt] *bis exhibit* A   [14] terminantis] terminatis ? P² terminantes V   [15] beatorum] bonorum P¹ *in marg.* alibi beatorum P¹₂ bonorum P²   [16] XIV] 44 O in IX V 4 B
[17] S. AUGUSTINUS, *De Trinitate*, XV, 16 (PL 42: 1079)   [18] volubiles] variabiles P²

Non ergo differt anima ab angelo per intelligere[19] cum discursu et sine discursu.

(5) Praeterea, non omnes angeli conveniunt in specie, ut a multis ponitur; et tamen omnes angeli intelligunt sine discursu. Non ergo intelligere cum discursu et sine discursu facit[20] diversitatem speciei[21] in substantiis intellectualibus.[22]

Sed dicebat quod etiam angelorum alii perfectius aliis intelligunt.

(6) Sed contra, magis et minus non diversificant speciem. Sed intelligere perfectius et minus perfecte non differunt[23] nisi per magis et minus. Ergo angeli non differunt[24] per hoc quod perfecte vel minus perfecte intelligunt.

(7) Praeterea, omnes animae humanae[25] sunt ejusdem speciei; non tamen omnes aequaliter intelligunt. Non ergo est differentia speciei in substantiis intellectualibus[26] per hoc quod est perfectius vel minus perfecte[27] intelligere.[28]

(8) Praeterea, anima humana dicitur intelligere discurrendo per hoc[29] quod intelligit causam per effectum et e converso. Sed hoc[30] etiam contingit[31] angelis. Dicitur enim in *Libro de Causis*[32] quod intelligentia intelligit quod est supra se quia est causatum[33] ab ea, et intelligit[34] quod est sub se quia est causa ei.[35] Ergo non differt angelus ab[36] anima per hoc quod est intelligere cum discursu et sine discursu.

(9) Praeterea, quaecumque perficiuntur eisdem perfectionibus videntur esse eadem secundum speciem, nam proprius actus in propria potentia fit.[37] Sed angelus et anima perficiuntur eisdem perfectionibus, scilicet gratia,[38] gloria[39] vel[40] caritate. Ergo sunt ejusdem speciei.

(10) Praeterea, quorum est idem[41] finis videtur esse eadem species: nam unumquodque ordinatur ad finem per suam formam,[42] quae est principium speciei. Sed angeli et animae est idem finis, scilicet beatitudo aeterna, ut patet per id quod dicitur *Matth.* XXII,[43] quod filii resurrectionis[44] erunt sicut angeli in caelo. Et Gregorius[45] dicit quod animae assumuntur ad ordines angelorum. Ergo angelus et anima sunt ejusdem speciei.

---

[19] intelligere] intellectum P²V   [20] facit] faciunt P²   [21] speciei] specierum V *om.* B
[22] intellectualibus] *add.* substantiis V   [23] differunt] differret ALP² differt VB est O
[24] differunt] *add.* secundum speciem LO *add.* speciem P² *add.* specie VBH   [25] humanae] *om.* B
[26] intellectualibus] *om.* B·   [27] perfecte] *om.* O   [28] Praeterea... intelligere] *om.* V
[29] per hoc] eo V   [30] hoc] *ss.* P¹₂   [31] contingit] *add.* in P² convenit BH   [32] *Liber de causis*, VII; ed. BARDENHEWER, p. 170, 25-27   [33] causatum] causata B   [34] intelligit] intellectus V   [35] ei] ejus OH   [36] ab] et O   [37] fit] fuit O   [38] gratia] *add.* et OB   [39] gloria] *om.* VH   [40] vel] et VH   [41] idem] unus H   [42] suam formam] formam propriam V propriam formam suam O   [43] XXII] XXIII V   *Evang. secundum Matthaeum*, 22: 30   [44] resurrectionis] reservationis ALP²P¹ *del. et in marg.* resurrectionis P¹₂
[45] Gregorius] glossa B   S. GREGORIUS, *In Evang.*, II, 34 (PL 76: 1252)

(11) Praeterea, si angelus et anima specie differunt, oportet quod angelus sit superior anima[46] in ordine naturae;[47] et sic erit[48] medius[49] inter animam et Deum. Sed inter mentem[50] nostram[51] et Deum non est medium, sicut Augustinus[52] dicit. Ergo angelus et anima non differunt specie.

(12) Praeterea, impressio ejusdem imaginis[53] in diversis non diversificat speciem. Imago[54] enim Herculis[55] in auro et[56] argento est ejusdem speciei. Sed tam in anima quam in angelo est imago Dei. Ergo angelus et anima non differunt specie.

(13) Praeterea, quorum est eadem definitio est eadem species. Sed definitio angeli convenit[57] animae. Dicit enim Damascenus[58] quod angelus est substantia incorporea, semper mobilis, arbitrio[59] libera, Deo ministrans, gratia non natura immortalitatem suscipiens.[60] Haec autem omnia animae[61] conveniunt. Ergo anima et angelus sunt ejusdem speciei.[62]

(14) Praeterea, quaecumque[63] conveniunt in ultima differentia sunt eadem specie,[64] quia ultima differentia est constitutiva speciei. Sed angelus et anima conveniunt in ultima differentia, in hoc, scilicet, quod est intellectuale[65] esse,[66] quod oportet esse ultima differentia,[67] cum nihil sit nobilius in natura animae vel angeli; semper[68] ultima differentia est completissima. Ergo angelus et anima non differunt specie.

(15) Praeterea, ea quae non sunt[69] in specie non possunt specie differre. Sed anima non est in specie, sed magis est pars speciei. Ergo non potest specie differre ab angelo.

(16) Praeterea, definitio proprie competit speciei. Ergo quae non[70] sunt definibilia non videntur esse in specie. Sed angelus et anima non sunt definibilia,[71] cum non sint compositi[72] ex materia,[73] ut supra ostensum est. In omni enim definitione est aliquid ut materia et aliquid ut forma, ut patet per Philosophum, in VIII[74] *Metaphysicae*,[75] ubi ipse dicit[76] quod si species rerum[77] essent sine materiis, ut Plato posuit, non essent definibiles. Ergo angelus et anima non proprie possunt dici specie differre.

---

[46] anima] *om.* OV   [47] naturae] *om.* O   [48] sic erit] non sit P²   [49] medius] medium P²VH   [50] mentem] animam P²   [51] nostram] humanam B   [52] S. Augustinus, *De Trinitate*, XV, 1 (PL 42: 1057)   [53] imaginis] imaginationis AP¹   [54] Imago] imaginatio A   [55] Herculis] oculi V circuli H   [56] et] *add.* in LP¹P²   [57] convenit] contingit AP²P¹ *del. et in marg.* convenit P¹₂   [58] S. Joannes Damascenus, *De Fide orthodoxa*, II, 3 (PG 94: 865)   [59] arbitrio] *add.* suo L   [60] suscipiens] sapiens A   [61] animae] *add.* humanae P²OVH   [62] sunt ejusdem speciei] conveniunt in specie B speciei] *om.* A   [63] quaecumque] quicumque O   [64] eadem specie] ejusdem speciei OVH   [65] intellectuale] intelligibile O intelligibilem VH   [66] esse] *ss.* P¹₂   [67] ultima differentia] ultimam differentiam VBH   [68] semper] *add.* enim VOBH *add. ss.* enim P¹₂   [69] sunt] *add.* non A   [70] non] *om.* L   [71] definibilia] definibiles B   [72] compositi] composita VOH   [73] materia] *add.* et forma V   [74] VIII] VII V   [75] Aristotle, *Metaph.*, VII, 6 (1031b 4-6); VIII, 6 (1045a 33-35)   [76] ubi ipse dicit] unde ipse ibi dicit O   [77] rerum] non V

(17) Praeterea, omnis[78] species constat[79] ex genere et differentiis.[80] Genus autem et differentia in diversis fundantur, sicut genus hominis, quod est animal,[81] in natura sensitiva;[82] differentia ejus,[83] quae est rationale, in natura[84] intellectiva.[85] In angelo[86] autem et anima non sunt aliqua diversa super[87] quae genus et differentia fundari possunt.[88] Essentia enim eorum[89] est simplex forma; esse autem eorum nec genus nec differentia[90] esse potest. Philosophus enim probat, in III *Metaphysicae*,[91] quod ens nec est[92] genus neque differentia.[93] Ergo angelus et anima non habent genus et differentiam,[94] et ita non possunt specie differre.

(18) Praeterea, quaecumque[95] differunt specie differunt per differentias contrarias. Sed in substantiis immaterialibus non est aliqua contrarietas, quia contrarietas est principium corruptionis. Ergo angelus et anima non differunt specie.

(19) Praeterea, angelus et anima praecipue differe videntur per hoc quod angelus non unitur corpori; anima vero unitur. Sed hoc non potest[96] facere anima differre specie ab angelo. Corpus enim comparatur ad animam[97] ut materia; materia vero non dat speciem formae, sed magis e contrario.[98] Nullo igitur modo angelus et anima differunt specie.[99]

SED CONTRA, ea quae non differunt specie, sed[100] numero, non[101] differunt nisi[102] per materiam. Sed angelus et anima non habent materiam,[103] ut ex superiori quaestione manifestatur.[104] Ergo si angelus et anima non differunt[105] specie, et numero non differunt; quod patet esse falsum. Relinquitur igitur quod differunt[106] specie.

RESPONSIO. Dicendum quod quidam dicunt animam humanam et angelos ejusdem esse speciei. Et hoc videtur primo posuisse[107] Origenes;[108] volens enim vitare antiquorum[109] haereticorum errores, qui diversitatem rerum diversis attribuebant principiis, diversitatem boni et mali introdu-

---

[78] omnis] omnes P²V   [79] constat] constant P²V   [80] differentiis] differentia P²BH
[81] animal] aliquis A   [82] sensitiva] sensibili O   [83] ejus] vero L generis P²
[84] in natura] minus P²   [85] intellectiva] intelligentia P²   [86] angelo] angelis P²
[87] super] supra VBH   [88] possunt] possint VBH *corr. ad* possint P¹   [89] eorum] corporum V
[90] differentia] essentia P²   [91] ARISTOTLE, *Metaph.*, III, 3 (998b 22-27)   [92] est] *om.* B
[93] differentia] *add.* esse potest B   [94] differentiam] differentias V   [95] quaecumquae]
quicumque O   [96] potest] videtur P²   [97] ad animam] animae V   [98] contrario]
converso H   [99] ab angelo... specie] *om.* O   [100] sed] et LP²B etiam H   [101] sed
numero non] *om.* O   [102] nisi] *om.* O   [103] materiam] *add.* P¹ et angelus non habent
materiam *et vacat* P¹₂   [104] manifestatur] manifestum est g   [105] differunt] differant P²
[106] differunt] differant P²BH   [107] posuisse] fuisse P²O   [108] ORIGENES, *Peri Archon*, II, 8
(PG 11: 220)   [109] antiquorum] aliquorum V

centes, posuit omnem[110] rerum diversitatem ex libero arbitrio processisse. Dixit enim quod Deus fecit omnes creaturas rationales[111] a principio aequales,[112] scilicet quarum[113] quaedam Deo adhaerentes, in melius profecerunt[114] secundum modum adhaesionis ad Deum. Quaedam vero a Deo per liberum arbitrium recendentes, in deterius ceciderunt[115] secundum quantitatem[116] recessus a Deo. Et sic quaedam earum[117] sunt incorporatae corporibus caelestibus, quaedam vero corporibus humanis, quaedam vero usque ad malignitatem[118] daemonum perversae sunt, cum tamen ex[119] suae creationis[120] principio essent omnes[121] uniformes.

Sed quantum ex ejus ratione[122] videri potest Origenes[123] attendit ad singularum[124] creaturarum bonum praetermissa consideratione totius. Sapiens tamen artifex in dispositione partium non considerat solum bonum[125] hujus partis aut illius, sed multo magis bonum totius. Unde aedificator non facit omnes[126] partes domus aeque pretiosas, sed magis et minus secundum quod congruit ad bonam dispositionem domus. Et similiter in corpore[127] animalis non omnes partes habent oculi claritatem, quia[128] esset animal imperfectum; sed est diversitas in partibus animalis ut animal possit esse perfectum. Ita etiam Deus secundum suam sapientiam non omnia produxit aequalia;[129] sic enim imperfectum esset universum cui[130] multi gradus entium deessent. Simile igitur est in operatione Dei quaerere quare unam creaturam fecerit[131] alia meliorem sicut quaeretur quare artifex in suo artificio partium diversitatem instituit.

Hac igitur Origenis remota ratione,[132] sunt aliqui ejus positionem[133] imitantes, dicendo omnes intellectuales substantias esse unius[134] speciei propter quasdam[135] rationes quae in objiciendo sunt tactae. Sed ipsa[136] positio videtur esse impossibilis. Si enim angelus et anima ex materia et forma non componuntur sed sunt formae tantum, ut in praecedenti quaestione dictum est, oportet quod[137] differentia qua angeli ad invicem distinguuntur, vel etiam ab anima, sit differentia formalis;[138] nisi forte

---

[110] omnem] tamen AP¹ *del. et add. in marg.* omnem P¹₂ enim LP² omnium H   [111] rationales] *om.* L   [112] aequales] *add. in marg.* rationales P¹₂   [113] quarum] quorum LP²P¹ *corr. ad* quarum P¹₂   [114] profecerunt] processerunt V   [115] ceciderunt] tendunt O   [116] quantitatem] qualitatem V   [117] earum] eorum ALP¹O   [118] malignitatem] magnitudinem O   [119] ex] in VH   [120] creationis] actionis V   [121] omnes] *om.* H   [122] ratione] positione LP²OB   [123] ORIGENES, *Peri Archon,* I, 8 (PG 11: 179)   [124] singularum] singularium P¹   [125] bonum] dispositionem O   [126] omnes] *om.* VH   [127] corpore] parte B   [128] quia] *add.* sic O   [129] non... aequalia] si produxisset omnia aequalia O   [130] cui] cum V   [131] fecerit] fecit P¹   [132] remota ratione] ratione remota LP¹VBH ratione] positione P²O   [133] positionem] rationem B   [134] unius] ejusdem VH   [135] quasdam] quas unde A *add.* enim P¹ *add.* tamen LP²OBH   alias P²OBH aliquas LV   [136] ipsa] ipsorum O   [137] quod] *add.* omnis VH   [138] quod differentia... formalis] tam anima quam angeli distinguantur differentia formali O

poneretur[139] quod angeli etiam essent uniti corporibus sicut et animae, ut ex habitudine ad corpora differentia materialis in eis esse posset, sicut et de animabus supra dictum est. Sed hoc non ponitur communiter; et si hoc[140] poneretur, non proficeret ad hanc positionem. Quia manifestum est quod illa corpora specie differrent[141] ab humanis corporibus, quibus animae uniuntur, et diversorum corporum secundum speciem diversas perfectiones secundum speciem oportet esse. Hoc igitur remoto quod angeli non sint formae corporum, si non sint compositi ex materia et forma, non remanet angelorum ad invicem vel ad animam differentia nisi formalis. Formalis autem differentia speciem variat; nam[142] forma est quae dat speciem rei,[143] et sic relinquitur quod non solum angeli ab anima sed ipsi etiam ab invicem[144] differant.[145]

Si quis autem ponat quod angeli et anima sint ex materia et forma compositi, adhuc haec opinio[146] stare non potest. Si enim tam in angelis quam in anima sit materia de se una, sicut[147] omnium corporum[148] inferiorum[149] est materia una, diversificata[150] tantum[151] secundum formas, oportebit[152] etiam quod divisio illius materiae unius et communis sit principium distinctionis[153] angelorum ab invicem et ab anima.[154] Cum autem de ratione materiae sit quod de se careat omni forma, non poterit intelligi divisio materiae ante receptionem formae, quae secundum materiae dispositionem[155] multiplicatur, nisi per dimensiones[156] quantitativas.[157] Unde Philosophus dicit, in I *Physicorum*,[158] quod subtracta quantitate, substantia[159] remanet indivisibilis. Quae autem componuntur ex materia dimensioni subjecta[160] sunt corpora, et non solum corpori unita.[161] Sic igitur angelus et anima sunt corpora, quod nullus sanae mentis dixit,[162] praesertim cum probatum[163] sit quod intelligere[164] non[165] posset[166] esse actus corporis ullius. Si vero materia angelorum et animae non sit una[167] et communis sed diversorum ordinum, hoc non potest esse nisi secundum ordinem ad formas diversas, sicut ponitur quod corporum caelestium et inferiorum non sit una materia communis. Et sic talis materiae differentia[168] speciem faciet

---

[139] poneretur] ponetur L teneretur P¹ ponerem P²   [140] hoc] *om.* g   [141] differrent] differunt P²VH   [142] nam] si autem V   [143] rei] rerum L   [144] invicem] *add.* specie g   [145] differant] *add. ss.* specie P¹₂   [146] haec opinio] positio V   [147] sicut] cum V   [148] corporum] corruptibilium B   [149] inferiorum] *om.* LP²OVB   [150] diversificata] diversificatam A diversificatum L   [151] tantum] tamen P²O *om.* V   [152] oportebit] oportebat A oportet L   [153] distinctionis] *om.* LO diffinitionis V   [154] anima] *add.* differentium O   [155] dispositionem] divisionem *et add.* non V divisionem H   [156] dimensiones] diversitates O   [157] quantitativas] quantitatis O   [158] Aristotle, *Physica*, I, 2 (185b 3-4)   [159] substantia] materia V   [160] subjecta] subtracta B   [161] unita] juncta H   [162] dixit] dixerit P¹P²H   [163] cum probatum] comprobatum ALP¹   [164] intelligere] intellectus V   [165] non] nullus P¹   [166] posset] possit LP¹VB possint O potest H   [167] una] unius O   [168] materiae differentia] substantia materiae O

diversam. Unde impossibile videtur quod angeli et animae sint ejusdem[169] speciei; secundum autem quod differant specie[170] considerandum restat.[171]

Oportet autem nos in cognitionem substantiarum[172] intellectualium[173] per considerationem substantiarum materialium pervenire. In substantiis autem materialibus[174] diversus[175] gradus perfectionis[176] naturae diversitatem speciei instituit.[177] Et hoc quidem facile patet si quis ipsa genera materialium substantiarum consideret. Manifestum est enim quod corpora mixta[178] supergrediuntur ordine[179] perfectionis elementa;[180] plantae autem corpora mineralia;[181] et animalia, plantas; et in singulis generibus secundum gradum perfectionis naturalis diversitas specierum invenitur. Nam in elementis terra est infimum; ignis vero nobilissimum. Similiter autem in mineralibus gradatim natura invenitur per diversas species proficere usque ad speciem auri;[182] in plantis[183] usque ad speciem arborum perfectarum;[184] et in animalibus usque ad speciem hominis; cum tamen quaedam animalia sint plantis propinquissima, ut immobilia quae habent solum tactum, et[185] similiter[186] plantarum[187] quaedam sunt inanimatis[188] propinquissima, ut patet per Philosophum, in libro *De Vegetabilibus*.[189] Et propter[190] hoc Philosophus dicit, in VIII *Metaphysicae*,[191] quod species rerum naturalium[192] sunt sicut species numerorum, in quibus unitas[193] addita vel subtracta variat speciem. Ita igitur et in substantiis immaterialibus[194] diversus gradus perfectionis naturae facit differentiam speciei.

Sed quantum ad aliquid differenter se habet[195] in substantiis immaterialibus et materialibus.[196] Ubicumque enim est diversitas graduum, oportet quod gradus considerentur per ordinem ad[197] aliquod principium unum. In substantiis[198] igitur materialibus attenduntur diversi gradus speciem diversificantes in ordine ad primum principium, quod est materia. Et inde est quod primae[199] species sunt imperfectiores, posteriores[200] vero perfectiores,[201] et per additionem se habentes ad primas; sicut mixta corpora habent speciem perfectiorem quam sint species elementorum, utpote

---

[169] ejusdem] unius g   [170] specie] *om.* LP²OB   [171] restat] est O   [172] substantiarum] creaturarum H   [173] intellectualium] intelligibilium O spiritualium V   [174] materialibus] immaterialibus LP²   [175] diversus] diversi H   [176] perfectionis] in perfectionibus B   [177] instituit] constituunt H   [178] mixta] multa V   [179] ordine] ordinem LOB   [180] elementa] elementorum O elementaris B   [181] mineralia] naturalia A   innumerabilia V   [182] auri] *add.* unius O   [183] plantis] *add. ss.* autem P¹₂ *add.* etiam OBH *add.* vero V   [184] arborum perfectarum] animalium imperfectarum O   [185] et] ut ALBH   [186] similiter] simpliciter AL   [187] plantarum] *om.* ALP² planta et V   [188] inanimatis] animalibus V   [189] Aristotle, *De Plantis*, I, 1 (816a 39-40; 817b 24)   [190] propter] proprie AL   [191] Aristotle, *Metaph.*, VIII, 3 (1043b 33-1044a 2)   [192] naturalium] materialium V   [193] unitas] veritas V   [194] immaterialibus] materialibus O   [195] habet] habent H   [196] et materialibus] *om.* L   [197] ad] *in marg.* P¹₂   [198] substantiis] principiis L   [199] primae] priores B   [200] posteriores] *in marg.* P¹₂   [201] vero perfectiores] *in marg.* P¹₂ *om.* O

habentes[202] in se quicquid habent elementa et adhuc amplius. Unde[203] similis est comparatio plantarum ad corpora mineralia[204] et animalium ad plantas.

In substantiis vero immaterialibus ordo graduum diversarum[205] specierum[206] attenditur, non quidem secundum comparationem[207] ad materiam, quam non habent, sed secundum comparationem ad primum agens, quod oportet esse perfectissimum. Et ideo[208] prima species in eis est perfectior secunda,[209] utpote similior primo agenti;[210] et secunda diminuitur a perfectione primae, et sic deinceps usque ad ultimam earum. Summa autem perfectio primi[211] agentis in hoc consistit, quod in uno simplici habet omnimodam bonitatem et perfectionem. Unde quanto aliqua substantia immaterialis fuerit primo agenti propinquior, tanto in sua natura simplici perfectiorem habet bonitatem suam et minus indiget[212] inhaerentibus formis ad sui completionem.[213] Et hoc quidem gradatim producitur usque ad animam humanam, quae in eis tenet ultimum gradum, sicut materia prima in genere rerum sensibilium.[214] Unde in sui natura non habet perfectiones intelligibiles,[215] sed est in potentia ad intelligibilia,[216] sicut materia prima ad formas sensibiles. Unde ad propriam operationem[217] indiget ut fiat[218] in actu formarum intelligibilium, acquirendo eas per sensitivas potentias a rebus exterioribus. Et cum operatio sensus sit per organum corporale, ex ipsa conditione suae naturae[219] competit ei quod corpori[220] uniatur et quod sit pars speciei humanae, non habens in se speciem completam.

AD PRIMUM ergo dicendum quod intelligere angeli et animae non est ejusdem[221] speciei. Manifestum est enim quod si formae quae sunt principia operationum differunt[222] specie, necesse est et operationes ipsas[223] specie differre; sicut calefacere et infrigidare differunt secundum differentiam[224] caloris et frigoris. Species autem intelligibiles[225] quibus animae intelligunt[226] sunt a phantasmatibus abstractas. Et ita non sunt ejusdem rationis cum speciebus intelligibilibus quibus angeli intelligunt, quae sunt

---

202 habentes] habentia L   203 Unde] om. P² et OVH   204 mineralia] alia P² materialia V   205 diversarum] diversorum LP²   206 specierum] om. LP²   207 comparationem] operationem P²   208 ideo] ita O   209 secunda] om. V   210 primo agenti] suo agenti primo V   211 primo] summi V   212 indiget] indigeret A   213 completionem] complexionem O perfectionem V   214 sicut... sensibilium] om. B   215 intelligibiles] intelligentes V   216 est... intelligibilia] potentia intellectiva V   217 operationem] cognitionem V   218 fiat] facit P¹ del. et add. ss. fiat P¹₂   219 naturae] speciei L materiae V   220 corpori] cor ALP²   221 ejusdem] unius H   222 differunt] differant g   223 ipsas] ipsa P¹   224 differentiam] rationem L   225 intelligibiles] om. LP²   226 quibus animae intelligunt] om. P¹

eis innatae, secundum[227] quod dicitur in *Libro de Causis*[228] quod omnis intelligentia[229] est plena formis. Unde et intelligere hominis et angeli non est ejusdem speciei. Ex hac[230] autem[231] differentia provenit quod angelus intelligit sine discursu, anima autem cum discursu;[232] quae necesse habet[233] ex sensibilibus[234] effectibus[235] in virtutes causarum pervenire,[236] et ab accidentibus sensibilibus in essentias rerum quae[237] subjacent sensui.

Ad secundum dicendum quod anima intellectualis[238] principia et conclusiones intelligit per species a phantasmatibus abstractas; et ideo non est diversum intelligere secundum speciem.

Ad tertium dicendum quod motus reducitur ad genus et speciem ejus ad quod terminatur motus; in quantum eadem forma est quae ante[239] motum est tantum[240] in potentia, in ipso motu[241] medio modo inter actum et potentiam, et in termino motus in actu completo. Sed intelligere angeli sine discursu et intelligere animae cum discursu non est secundum formam eandem[242] specie.[243] Unde non oportet quod sit unitas[244] speciei.

Ad quartum dicendum quod species rei indicatur[245] secundum operationem competentem ei secundum propriam naturam, non autem secundum operationem quae competit ei secundum participationem alterius[246] naturae. Sicut non indicatur species ferri secundum adustionem[247] quae competit ei prout[248] est ignitum, sic enim eadem indicaretur etiam species ferri et ligni quod etiam[249] ignitum adurit.[250] Dico ergo quod videre[251] in Verbo est[252] operatio[253] supra naturam animae et angeli, utrique conveniens secundum participationem superioris naturae, scilicet divinae, per illustrationem gloriae. Unde non potest concludi quod angelus et anima sint ejusdem speciei.

Ad quintum dicendum quod etiam in diversis angelis non sunt species intelligibiles ejusdem rationis. Nam[254] quanto substantia intellectualis est superior et Deo propinquior, qui omnia per unum quod est sua essentia[255] intelligit, tanto formae intelligibiles in ipsa sunt magis elevatae et virtuosiores ad plura cognoscenda. Unde dicitur in *Libro de Causis*[256] quod superiores intelligentiae intelligunt per formas[257] magis universales. Et Diony-

---

[227] secundum] *ss.* P¹₂   [228] *Liber de causis*, IX; ed. BARDENHEWER, p. 173, 18   [229] intelligentia] intellectiva H   [230] hac] hoc A   [231] autem *om.* LP²g   [232] anima autem cum discursu] *in marg.* P¹₂   [233] habet] est esse O   [234] sensibilibus] sensibus ALP¹P²B   [235] effectibus] *om.* O   [236] pervenire] provenire P¹]   [237] quae] *add.* non g   [238] intellectualis] intellectiva V   [239] ante] autem ALP²   [240] tantum] *in marg.* P¹₂   [241] motu] *add.* in H   [242] eandem] eadem H   [243] specie] speciem L species H   [244] unitas] veritas V   [245] indicatur] judicatur P¹   [246] alterius] alteri V   [247] adustionem] *add.* operationum O adjustionis B   [248] prout est] inquantum B   [249] etiam] *om.* LP²g   [250] adurit] adduxit AL   [251] videre] *add.* res B   [252] est] esse V   [253] operatio] *om.* B   [254] Nam] sed B   [255] sua essentia] *om.* B   [256] *Liber de causis*, IX; ed. BARDENHEWER, p. 173, 20-24   [257] formas] causas V

sius dicit,[258] XII capitulo *Caelestis Hierarchiae*,[259] quod superiores angeli habent scientiam magis universalem. Et ideo intelligere diversorum angelorum non est[260] ejusdem speciei, licet utrumque sit sine discursu, quia intelligunt per species innatas, non aliunde acceptas.

Ad sextum dicendum quod magis et minus est dupliciter:[261] uno modo secundum quod materia eandem formam diversimode[262] participat ut lignum albedinem, et secundum[263] hoc magis et minus non diversificat[264] speciem; alio modo secundum gradum diversum[265] perfectionis formarum, et[266] hoc diversificat speciem. Diversi enim colores specie sunt secundum quod magis et[267] minus propinque[268] se habent ad lucem;[269] et sic magis et minus in diversis angelis invenitur.[270]

Ad septimum dicendum quod licet[271] omnes animae non[272] aequaliter[273] intelligant, tamen omnes[274] intelligunt per species ejusdem rationis, scilicet a phantasmatibus acceptas. Unde et hoc quod inaequaliter[275] intelligunt contingit ex diversitate virtutum sensitivarum[276] a quibus species abstrahuntur, quae[277] etiam provenit secundum diversam dispositionem corporum. Et sic patet quod hoc[278] magis et minus non diversificant[279] speciem cum sequantur[280] materialem diversitatem.

Ad octavum dicendum quod cognoscere aliquid per alterum contingit dupliciter: uno modo sicut cognoscere unum cognitum per aliud cognitum, ita quod sit distincta cognitio utriusque, sicut homo per principium cognoscit conclusionem seorsum considerando[281] utrumque; alio modo sicut cognoscitur aliquid[282] cognitum per speciem qua cognoscitur, ut videmus[283] lapidem per speciem lapidis quae est in oculo. Primo igitur modo cognoscere unum per alterum facit discursum,[284] non autem secundo modo.[285] Sed hoc modo angeli cognoscunt causam per effectum et effectum per causam, in quantum ipsa essentia angeli[286] est similitudo quaedam[287] suae causae[288] et assimilat sibi suum effectum.

Ad nonum dicendum quod perfectiones gratuitae conveniunt animae et angelo per participationem divinae naturae. Unde dicitur II *Petri*,[289] i:

---

[258] dicit] *om.* ALP¹P²   [259] Pseudo-Dionysius, *De Coelesti hierarchia*, XII, 2 (PG 3: 292)
[260] est] sunt O   [261] dupliciter] duplex H   [262] diversimode] *om.* LP²O *ss.* B diverse H
[263] secundum] in H   [264] diversificat] diversificant V   [265] diversum] *om.* LP²V
[266] et] *add.* secundum O   [267] et] vel VBH   [268] propinque] propinqui H   [269] habent ad lucem] ad invicem habent H   lucem] invicem LP²   [270] invenitur] reperitur OV
[271] licet] non V   [272] non] *om.* V   [273] non aequaliter] diversimode O   [274] tamen omnes] cum O   [275] inaequaliter] non aequaliter V   [276] sensitivarum] sen *cum lacuna* A sensi *cum lacuna* L   [277] quae] quod BH   [278] hoc] *add. ss.* modo B   [279] diversificant] diversificat OH   [280] sequantur] sequatur AP²OBH   [281] considerando] considerandi V convertendo B   [282] aliquid] aliquod BH   [283] videmus] videamus H   [284] discursum] diversum V   [285] modo] *ss.* P¹₂   [286] angeli] animae LP²   [287] quaedam] *om.* B
[288] suae causae] sui esse B   [289] *Epistola B. Petri Apostoli secunda*, 1: 4

Per quem maxima et pretiosa nobis dona donavit ut[290] divinae naturae consortes etc. Unde per convenientiam in istis[291] perfectionibus non potest concludi unitas speciei.

Ad decimum dicendum quod ea[292] quorum unus est finis proximus et naturalis sunt unum secundum speciem. Beatitudo autem aeterna[293] est[294] finis ultimus et supernaturalis. Unde ratio non sequitur.[295]

Ad undecimum dicendum quod Augustinus[296] non[297] intelligit nihil[298] esse medium inter mentem nostram et Deum[299] secundum gradum dignitatis et naturae, quia etiam una anima est alia nobilior; sed quia mens nostra immediate a Deo justificatur et in eo beatificatur. Sicut se diceretur quod aliquis miles simplex[300] immediate est sub rege,[301] non quin alii superiores eo sint sub rege, sed quia nullus habet dominium[302] super[303] eum nisi rex.

Ad duodecimum dicendum quod neque anima[304] neque angelus est perfecta imago[305] Dei, sed[306] solus Filius. Et ideo non oportet quod sint ejusdem speciei.

Ad tertium decimum dicendum quod praedicta definitio non convenit[307] animae eodem modo sicut angelo. Angelus enim est substantia incorporea, et quia non[308] est[309] corpus et quia non est corpori unita,quod [310] de anima dici non potest.

Ad quartum decimum dicendum quod ponentes animam et angelum unius speciei esse in hac ratione maximam vim constituunt,[311] sed[312] non necessario concludit; quia ultima differentia debet esse nobilior, non solum quantum ad naturae nobilitatem, sed etiam quantum ad determinationem, quia ultima differentia est quasi actus[313] respectu omnium praecedentium. Sic igitur intellectuale[314] non est nobilissimum in angelo vel anima, sed intellectuale[315] sic vel illo modo; sicut et de sensibili patet; alias[316] enim omnia bruta animalia[317] essent ejusdem speciei.

Ad quintum decimum dicendum quod anima est pars speciei, et tamen est principium dans speciem;[318] et secundum hoc quaeritur[319] de specie animae.

---

[290] ut] et P¹ del. et add. ss. ut P¹₂   [291] istis] illis P¹   [292] ea] est AP¹ del. et add. ss. ea P¹₂
[293] aeterna] vitae aeternae OVH   [294] est] add. unus V   [295] Unde... sequitur] Unde non sequitur conclusio B sequitur] concludit V   [296] Augustinus] angelus O   [297] non] om. B
[298] nihil] om. BH   [299] deum] add. non B   [300] simplex] simpliciter ALP¹V om. O   [301] rege] lege ALP¹   [302] dominium] dominum OV   [303] super] supra H   [304] neque anima] om. A
[305] imago] in marg. P¹   [306] sed] nisi V   [307] convenit] competit OV   [308] quia non] nec O
[309] et quia non est] nec V neque H   [310] quod] quia A   [311] maximam vim constituant] in marg. alibi maxime concludunt P¹₂   [312] sed] quia L   [313] quasi actus] activa et determinata P² in actu quasi O quae in actu est quasi H   [314] intellectuale] intelligibile OH intelligere V   [315] intellectuale] intelligere V   [316] alias] aliter VBH   [317] bruta animalia] animalia bruta P¹   [318] speciem] specierum V   [319] quaeritur] arguitur V

Ad sextum decimum dicendum quod licet sola species definiatur proprie, non tamen oportet quod omnis species sit definibilis. Species enim immaterialium rerum non cognoscuntur[320] per definitionem vel demonstrationem,[321] sicut cognoscitur aliquid in scientiis speculativis; sed quaedam[322] cognoscuntur[323] per simplicem intuitum[324] ipsarum.[325] Unde nec angelus proprie potest definiri.[326] Non enim scimus de eo quid est; sed potest notificari[327] per quasdam negationes vel[328] notificationes.[329] Anima etiam definitur ut est corporis forma.

Ad septimum decimum dicendum quod genus et differentia possunt accipi dupliciter: uno modo secundum considerationem realem, prout consideratur[330] a metaphysico et naturali; et sic oportet quod[331] genus et differentia super diversis naturis fundentur. Et hoc modo nihil prohibet dicere quod in substantiis spiritualibus[332] non sit[333] genus et differentia, sed sint formae tantum et species simplices. Alio modo secundum considerationem logicam, et sic genus et differentia non oportet quod fundentur super diversas naturas,[334] sed supra unam naturam in qua consideratur aliquid[335] proprium et aliquid[336] commune. Et sic nihil prohibet genus et differentias[337] ponere[338] in substantiis spiritualibus.

Ad octavum decimum dicendum quod naturaliter loquendo de genere et differentia oportet differentias esse contrarias. Nam materia super[339] quam fundatur natura generis est susceptiva[340] contrariarum[341] formarum. Secundum autem considerationem logicam sufficit qualiscumque oppositio[342] in differentiis, sicut patet in differentiis numerorum in quibus non est contrarietas. Et similiter[343] est in spiritualibus substantiis.

Ad nonum decimum dicendum quod licet materia non det[344] speciem, tamen ex habitudine materiae ad formam[345] attenditur natura formae.[346]

---

320 cognoscuntur] cognoscitur O   321 demonstrationem] determinationem P²
322 quaedam] del. P¹   323 quaedam cognoscuntur] om. OB   324 intuitum] virtutem P²
325 ipsarum] ipsorum LP²   326 definiri] definire AP¹P²   327 notificari] definiri O
328 negationes vel] om. V   329 vel notificationes] om. LP²OBH   350 consideratur] considerantur VH   331 oportet quod] quidem B   332 spiritualibus] superioribus O
333 sit] sint H   334 naturas] substantias P²   335 aliquid] add. ut O   356 aliquid] add. ut O   337 differentias] differentiam VBH   338 ponere] poni V   339 super] supra BH   340 susceptiva] add. diversarum H   341 contrariarum] diversarum O
342 oppositio] operatio V   343 similiter] talis P²   344 det] habet O   345 formam] formas H   346 natura formae] speciei B

QUAESTIO OCTAVA

Loca parallela: *In II Sent.*, dist. 1, q. 2, a. 5; *Contra gent.*, II, 90; *Summa theol.*, I, q. 76, a. 5; *De Malo*, q. 5, a. 5.

Octavo quaeritur utrum ANIMA RATINALIS TALI CORPORI DEBERET[1] UNIRI QUALE EST CORPUS HUMANUM. Et videtur quod non.

(1) Anima enim[2] rationalis est sublimissima[3] formarum[4] corpori unitarum. Terra autem est infimum corporum.[5] Non ergo fuit conveniens quod corpori terreno uniretur.

Sed dicebat[6] corpus terrenum, ex hoc quod reductum est ad aequalitatem complexionis,[7] similitudinem habere[8] cum caelo quod omnino caret contrariis, et sic nobilitatur ut ei anima rationalis convenienter possit uniri.

(2) Sed contra, si nobilitas corporis humani in hoc consistit quod corpori caelesti[9] assimilatur,[10] sequitur quod corpus caeleste nobilius sit. Sed anima rationalis quolibet corpore[11] nobilior est, cum capacitate sui intellectus omnia corpora[12] transcendat. Ergo anima rationalis magis deberet corpori caelesti uniri.

Sed dicebat quod corpus caeleste[13] nobiliori perfectione perficitur quam sit anima rationalis.

(3) Sed contra, si perfectio corporis caelestis nobilior est anima rationali, oportet quod sit intellectus;[14] quia quodcumque[15] intelligens[16] quolibet non intelligente nobilius est. Si igitur corpus caeleste aliqua substantia spirituali[17] perficitur,[18] aut erit motor ejus tantum, aut etiam[19] forma. Si tantum motor, adhuc remanet quod corpus humanum sit nobiliori modo perfectum quam corpus caeleste. Forma enim dat speciem ei cujus est forma, non autem motor. Unde etiam nihil prohibet aliqua quae secundum sui naturam ignobilia[20] sunt esse[21] instrumenta nobilissimi[22] agentis. Si autem substantia intellectualis est forma corporis caelestis, aut hujusmodi

---

[1] deberet] debet LP¹ *cum ss.* a P¹₂ debeat V debuerit OBH   [2] enim] *om.* LP²V
[3] sublimissima] subtilissima LOV   [4] formarum] forma L   [5] corporum] corpus V
[6] dicebat] *add.* quod VB   [7] complexionis] commixtionis V   [8] habere] habet VBH
[9] caelesti] caeli V   [10] assimilatur] uniatur LP²H assimiletur OB   [11] quolibet corpore]
om. O   [12] corpora] *add.* comprehendat et H   [13] caeleste] caelesti A   [14] intellectus] intelligens P²OH   [15] quodcumque] quicumque V   [16] intelligens] intellectus V
[17] substantia spirituali] intellectuali substantia B spirituali] intellectuali H   [18] perficitur]
per se O   [19] etiam] motor et V   [20] ignobilia] nobiliora V innobilissima B   [21] esse]
ei A   [22] nobilissimi] nobilioris O

substantia habet intellectum tantum, aut cum[23] intellectu sensum et alias potentias. Si habet sensum[24] et alias potentias, cum hujusmodi potentias necesse sit esse actus organorum quibus indigent ad operandum, sequitur quod corpus caeleste sit corpus organicum, quod ipsius simplicitati[25] et uniformitati[26] et unitati[27] repugnat. Si vero habet intellectum tantum, a sensu nihil accipientem, hujusmodi substantia in nullo indigebit unione corporis, quia operatio intellectus non fit per organum corporale. Cum igitur unio corporis et animae non sit propter corpus sed[28] propter animam, quia materiae sunt propter formas et non e contrario,[29] sequitur quod intellectualis[30] substantia non uniatur[31] corpori caelesti ut forma.

(4) Praeterea, omnis substantia intellectualis creata habet ex sui natura possibilitatem ad peccatum,[32] quia potest averti a summo[33] bono quod Deus est.[34] Si igitur aliquae substantiae intellectuales[35] uniantur corporibus caelestibus ut formae, sequitur quod peccare poterunt. Poena autem peccati mors est, id est, separatio animae a corpore,[36] et cruciatio peccantium in inferno. Potuit[37] ergo fieri[38] quod corpora caelestia morerentur[39] per separationem animarum, et quod animae in inferno retraderentur.[40]

(5) Praeterea, omnis intellectualis substantia capax est beatitudinis. Si igitur corpora caelestia sunt animata[41] animabus intellectualibus, hujusmodi animae sunt capaces[42] beatitudinis. Et sic in aeterna beatitudine non solum sunt[43] angeli et homines, sed etiam quaedam naturae mediae; cum tamen sancti doctores tradant[44] societatem sanctorum ex hominibus[45] constare et angelis.

(6) Praeterea, corpus Adae proportionatum fuit animae rationali. Sed corpus nostrum dissimile est illi corpori. Illud autem[46] corpus ante peccatum fuit immortale et impassibile quod[47] corpora nostra[48] non habent. Ergo hujusmodi[49] corpora qualia nos habemus non sunt proportionata animae rationali.

(7) Praeterea, nobilissimo motori debentur instrumenta optime disposita et obedientia ad ejus operationem. Anima autem rationalis est nobilior

---

[23] cum] est V et add. hujusmodi V etiam O   [24] sensum] intellectum O   [25] simplicitati] simplici V   [26] et uniformitati] om. V   [27] unitati] uni V et unitati] om. BH
[28] sed] add. magis V   [29] contrario] converso H   [30] intellectualis] intelligibilis O
[31] uniatur] unitur O   [32] peccatum] peccandum OVB   [33] bono] deo O   [34] quod Deus est] om. O   [35] substantiae intellectuales] animae O intellectuales] spirituales V
[36] animae a corpore] corporis ab anima V   [37] Potuit] poterit V potest H   [38] fieri] esse B
[39] morerentur] moriantur V   [40] retraderentur] redderentur L retruderentur P²H retriderentur V cruciarentur B   [41] animata] -ta ss. P¹   [42] capaces] add. aeternae V
[43] sunt] erunt B   [44] tradant] credant P²   [45] hominibus] add. solum V   [46] autem] enim OBH om. V   [47] quod] add. nostra AP²B   [48] nostra] om. P²B   [49] hujusmodi] hujus A om. V

inter motores inferiores. Ergo debetur sibi corpus maxime[50] obediens ad suas operationes. Hujusmodi[51] autem non est[52] corpus quale[53] nos habemus; quia caro[54] resistit spiritui, et anima propter pugnam concupiscentiarum[55] distrahitur hac atque illac.[56] Non igitur anima rationalis tali corpori debuit uniri.

(8) Praeterea, animae rationali convenit[57] abundantia spirituum in corpore perfectibili.[58] Unde cor[59] hominis est calidissimum inter omnia[60] animalia quantum ad virtutem generandi spiritus;[61] quod significat[62] ipsa corporis humani rectitudo ex virtute caloris et spirituum proveniens. Convenientissimum igitur fuisset quod anima rationalis totaliter spirituali corpori[63] fuisset unita.

(9) Praeterea, anima est substantia incorruptibilis.[64] Corpora autem nostra sunt corruptibilia.[65] Non ergo convenienter[66] talibus corporibus[67] anima rationalis unitur.[68]

(10) Praeterea, anima rationalis unitur corpori ad speciem humanam constituendam;[69] sed melius conservaretur humana species si corpus cui anima[70] unitur esset incorruptibile. Non enim esset necessarium quod per generationem species conservaretur, sed in eisdem[71] secundum numerum conservari posset. Ergo anima[72] humana incorruptibilibus corporibus[73] uniri[74] debuit.

(11) Praeterea, corpus humanum, ut[75] sit[76] nobilissimum inter inferiora[77] corpora, debet esse simillimum[78] corpori caelesti quod est nobilissimum corporum.[79] Sed corpus caeleste omnino caret contrarietate; ergo corpus humanum[80] minimum debet[81] habere de contrarietate.[82] Corpora autem nostra non habent minimum de contrarietate;[83] alia enim corpora, ut lapidum[84] et arborum,[85] sunt durabiliora,[86] cum tamen contrarietas sit principium dissolutionis. Non igitur anima[87] rationalis debuit talibus corporibus[88] uniri qualia nos habemus.[89]

---

[50] maxime] maximum O   [51] Hujusmodi] hoc V   [52] non est] ss. P¹   [53] quale] carnale O   [54] quia caro] quod corpus O   [55] concupsicentiarum] concupsicentiam A   [56] hac atque illac] huc atque illuc O   [57] convenit] contingit LP²   [58] perfectibili] perfectibilium V   [59] cor] corpus V   [60] omnia] caetera LP²OBH   [61] spiritus] species VB   [62] significat] add. ei VH   [63] spirituali corpori] corpori naturali O   [64] incorruptibilis] incorporalis V   [65] corruptibilia] incorruptibilia A corporalia V   [66] convenienter] convenit V   [67] talibus corporibus] tali corpori B   [68] unitur] uniri debet O om. V   [69] constituendam] conservandam H   [70] anima] natura P¹ om. O   [71] eisdem] eodem V   [72] anima] om. P¹   [73] incorruptibilibus corporibus] corpori incorruptibili B   [74] uniri] add. non P²   [75] ut] cum V   [76] ut sit] quod est B   [77] inferiora] omnia V om. B   [78] simillimum] simile OV   [79] corporum] corpus OV   [80] corpus humanum] corpora nostra B   [81] debet] debent B debuit H deberet V   [82] contrarietate] add. hoc autem non videmus B   [83] corpora... contrarietate] quia B   [84] lapidum] lapides O   [85] et arborum] om. O   [86] durabiliora] duriora O   [87] anima] add. humana H   [88] talibus corporibus] tali corpori B   [89] qualia nos habemus] contraria habentibus O om. B

(12) Praeterea, anima est forma simplex. Formae autem simplici competit[90] materia simplex. Debuit[91] igitur anima rationalis alicui simplici corpori uniri, utpote igni vel[92] aeri vel alicui hujusmodi.

(13) Praeterea, anima humana[93] videtur cum principiis communionem[94] habere. Unde antiqui philosophi posuerunt animam esse de natura[95] principiorum, ut patet in I *De Anima*.[96] Principia autem corporum[97] sunt[98] elementa. Igitur etsi[99] anima non[100] sit elementum neque[101] ex elementis, saltem alicui corpori elementari[102] debuit uniri, ut igni[103] vel aeri vel alicui aliorum.[104]

(14) Praeterea, corpora similium partium minus recedunt a simplicitate quam corpora dissimilium partium. Cum igitur anima sit forma simplex, magis debuit uniri corpori similium partium quam corpori[105] dissimilium.[106]

(15) Praeterea, anima unitur[107] corpori ut forma et ut motor. Debuit[108] igitur[109] anima rationalis, quae est nobilissima formarum, uniri corpori agillimo ad motum, cujus contrarium videmus;[110] nam corpora avium[111] sunt agiliora ad motum et similiter corpora multorum[112] animalium quam corpora hominum.

(16) Praeterea, Plato[113] dicit quod formae dantur a motore[114] secundum merita materiae, quae dicuntur[115] materiae dispositiones. Sed corpus humanum non habet dispositionem respectu tam nobilis formae, ut videtur, cum sit grossum et corruptibile. Non igitur anima debuit tali corpori uniri.

(17) Praeterea, in anima humana[116] sunt formae intelligibiles maxime particulata[117] secundum comparationem ad substantias intelligibiles superiores. Sed tales formae competerent operationi corporis caelestis quod est causa generationis et corruptionis horum particularium.[118] Ergo anima humana debuit[119] uniri corporibus caelestibus.

(18) Praeterea, nihil movetur naturaliter dum est in suo ubi,[120] sed solum quando est extra proprium[121] ubi.[122] Caelum autem movetur in suo[123] ubi[124] existens. Ergo non movetur naturaliter. Movetur ergo ad ubi[125] anima, et ita habet[126] animam sibi unitam.

---

[90] competit] debetur O   [91] Debuit] debet O   [92] igni vel] *om.* OV   [93] humana] rationalis B   [94] communionem] cognitionem L convenientiam B   [95] natura] numero O   [96] ARISTOTLE, *De Anima*, I, 2 (403b 28-405b 30)   [97] corporum] *om.* V   [98] sunt] *add.* ipsa O   [99] etsi] si O non videtur V   [100] non] *om.* V   [101] neque] *om.* V aut H   [102] elementari] elemento V   [103] igni] *ss.* P¹₂   [104] vel alicui aliorum] *om.* B   [105] corpori] *om.* OV *ss.* B   [106] quam corpori dissimilium] *om.* H   [107] unitur] debet uniri O   [108] Debuit] debet O   [109] igitur] ergo AVB   [110] videmus] dicimus O   [111] avium] animalium multorum O   [112] multorum] aliorum L quorundam V   [113] PLATO, *Laws*, X, 903 D   [114] motore] datore OVH   [115] dicuntur] sunt O   [116] humana] hominis O   [117] particulatae] *corr. ad* particulares P¹₂ particulares O   [118] horum particularium] harum partium V   [119] debuit] debet O   [120] ubi] loco O   [121] proprium] suum OH   [122] ubi] *om.* P¹ locum O   [123] suo] suum O   [124] ubi] *om.* O   [125] ad ubi] aliquid AP¹ ab g   [126] habet] habebit B

(19) Praeterea, enarrare est actus substantiae intelligentis.[127] Sed caeli enarrant gloriam Dei,[128] ut in *Psalmo*[129] dicitur.[130] Ergo caeli sunt intelligentes;[131] ergo habent animam intellectivam.

(20) Praeterea, anima est perfectissima formarum. Debuit[132] ergo uniri perfecto[133] corpori. Corpus autem humanum videtur esse imperfectissimum; non enim habet[134] arma ad defendendum vel impugnandum,[135] neque operimenta[136] neque aliquid[137] hujusmodi quae naturae corporibus aliorum animalium tribuit. Non igitur talis anima tali corpori debuit[138] uniri.

SED CONTRA est quod dicitur *Eccles.* XVII:[139] Deus[140] de terra creavit hominem et secundum imaginem suam fecit illum. Sed opera Dei sunt convenientia;[141] dicitur enim *Gen.* I:[142] Vidit Deus cuncta[143] quae fecerat et erant valde bona. Ergo conveniens fuit[144] ut anima rationalis[145] in qua est[146] Dei imago corpori[147] terreno uniretur.

RESPONSIO. Dicendum quod cum materia sit propter formam et non e contrario, ex parte animae oportet accipere rationem quale debeat[148] esse corpus cui unitur. Unde in II[149] *De Anima*[150] dicitur quod anima non solum est corporis forma et[151] motor sed etiam finis. Est autem ex superius[152] disputatis quaestionibus manifestum quod omnino[153] rationale[154] est animae humanae[155] corpori uniri quia, cum sit infima in ordine intelligibilium[156] substantiarum sicut materia prima est infima[157] in ordine rerum[158] sensibilium; non habet anima humana intelligibiles species sibi[159] naturaliter inditas, quibus[160] in operationem propriam[161] exire possit quae est intelligere, sicut habent superiores substantiae intellectuales;[162] sed est in potentia ad eas,[163] cum sit sicut tabula[164] in qua nihil[165] est scriptum,[166] ut dicitur in II[167] *De Anima.*[168] Unde oportet quod species intelligibiles a

---

[127] intelligentis] intelligibilis B   [128] Dei] *ss.* P$^1_2$ [129] *Ps.,* 18: 1   [130] in *Psalmo* dicitur] dicit philosophus V   [131] intelligentes] intelligibiles O   [132] Debuit] debet O   [133] perfecto] perfectius O perfectissimo B perfectiori H   [134] habet] *add.* neque H   [135] vel impugnandum] *om.* V   [136] operimenta] cooperimentum B   [137] neque aliquid] ad aliqua O   [138] debuit] debet O   [139] *Ecclesiasticus,* 17: 1   [140] Deus] *om.* A quod Deus B   [141] convenientia] convenientissima V   [142] *Genesis,* 1: 31   [143] cuncta] *om.* B   [144] conveniens fuit] deus fecit P²   [145] rationalis] humana V   [146] in qua est] quae est V   [147] corpori] *om.* V   [148] debeat] debet O oporteat V   [149] II] III OH   [150] ARISTOTLE, *De Anima,* II, 4(415b 8-12)   [151] et] ut P¹   [152] superius] superioribus OH   [153] omnino] ideo g   [154] rationale] naturale g   [155] humanae] *om.* VB   [156] intelligibilium] intellectualium P²H   [157] infima] infinita A *om.* V   [158] rerum] substantiarum V   [159] sibi] similiter O   [160] quibus] *add.* naturaliter B   [161] propriam] suam B   [162] intellectuales] intelligibiles OVB   [163] eas] ea ALP¹ *add. ss.* s P$^1_2$ omnes P²   [164] tabula] *add.* nuda O rasa B   [165] nihil] *add.* actu B   [166] scriptum] depictum V   [167] II]III g   [168] ARITOTLE, *De Anima,* III, 4 (429b 30-430a 1)

rebus exterioribus accipiat mediantibus potentiis sensitivis, quae sine corporeis organis operationes proprias habere non possunt. Unde et animam humanam necesse est corpori uniri.

Si igitur propter hoc anima humana[169] unibilis est corpori, quia indiget accipere species intelligibiles a rebus mediante sensu, necessarium est quod corpus cui anima rationalis unitur tale sit ut possit esse aptissimum ad recipiendum[170] species sensibiles ex quibus intellectui species intelligibiles resultent.[171] Sic[172] igitur oportet corpus cui anima rationalis unitur esse optime dispositum ad sentiendum. Sed cum plures sint sensus, unus tamen est qui fundamentum est aliorum, scilicet tactus, in quo principaliter tota natura sensitiva consistit. Unde etiam in II[173] *De Anima*[174] dicitur quod propter hunc[175] sensum primo animal dicitur. Et inde est quod immobilitato[176] hoc sensu,[177] ut in somno accidit, omnes alii sensus immobilitantur.[178] Et iterum omnes alii sensus non solum solvuntur ab excellentia propriorum[179] sensibilium, sicut visus a rebus multum[180] fulgidis[181] et auditus a maximis[182] sonis, sed etiam ab excellentia[183] sensibilium[184] secundum tactum, ut a forti calore vel frigore.

Cum igitur corpus cui anima rationalis unitur debeat esse optime dispositum ad naturam[185] sensitivam, necessarium est ut sit convenientissimum organum[186] sensui[187] tactus. Propter quod dicitur in II[188] *De Anima*[189] quod hunc sensum habemus[190] certiorem inter omnia animalia,[191] et quod propter bonitatem hujus sensus etiam unus homo alio est habilior ad intellectuales[192] operationes. Molles enim carne, qui[193] sunt boni tactus, aptos[194] mente videmus. Cum autem organum cujuslibet sensus non debeat habere in actu contraria quorum sensus est perceptivus, sed esse in potentia ad alia[195] ut possit ea recipere, quia recipiens[196] debet esse denudatum a recepto, aliter necesse est hoc esse in organo tactus et in organis aliorum sensuum. Organum enim visus, scilicet pupilla, caret omnino[197] albo et nigro et universaliter[198] omni genere coloris, et similiter est in auditu et in

---

[169] humana] *om.* A [170] recipiendum] repraesentandum LP¹P²g *et add.* intellectui H
[171] resultent] resulteat AL [172] Sic] si LP²H [173] II] 3° H [174] ARISTOTLE, *De Anima*, II, 2 (413b 2-5) [175] propter hunc] praehabens V [176] immobilitato] immediate V
[177] sensu] sensui V [178] immobilitantur] immobilitentur OV [179] propriorum] suorum V
[180] multum] multis OV [181] fulgidis] frigidis H [182] maximis] maxime O fortibus V
[183] excellentia] *add.* propriorum O [184] sensibilium] *add.* propriorum H [185] naturam] materiam O [186] organum] *om.* LP²B [187] sensui] sensus O *om.* V sicut H [188] II] 3° OVH [189] ARISTOTLE, *De Anima*, II, 9 (421a 20-26) [190] hunc sensum habemus] homo habet sensum V [191] omnia animalia] omnes alios V [192] intellectuales] intelligibiles O [193] qui] quidam A quod LV quae O [194] aptos] aptas ALP¹ *corr. ad* aptos P¹₂ [195] alia] illa OVH [196] sed esse... recipiens] *om.* B [197] omnino] omni OB *om.* V [198] universaliter] universali O

olfactu. Hoc autem in tactu accidere[199] non potuit.[200] Nam tactus est cognoscitivus eorum ex quibus est necesse componi corpus animalis,[201] scilicet caloris et frigoris, humidi et sicci. Unde impossibile est quod organum tactus omnino sit denudatum a genere sui sensibilia, sed oportet quod sit reductum ad medium: sic enim est in potentia ad contraria.[202] Corpus igitur cui anima rationalis unitur, cum debeat esse convenientissimum ad sensum tactus, oportet quod sit maxime[203] reductum[204] ad medium per aequalitatem complexionis. In quo apparet quod tota operatio inferioris naturae[205] terminatur ad hominem sicut ad perfectissimum. Videmus enim operationem naturae[206] procedere[207] gradatim a simplicibus elementis, commiscendo ea, quousque perveniatur[208] ad perfectissimum commixtionis modum quae[209] est in corpore humano. Hanc igitur in communi oportet esse dispositionem corporis cui anima rationalis unitur, ut scilicet sit temperantissimae complexionis.[210]

Si quis autem considerare velit etiam particulares humani corporis dispositiones, ad hoc inveniet[211] ordinatas ut homo sit optimi sensus. Unde, quia ad bonam[212] habitudinem potentiarum sensitivarum[213] interiorum,[214] puta ut imaginationis[215] et memoriae et cogitativae virtutis, necessaria est[216] bona dispositio cerebri,[217] factus est enim[218] homo habens majus cerebrum inter omnia[219] animalia[220] secundum proportionem suae quantitatis; et ut liberior[221] sit ejus operatio, habet caput sursum[222] positum; quia solum homo est animal rectum; alia vero animalia curva incedunt.[223] Et ad hanc rectitudinem[224] habendam et conservandam necessaria fuit abundantia[225] caloris in corde, per quam multi spiritus generarentur, ut per calorem abundantiorem[226] spiritus,[227] corpus possit in directum sustineri; cujus signum est quod in senio incurvatur homo[228] cum calor naturaliter[229] debilitatur.[230] Et ad[231] istum modum ratio dispositionis[232] humani corporis est assignanda quantum[233] ad singula quae sunt hominis propria.

---

[199] accidere] accipere O   [200] potuit] poterit P²H   [201] componi corpus animalis] speciem corporis componi ipsius animalis O   [202] contraria] omnia V   [203] maxime] *om.* H   [204] reductum] redactum O   [205] inferioris naturae] inferiorum O naturae in inferioribus B   [206] operationem naturae] in natura operationem O   [207] procedere] ascendere V   [208] perveniatur] veniatur P² pervenitur V perveniat O   [209] quae] qui LP²OVH   [210] complexionis] commixtionis O *add.* in esse V   [211] inveniet] invenient L inveniat P² invenit H   [212] bonam] bonum AH   [213] sensitivarum] sensitivorum AVBH   [214] interiorum] *om.* LP²OB   [215] imaginationis] imaginis A   [216] est] *add.* homini V   [217] cerebri] corporibus ALP²O corporis B   [218] enim] *om.* P¹OB   [219] omnia] alia B   [220] animalia] *add.* omnia B   [221] liberior] liber V   [222] sursum] supra V   [223] incedunt] scedunt V   [224] rectitudinem] *add.* corporis V   [225] abundantia] convenientia P²   [226] abundantiorem] abundantem et OB abundantiam et H   [227] spiritus] spirituum H   [228] incurvatur homo] homines incurvantur B   [229] naturaliter] naturalis V   [230] cujus signum... debilitatur] *om.* LP²OH   [231] ad] per LP²g   [232] dispositionis] *om.* V   [233] quantum] quam V

Sed tamen considerandum est quod in his quae sunt ex materia sunt[234] quaedam dispositiones in ipsa materia, propter quas[235] talis materia eligitur ad hanc formam; etiam sunt aliae[236] quae consequuntur ex necessitate materiae, et non ex electione agentis; sicut ad faciendam serram artifex eligit duritiam in ferro,[237] ut sit serra utilis ad secandum;[238] sed quod acies[239] ferri[240] hebetari possit et fieri ruginosa,[241] hoc accidit ex necessitate[242] materiae. Magis enim artifex eligeret materiam ad quam hoc non consequeretur si posset[243] inveniri; sed quia inveniri non potest[244] propter hujusmodi defectus consequentes non praetermittit ex hujusmodi materia convenienti[245] facere opus. Sic igitur et in corpore humano contingit: quod enim taliter sit commixtum et secundum partes dispositum[246] ut sit convenientissimum ad operationes sensitivas est electum in hac materia a factore hominis. Sed quod[247] hoc corpus sit corruptibile, fatigabile et hujusmodi defectus habeat, consequitur[248] ex necessitate materiae. Necesse est enim quod[249] corpus sit[250] commixtum ex contrariis talibus subjacere talibus defectibus. Nec potest obviari per hoc quod Deus[251] potuit[252] aliter facere; quia in institutione naturae non quaeritur quid Deus facere possit, sed quid habeat[253] rerum natura[254] ut fiat, secundum Augustinum *Super Genesim ad Litteram*.[255]

Sciendum tamen est quod in remedium horum defectuum,[256] Deus homini[257] in sua institutione[258] contulit auxilium justitiae originalis, per quam corpus esset omnino subditum[259] animae quamdiu anima Deo subderetur; ita quod nec mors nec aliqua passio vel defectus homini accideret nisi prius anima separaretur a Deo. Sed per[260] peccatum[261] anima recedente a Deo, homo[262] privatus est hoc beneficio et subjacet[263] defectibus secundum quod[264] natura materiae requirit.

AD PRIMUM ergo dicendum quod licet[265] anima sublimissima[266] sit formarum in quantum est intelligens, quia tamen cum sit infima in genere

---

[234] sunt] sicut ALP¹P²O *add. in marg.* sunt P¹₂   [235] propter quas] per quam L   [236] aliae] *add.* dispositiones B   [237] in ferro] ferri VH   [238] secandum] consecandum LP¹
[239] acies] acuties V   [240] ferri] serrae P²VBH   [241] ruginosa] rubigniosa OH   [242] necessitate] parte LP²OB   [243] possit] posset P¹OVB   [244] potest] *add.* non LP²B   [245] convenienti] venienti LP²   [246] dispositum] compositum B   [247] quod] ad A   [248] consequitur] *bis exhibit* P¹   [249] quod] *om.* Lg   [250] sit] sic OBH *om.* V   [251] per hoc quod Deus] quod deus hoc B   [252] Deus potuit] homines potuerunt O   [253] habeat] *om.* LP²OV patitur B   [254] natura] *add.* patitur V   [255] S. AUGUSTINUS, *De Genesi ad Litteram*, II, 1 (PL 34: 263)   [256] defectuum] descendentium O   [257] homini] *lac.* L *om.* O   [258] institutione] constitutione B   [259] subditum] subjectum P²O   [260] per] *ss.* P¹₂   [261] peccatum] peccata P¹   [262] homo] hoc AP¹BH *del. et add. in marg.* homo P¹ *om.* LP²   [263] et subjacet] ut subjaceret V   [264] secundum quod] prout B   [265] licet] *om.* AL   [266] sublimissima] subtilissima LP¹P²OV

formarum intelligibilium,[267] indiget corpori uniri quod sit[268] mediante complexionis[269] ad hoc quod per sensus[270] species intelligibiles possint acquirere,[271] necessarium fuit quod corpus cui[272] unitur haberet plus[273] in quantitate de gravibus elementis, scilicet terra et aqua. Cum enim ignis sit efficatioris[274] virtutis in agendo, nisi secundum quantitatem inferiora elementa excederent, non posset fieri commixtio[275] et maxime reducta ad medium; ignis enim alia elementa consumeret.[276] Unde, in II[277] *De Generatione*,[278] Philosophus dicit quod in corporibus mixtis[279] materialiter[280] abundat plus terra et aqua.

Ad secundum dicendum quod anima rationalis unitur corpori tali, non quia est simile caelo, sed quia est aequalis commixtionis; sed ad hoc[281] sequitur aliqua similitudo ad caelum per elongationem a contrariis. Sed tamen secundum opinionem Avicennae[282] unitur tali corpori propter[283] similitudinem caeli; ipse enim voluit inferiora a superioribus causari, ut scilicet corpora inferiora essent causata[284] a corporibus caelestibus;[285] et cum pervenirent ad similitudinem corporum caelestium per aequalitatem complexionis sortirentur formam similem corpori caelesti quod dicit[286] esse animatum.

Ad tertium dicendum quod de animatione[287] corporum caelestium est diversa opinio et apud philosophos et apud fidei doctores. Nam apud philosophos Anaxagoras[288] posuit intellectum regentem[289] omnia[290] esse omnino[291] immixtum et separatum et corpora caelestia esse inanimata.[292] Unde etiam damnatus ad mortem dicitur esse propter hoc quod dixit solem esse quasi[293] lapidem[294] ignitum, ut Augustinus narrat in libro *De Civitate Dei*.[295] Alii vero philosophi[296] posuerunt corpora caelestia esse animata. Quorum quidam dixerunt Deum esse animam caeli,[297] quod fuit ratio idololatriae, ut scilicet caelo et corporibus caelestibus cultus[298]

---

[267] intelligibilium] intellectualium BH   [268] sit] fit P²H   [269] complexionis] complexione H   [270] sensus] sensum VH   [271] acquirere] *add.* et ideo B   [272] cui] quod ei B   [273] plus] *om.* LP²O   [274] efficatioris] efficatoris LP¹ *corr. ad* efficatissimae P¹ efficacissime H   [275] commixtio] communio V   [276] consumeret] consumet ALP² conservet O   [277] II] I V III H   [278] Aristotle,*De Generatione et corruptione*, II, 8 (334b 31-335a 35)   [279] mixtis] ignis V   [280] materialiter] naturaliter LP¹OB causaliter P²   [281] ad hoc] adhuc H   [282] Avicenna, *Metaph.*, Tr. IX, cap. 4; ed. Franciscan Institute, St. Bonaventure, N.Y., 1948, pp. 297-305   [283] propter] proprie A   [284] essent causata] carentia ALP²BH causarentur V causerentur O   [285] corporibus caelestibus] superioribus V   [286] dicit] posuit V dicitur B ponitur H   [287] animatione] actione V   [288] S. Augustinus, *De Civitate Dei*, XVIII, 41 (PL 41: 601); Aristotle, *De Anima*, I, 2 (405a 14-17); Diels, *Fragmente der Vorsokratiker*, 46B 12; 3rd ed., Berlin, 1912, p. 404   [289] regentem] agentem P²   [290] omnia] omnino P²   [291] omnino] *om.* P²   [292] inanimata] animata O   [293] quasi] *om.* H   [294] lapidem] *add. in margine* quaedam B *add.* quaedam H   [295] S. Augustinus, *De Civitate Dei*, XVIII, 41 (PL 41: 601)   [296] Plato, *Timaeus*, 39E-40D   [297] caeli] mundi B   [298] cultus] actus V cultor O

divinus[299] attribueretur.[300]   Alii vero, ut Plato et Aristoteles,[301] licet ponerent corpora caelestia esse animata, ponebant tamen Deum esse aliquid superius anima caeli,[302] omnino[303] separatum.

Apud doctores etiam fidei Origenes[304] et sequaces ipsius posuerunt corpora caelestia[305] esse animata. Quidam vero posuerunt ea[306] inanimata,[307] ut Damascenus[308] ponit; quae etiam positio apud modernos[309] theologos communior est; quod Augustinus[310] reliquit[311] sub dubio, II *Super Genesim ad Litteram* et in libro *Enchiridion*.

Hoc igitur pro firmo tenentes quod corpora caelestia ab aliquo intellectu moventur,[312] saltem separato, propter argumenta utramque partem sustinentes, dicamus aliquam substantiam intellectualem[313] esse perfectionem corporis caelestis ut forma, quae quidem habet solam[314] potentiam intellectivam non autem sensitivam, ut ex verbis Aristotelis[315] accipi[316] potest,[317] in II[318] *De Anima* et in XI *Metaphysicae*;[319] quamvis Avicenna[320] ponat quod anima caeli cum intellectu etiam habeat imaginationem.[321] Si autem habet intellectum tantum, unitur tamen corpori ut forma, non per[322] operationem intellectualem,[323] sed propter executionem virtutis activae secundum quam potest adipisci divinam similitudinem in causando per motum caeli.[324]

Ad quartum[325] dicendum quod licet secundum naturam suam omnes substantiae intellectuales[326] creatae[327] possint peccare, tamen ex electione[328] divina et praedestinatione per auxilium gratiae plures conservatae sunt ne peccarent, inter quas posset aliquis ponere animas corporum caelestium; et praecipue si[329] daemones qui peccaverunt fuerunt[330] inferioris ordinis secundum Damascenum.[331]

---

[299] cultus divinus] essentia divina H   [300] attribueretur] attribuatur H   [301] ARISTOTLE, *Physica*, VIII, 6 (259b 31-260a 10); *Metaph.*, XII, 8 (1073a 11-37); Cf. *Sancti Thomae Aquinatis tractatus De Substantiis separatis*, II, 9; ed. LESCOE, 1962, p. 25   [302] caeli] mundi B *et add.* sive caeli et B   [303] omnino] *add.* esse B   [304] ORIGENES, *Peri Archon*, I, 7 (PG 11: 172)   [305] corpora caelestia] ipsa V   [306] ea] *add.* esse OB   [307] Quidam vero... inanimata] *om.* P²V   [308] Damascenus] Dionysius V   [308] S. JOANNES DAMASCENUS, *De Fide orthodoxa*, II, 6 (PG 94: 885)   [309] modernos] *add.* et A   [310] S. AUGUSTINUS, *De Genesi ad litteram*, II, 18 (PL 34: 279-280); *Enchiridion*, LVIII, (PL 40: 260)   [311] reliquit] requirit A relinquit OVH   [312] moventur] moveri L   [313] intellectualem] intelligibilem O   [314] solam] solum V   [315] ARISTOTLE, *Metaph.*, XII, 8 (1073a 11-37); *De Anima*, II, 1 (413a 4-6)   [316] accipi] accipere A   [317] accipi potest] *om.* B   [318] II] III P²V   [319] *Metaphysicae*] *add.* haberi potest B   [320] AVICENNA, *Metaph.*, Tr. X, cap. 1, ed. Venetiis, 1520; St. Bonaventure, p. 327 sq.   [321] imaginationem] imagines V   [322] per] propter P¹VBH   [323] intellectualem] intellectivam P²   [324] quae quidem... motum caeli] *in Ms.* O *Textus est omnino dissimilis textui* A   [325] quartum] tertium A   [326] intellectuales] intelligibiles O   [327] creatae] *om.* L   [328] electione] elevatione LOV   [329] si] *om.* B   [330] fuerunt] *om.* B   [331] secundum Damascenum] *om.* B   S. JOANNES DAMASCENUS, *De Fide orthodoxa*, II, 4 (PG 94: 873)

Ad quintum dicendum quod si corpora caelestia sunt animata, animae eorum pertinent ad societatem angelorum. Dicit enim Augustinus in *Enchiridion*:[332] Nec illud quidem certum habeo utrum ad eandem societatem, scilicet angelorum,[333] pertineat[334] sol et luna et cuncta[335] sidera, quamvis non nullis[336] lucida esse[337] corpora, non tamen[338] sensu vel intelligentia[339] videantur.

Ad sextum dicendum quod corpus Adae fuit proportionatum humanae animae ut dictum est, non solum[340] secundum quod requirit natura, sed secundum quod contulit[341] gratia, qua quidem gratia privamur,[342] natura manente eadem.

Ad septimum dicendum quod pugna quae est in homine ex contrariis concupiscentiis etiam ex necessitate materiae provenit.[343] Necesse enim fuit, si homo haberet sensum,[344] quod sentiret[345] delectabilia et quod eum[346] consequeretur[347] concupiscentia[348] delectabilium,[349] quae plerumque[350] repugnat rationi. Sed contra hoc etiam homini fuit datum remedium per gratiam in statu innocentiae,[351] ut scilicet inferiores vires in nullo contra[352] rationem moverentur; sed hoc homo perdidit per peccatum.

Ad octavum dicendum quod spiritus licet sint[353] vehicula[354] virtutum, non tamen possent[355] esse organa[356] sensuum. Et ideo non potuit[357] corpus hominis ex solis spiritibus constare.

Ad nonum dicendum quod corruptibilitas est[358] ex defectibus qui consequuntur[359] corpus humanum ex necessitate materiae, et maxime post peccatum quod subtraxit[360] auxilium gratiae.

Ad decimum dicendum quod quid melius sit, requirendum est in his quae sunt propter finem, non autem in his quae ex[361] necessitate materiae proveniunt.[362] Melius enim esset quod corpus animalis esse[363] incorruptibile, si hoc secundum naturam pateretur talis materia qualem forma animalis requirit.[364]

Ad undecimum dicendum quod ea quae sunt maxime propinqua ele-

---

[332] S. Augustinus, *Enchiridion*, LVIII, (PL 40: 260)   [333] scilicet angelorum] *om.* O
[334] pertineat] pertineant P²OBH pertinent V   [335] cuncta] caetera OV   [336] nullis] in illis O   [337] esse] sunt O   [338] tamen] cum H   [339] sensu vel intelligentia] sensum vel intellectum V   [340] solum] solu A   [341] contulit] conculcat O   [342] privamur] privatur P²V *et add.* homo P²   [343] provenit] pervenit AV   [344] sensum] animam P² [345] sentiret] sequeretur O   [346] eum] cum V eam O   [347] consequeretur] consequerentur O [348] concupiscentia] concupiscentiam V concupiscentiae O   [349] delectabilium] delectationum O   [350] plerumque] plurima O plurimum H   [351] innocentiae] ignoscentiae V [352] contra] circa H   [353] sint] sit AOB   [354] vehicula] organum O   [355] possent] possit O possunt V   [356] organa] organum OV   [357] potuit] potest OB   [358] corruptibilitas est] homo est corruptibilis O   [359] consequuntur] consequitur A sequuntur O [360] subtraxit] extingit O   [361] ex] sunt propter O   [362] proveniunt] *om.* O provenit V [363] esse] esset LP²VB   [364] qualem... requirit] *om.* B qualis est forma animalis H

mentis et plus habent de contrarietate,[365] ut lapides et metalla, magis durabilia[366] sunt quia minor est in eis harmonia; unde non ita de facili solvitur.[367] Eorum enim quae subtiliter proportionantur facile[368] solvitur harmonia. Nihilominus tamen in animalibus causa longitudinis vitae est ut humidum non sit facile[369] desiccabile vel congellabile, et calidum non sit facile[370] extinguibile; quia vita in calido et humido consistit. Hoc autem in homine invenitur secundum aliquam mensuram quam requirit complexio reducta ad medium.[371] Unde quaedam sunt[372] homine durabiliora et quaedam minus durabilia, et secundum hoc quidam homines durabiliores sunt aliis.[373]

Ad duodecimum dicendum quod corpus hominis non potuit[374] esse corpus simplex, nec corpus caeleste, quod non potuit esse propter impassibilitatem[375] organi[376] sensus[377] et praecipue[378] tactus, neque corpus simplex elementare quia[379] in elemento[380] sunt contraria in actu. Corpus humanum autem oportet[381] esse reductum[382] ad medium.

Ad tertium decimum dicendum quod antigui naturales aestimaverunt quod oporteret[383] animam quae[384] cognoscit omnia similem esse actu omnibus.[385] Et ideo ponebat eam[386] de natura elementi, quod[387] ponebant[388] principium ex quo[389] omnia[390] constare dicebant, ut sic anima esset similis[391] omnibus ut omnia cognosceret. Aristoteles[392] autem postmodum dicit[393] quod anima cognoscit[394] omnia[395] in quantum est similis omnibus in potentia, non in actu. Unde oportet corpus cui unitur non esse in extremo sed in medio, ut sic sit in potentia ad contraria.

Ad quartum decimum dicendum quod quamvis anima sit simplex in essentia,[396] est[397] tamen in virtute multiplex; et tanto magis, quanto fuerit perfectior. Et ideo requirit corpus organicum quod sit dissimilium[398] partium.

Ad quintum decimum dicendum quod anima non unitur corpori

---

[365] de contrarietate] contrarietatis B   [366] durabilia] durificati O   [367] solvitur] solvuntur P¹P²OVH   [368] facile] de facile B de levi O   [369] facile] de facile B   [370] facile] cito V   [371] reducta ad medium] ad medium redacta V   [372] sunt] *add.* in P²OH [373] et secundum... aliis] *om.* LOBH   [374] potuit] potest O   [375] impassibilitatem] impossibilitatem P²   [376] organi] organum ALP²V organorum B   [377] sensus] sensuum B [378] praecipue] *add.* sensus B   [379] quia] quod A   [380] in elemento] elementa B [381] oportet] debet O   [382] reductum] redactum V   [383] oporteret] oportet AL   [384] quae] *add.* non A   [385] animam... omnibus] contingere omnia esse similia omnibus in actu O [386] eam] omnia O *add.* esse H   [387] quod] *add.* elementum O   [388] ponebant] ponunt O eam de natura... ponebant] determinatum V   [389] ex quo] per quod V   [390] omnia] *add.* alia O alia H   [391] similis] communis L   [352] ARISTOTLE, *De Anima*, III, 4 (429a 15-16); (429b 30-430a 2)   [393] dicit] ostendit P¹P²VOH dixit B   [394] cognoscit] cognoscitur V [395] omnia] *om.* V   [396] essentia] substantia O   [397] est] *ss.* P¹₂   [398] dissimilium] similium ALP¹P²

propter motum localem, sed magis motus localis hominis, sicut et aliorum animalium, ordinatur ad[399] conservationem[400] corporis uniti[401] animae. Sed anima unitur corpori propter intelligere, quae est propria et principalis[402] operatio. Et ideo requiritur quod corpus unitum animae rationali sit optime dispositum[403] ad serviendum[404] animae in his quae sunt necessaria ad intelligendum, et quod de agilitate[405] et de aliis hujusmodi habeat quantum talis dispositio patitur.

Ad sextum decimum dicendum quod Plato[406] ponebat formas rerum per se subsistentes[407] et quod participatio formarum a materiis est propter materias ut perficiantur, non autem propter formas quae per se subsistunt. Et ideo consequebatur[408] quod formae darentur[409] materiis[410] secundum merita earum.[411] Sed secundum sententiam Aristotelis[412] formae naturales[413] non per se subsistunt. Unde[414] unio formae ad materiam non est propter materiam sed propter formam. Non igitur quia materia est sic disposita, talis forma[415] sibi daretur;[416] sed quia forma est[417] talis, oportuit[418] materiam sic disponi. Et sic supra dictum est quod corpus hominis[419] dispositum est secundum quod competit tali formae.

Ad septimum decimum dicendum quod corpus caeleste, licet sit causa particularium quae generantur et corrumpuntur, est tamen eorum causa ut agens commune; propter quod sub eo requiruntur determinata agentia ad determinatas species. Unde motor corporis caelestis non oportet quod habeat formas particulares sed universales, sive sit anima sive[420] motor[421] separatus. Avicenna[422] tamen posuit quod oportebat animam caeli habere imaginationem[423] per quam particularia[424] apprehenderet.[425] Cum[426] enim sit[427] causa motus caeli, secundum quem[428] revolvatur[429] caelum in hoc ubi et in illo, oportet animam caeli quae est causa motus[430] cognoscere hic[431] et nunc; et ita oportet quod habeat aliquam[432] potentiam sensitivam. Sed hoc non est necessarium. Primo quidem quia motus caelestis[433] est semper

---

[399] ad] *add.* sensificationem vel P[2]   [400] conservationem] sensificationem LB *del. et add. in marg.* conservationem B servationem O generationem V   [401] uniti] mixti P[2]   [402] principalis] simplex H   [403] dispositum] dispositivum A   [404] serviendum] conserviendum A   [405] agilitate] agibilitate AP[1]P[2]H   [406] PLATO, *Timaeus*, 52A-53C   [407] subsistentes] existentes V   [408] consequebatur] sequebatur BH   [409] darentur] carentur P[2]   [410] materiis] *om.* LP[2]B   [411] earum] eorum P[1]O   [412] ARISTOTLE, *Metaph.*, I, 9 (990b sq.); III, 2 (997b 5-12)   [413] naturales] materiales OV   [414] Unde] tamen A   [415] forma] *in marg.* P[1]$_2$ [416] daretur] datur P[2]OVHP[1]$_2$ [417] est] *om.* AVBH sit LP[2]O   [418] oportuit] appetit O oportet B   [419] hominis] humanum B   [420] sive] *add.* sit OVH   [421] motor] vigor P[2]   [422] AVICENNA, *Metaph.*, Tr. X, cap. 1, ed. Ventiis, 1520; St. Bonaventure, p. 327 sq.   [423] imaginationem] virtutem O   [424] particularia] *add.* cognoscat et O   [425] apprehenderet] apprehendat O   [426] Cum] est H   [427] sit] sic H   [428] quem] quod ALP[2]VB quam O   [429] revolvatur] revolvitur LB renovatur OV   [430] motus] *add.* caeli V   [431] hic] hoc ALP[1]P[2]VB ibi O   [432] aliquam] aliam O *om.* B   [433] caelestis] caeli VB *om.* O *add.* non L

uniformis et non recipit impedimentum. Et ideo universalis conceptio sufficit[434] ad causandum talem motum. Particularis enim conceptio requiritur in motibus animalium propter irregularitatem[435] motus et impedimenta quae possunt provenire.[436] Deinde quia etiam substantiae intellectuales[437] superiores possunt particularia cognoscere sine potentia sensitiva[438] sicut alibi ostensum est.

Ad octavum decimum dicendum quod motus caeli est naturalis[439] propter principium passivum sive receptivum motus, quia tali corpori competit naturaliter talis motus; sed principium activum hujus[440] motus est aliqua substantia intellectualis.[441] Quod autem dicitur quod nullum corpus in suo ubi existens movetur naturaliter intelligitur de corpore mobili motu recto, quod mutat locum[442] secundum totum,[443] non solum ratione sed etiam subjecto. Corpus autem quod circulariter movetur totum quidem non mutat locum subjecto, sed ratione tantum. Unde nunquam est extra suum ubi.

Ad nonum decimum dicendum quod probatio illa frivola est, licet Rabbi Moses[444] eam ponat. Quod si enarrare proprie accipitur, cum dicitur caeli enarrant gloriam Dei, oportet quod caelum non solum habeat intellectum sed etiam linguam. Dicuntur enim[445] caeli enarrant[446] gloriam Dei,[447] si ad litteram exponatur, in quantum ex eis manifestatur[448] hominibus gloria Dei, per quem modum etiam creaturae insensibiles[449] Deum laudare dicuntur.

Ad vicesimum dicendum quod alia animalia habent aestimativam[450] naturalem[451] determinatam ad aliqua[452] certa,[453] et ideo sufficienter potuit[454] eis provideri[455] a natura[456] certis[457] auxiliis; non autem homini qui propter rationem est infinitarum conceptionum. Et ideo loco omnium[458] auxiliorum quae alia[459] animalia[460] naturaliter habent, habet homo intellectum qui est 'species specierum et manus quae sunt organum organorum, per quas potest sibi praeparare omnia necessaria.

---

[434] sufficit] consistit O   [435] irregularitatem] necessitatem OV   [436] provenire] pervenire OV   [437] intellectuales] intelligibiles O   [438] sine potentia sensitiva] om. V   [439] naturalis] naturaliter V   [440] hujus] talis V   [441] intellectualis] intelligibilis O spiritualis V [442] mutat locum] localiter mutatur V locum] totum O   [443] totum] locum OV [444] Moses Maimonides, *Dux seu director dubitantium aut perplexorum*, II, 5   [445] enim] igitur AV [446] enarrant] enarrare LP²B   [447] Dei] ss. P¹₂   [447] gloriam Dei... gloriam Dei] om. O [448] manifestatur] manifestum fit B   [449] insensbiles] sensibiles B inferiores V   [450] aestimativam] ex se materiam P²   [451] naturalem] naturam O   [452] aliqua] alia AL [453] aliqua certa] aliud certum V   [454] potuit] possunt O poterit V   [455] provideri] provenire O   [456] natura] add. a quibusdam V add. aliquibus H   [457] certis] aliquibus O [458] omnium] trium O   [459] alia] caetera V   [460] alia animalia] subjecta aliqua O

QUAESTIO NONA

Loca parallela: *In II Sent.*, dist. 1, q. 2, a. 4, ad 3; *Contra gent.*, II, 71; *Summa theol.*, I, q. 76, a. 6, 7; *De Spir. creat.*, a. 3; *In II De An.*, lect. 1; *In VIII Metaph.*, lect. 5; *Quodl.*, XII, q. 6, a. 9.

Nono quaeritur utrum ANIMA UNIATUR MATERIAE CORPORALI[1] PER MEDIUM. Et videtur quod sic.

(1) Quia in libro *De Spiritu et Anima*[2] dicitur quod anima habet vires quibus miscetur corpori. Sed vires animae sunt aliud quam ejus esse.[3] Ergo anima unitur corpori per aliquod medium.

Sed dicebat quod anima unitur corpori mediantibus potentiis in quantum est motor, sed non in quantum est forma.

(2) Sed contra, anima est forma corporis in quantum est actus; motor autem est in quantum est principium operationis. Principium vero operationis est in quantum est actus, quia unumquodque agit secundum quod actu est.[4] Ergo secundum idem anima est forma corporis et motor. Non ergo est distinguendum[5] de anima secundum quod est motor corporis[6] vel forma.

(3) Praeterea, anima ut est motor corporis non unitur corpori per accidens, quia sic ex anima et corpore non fieret unum per se. Ergo unitur ei per se.[7] Sed quod unitur alicui[8] per se ipsum unitur ei sine medio. Non ergo anima in quantum est motor unitur corpori per medium.

(4) Praeterea, anima unitur corpori ut motor in quantum est principium operationis.[9] Sed operationes animae non sunt animae tantum sed compositi, ut dicitur in I[10] *De Anima*.[11] Et sic inter animam et corpus non cadit[12] aliquod[13] medium quantum ad operationes. Non ergo anima unitur corpori per medium in quantum est motor.

(5)[14] Praeterea, videtur quod etiam uniatur[15] ei per medium in quantum est forma. Forma enim non unitur cuilibet materiae sed propriae.[16] Fit autem materia propria[17] hujus formae[18] vel illius per dispositiones

---

[1] materiae corporali] corpori B   [2] ALCHERIUS CLARAVALLENSIS (PSEUDO-AUGUSTINUS), *Liber de spiritu et anima*, XX (PL 40: 794)   [3] sunt aliud quam ejus esse] non sunt ejus essentia O esse] essentia P[1]V   [4] secundum quod actu est] in quantum est actu VB   [5] est distinguendum] distinguatur V   [6] corporis] add. naturalis O   [7] Ergo unitur ei per se] om. VB   [8] alicu'] alii V alteri H   [9] operationis] operationum P[2]VB   [10] I] II O   [11] ARISTOTLE, *De Anima*, I, 4 (408b 13-15)   [12] cadit] causatur O   [13] aliquod] om. OB   [14] *Om. argumentum* (5) B   [15] uniatur] unitur O   [16] sed propriae] om. V   [17] propria] prima O om. V   [18] formae] om. V

proprias quae sunt propria accidentia rei, sicut calidum et siccum sunt propria accidentia ignis. Ergo forma unitur materiae mediantibus propriis accidentibus. Sed propria[19] accidentia animatorum sunt potentiae animae. Ergo anima unitur corpori ut forma mediantibus potentiis.

(6) Praeterea, animal[20] est movens se ipsum. Movens autem se ipsum[21] dividitur in duas partes, quarum una est movens et alia est mota, ut probatur in IV[22] *Physicorum*.[23] Pars autem[24] movens est anima. Sed pars mota non potest esse materia sola; quia quod est solum[25] in potentia tantum[26] non movetur, ut dicitur in V[27] *Physicorum*.[28] Et ideo corpora gravia et levia, licet habeant in seipsis motus, non tamen movent se ipsa quia[29] dividuntur[30] solum in materiam et formam, quae[31] non potest esse mota. Relinquitur igitur quod animal dividatur in animam et aliquam[32] partem quae sit composita ex materia et forma; et sic sequitur quod anima uniatur materiae corporali mediante[33] aliqua[34] forma.

(7) Praeterea, in definitione cujuslibet formae ponitur propria materia ejus. Sed[35] in definitione animae, in quantum est forma, ponitur corpus physicum organicum, potentia vitam habens,[36] ut patet in II *De Anima*.[37] Ergo anima unitur hujusmodi[38] corpori[39] ut propriae materiae. Sed hoc non potest esse nisi per aliquam formam, scilicet quod sit aliquod[40] corpus physicum[41] organicum[42] potentia vitam habens.[43] Ergo anima unitur materiae[44] mediante aliqua[45] forma primo[46] materiam[47] perficiente.[48]

(8) Praeterea, *Genesis* I[49] dicitur: "Formavit Deus hominem de limo terrae et inspiravit in faciem ejus spiraculum vitae." Spiraculum autem vitae est anima. Ergo aliqua formatio[50] praecedit in materia unionem[51] animae, et sic anima mediante alia forma unitur materiae corporali.

(9) Praeterea, secundum hoc[52] formae uniuntur materiae quod[53] materia est in potentia ad eas. Sed materia per prius est in potentia ad formas elementorum[54] quam ad alias formas.[55] Ergo anima[56] et aliae formae non uniuntur materiae[57] nisi mediantibus formis elementorum.[58]

---

[19] propria] *om.* H   [20] animal] anima P² [21] se ipsum] seipsam P²   [22] IV] VIII g [23] Aristotle, *Physica*, VIII, 4 (255a 10-15); VIII, 5 (257b 13-14)   [24] autem] animae L [25] solum] *om.* LP²B   [26] quia... tantum] quia quod in potentia tantum est H tantum] *om.* VB [27] V] IV V 8 B   [28] Aristotle, *Physica*, V, 1 (225a 20-23)   [29] quia] *add.* non O   [30] dividuntur] *add.* nisi O   [31] quae] *add.* materia O   [32] aliquam] *add.* aliam LP²g [33] mediante] movente? O   [34] aliqua] alia OBH   [35] Sed] si AL   [36] habens] habentis H   [37] Aristotle, *De Anima*, II, 1 (412a 27-28)   [38] hujusmodi] huic O [39] hujusmodi corpori] corpori tali V   [40] aliquod] *om.* B   [41] physicum] *om.* B [42] organicum] *om.* V   [43] Ergo anima... habens] *in marg.* B   [44] materiae] corpori OB [45] aliqua] alia BH   [46] primo] primam O   [47] materiam] potentiam H   [48] primo... perficiente] praeter materiam propriam perficientem V   [49] *Genesis*, 2: 7   [50] formatio] forma g   [51] unionem] unitatem H   [52] hoc] *om.* P² quod O   [53] quod] et V *om.* O quia H   [54] elementorum] elementares B   [55] quam ad alias formas] *om.* B [56] anima] animae VH   [57] materiae] corpori B   [58] elementorum] elementaribus B

(10) Praeterea, corpus humanum et cujuslibet animalis[59] est corpus mixtum.[60] Sed in mixto[61] oportet quod remaneant formae elementorum secundum essentiam;[62] alias[63] esset corruptio elementorum et non mixtio. Ergo anima unitur materiae[64] mediantibus aliis formis.[65]

(11) Praeterea, anima intellectualis[66] est forma inquantum est intellectualis.[67] Sed intelligere[68] est mediantibus aliis potentiis. Ergo anima unitur corpori ut forma mediantibus aliis[69] potentiis.[70].

(12) Praeterea, anima non unitur cuilibet corpori sed corpori sibi proportionato. Oportet igitur proportionem esse inter animam et corpus; et sic mediante proportione, anima unitur corpori.

(13) [71] Praeterea, unumquodque operatur in remoto[72] per id[73] quod est maxime[74] proximum.[75] Sed vires animae diffunduntur[76] in totum corpus per cor. Ergo cor est vicinius animae quam ceterae partes corporis, et ita mediante corde[77] unitur corpori.

(14) Praeterea, in partibus corporis est invenire[78] diversitatem et ordinem[79] ad invicem. Sed anima est simplex secundum suam essentiam. Cum[80] igitur[81] forma sit proportionata materiae[82] perfectibili,[83] videtur quod anima uniatur primo uni parti corporis et ea mediante aliis.[84]

(15) Praeterea, anima est superior corpore. Sed inferiores vires animae[85] ligant superiores vires[86] corporis,[87] non enim intellectus indiget corpore nisi propter imaginationem et sensum[88] a quibus accipit.[89] Ergo a contrario corpus unitur animae per ea quae sunt suprema et simpliciora,[90] sicut per spiritum[91] et humorem.[92]

(16) Praeterea, illud quod subtracto solvitur unio aliquorum unitorum[93] videtur esse medium[94] inter ea. Sed subtracto spiritu, et calido[95] naturali extincto,[96] et humido radicali[97] exsiccato,[98] solvitur unio animae et cor-

---

[59] et cujuslibet animalis] *om.* O   [60] mixtum] unitum V   [61] mixto] multis V
[62] essentiam] *add.* quia B   [63] alias] aliter O   [64] materiae] corpori ut forma V
[65] formis] potentiis V   [66] intellectualis] intelligibilis O   [67] intellectualis] intelligibilis O
[68] intelligere] intelligibile O   [69] potentiis. Ergo... aliis] *in marg.* P1$_2$ [70] Ergo... potentiis]
om. LP2   [71] *In Ms.* O *in loco Argumenti (13) invenitur Textus Argumenti (14); in loco Argumenti
(14) invenitur Textus (13).*   [72] in remoto] jure metaphysica O remoto] remota P2VH re
remota B   [73] id] *ss.* P1$_2$ [74] est maxime proprium] sibi proximum est magis O   [75] maxime]
magis V   maxime proprium] sibi magis propinquum B sibi magis proximum H   proximum]
in marg. P1$_2$ [76] diffunduntur] disponuntur O   [77] corde] corpori AL   [78] invenire]
reperire V   [79] et ordinem] *om.* O ordinem] ordinationem V   [80] Cum] cui O   [81] igitur
forma] *om.* O   [82] materiae] suo LO sibi P2   [83] perfectibili] *add.* cui unitur O   [84] aliis]
add. partibus B   [85] animae] corporis V   [86] vires] *om.* LP2BH   [87] vires corporis]
om. OV   [88] et sensum] sensuum B   [89] accipit] recipit V   [90] simpliciora] simplicissima O simplicia VH   [91] spiritum] spiritus B   [92] humorem] hominem O
[93] unitorum] *om.* V   [94] medium] ultimum O   [95] calido] calore B   [96] extincto]
existente O   [97] radicali] *add.* naturali P1 naturali P2OH   [98] exsiccato] extracto O

poris. Ergo praedicta sunt medium[99] inter animam et corpus.

(17) Praeterea, sicut anima naturaliter unitur corpori, ita haec anima unitur huic corpori. Sed hoc corpus est per hoc quod est sub aliquibus[100] dimensionibus terminatis.[101] Ergo anima unitur corpori mediantibus dimensionibus terminatis.[102]

(18) Praeterea, distincta[103] non conjunguntur nisi per medium. Sed anima et corpus humanum[104] videntur esse maxime distincta,[105] cum unum eorum sit incorporeum[106] et simplex,[107] aliud corporeum et maxime compositum. Ergo anima non unitur corpori nisi per medium.

(19) Praeterea, anima humana est similis in natura[108] intellectuali[109] substantiis separatis quae movent caelestia corpora. Sed eadem videtur[110] esse habitudo motarum et mobilium. Ergo videtur quod corpus humanum, quod est motum ab anima, habeat aliquid in se de natura caelestis corporis,[111] quod mediante anima sibi uniatur.

SED CONTRA est quod dicit Philosophus,[112] in VIII *Physicorum*,[113] quod forma unitur materiae immediate. Anima autem unitur corpori ut forma. Ergo unitur sibi immediate.[114]

RESPONSIO. Dicendum quod inter omnia, esse est[115] illud quod immediatius et intimius[116] convenit rebus, ut dicitur in *Libro de Causis*[117] Unde oportet quod cum materia habeat esse actu[118] per formam, quod forma dans esse materiae ante omnia intelligatur advenire[119] materiae, et mediatius[120] ceteris[121] sibi inesse. Est autem hoc proprium formae substantialis quod det materiae esse simpliciter. Ipsa enim est per quam res est hoc ipsum quod est; non autem per formas accidentales habet[122] esse simpliciter, sed esse secundum quod, puta esse magnum vel coloratum vel aliquid tale. Si qua igitur forma est quae[123] non det[124] materiae esse simpliciter sed adveniat[125] materiae jam existenti[126] in actu per aliam formam, non erit forma substantialis.

---

[99] medium] media H   [100] aliquibus] *om.* OV   [101] terminatis] determinatis L
[102] terminatis] *om.* VH   [103] distincta] distantia OBH   [104] humanum] *om.* V
[105] distincta] distantia OBH   [106] incorporeum] corporeum AL   [107] et simplex] *om.* O
[108] in natura] materia V   [109] intellectuali] intellectualibus P²V intelligibili O   [110] videtur] dicitur OVH   [111] aliquid... corporis] naturam corporis caelestis B   [112] SED... Philosophus] Oppositum patet per philosophum O   [113] ARISTOTLE, *Metaph.*, VIII, 6 (1045b 17-22)   [114] Ergo unitur sibi immediate] Ergo non unitur sibi per medium B
[115] est] *om.* P¹OVH   [116] intimius] intimus A vicinius L   [117] *Liber de causis*, IV; ed. BARDENHEWER, p. 166, 19-20   [118] actu] *om.* O   [119] advenire] uniri O   [120] mediatius] immediatius g   [121] ceteris] corpori O *om.* B   [122] habet] *add.* res vel materia V
[123] quae] *om.* A   [124] det] dat OV   [125] adveniat] advenit V advenientis O   [126] existenti] existentis O

Ex quo patet quod inter[127] formam[128] substantialem et materiam non potest cadere aliqua forma substantialis media, sicut quidam voluerunt,[129] ponentes quod secundum ordinem[130] generum, quorum[131] unum sub altero ordinatur,[132] est ordo diversarum formarum in materia, ut puta si dicamus quod materia secundum unam formam habet quod sit substantia[133] in actu,[134] et secundum aliam quod sit corpus, et iterum secundum aliam quod sit animatum corpus, et sic deinceps. Sed illa[135] positione facta, sola[136] prima forma quae faceret esse[137] substantiam[138] actu esset substantialis; aliae vero omnes accidentales, quia forma substantialis est quae facit hoc aliquid, ut jam dictum est. Oportet igitur dicere quod eadem numero forma sit per quam res habet quod sit substantia et quod sit in ultima specie specialissima et in omnibus intermediis generibus.

Relinquitur igitur dicendum quod cum formae rerum naturalium sint sicut numeri in quibus est diversitas speciei,[139] addita vel subtracta[140] unitate,[141] ut dicitur in VIII *Metaphysicae*,[142] oportet[143] intelligere diversitatem formarum naturalium secundum quas constituitur materia in diversis speciebus, ex hoc quod[144] una addit[145] perfectionem[146] super[147] aliam, ut puta quod una forma constituit[148] in esse corporali[149] tantum. Hunc enim oportet esse infimum gradum formarum materialium,[150] eo quod materia non est in potentia nisi ad formas corporales. Quae enim incorporea sunt, immaterialia[151] sunt, ut in praecedentibus ostensum est. Alia autem perfectior forma constituit materiam in esse corporali et ulterius dat ei esse vitale;[152] et ulterius alia forma dat ei et esse corporale et esse vitale et super hoc addit[153] esse sensitivum; et sic est in aliis.

Oportet igitur intelligere quod forma perfectior secundum[154] quod constituit[155] materiam in perfectione inferioris gradus, simul cum materia compositum[156] intelligatur ut materiale respectu ulterioris perfectionis; et sic ulterius procedendo, utpote materia[157] et forma,[158] secundum quod[159] jam constituta est in esse corporeo, est materia respectu ulterioris[160] per-

[127] inter] *add.* nullam V   [128] formam] *add.* et ALP¹P²V   [129] voluerunt] posuerunt V [130] ordinem] operationem O   [131] quorum] suorum P² quo V   [132] ordinatur] ordinantur V   [133] substantia] *om.* B   [134] actu] *add.* et secundum aliam quod sit animal O [135] illa] hac Lg *del. et add. ss.* hac P¹₂   [136] sola] solum B *om.* H   [137] quae faceret esse] *om. cum lacuna* L   [138] substantiam] substantia A subjectum V   [139] speciei] *add. et del.* ordinata P¹   [140] subtracta] abstracta V   [141] unitate] veritate V   [142] ARISTOTLE, *Metaph.*, VIII, 3 (1043b 33-1044a 2)   [143] oportet] *in marg.* P¹₂ *om.* L   [144] hoc quod] quo V   [145] addit] *add.* unam B   [146] perfectionem] imperfectionem OV in perfectione H [147] super] supra V   [148] constituit] constituitur OH   [149] corporali] corruptibili O [150] materialium] naturalium V   [151] immaterialia] materialia non O   [152] vitale] intelligibile O   [153] addit] *add.* ei H   [154] secundum quod] *om.* O   [155] constituit] constituat O   [156] compositum] *om.* O   [157] materia] *add.* prima g   [158] et forma] *om.* VBH [159] et forma, secundum qoud] *om.* O   [160] ulterioris] illius V

fectionis quae est[161] vita. Et[162] exinde[163] est quod corpus est genus[164] corporis viventis; et animatum, sive vivens, est differentia; nam genus sumitur[165] a materia et differentia a forma. Et sic quodammodo una et eadem forma, secundum quod[166] constituit materiam in actu inferioris gradus, est media inter materiam et se ipsam,[167] secundum quod constituit eam in actu superioris[168] gradus. Materia autem prout intelligitur constituta in esse substantiali secundum perfectionem inferioris gradus, per consequens intelligi potest ut[169] accidentibus subjecta.[170] Nam substania secundum illum inferiorem[171] gradum perfectionis necesse est quod habeat quaedam accidentia propria, quae necesse[172] est ei inesse. Sicut ex hoc quod[173] materia constituitur in esse corporeo per formas,[174] et[175] statim consequitur ut sint in ea dimensiones per quas intelligitur materia divisibilis[176] per diversas partes, ut sic secundum diversas sui partes[177] possit esse susceptiva[178] diversarum formarum. Et ulterius ex quo materia jam[179] intelligitur constituta in esse quodam[180] substantiali, intelligi potest ut susceptiva accidentium quibus[181] disponitur ad ulteriorem perfectionem[182] secundum quam[183] materia fit[184] propria[185] ad altiorem[186] perfectionem[187] suscipiendam. Hujusmodi autem dispositiones praeintelliguntur formae ut inductae ab agente in materiam, licet sint quaedam accidentia ita propriae formae quod non nisi ex ipsa[188] forma causentur in materia.[189] Unde non praeintelliguntur in materia formae quasi dispositiones sed magis forma praeintelligitur eis sicut causa effectui.[190]

Sic[191] igitur cum[192] anima sit forma substantialis quia constituit hominem in determinata specie substantiae,[193] non est aliqua alia forma substantialis media[194] inter animam et materiam primam; sed homo ab ipsa anima[195] perficitur secundum diversos gradus perfectionum, ut sit scilicet corpus et animatum corpus et animal rationale. Sed oportet quod materia[196] secundum quod intelligitur ut recipiens ab ipsa anima rationali perfectiones[197]

---

[161] quae est] add. in B   [162] Et] om. A   [163] exinde] inde OB ex materia V   [164] genus] add. respectu V   [165] sumitur] semper est O   [166] quod] quam H   [167] ipsam] add. sed L add. et del. forma, add. media B   [168] superioris] superiori O inferioris B   [169] ut] om. O   [170] subjecta] subjectam O   [171] inferiorem] om. VB   [172] necesse] necessarium H   [173] hoc quod] om. L   [174] formas] formam OB   [175] et] om. OBH   [176] divisibilis] dividi P2   [177] ut sic... partes] om. O   [178] susceptiva] susceptio L   [179] jam] om. OVH   [180] quodam] forma O   [181] quibus] et O add. et V   [182] ulteriorem perfectionem] ulteriores perfectiones V   [183] quam] quas V   [184] fit] sit OBH   [185] propria] propinqua V   [186] altiorem] ulteriorem VH   [187] secundum... perfectionem] om. A   [188] ipsa] propria L   [189] causentur in materia] tenant materiam O   [190] effectui] effectibus OVH   [191] Sic] Si O   [192] cum] om. O   [193] substantiae] add. in genere substantiae O   [194] media] intermedia O   [195] anima] add. rationali g   [196] corpus et animal rationale. Sed oportet quod materia] om. A   [197] perfectiones] per formas O

inferioris[198] gradus, puta quod sit corpus et[199] animatum corpus[200] et animal,[201] intelligitur simul[202] cum dispositionibus convenientibus, quod sit materia propria ad animam rationalem secundum quod dat ultimam perfectionem. Sic igitur anima secundum quod est forma dans esse[203] non habet aliquid[204] aliud medium inter se et materiam primam.[205]

Sed quia eadem forma quae dat esse materiae[206] est etiam operationis[207] principium, eo quod unumquodque agit secundum quod est actu, necesse est quod anima, sicut et quaelibet alia forma, sit etiam operationis principium. Sed considerandum est quod secundum gradum[208] formarum in perfectione essendi est etiam gradus earum in virtute[209] operandi, cum operatio sit existentis in actu. Et ideo quanto aliqua forma est majoris perfectionis[210] in dando esse,[211] tanto[212] etiam est majoris virtutis in operando. Unde formae perfectiores habent plures operationes[213] et magis diversas quam formae minus perfectae.[214] Et inde est quod ad diversitatem operationum in rebus minus perfectis sufficit diversitas accidentium;[215] in rebus autem magis perfectis requiritur ulterius diversitas partium, et tanto magis[216] quanto forma fuerit[217] perfectior. Videmus enim quod igni conveniunt diversae operationes secundum diversa accidentia, ut[218] ferri[219] sursum secundum levitatem, calefacere secundum calorem, et sic de aliis; sed tamen quaelibet harum operationum competit igni secundum quamlibet partem ejus. In[220] corporibus vero animatis, quae habent nobiliores formas, diversis operationibus deputantur diversae partes; sicut in plantis alia est operatio radicis, et alia rami[221] et stipitis.[222] Et quanto corpora animata fuerint perfectiora, tanto propter majorem perfectionem necesse est inveniri[223] majorem[224] diversitatem in partibus. Unde cum anima rationalis sit perfectissima[225] formarum materialium,[226] in homine[227] invenitur maxima distinctio[228] partium propter diversas operationes; et anima singulis earum dat esse substantiale secundum illum[229] modum qui[230] competit operationi ipsorum; cujus signum est quod remota anima, non remanet neque caro neque oculus nisi aequivoce.

[198] inferioris] inferiores O   [199] et] om. V   [200] corpus] om. V   [201] animal] anima O   [202] simul] solum L   [203] esse] add. materiae B   [204] aliquid] aliquod B [205] materiam primam] ipsam materiam O   [206] materiae] materiale V   [207] operationis] cognitionis P[2]   [208] gradum] gradus H   [209] in virtute] imperfectione V   [210] perfectionis] in marg. P[1]₂   [211] in dando esse] om. L   [212] tanto] add. esse L   [213] operationes] perfectiones V   [214] perfectae] completae V   [215] sufficit diversitas accidentium] sufficiunt accidentia O   [216] magis] major B   [217] forma fuerit] om. B   [218] ut] sicut LP[1] om. P[2]   [219] ferri] superi O   [220] In] om. LB   [221] et alia rami] om. LOBH [222] stipitis] add. et ramorum LOBH   [223] inveniri] invenire H   [224] majorem] om. O [225] perfectissima] add. omnium V   [226] materialium] naturalium OVH   [227] homine] hoc O   [228] distinctio] distantia OV   [229] illum] istum LP[1]P[2]   [230] qui] quo LOH

Sed cum oporteat ordinem instrumentorum esse[231] secundum ordinem operationum, diversarum autem[232] operationum quae sunt ab anima,[233] una naturaliter[234] praecedit alteram,[235] necessarium[236] est quod una pars corporis moveatur per aliam ad suam operationem. Sic igitur inter animam secundum quod[237] est motor et principium operationum et totum corpus cadit aliquid medium quia mediante[238] aliqua prima parte[239] primo mota[240] movet alias partes ad suas operationes; sicut mediante corde movet alia membra ad vitales[241] operationes. Sed secundum quod dat esse corpori immediate, dat esse substantiale[242] et specificum[243] omnibus partibus corporis;[244] et hoc est quod a multis dicitur quod anima unitur corpori ut forma sine medio, ut motor autem[245] per medium. Et haec opinio procedit secundum sententiam[246] Aristotelis,[247] qui ponit[248] animam esse formam substantialem corporis.

Sed quidam[249] ponentes, secundum opinionem Platonis,[250] animam uniri corpori sicut unam substantiam alii, necesse habuerunt ponere media quibus anima uniretur corpori; quia diversae substantiae et distantes non colligantur[251] nisi sit aliquid quod uniat eas. Et sic posuerunt quidam spiritum et humorem esse medium inter animam et corpus, et quidam lucem, et quidam potentias animae vel aliquid aliud[252] hujusmodi. Sed nullum istorum est necessarium si anima est forma corporis; quia unumquodque secundum quod est ens est unum. Unde cum forma secundum se ipsam det esse materiae, secundum se ipsam[253] unitur[254] materiae propriae,[255] et non per aliud aliquod[256] ligamentum.[257]

AD PRIMUM ergo dicendum[258] quod vires animae sunt[259] qualitates ejus quibus operatur;[260] et ideo cadunt[261] media[262] inter animam et corpus secundum quod anima movet corpus, non autem secundum quod dat ei esse. Tamen[263] sciendum quod liber quid inscribitur *De Spiritu et Anima*

[231] esse] *om.* B   [232] autem] aut ALP²   [233] quae sunt ab anima] *om.* B   [234] naturaliter] *om.* B   [235] alteram] aliam VBH   [236] necessarium] necesse LO   [237] secundum quod] quae V   [238] mediante] medie tante A   [239] prima parte] parte prima A   [240] primo mota] *om.* BH   [241] vitales] visibiles O   [242] substantiale] *in marg.* P¹₂ se O   [243] specificum] *om.* O   [244] partibus corporis] specialiter operationibus corporibus O   [245] autem] aut ALP¹P² *om.* O animae H   [246] sententiam] mentem V   [247] ARISTOTLE, *De Anima*, II, 1 (412a 20-22, 29); *Metaph.*, VII, 10 (1035b 14-16); VIII, 3 (1043a 35-36)   [248] ponit] posuit LVH *ss.* P¹₂ ponebat P²   [249] quidam] *add.* platonici V   [250] secundum opinionem Platonis] *om.* V   [251] colligantur] colliguntur O conjunguntur B   [252] aliud] *om.* OB   [253] ipsam] *om.* L   [254] unitur] impromuntur L   [255] propriae] *om.* B primae H   [256] aliquod] *om.* LB   [257] ligamentum] *add.* ut vult Aristoteles in secundo de anima O   [258] Ad... dicendum] ad primum argumentum dico O   [259] sunt] *add.* quasi B   [260] operatur] anima operat V   [261] cadunt] cadit VH   [262] media] ea O medium VH mediae B   [263] Tamen] unde OVH

non est Augustini, et quod auctor illius[264] opinatus est quod anima sit suae potentiae;[265] unde totaliter cessat objectio.

Ad secundum dicendum quod licet anima sit forma in quantum est actus et similiter in quantum est motor,[266] et ita secundum idem sit forma et motor;[267] tamen alius est effectus ejus secundum quod est forma et alius secundum quod est motor. Et propter hoc locum habet distinctio.[268]

Ad tertium dicendum quod ex motore et mobili non fit unum per se in quantum hujusmodi; sed ex hoc[269] motore qui[270] est anima et[271] hoc mobili quod est corpus fit unum per se, in quantum anima est forma corporis.

Ad quartum dicendum quod quantum ad illam operationem animae quae est compositi,[272] non cadit aliquod[273] medium inter animam et quamlibet partem corporis;[274] sed est una pars corporis per quam primo[275] exercet anima illam operationem, quae cadit[276] media inter animam, secundum quod est principium illius operationis, et omnes alias partes corporis, quae participant illam operationem.

Ad quintum dicendum quod dispositiones accidentales quae faciunt[277] materiam propriam ad aliquam formam non sunt[278] mediae totaliter inter formam et materiam, sed inter formam secundum quod[279] dat ultimam perfectionem et materiam secundum quod jam[280] est perfecta[281] perfectione inferioris gradus. Materia enim secundum se ipsam est propria[282] respectu infimi gradus perfectionis quia materia[283] secundum se ipsam est in potentia ad esse[284] substantiale corporeum. Nec ad hoc requirit aliquam[285] dispositionem; sed hac perfectione praesupposita in materia, requiruntur dispositiones ad ulteriorem perfectionem. Item[286] sciendum[287] est quod potentiae[288] animae sunt accidentia propria[289] animae quae non sunt sine ea. Unde non habent rationem in dispositionem[290] ad animam secundum quod sunt ejus potentiae, nisi secundum[291] quod[292] potentiae inferioris partis animae dicuntur[293] dispositiones ad superiorem partem, sicut potentia[294] animae vegetabilis ab animam sensibilem, secundum quod ex praemissis intelligi[295] potest.

---

[264] illius] *add.* libri OVBH   [265] suae potentiae] sua potentia O   [266] est motor] *add.* ejus V   [267] et ita... motor] *om.* V   [268] locum habet distinctio] ratio non habet locum B [269] ex hoc] *om.* hoc OV   [270] qui] quod OV   [271] et] ex A *add.* ex VB   [272] compositi] composita V   [273] aliquod] *om.* B *add.* aliud H   [274] corporis] ejus O   [275] primo] prius V   [276] cadit] erit O   [277] faciunt] *add.* animam P² ᵃ   [278] sunt] *add.* operationes V   [279] secundum quod] quae V   [280] jam] *om.* V   [281] perfecta] perfectam P¹ [282] propria] potentia O prima H   [283] enim secundum... quia materia] *om.* A   [284] esse] omne P²   [285] aliquam] aliam OV   [286] Item] *om.* OV tamen BH   [287] sciendum] *add.* tamen OV   [288] potentiae] potentia A   [289] propria] propriae ALP¹P² [290] in dispositionem] disponentium O disponentem V dispositionis H dispositionum P¹B [291] secundum] autem V *om.* H   [292] secundum quod] *om.* LB   [293] dicuntur] dicantur AVBH   [294] potentia] potentiae VBH   [295] intelligi] colligi O

Ad sextum dicendum quod ratio illa concludit[296] quod anima vel[297] animal[298] dividatur[299] in duas partes, quarum una sit corpus mobile[300] et alia sit motor; quod quidem verum est. Sed oportet intelligere quod anima movet corpus per[301] apprehensionem et appetitum. Apprehensio autem et appetitus in homine duplex est: una[302] quidem quae[303] est animae tantum, non per organum corporale, quae[304] est partis intellectivae; alia quae[305] est conjuncti et est partis sensitivae. Illa autem quae est partis intellectivae non movet corpus nisi mediante ea quae est partis sensitivae;[306] quia cum motus sit circa[307] aliquod[308] singulare,[309] apprehensio universalis, quae est intellectus, non movet nisi movente[310] particulari, quae[311] est sensus. Sic igitur homo vel animal, cum dividitur in partem moventem et partem motam, non est haec[312] divisio in solam animam et solum corpus, sed in unam partem corporis animati et animam.[313] Nam illa pars animati corporis cujus operatio est apprehendere[314] et appetere[315] movet totum corpus.

Sed si supponatur quod pars intellectiva immediate moveat, ita quod pars movens in homine sit anima tantum, ad huc remanebit responsio secundum praehabita.[316] Nam anima humana erit[317] movens secundum id quod est supremum in ipsa, scilicet per[318] partem intellectivam. Motum autem erit non materia prima tantum sed materia prima[319] secundum quod est constituta in esse corporali et[320] in tali[321] non per aliam formam nisi per eandem animam. Unde non erit[322] necessarium ponere formam substantialem[323] mediam inter animam et materiam primam.

Sed quia in animali est quidem motus qui non est per[324] apprehensionem et appetitum, scilicet motus cordis et etiam motus augmenti, et motus alimenti[325] diffusi per totum[326] corpus (quod etiam est commune plantis) quantum ad hujusmodi[327] motus dicendum est quod, cum anima animali non solum det id quod est proprium sibi sed etiam id quod est inferiorum formarum, ut ex dictis[328] patet, sicut inferiores formae sunt principia naturalis motus in corporibus naturalibus,[329] ita etiam anima in corpore[330]

---

296 concludit concordat O   297 anima vel] *om.* O   298 animal] homo B *et in marg.* quod anima vel homo vel animal B   299 dividatur] dividitur OVH   300 mobile] mortale ALP¹P²   301 per] secundum LOBH   302 una] unus B   303 quae] qui B   304 quae] qui B   305 alia quae] alius qui B   306 Illa autem... sensitivae] *om.* B   307 circa] secundum OBH per V   308 aliquod] aliquid OH   309 singulare] *om.* O   310 movente] mediante OVBH   311 quae] qui V   312 haec] hujusmodi B   313 animam] aliam H   314 apprehendere] apprehensio V   315 appetere] appetitus V   316 praehabita] philosophum P²   317 erit] est OB   318 per] secundum OVBH   319 prima] secunda H   320 et] *om.* P¹VOH   321 in tali] vitali P¹BH visibili O   322 erit] est V   323 substantialem] *add.* esse V   324 est per] per se sequitur V   325 et motus alimenti] *om.* L   326 totum] *om.* OVBH   327 hujusmodi] hos P¹OVBH   328 dictis] praedictis L   329 naturalibus] animalibus V   330 corpore] corporibus O

animalis. Unde Philosophus dicit, in II *De Anima*,[331] quod anima est natura talis corporis et propter hoc operationes animae[332] distinguuntur in animales et naturales:[333] ut illae[334] dicantur animales quae sunt ab anima[335] secundum id quod est proprium sibi, naturales autem quae sunt ab anima[336] secundum quod facit effectum inferiorum formarum naturalium.

Secundum hoc ergo dicendum quod sicuti[337] ignis per formam suam naturalem habet naturalem motum quo tendit sursum, ita aliqua pars corporis[338] animati in qua primo invenitur[339] motus qui non[340] est per[341] apprehensionem habet hunc motum naturaliter[342] per animam. Sicut enim ignis naturaliter movetur[343] sursum, ita sanguis naturaliter movetur ad loca propria et determinata. Et similiter cor naturaliter[344] movetur motu sibi proprio,[345] licet ad hoc etiam cooperetur[346] resolutio spirituum facta ex sanguine, quibus cor dilatatur et constringitur, ut Aristoteles[347] dicit ubi agit[348] de respiratione et exspiratione. Sic igitur prima[349] pars in qua talis motus invenitur[350] non est movens se ipsam, sed movetur naturaliter sicut ignis. Sed ista pars movet animal;[351] et sic totum animal est movens se ipsum, cum una pars ejus sit movens et alia sit[352] mota.

Ad septimum dicendum quod corpus physicum organicum comparatur ad animam sicut materia ad formam; non quod sit tale[353] per aliquam aliam formam, sed quia hoc ipsum habet per animam, ut supra ostensum est.

Et similiter[354] dicendum est Ad Octavum, nam quod in *Genesi*[355] dicitur, "Formavit Deus[356] hominem de limo terrae" non praecedit tempore hoc quod sequitur, "et inspiravit in faciem ejus spiraculum vitae," sed ordine naturae[357] tantum.

Ad nonum dicendum quod materia secundum ordinem est in potentia ad formas, non quod recipiat diversas formas substantiales ordinatim, sed quia id quod est proprium superioris[358] formae non recipitur[359] nisi mediante eo quod est proprium inferioris formae, sicut expositum est. Et per hunc modum oportet intelligi[360] quod mediantibus formis elementaribus recipiat alias formas.

---

[331] ARISTOTLE, *De Anima*, II, 2 (414a 25-28)   [332] animae] *om.* B   [333] distinguuntur... et naturales] dicuntur materiales O   [334] illae] *om.* OH   [335] quae sunt ab anima] *om.* B   [336] secundum id... ab anima] *om.* L   [337] Secundum... sicuti] hoc est ergo quod sicut B   [338] corporis] *om.* B   [339] invenitur] notatur O   [340] qui non] quo O   [341] per] secundum H   [342] naturaliter] naturalem B   [343] movetur] movens O   [344] cor naturaliter] *om.* B   [345] motu sibi proprio] ad suum proprium locum O   [346] cooperetur] competeret L operetur et V comparatur et O operetur B   [437] ARISTOTLE, *De Partibus animalium*, I, 1 (642a 31-b 3)   [348] agit] dicit A agitur L ubi agit] in libro B   [349] prima] *om.* B   [350] talis motus invenitur] anima movetur O   [351] animal] aliam OVBH   [352] alia sit] *om.* sit B   [353] tale] *om.* B   [354] similiter] sic V   [355] *Genesis*, 2: 7   [356] Deus] *om.* V   [357] naturae] *om.* A   [358] superioris] perfectionis LO perfectioris VH inferioris B   [359] recipitur] recipit P¹VBH   [360] intelligi] quod intellectus A *in margine* alibi intelligi A quod intellectus LP¹P²VB *et add.* alibi P² oportet intelligi] intelligitur quod OH

Ad decimum dicendum quod formae elementares non sunt actu in mixto secundum[361] essentiam, licet hoc Avicenna[362] posuerit; non enim possent esse in una parte materiae. Si autem[363] essent in diversis partibus,[364] non esset mixtio[365] secundum totum, quae est vera mixtio;[366] sed esset mixtio minima,[367] quae est mixtio[368] ad sensum. Dicere etiam quod formae elementorum recipiant magis et minus, ut Averroes[369] dicit, ridiculum[370] est, cum sint formae substantiales quae magis et minus recipere non possunt. Nec aliquid est[371] medium inter substantiam et accidens, ut ipse fingit. Nec iterum dicendum est quod totaliter corrumpantur,[372] sed quod maneant virtute, ut Aristoteles[373] dicit. Et hoc est in quantum manent accidentia propria elementorum secundum aliquem modum[374] in quibus manet virtus elementorum.

Ad undecimum dicendum quod licet anima sit forma corporis secundum essentiam animae intellectualis,[375] non tamen secundum operationem intellectualem.[376]

Ad duodecimum dicendum quod proportio quae est inter animam et corpus est in ipsis proportionatis; unde non oportet quod sit aliqua res media inter animam et corpus.

Ad tertium decimum dicendum quod cor est primum instrumentum per quod anima movet ceteras partes corporis; et ideo eo mediante anima unitur reliquis[377] partibus corporis[378] ut motor; licet ut forma uniatur unicuique[379] parti corporis per se et immediate.

Ad quartum decimum dicendum quod licet anima sit forma simplex secundum essentiam, est tamen multiplex[380] virtute, secundum quod[381] est principium diversarum operationum. Et quia forma perficit materiam non solum ad esse sed etiam ad operandum,[382] ideo oportet quod, licet[383] sit[384] una forma, quod[385] partes corporis diversimode perficiantur ab ipsa,[386] et unaquaeque secundum quod competit ejus operationi. Et secundum hoc etiam oportet esse ordinem in partibus secundum ordinem operationum, ut dictum est. Sed iste ordo est secundum comparationem[387] corporis ad animam ut est motor.

[361] secundum] add. suam OVBH (V. 370 K), Venetiis, 1562-1576   [362] AVICENNA, In De Generatione, Lib. I, T. C. 90   [363] autem] enim V   [364] partibus] add. materiae B   [365] mixtio] mixtum O   [366] vera mixtio] natura mixtionis O   [367] minima] om. cum lacuna L add. ss. secundum partem P¹ in materia V secundum partes B   [368] minima quae est mixtio] om. O   [369] AVERROES, De Coelo, III, T. C. 67, ed. Venetiis, 1560, fol. 231-232   [370] ridiculum] ridiculosum P²   [371] est] esse LP¹P²   [372] corrumpantur] corrumpatur V   [373] ARISTOTLE, De Generatione et corruptione (334b 8-30)   [374] modum] motum A   [375] intellectualis] intelligibilis O   [376] intellectualem] intelligibilem O   [377] reliquis] caeteris OB   [378] corporis] om. OV   [379] unicuique] cuilibet OB   [380] multiplex] mixtum O   [381] virtute secundum quod] secundum virtutem prout scilicet V   [382] operandum] operationem V   [383] licet] add. anima O   [384] sit] add. anima V   [385] quod] om. LVH   [386] ab ipsa] om. B   [387] comparationem] operationem ALP²VH

Ad quintum decimum dicendum quod[388] inferiores vires animae possunt intelligi ligare[389] superiores vires[390] corporis quantum ad operationem; prout scilicet superiores vires indigent operationibus[391] inferiorum,[392] quae exercerentur per corpus. Et eodem modo corpus per superiores sui[393] partes[394] conjungitur animae secundum operationes motuum.[395]

Ad sextum decimum dicendum quod sicut forma non advenit materiae, nisi sit facta[396] propria[397] per debitas dispositiones; ita cessantibus propriis[398] dispositionibus, forma in materia remanere non potest. Et hoc modo[399] unio animae ad corpus solvitur, remoto calore et humiditate naturali et aliis hujusmodi in quantum his disponitur corpus ad susceptionem animae. Unde hujusmodi cadunt media inter animam et corpus ut dispositiones; quod quomodo sit, dictum est.[400]

Ad septimum decimum dicendum quod dimensiones[401] non possunt intelligi in materia, nisi secundum quod materia intelligitur constituta per[402] formam substantialem in esse substantiali corporeo; quod quidem non fit per aliam formam in homine quam per animam, ut dictum est. Unde hujusmodi dimensiones[403] non praeintelliguntur ante animam in materia totaliter, sed quantum ad ultimos[404] gradus[405] perfectionis,[406] ut supra expositum est.[407]

Ad octavum decimum[408] dicendum quod anima et corpus non sunt distantia sicut[409] res diversorum generum vel specierum, cum neutrum eorum sit in genere vel[410] specie, ut in superioribus[411] quaestionibus habitum est, sed solum compositum ex eis. Sed anima est forma corporis per se ipsam dans ei esse. Unde per se et immediate ei unitur.

Ad nonum decimum[412] dicendum quod corpus humanum habet aliquam communicationem cum corpore caelesti; non quod[413] aliquid corporis caelestis, ut lux, interveniat medium inter animam et corpus; sed secundum quod est constitutum in quadam aequalitate complexionis[414] remotae a contrarietate, ut in superioribus[415] expositum est.[416]

---

[388] quod] *add.* per H   [389] ligare] ligatae BH   [390] superiores vires] superioribus viribus B   [391] operationibus] operibus BH   [392] inferiorum] inferioribus O   [393] sui] *om.* B   [394] partes] *add.* corpus O   [395] operationes motuum] operationem et motum P¹OVBH   [396] nisi sit facta] ut sit O ut sit substantia H facta] *om.* V   [397] propria] *om.* L *add.* nisi H   [398] propriis] debitis OVH   [399] hoc modo] hujusmodi V   [400] dictum est] *add.* supra H   [401] dimensiones] dispositiones B   [402] per] secundum OH   [403] dimensiones] dispositiones B   [404] ultimos] ulterioris B   [405] ultimos gradus] gradus ulteriores O   [406] perfectionis] perfectionem B   [407] Unde hujusmodi... expositum est] *In Ms.* V *haec inveniuntur ad finem Responsi ad XVI.*   [408] Ad octavum decimum] Ad nonum decimum V   [409] sicut] secundum ALP²   [410] vel] *add.* in OB   [411] in superioribus] inferioribus V   [412] Ad nonum decimum] Ad vicesimum V   [413] quod] *add.* sit O   [414] complexionis] commixtionis O   [415] in superioribus] inferioribus V   [416] est] et sic patet solutio objectorum V

QUAESTIO DECIMA

Loca parallela: *In I Sent.*, dist. 8, q. 5, a. 3; *Contra gent.*, II, 72; *Summa theol.*, I, q. 76, a. 8; *De Spir. creat.*, a. 4; *In I De An.*, lect. 14.

Decimo quaeritur utrum ANIMA SIT IN TOTO CORPORE ET[1] IN QUALIBET[2] PARTE EJUS.[3] Et videtur quod non.[4]

(1) Anima est in corpore sicut perfectio in perfectibili. Sed perfectibile ab anima[5] est corpus organicum; est enim anima actus corporis physici organici, potentia vitam habentis, ut dicitur in II *De Anima*.[6] Ergo anima non[7] est nisi in corpore organico. Sed non quaelibet pars corporis est organicum corpus. Ergo anima non est in qualibet parte corporis.

(2)[8] Praeterea, forma est proportionata materiae. Sed anima, prout est forma corporis, est quaedam essentia simplex. Ergo non[9] respondet ei materia multiplex.[10] Sed diversae partes corporis, vel hominis vel animalis, sunt sicut materia multiplex cum habeant magnam diversitatem ad[11] invicem. Non igitur anima est forma cujuslibet partis corporis; et ita non est anima in qualibet parte corporis.

(3) Praeterea, extra totum nihil est sumere. Si igitur anima est tota[12] in qualibet parte corporis,[13] extra illam partem nihil est de anima. Ergo impossibile est quod sit tota in qualibet parte corporis.

(4) Praeterea, Philosophus dicit, in libro *De Causa Motus Animalium*:[14] "Aestimandum[15] autem[16] constare animal quemadmodum civitatem bene legibus rectam. In civitate enim[17] quando semel stabilitus fuerit[18] ordo, nihil opus est separato[19] monarcha;[20] quem[21] non[22] oportet esse[23] per singula eorum quae fiunt;[24] sed ipse quodlibet[25] facit quod[26] auctoritate[27] ipsius ordinatum est, et fit hoc post hoc propter consuetudinem. In animalibus autem idem[28] hoc propter naturam fit, et quia natum est unumquodque sic

---

[1] et] ita quod V   [2] qualibet] aequalem V   [3] parte ejus] ejus partem V
[4] non] *add.* quia O   [5] ab anima] ad animam H   [6] ARISTOTLE, *De Anima*, II, 1 (412a 27-28)   [7] Ergo anima non] non enim V   [8] *Omit.* objectio secunda V   [9] non] *om.* B   [10] multiplex] simplex B   [11] ad] ab O   [12] tota] *om.* V   [13] Praeterea... parte corporis] *om.* O   [14] ARISTOTLE, *De Motu animalium*, X (703a 30-b2)   [15] Aestimandum] existimandum BH   [16] autem] *add.* est V   [17] enim] autem P[1]   [18] fuerit] *om.* V est B   [19] separato] separatus V   [20] monarcha] monarche P[2] monarcho OVB   [21] quem] quod V   [22] non] *om.* V   [23] esse] fieri V   [24] fiunt] fuerit V   [25] quodlibet] quidlibet OVBH   [26] quod] qui O sicut VB   [27] auctoritate] *om.* OVB   [28] idem] id A illud O

constitutum facere proprium opus, ut nihil opus sit in unoquoque esse animam, sed in quodam principio corporis existente, alia[29] quidem vivere[30] eo quod apta[31] nata sunt, facere autem proprium opus propter[32] naturam." Non igitur anima est in qualibet parte corporis, sed in una tantum.

(5) Praeterea, Philosophus dicit, in VIII *Physicorum*,[33] quod motor caeli oportet quod sit in centro vel in aliquo signo circumferentiae; quia haec duo sunt principia in motu circulari. Et ostendit quod non potest[34] esse in centro sed[35] in circumferentia; quia[36] quanto aliqua sunt propinquiora circumferentiae et remotiora[37] a centro, tanto sunt velocioris motus.[38] Ergo a simili, oportet quod motus animae[39] sit in illa parte animalis[40] in qua praecipue apparet motus. Hoc[41] autem est cor. Ergo anima est tantum[42] in corde.

(6) Praeterea, Philosophus dicit, in libro *De Juventute et Senectute*,[43] quod plantae habent principium nutritivum in medio superioris et inferioris. Sed sicut superius et inferius est in plantis, ita in animalibus est[44] superius et inferius, dextrum et sinistrum, ante et retro. Ergo oportet principium vitae, quod est[45] anima, esse in animali in medio harum particularium. Hoc autem est cor. Ergo anima est tantum in corde.

(7) Praeterea, omnis[46] forma quae est in aliquo toto et[47] qualibet parte ejus denominat totum et quamlibet partem, sicut patet de forma ignis;[48] nam ignis[49] quaelibet pars ignis est. Non autem quaelibet pars animalis animal est. Non igitur anima est in qualibet parte corporis.

(8)[50] Praeterea, intelligere ad aliquam[51] partem animae pertinet. Sed intelligere non est in aliqua[52] parte corporis. Non ergo tota anima est in qualibet parte corporis.[53]

(9) Praeterea, Philosophus dicit, in II[54] *De Anima*,[55] quod sicut anima se habet ad corpus, ita[56] pars animae ad partem corporis. Si igitur anima est in toto corpore, non erit in qualibet[57] parte corporis[58] tota, sed pars ejus.

Sed dicebat quod Philosophus loquitur de anima et[59] partibus ejus[60] in quantum est motor,[61] non in quantum est forma.

---

[29] alia] animalia B   [30] vivere] *add. ss.* facit P¹₂   [31] apta] *om.* LB ad aliquid O aliquid V   [32] propter] proprie A   [33] Aristotle, *Physica*, VIII, 10 (267b 6-9)
[34] potest] possit V   [35] sed] si est O *add.* est V   [36] quia] *add.* haec duo sunt L   [37] circumferentiae et remotiora] *om.* L   [38] motus] motor LOVB   [39] animae] autem O corporis V animalis B   [40] animalis] corporis B   [41] Hoc] haec H   [42] tantum] totum O
[43] Aristotle, *De Juventute et senectute*, II (468a 20-28)   [44] animalibus est] *om.* est LOVBH
[45] est] *add.* in LP²H   [46] omnis] talis P² *om.* V   [47] et] *add.* in LOVB   [48] forma ignis] igne B   [49] nam ignis] *om.* ignis B   [50] *Om. obj.* 8. V   [51] aliquam] quamlibet L   [52] aliqua] qualibet P²   [53] Non... corporis] ergo anima non est in qualibet parte corporis tota B   [54] II] tertio VH   [55] Aristotle, *De Anima*, II, 1 (412b 17-25)
[56] ita] *add.* se habet V   [57] qualibet] *add.* ejus B   [58] corporis] *om.* B   [59] et] *add.* de B
[60] ejus] *om.* H   [61] motor] *add. et* B

(10) Sed contra, Philosophus dicit *ibidem*[62] quod si oculus esset animal, visus esset anima ejus. Sed anima est forma animalis. Ergo pars animae est in corpore ut forma, et non ut motor tantum.

(11) Praeterea, anima est principium vitae in animali. Si igitur anima esset in qualibet parte corporis, quaelibet pars corporis[63] immediate acciperet vitam ab anima; et ita[64] una pars non dependeret ab alia in vivendo. Quod patet esse falsum; nam[65] aliae[66] partes[67] in vivendo dependent a corde.

(12) Praeterea, anima movetur per accidens[68] ad[69] motum corporis in quo est;[70] et similiter quiescit per accidens[71] quiescente corpore in quo est.[72] Contingit autem quiescente una parte corporis, alia[73] moveri. Si igitur anima est in qualibet parte corporis, oportet quod anima simul moveatur et quiescat; quod videtur impossibile.

(13) Praeterea, omnes potentiae animae radicantur in essentia animae. Si igitur esse[74] animae sit in qualibet parte corporis, oportet quod quaelibet potentia animae[75] sit in qualibet parte corporis. Quod patet esse falsum; nam auditus non est in oculo sed in aure tantum, et sic de aliis.

(14) Praeterea, omne quod est in altero[76] est in eo per modum ejus in quo est. Si igitur anima est in corpore, oportet quod sit in eo per modum corporis.[77] Sed modus corporis est ut ubi[78] est[79] una pars, non sit alia. Ergo ubi est una pars animae, non est alia; et ita non est tota in qualibet parte corporis.

(15) Praeterea, quaedam animalia imperfecta, quae dicuntur[80] anulosa, decisa vivunt propter hoc quod in eis[81] anima remanet[82] in qualibet parte corporis[83] post decisionem. Sed homo[84] et alia animalia perfecta[85] non vivunt decisa.[86] Non igitur in eis anima est in qualibet parte corporis.

(16) Praeterea, sicut homo et animal est quoddam totum ex diversis partibus consistens,[87] ita et domus. Sed forma domus non est in qualibet parte domus sed in[88] tota. Ergo et anima, quae est forma animalis, non est tota[89] in qualibet parte corporis, sed in toto.

(17) Praeterea, anima dat esse corpori in quantum est forma[90] ejus.

---

[62] ARISTOTLE, *De Anima*, II, 1 (412b 18-19)   [63] quaelibet pars corporis] *om.* LVH
[64] ita] sic V   [65] nam] quia B   [66] aliae] esse O animae V   [67] partes] *add.* animalis B   [68] per accidens] ad actum V   [69] ad] per V   [70] in quo est] *om.* V
[71] per accidens] ab actu V   [72] in quo est] *om.* V   [73] alia] aliam V alteram B
[74] esse] essentia OVBH   [75] animae] *add.* sit in qualibet potentia animae A   [76] altero] aliquo B   [77] corporis] ejus H   [78] ubi] *add.* non L   [79] est] sit P¹   [80] dicuntur] *add.* animalia V   [81] in eis] *om.* LOVBH   [82] remanet] remaneat P¹ *add.* in eis V
[83] in qualibet parte corporis] *om.* V   [84] homo] hominis V   [85] et alia animalia perfecta] et quorundam animalium partes V   [86] decisa] decisae V post decisionem B   [87] consistens] existens O constitutum V   [88] in] *om.* L   [89] tota] *om.* VBH   [90] forma] *om.* V

Est autem forma ejus[91] secundum suam essentiam[92] quae simplex est. Ergo secundum suam essentiam simplicem dat esse corpori. Sed ab uno non est nisi naturaliter unum. Si igitur[93] sit in qualibet parte corporis sicut forma, sequitur quod cuilibet parti corporis det[94] esse uniforme.[95]

(18) Praeterea, magis intime unitur[96] forma materiae quam locatum loco.[97] Sed unum locatum non potest esse in diversis locis simul,[98] etiam[99] substantia[100] spiritualis. Non enim[101] conceditur a magistris quod angelus sit in diversis locis simul. Ergo nec anima potest esse in diversis partibus corporis.

SED CONTRA est quod[102] Augustinus dicit, VI *De Trinitate*,[103] quod anima est tota in toto corpore, et tota in qualibet parte ejus.

(2) Praeterea, anima non dat esse corpori nisi secundum quod unitur ei. Sed anima dat esse toti corpori et cuilibet parti ejus. Ergo anima[104] est[105] in toto corpore et in qualibet parte ejus.

(3) Praeterea, anima non operatur nisi ubi est. Sed operationes animae apparent in qualibet parte corporis. Ergo anima[106] est in[107] qualibet parte corporis.[108]

RESPONSIO. Dicendum quod veritas hujus quaestionis ex praecedenti[109] dependet. Ostensum est enim quod anima secundum quod est[110] forma corporis non unitur toti corpori[111] mediante aliqua parte, sed toti corpori immediate. Est enim[112] forma et totius corporis et cujuslibet partis ejus. Et hoc necesse est dicere. Cum enim[113] corpus hominis aut[114] cujuslibet alterius animalis sit quoddam totum naturale,[115] dicetur unum ex[116] eo quod unam formam habeat, qua perficitur non solum secundum aggregationem aut compositionem, ut accidit in domo et in aliis hujusmodi. Unde oportet quod quaelibet pars hominis et[117] animalis[118] recipiat esse et speciem ab anima[119] sicut a propria forma.

Unde Philosophus[120] dicit quod recedente anima neque oculus neque

---

[91] Est autem forma ejus] *om.* B   [92] secundum suam essentiam] *om.* V   [93] igitur] *add.* anima B   [94] det] debet V   [95] uniforme] una forma B   [96] unitur] videtur V   [97] loco] locato P¹   [98] simul] *om.* LOBH   [99] etiam] *add.* si L *add.* si sit OBH   [100] substantia] *add.* sit L   [101] Non enim] cum igitur non L   [102] est quod] *om.* OVB   [103] S. AUGUSTINUS, *De Trinitate*, VI, 6 (PL 42: 929)   [104] anima] *om.* B   [105] est] *add.* tota B   [106] anima] *om.* B   [107] in] *add.* toto corpore et V   [108] parte corporis] ejus parte V corporis] *om.* B   [109] praecedenti] praecedentibus V   [110] anima secundum quod est] *om.* V   [111] unitur toti corpori] unitur toti materiae B   [112] Est enim] cum sit O   [113] Cum enim] quia si O   [114] aut] et B   [115] naturale] *om.* O   [116] ex] *om.* V   [117] hominis et] hominis vel P²   [118] et animalis] rationalis H   [119] anima] aliquo O   [120] ARISTOTLE, *De Anima*, II, 1 (412b 17-25)

caro neque aliqua pars remanet nisi aequivoce. Non est autem possibile quod aliquid recipiat esse et speciem ab aliquo separato sicut[121] a forma (hoc enim[122] simile esset[123] platonicae[124] positioni,[125] qui[126] posuit[127] hujusmodi sensibilia[128] recipere esse et speciem per participationem[129] formarum separatarum) sed[130] oportet quod forma sit aliquid ejus cui datur[131] esse; nam forma et materia sunt principia intrinsecus constituentia essentiam rei. Unde oportet,[132] si[133] anima dat esse[134] et speciem ut forma cuilibet parti[135] corporis secundum sententiam Aristotelis,[136] quod sit in qualibet parte corporis; nam et ea ratione dicitur anima esse in toto[137] quia[138] est forma totius. Unde[139] si est forma cujuslibet partis, oportet quod sit in qualibet parte[140] et non[141] in toto tantum,[142] neque[143] in una parte tantum;[144] et haec definitio animae ostendit.[145] Est enim[146] anima actus corporis[147] organici.[148] Corpus autem organicum est constitutum ex diversis organis. Si ergo anima esset in una parte tantum ut forma, non esset actus corporis organici,[149] sed actus unius organi tantum,[150] puta cordis aut alicujus alterius; et reliquae partes essent perfectae per alias formas. Et sic totum non esse unum quid naturale[151] sed compositum[152] tantum.[153] Relinquitur igitur quod anima sit in toto corpore et in qualibet parte ejus.

Sed quia etiam quaeritur[154] an sit tota in toto[155] vel[156] in qualibet parte ejus, considerandum est qualiter hoc dicitur.[157] Et potest autem attribui totalitas alicui formae[158] tripliciter, secundum quod tribus modis[159] convenit[160] aliquid habere partes. Uno enim modo[161] aliquid habet partes[162] secundum divisionem quantitatis, prout scilicet dividitur numerus aut magnitudo. Uni autem formae non competit totalitas numeri nec magnitudinis,[163] nisi forte per accidens,[164] puta in formis quae per accidens dividuntur divisione continui,[165] sicut albedo per divisionem superficiei.

---

[121] sicut] nisi V   [122] enim] autem V   [123] esset] est V   [124] platonicae] Platonis B platonicorum H   [125] simile... positioni] videtur esse Platonis simile positioni O   [126] qui] quae V   [127] posuit] ponunt H   [128] hujusmodi sensibilia] *om.* V   [129] participationem] receptionem V   [130] sed] sic enim B   [131] datur] dat LVBH   [132] oportet] *add.* quod OVBH   [133] si] quod L   [134] esse] *add.* rei H   [135] cuilibet parti] cujuslibet partis V   [136] Aristotle, *De Anima*, II, 1 (412a 20-22, 28; 412b 4-9)   [137] toto] *add.* corpore B   [138] quia] quod AV   [139] Unde] *add.* et O   [140] parte] *add.* corporis O   [141] et non] *om.* L   [142] et non in toto tantum] *om.* OB   [143] neque] *om.* L   [144] tantum] *om.* LP². [145] animae ostendit] convenit animae O   [146] enim] igitur L autem V   [147] corporis] *add.* physici O   [148] organici] *add.* physici B   [149] Corpus autem... organici] *om.* O   [150] ut forma... organi tantum] *om.* V   [151] naturale] materiale O   [152] compositum] compositione OVBH   [153] compositum tantum] *om. cum lac.* L   [154] quaeritur] quaerendum est P²   [155] toto] *add.* corpore BH   [156] vel] et OH et tota B   [157] hoc dicitur] *om.* L dicitur] dicatur P¹P²V   [158] formae] corpori L   [159] tribus modis] tripliciter V   [160] convenit] conveniat V *in marg.* B   [161] modo] *add.* convenit B   [162] habet partes] partes habere B   [163] nec magnitudinis] *om.* V   [164] accidens] actum V   [165] continui] subjecti O

Alio modo dicitur aliquid totum per comparationem ad partes[166] essentiales speciei, sicut materia et forma dicuntur partes compositi,[167] genus et differentia partes quodam modo speciei. Et hic modus totalitatis attribuitur etiam[168] essentiis simplicibus ratione suae perfectionis; eo quod sicut composita[169] habent perfectam speciem ex conjunctione principiorum essentialium, ita substantiae et formae[170] simplices habent perfectam speciem[171] per se ipsas. Tertio modo dicitur[172] totum per comparationem ad partes[173] virtutis[174] sive potestatis,[175] quae quidem partes[176] accipiuntur secundum divisionem[177] operationum.[178]

Si qua igitur forma accipiatur quae dividitur per continui divisionem, et quaeratur[179] de ea utrum sit in qualibet parte corporis[180] tota, ut puta utrum albedo sit in qualibet parte superficiei tota,[181] si accipiatur totum per comparationem ad partes quantitativas, quae quidem totalitas pertinet ad albedinem per accidens, non est tota in qualibet parte, sed[182] tota in toto et pars in parte. Si autem quaeratur de totalitate quae pertinet ad speciem, sic tota est in qualibet parte;[183] nam aeque intensa[184] est albedo in aliqua parte sicut in toto. Sed verum est quod ad hoc secundum virtutem[185] non est tota[186] in qualibet parte.[187] Non enim tantum potest in disgregando[188] albedo quae est in parte superficiei, sicut albedo[189] quae est in tota superficie; sicut neque tantum potest calor qui est in parvo igne ad calefaciendum, sicut calor qui est in magno igne. Supposito autem ad praesens quod sit una[190] tantum anima in corpore hominis (de hoc postea enim[191] quaeretur) unde[192] non dividitur divisione[193] quantitatis quae est numerus. Planum est etiam quod non dividitur[194] divisione continui, praecipue[195] animalium perfectorum quae decisa[196] non vivunt; secus enim[197] forte esset de animabus animalium anulosorum, in quibus est una anima in actu[198] et plures in potentia,[199] ut Philosophus[200] docet. Relinquitur igitur quod in anima hominis et cujuslibet animalis perfecti non potest accipi totalitas nisi secundum perfectionem[201] speciei et secundum

---

166 ad partes] *om.* P² 　167 compositi] *add.* et OVB 　168 etiam] *om.* OV 　169 composita] compositionem P² 　170 et formae] *om.* B 　171 perfectam speciem] perfectas species VH 172 dicitur] *add.* aliquid H 　173 ad partes] *om.* B 　174 virtutis] virtutes V 　175 potestatis] potestates V 　176 partes] *om.* LP¹ 　177 divisionem] divisionis ALP² 　178 operationum] operationem LP² comparationem V operum H 　179 quaeratur] quaeritur V 　180 corporis] superficiei O 　181 sit... tota] in aliqua parte superficiei sit quia H 　182 sed] si L 183 parte] *om.* P¹ 　184 intensa] immensa P² 　185 virtutem] virtutes O 　186 tota] *om.* V 187 parte] *add.* ejus O 　188 potest in disgregando] disgregat B 　189 albedo] *om.* B 190 una] *om.* L 　191 enim] etiam P² *om.* H 　192 unde] oportet dicere quod B *om.* H 193 non dividitur divisione] ostenditur dicere V 　194 dividitur] dicitur V *om.* B 　195 praecipue] animarum V *add.* anima H 　196 decisa] praescisa P² 　197 enim] autem LP²OBH *add.* est ALP² 　198 actu] potentia LP¹OH 　199 potentia] actu LP¹H 　200 ARISTOTLE, *De Anima,* II, 2 (413b 16-21) 　201 perfectionem] acceptionem V

potentiam seu virtutem. Dicimus[202] ergo quod, cum perfectio speciei pertineat ad[203] animam secundum suam essentiam, anima autem secunduɯ suam[204] essentiam est forma corporis et prout est forma corporis est in qualibet parte corporis, ut ostensum est, relinquitur quod anima tota sit in qualibet parte corporis secundum totalitatem perfectionis[205] speciei.

Si autem accipiatur totalitas quantum ad virtutem et potestatem, sic non est tota in qualibet parte corporis,[206] nec etiam tota in toto si[207] loquamur de anima hominis. Ostensum est enim[208] ex superioribus quaestionibus quod anima humana, quia excedit corporis capacitatem, remanet[209] ei[210] virtus ad operandum operationes quasdam sine communicatione[211] corporis, sicut intelligere et velle.[212] Unde intellectus et voluntas non sunt actus alicujus organi corporalis.[213] Sed quantum ad alias operationes quas exercet per organa corporalia,[214] tota virtus et potestas ejus est in toto corpore, non autem in qualibet parte corporis[215] quia diversae partes[216] corporis sunt proportionatae ad diversas operationes animae exercendas.[217] Tamen[218] secundum illam potentiam tantum est in aliqua parte,[219] quae respicit operationes quae per illam partem corporis exercetur.

Ad PRIMUM ergo dicendum quod cum materia sit propter formam, forma autem ordinetur[220] ad propriam operationem, oportet quod talis sit materia uniuscujusque formae ut competit[221] operationi illius formae; sicuti materiam serrae oportet esse ferream,[222] quod competit ad opus serrae[223] propter suam duritiem. Cum ergo anima[224] propter suae virtutis perfectionem possit[225] in diversas operationes,[226] necessarium est quod materia ejus sit corpus constitutum ex partibus congruentibus ad diversas operationes animae, quae dicuntur organa. Et propter hoc, totum corpus cui[227] respondet[228] principaliter[229] anima ut forma est organum; partes autem sunt propter totum. Unde animae non respondet[230] pars corporis sicut proprium et principale[231] perfectibile, sed secundum quod habet

---

[202] Dicimus] dicamus P²OV   [203] ad] ss. P¹₂   [204] essentiam, anima autem secundum suam] in marg. P¹₂   [205] totalitatem perfectionis] totam perfectionem V   [206] secundum totalitatem... parte corporis] in marg. P¹₂ om. O   [207] si] sicut AP¹P² om. cum lac. L   [208] enim] etiam H   [209] remanet] remaneat H   [210] ei] etiam H   [211] communicatione] conjunctione P²   [212] velle] om. P²   [213] corporalis] corporis V   [214] organa corporalia] alias operationes V   [215] parte corporis] om. corporis V   [216] partes] potentiae L   [217] exercendas] om. LOBH   [218] Tamen] unde P¹VH   [219] parte] add. corporis B   [220] ordinetur] ordinatur OV   [221] competit] competat OVH   [222] ferream] ferrum VH   [223] ad opus serrae] operationi illius V   [224] Cum ergo anima] om. L   [225] possit] add. esse O   [226] operationes] add. animae O   [227] cui] add. principium O   [228] respondet] respondetur O   [229] principaliter] om. O principium V   [230] respondet] respondent V   [231] principale] add. et VH

11

ordinem ad totum. Unde non oportet quod quaelibet pars corporis[232] sit corpus organicum licet anima sit forma ejus.

Ad secundum[233] dicendum quod cum materia sit propter formam, hoc modo forma dat esse et speciem materiae secundum quod congruit suae operationi. Et[234] quia corpus perfectibile ab anima, ad hoc quod[235] congruat[236] diversis operationibus animae, requirit diversitatem in partibus; ideo[237] licet sit una et simplex secundum suam essentiam,[238] diversimode partes corporis[239] perficit.

Ad tertium dicendum quod, cum[240] anima sit[241] in una parte corporis eo modo quod[242] dictum est,[243] nihil animae est extra animam quae est in hac[244] parte corporis. Non tamen sequitur quod animae nihil sit extra hanc partem corporis, sed quod nihil[245] sit[246] extra totum corpus quod principaliter perficit.

Ad quartum dicendum quod Philosophus ibi loquitur[247] de anima quantum ad potentiam motivam. Principium enim motus corporis est in aliqua parte corporis, scilicet in[248] corde, et per illam partem[249] movet totum[250] corpus. Et hoc patet per exemplum quod ponit de rectore.

Ad quintum dicendum quod motor caeli non circumscribitur loco secundum suam substantiam. Sed Philosophus intendit[251] ostendere ubi[252] sit quantum ad principium movendi.[253] Et hoc modo, quantum ad principium motus, anima est[254] in corde.

Ad sextum dicendum quod etiam[255] in plantis anima dicitur esse in medio ejus quod est[256] sursum et deorsum, in quantum est principium quarumdam operationum; et similiter est in animalibus.

Ad septimum dicendum quod ideo non quaelibet pars animalis est animal, sicut quaelibet pars ignis est ignis; quia omnes operationes ignis salvantur in qualibet parte ignis, non autem omnes[257] operationes animalis salvantur in qualibet parte ejus,[258] maxime in[259] animalibus perfectis.

Ad octavum dicendum quod ratio[260] illa concludit animam non esse totam in partibus[261] corporis[262] secundum suam virtutem; quod dictum est esse verum.[263]

---

[232] corporis] animae ALP¹P²BH   [233] secundum] tertium A   [234] Et] *om.* H
[235] quod] *om.* V   [236] congruat] congruit LV   [237] ideo] *add.* anima VH   [238] essentiam] *add.* tamen B   [239] diversimode partescorporis] *om.* O   [240] cum] licet V
[241] sit] *add.* una V   [242] eo modo quod] ut V   [243] dictum est] est *ss.* P¹   [244] hac] aliqua V   [245] nihil] *add.* animae B   [246] sit] sicut A inerit V   [247] ibi loquitur] loquitur ibi P¹V   [248] aliqua... scilicet in] *om.* B   [249] partem] *add.* corporis B   [250] totum] *om.* H
[251] intendit] vult O   [252] ubi] ut H   [253] movendi] motus V motivum B   [254] motus, anima est] movetur anima V   [255] etiam] *om.* BH   [256] quod est] est *ss.* P¹   [257] omnes] *om.* B   [258] ejus] animalis V   [259] in] *om.* B   [260] ratio] potentia ALP²P¹ *sed del. et ss.* ratio P¹₂   [261] in partibus] in qualibet parte P²   [262] corporis] *add.* sed V   [263] quod... verum] et hoc verum est B

Ad nonum dicendum quod partes animae accipiuntur a Philosopho, non quantum ad essentiam animae,[264] sed quantum ad ejus potestatem. Et ideo dicit quod sicut anima est in toto corpore, ita pars animae[265] in parte corporis; quia sicut totum[266] corpus organicum se habet[267] ut deserviat[268] operationibus animae[269] quae per corpus exercentur, ita[270] se habet unum organum ad aliquam[271] determinatam operationem.

Ad decimum dicendum quod potentia[272] animae radicatur[273] in essentia; et ideo ubicumque est aliqua potentia animae, ibi est essentia animae. Quod ergo dicit Philosophus quod si oculus animalis[274] esset animal, visus esset anima ejus non[275] intelligitur de potentia animae sine ejus[276] essentia; sicut et totius corporis dicitur anima sensibilis esse forma per essentiam suam,[277] non per potentiam sensitivam.

Ad undecimum dicendum quod[278] anima operatur[279] in alias partes corporis per aliam[280] unam primam.[281] Corpus[282] autem[283] disponitur[284] ad hoc quod sit proportionatum esse[285] per actionem animae quae est causa efficiens corporis, ut Aristoteles dicit, in II[286] *De Anima*.[287] Necesse est quod dispositio aliarum[288] partium, secundum quam[289] sunt perfectibiles ab anima, dependeat ab una prima parte,[290] videlicet[291] a corde;[292] et pro tanto vita aliarum partium dependet a corde, quia postquam desinit[293] esse in aliqua parte debita dispositio, anima[294] non unitur ei ut forma. Non autem propter[295] hoc removetur quin anima sit immediate forma cujuslibet partis corporis.[296]

Ad duodecimum dicendum quod anima non movetur neque quiescit, moto seu quiescente corpore, nisi per accidens. Non autem inconveniens est[297] si[298] aliquid movetur et quiescit simul[299] per accidens, sicut[300] non est inconveniens[301] quod aliquid moveatur per accidens contrariis motibus, ut puta si quis[302] in navi[303] deferretur[304] contra cursum navis.[305]

Ad tertium decimum dicendum quod licet omnes potentiae[306] radicentur

[264] animae] *om.* VB   [265] animae] *add.* est VB   [266] totum] *om.* V   [267] habet] habeat AL   [268] deserviat] *add.* omnibus OVB   [269] animae] *om.* OBH   [270] ita] sic P[2]   [271] aliquam] aliam L   [272] potentia] potentiae B   [273] radicatur] radicantur B   [274] animalis] *om.* VBH   [275] non] *om.* B   [276] sine ejus] et non de B   [277] suam] *add.* et VB   [278] quod] *add.* cum OBH   [279] operatur] operetur OBH   [280] aliam] aliquam P[1]VBH vel aliquam O   [281] unam primam] viam propriam H primam] potentiam OV   [282] corpus] corporis O   [283] autem] quae O   [284] disponitur] disponatur B   [285] esse] animae P[1]V   [286] II] III OH   [287] Anima] *add. ss.* unde P[1]₂   [287] ARISTOTLE, *De Anima*, II, 4 (415b 8-12)   [288] aliarum] illarum O   [289] quam] quod V   [290] parte] vita O   [291] videlicet] *om.* O scilicet VB   [292] corde] cognitione ? V   [293] desinit] dedit O   [294] anima] animae L   [295] propter] per V   [296] corporis] *om.* O   [297] est] *add.* quod AB   [298] si] *om.* B   [299] simul] *om.* V   [300] sicut] *add.* autem H   [301] inconveniens] conveniens P[1]   [302] quis] aliquis H   [303] navi] *add.* existens B   [304] deferretur] deferretur H   [305] navis] maris vel navis B   [306] potentiae] *add.* animae OBH

in essentia[307] animae, tamen quaelibet pars corporis recipit animam secundum[308] modum;[309] et ideo in diversis partibus est secundum diversas potentias, neque[310] oportet quod in unaquaeque[311] secundum omnes.

Ad quartum decimum dicendum quod cum dicitur unumquodque esse[312] in aliquo[313] secundum[314] modum ejus in quo est, intelligitur quantum ad capacitatis ipsius modum, non[315] quantum ad naturam ejus. Non enim oportet ut[316] id quod est in aliquo habeat naturam[317] et proprietatem ejus in quo est, sed quod recipiatur in eo secundum capacitatem ipsius. Manifestum est enim quod aqua[318] non habet naturam amphorae.[319] Unde nec[320] oportet quod anima habeat istam naturam corporis ut ubi est una pars ejus,[321] ibi sit alia.[322]

Ad quintum decimum dicendum quod animalia anulosa decisa vivunt, non solum quia[323] anima est in qualibet parte corporis, sed quia anima eorum, cum sit imperfecta et paucarum actionum,[324] requirit paucam diversitatem in partibus, quae etiam invenitur[325] in[326] parte decisa vivente.[327] Unde, cum retineat dispositionem per quam totum corpus est perfectibile ab anima, remanet in eo anima; secus autem est in animalibus[328] perfectis.

Ad sextum decimum dicendum quod forma domus, sicut et aliae formae artificiales, est forma accidentalis. Unde non dat esse et[329] speciem toti et cuilibet parti; neque totum est unum simpliciter,[330] sed unum aggregatione.[331] Anima autem est forma substantialis corporis dans esse et speciem toti et partibus; et[332] totum[333] ex partibus constitutum est unum simpliciter.[334] Unde non est simile.

Ad septimum decimum dicendum quod anima, quamvis sit una et simplex in essentia, habet tamen virtutes[335] ad diversas operationes. Et quia naturaliter dat esse in specie[336] suo perfectibili in quantum est forma corporis secundum[337] essentiam, ea autem quae sunt naturaliter sunt propter finem, oportet quod anima[338] constituat in corpore diversitatem partium prout congruit[339] diversis operationibus. Et verum est quod

---

[307] essentia] esse V　　　[308] secundum] *add.* suum OVBH　　　[309] modum] *add. in marg.* suae potentiae P¹₂　　　[310] neque] et non O non V nec B　　　[311] unaquaque] una OB *add.* sit V [312] esse] est B　　　[313] aliquo] alio LP¹P²OBH　　　[314] secundum] per V　　　[315] non] *add.* autem B　　　[316] ut] quod LB　　　[317] ejus. Non... habeat naturam] *om.* V　　　[318] aqua] *add.* quae recipitur in vase V　　　[319] amphorae] vasis V　　　[320] Unde nec] et sic non V nec] non OH　　　[321] ejus] corporis V *om.* B　　　[322] alia] anima V　　　[323] solum quia] solum quod A [324] actionum] operationum VBH　　　[325] invenitur] inveniuntur OV　　　[326] in] *om.* V [327] vivente] vivere V　　　[328] animalibus] animabus P² *om.* O　　　[229] esse et] *om.* P²　　　[330] simpliciter] simplex V　　　[331] aggregatione] congregatione V　　　[332] et partibus; et] *om.* V [333] totum] *add.* autem V　　　[334] simpliciter] simplex OV　　　[335] virtutes] virtutem OVH [336] in specie] et speciem OVBH　　　[337] secundum] per O　　　[338] anima] animae P² natura V [339] congruit] *add.* in V

propter[340] hujusmodi diversitatem, cujus ratione[341] est ex fine et non ex forma tantum, in constitutione viventium magis apparet quod natura operetur[342] propter finem,[343] quam in aliis[344] rebus naturalibus,[345] in quibus una forma uniformiter perficit suum perfectibile.[346]

Ad octavum decimum dicendum quod simplicitas animae et angeli non est aestimanda ad modum simplicitatis puncti, quod habet determinatum situm in continuo; et ideo quod simplex est non potest esse simul in diversis partibus continui. Sed angelus et anima dicuntur simplicia per hoc quod omnino carent quantitate; et ideo non applicantur ad continuum[347] nisi per contactum virtutis.[348] Unde totum illud quod virtute contingitur[349] respondet angelo, qui[350] non unitur ut forma ut locus unus, et animae quae unitur ut forma ut[351] perfectibile unum.[352] Et sicut angelus est in qualibet parte sui loci totus, ita et anima est[353] in[354] qualibet parte[355] sui perfectibilis tota.[356]

---

[340] propter] habet V   [341] ratione] ratio P¹BH   [342] operetur] operatur V   [343] finem] *add.* plus V   [344] aliis] illis L   [345] naturalibus] *om.* B   [346] perfectibile] perfectibili A   [347] continuum] *add.* ut ad locum B   [348] virtutis] unitatis P²   [349] contingitur] conjungitur V contingit *in marg.* B   [350] qui] quod ALP¹P² OB quia V   [351] ut] et V   [352] Unde... unum] *in marg. cum notatione* vel sic B *In textu* B *cum signis deletionis:* angelo enim non debetur dimensive in quo extendatur: sed in quo est ita quod in qualibet sui loci parte sit totus. non tamen dicitur propter hoc in diversis locis quia totalis ille locus qui suae virtuti conjungitur, locus unus dicitur. illud vero quod unitur ut forma alicui: inest ei ut perfectio perfectibili.   [353] est] *om.* VH   [354] est in] *om.* ALP²   [355] sui loci... parte] *om.* O   [356] est... tota] quae secundum suam essentiam est forma corporis et cujuslibet partis, est in toto corpore et in qualibet parte ejus tota ut perfectio in suo perfectibili. B

QUAESTIO UNDECIMA

Loca parallela: *Quodl.* XI, q. 5, a. 1; *Contra gent.*, II, 58; *De Pot.*, q. 3, a. 9, ad 9; *Summa theol.*, I, q. 76, a. 3; *De Spir. creat.*, a. 3; *De Anima*, q. 9; *Compend. theol.*, 90-92.

Undecimo quaeritur utrum IN HOMINE[1] ANIMA RATIONALIS, SENSIBILIS, ET VEGETABILIS SIT[2] UNA SUBSTANTIA. Et videtur quod non.[3]

(1) Ubicumque enim[4] est actus animae,[5] ibi est et[6] anima. Sed in embryone actus animae vegetabilis praecedit actum animae sensibilis; et actus animae sensibilis, actum animae rationalis. Ergo in concepto primum[7] est anima vegetabilis quam sensibilis,[8] et sensibilis quam[9] rationalis; et ita non sunt idem secundum substantiam.

Sed dicebat quod actus animae vegetabilis et sensibilis non est in embryone ab anima quae sit in embryone, sed[10] a virtute in eo existente ab anima parentis.

(2) Sed contra, nullum agens[11] finitum agit sua virtute nisi secundum determinatam distantiam,[12] ut patet in motu progressionis.[13] Projiciens enim usque ad locum determinatum[14] projicit secundum modum suae virtutis. Sed in embryone apparent motus et operationes[15] animae, quantumcumque parens[16] distet, cujus tamen virtus finita est. Non igitur operationes animae sunt in embryone per virtutem[17] animae[18] parentis.

(3) Praeterea, Philosophus dicit, in libro *De Generatione Animalium*,[19] quod embryo primum[20] est animal quam homo. Sed animal non est nisi quod habeat[21] animam sensibilem; homo autem est per animam rationalem. Ergo ipsa anima sensibilis est primum[22] in embryone quam anima rationalis, et non solum virtus ejus.

(4) Praeterea, vivere et sentire sunt operationes quae non possunt esse nisi a principio intrinseco;[23] sunt autem actus animae. Cum igitur prius[24] embryo vivat et sentiat antequam habeat animam rationalem,

---

[1] in homine] *om.* V   [2] sit] sint OH   [3] non] *add.* sic O *add.* quia B   [4] enim] *om.* OVBH   [5] animae] *om.* O   [6] et] *om.* P²B   [7] primum] *del. et in marg.* prius P¹₂ prius OVBH   [8] quam sensibilis] *om.* B   [9] quam] *add.* anima B   [10] sed] *add.* non AP² *add. et del.* non P¹   [11] agens] autem ALP² *del.* autem *et add. in marg.* agens P¹₂ *om.* OB   [12] distantiam] substantiam ALP¹P² *add. in marg.* alibi distantiam P¹₂   [13] progressionis] projectionis OVH proicientis B   [14] locum determinatum] determinatam distantiam V   [15] motus et operationes] actiones V   [16] parens] per eas ALP¹P²V   [17] virtutem] operationem V   [18] animae] *om.* B   [19] ARISTOTLE, *De Generatione animalium*, II, 3 (736a 35-b5)   [20] primum] prius OVBH   [21] habeat] habet OVBH   [22] primum] prius VBH   [23] intrinseco] *om.* ALP¹P² *in marg.* P¹₂   [24] igitur prius] plus AL prius] *om.* VBH

vivere et sentire non erunt ex anima exterioris parentis, sed ab anima intus existente.

(5) Praeterea, Philosophus dicit, in II *De Anima*,[25] quod anima est causa corporis viventis, non solum sicut forma, sed sicut efficiens et finis. Sed non esset efficiens causa corporis, nisi adesset corpori quando formatur. Formatur autem ante infusionem animae rationalis. Ergo ante infusionem animae rationalis est in embryone anima,[26] et non solum animae virtus.

Sed dicebat quod formatio corporis sit[27] ab anima, non quae est in embryone, sed ab anima parentis.

(6) Sed contra, corpora viventia secundum motus proprios movent seipsa. Sed generatio corporis viventis est quidam motus ejus proprius, cum ejus[28] principium proprium sit[29] potentia[30] generativa. Ergo secundum istum modum[31] res una[32] movet se ipsam. Sed movens se ipsum componitur[33] ex movente[34] et moto, ut probatur in VIII *Physicorum*.[35] Ergo principium generationis[36] quod format corpus vivum[37] est anima quae est in embryone.

(7) Praeterea,[38] manifestum est quod embryo augetur.[39] Augmentum[40] autem est motus secundum locum,[41] ut dicitur in IV *Physicorum*.[42] Cum igitur animal secundum locum[43] moveat se ipsum, movebit etiam se ipsum secundum augmentum; et ita oportet quod in embryone sit principium talis motus, et non habeat hunc motum ab anima extrinseca.

(8) Praeterea, Philosophus[44] dicit, in libro *De Generatione Animalium*,[45] quod non potest dici[46] quod in embryone non sit anima. Et primo est ibi vegetativa,[47] postea sensitiva.[48]

Sed dicebat quod hoc dicit Philosophus non quod sit ibi[49] anima in actu sed in potentia.

(9) Sed contra, nihil agit nisi inquantum est actu. Sed in embryone sunt actiones animae. Ergo est ibi anima in actu, et ita relinquitur quod non sit tantum una substantia.[50]

(10) Praeterea, impossibile est quod idem sit ab extrinseco et intrin-

---

[25] ARISTOTLE, *De Anima*, II, 4 (415b 8-12)   [26] anima] *add.* sensibilis B   [27] sit] fuit O fit H   [28] cum ejus] qui est P² cum est V   [29] sit] sicut V   [30] potentia] ratio P² [31] modum] *in marg.* alibi motum P¹ motum OBH   [32] una] viva BH   [33] componitur] comparatur V   [34] movente] motore V   [35] ARISTOTLE, *Physica*, VIII, 5 (257b 16-20) [36] generationis] generantis V   [37] vivum] humanum O   [38] Praeterea] *om.* ALP² [39] augetur] augmentator O   [40] Augmentum] augmentatio H   [41] secundum locum] *om.* B [42] IV Physicorum] praedicamentis B   [42] ARISTOTLE, *Physica*, IV, 4 (211a 14-17); Cf. IV, 6 (213b 4-5)   [43] ut dicitur... se cundum locum] *in marg.* P¹₂   [44] Philosphus] *add. in marg.* expresse P¹₂ *add.* expresse OVBH   [45] ARISTOTLE, *De Generatione animalium*, II, 3 (736a 33-35) [46] quod non potest dici] *om.* ALP² *in marg.* P¹₂   [47] vegetativa] *om.* A *lac.* LP² anima cibativa OH anima cibativa et VB   [48] sensitiva] *ibi add. et vac.* 34 lineae Textus B   [49] ibi] ab ALP¹P²   [50] una substantia] ibi anima in potentia P¹

seco. Sed anima rationalis est[51] ab extrinseco;[52] vegetabilis autem et[53] sensibilis, ab intrinseco, id est a principio quod est in semine, ut patet per Philosophum, in libro *De Generatione Animalium*.[54] Ergo non est idem in homine secundum substantiam anima vegetabilis,[55] sensibilis et rationalis.

(11) Praeterea, impossibile est ut[56] quod est substantia in uno sit accidens in alio. Unde dicit Philosophus, in VII[57] *Metaphysicae*,[58] quod calor non est forma substantialis ignis, cum sit accidens in aliis. Sed anima sensibilis est substantia in brutis animalibus. Non est ergo potentia tantum in homine, cum potentiae[59] sint quaedam[60] proprietates et accidentia[61] animae.

(12) Praeterea, homo est nobilius animal quam bruta animalia. Sed animal dicitur propter animam sensibilem. Ergo anima sensibilis est nobilior in homine quam in brutis animalibus. Sed in brutis animalibus est quaedam substantia, et non tantum potentia animae. Ergo multo magis[62] in homine est quaedam substantia per se.[63]

(13) Praeterea, impossibile est quod idem secundum substantiam sit corruptibile et incorruptibile. Sed anima rationalis est incorruptibilis;[64] animae vero sensibiles et vegetabiles sunt corruptibiles. Ergo impossibile est quod anima rationalis, sensibilis[65] et vegetabilis sint idem secundum substantiam.

Sed dicebat quod anima sensibilis in homine est incorruptibilis.

(14) Sed contra, corruptibile[66] et incorruptibile differunt secundum genus, ut dicit Philosophus, in X *Metaphysicae*.[67] Sed anima sensibilis in brutis est corruptibilis;[68] siquidem[69] in homine[70] anima sensibilis est incorruptibilis, non erit[71] ejusdem generis[72] anima sensibilis in homine et in equo. Et ita, cum animal dicatur[73] per[74] animam sensibilem, homo et equus non essent[75] in uno[76] genere animalis; quod patet esse falsum.

(15) Praeterea, impossibile est quod idem secundum substantiam sit

---

[51] est] *add.* in homine OVBH   [52] extrinseco] *add.* scilicet a deo B   [53] autem et] aut H   [54] ARISTOTLE, *De Generatione animalium*, II, 3 (736b 21-30)   [55] vegetabilis] *add.* et LP[2]   [56] ut] quod illud B   [57] VII] VIII H   [58] This idea, though not explicitly stated by Aristotle, is definitely implied in his following works: *De Generatione et corruptione*, II, 9 (335b-336a14); *Physics*, I, 7 (190b 17-191a 5); 3 (186b 20-187a); IV, 9 (217a 25-217b10); V, 1 (224b 1-10); 2 (225b 15-25); *Metaph.*, IV, 4 (1007a 30-1007b)   [59] potentiae] primae V   [60] quaedam] *om.* V   [61] accidentia] actus O   [62] magis] fortius B   [63] animalibus. Sed... per se] cum sit quaedam substantia per se in homine. O   [64] incorruptibilis] incorporalis A incorporea L   [65] sensibilis] *om.* AP[1]P[2]   [66] incorruptibile] *add.* in homine L   [67] ARISTOTLE, *Metaph.*, X, 10 (1058b 26-29)   [68] corruptibilis] corporalis O   [69] siquidem] secundum quid P[2] si igitur OVH si ergo B L *add.* igitur P[1]   [72] generis] speciei L   [73] dicatur] *add.* animal V   [74] per] propter VBH   [75] essent] esset AP[2] erunt OVBH   [70] homine] *add.* autem P[2]   [71] erit] *add.* ergo   [76] uno] eodem B

rationale et irrationale, quia contradictio non verificatur de eodem. Sed anima sensibilis et vegetabilis sunt irrationales. Ergo non possunt idem[77] esse in[78] substantia[79] cum anima rationali.

(16) Praeterea, corpus est proportionatum animae.[80] Sed[81] in corpore sunt diversa principia operationum animae, quae vocantur membra principalia. Ergo non est tantum una[82] anima sed plures.

(17) Praeterea, potentiae animae naturaliter ab essentia[83] animae fluunt. Ab uno autem naturaliter non procedit nisi unum. Si ergo anima est una tantum in homine, non procederent[84] ab ea vires quaedam affixae[85] organis et non affixae.[86]

(18) Praeterea, genus sumitur a materia; differentia vero a forma. Sed genus hominis est animal; differentia vero rationale. Cum ergo animal dicatur ab anima sensibili, videtur quod non solum corpus sed etiam anima sensibilis[87] comparetur[88] ad animam rationalem per modum materiae. Ergo non sunt idem in substantia anima rationalis et anima sensibilis.

(19) Praeterea, homo et equus conveniunt in animali. Animal autem dicitur[89] per animam sensibilem. Ergo conveniunt in anima[90] sensibili. Sed anima sensibilis in equo non est rationalis. Ergo nec in homine.[91]

(20) Praeterea, si anima rationalis, sensibilis et vegetabilis sint[92] idem secundum substantiam in homine, oportet quod in quacumque parte[93] est[94] una earum,[95] sit et alia. Hoc autem est falsum. Nam in ossibus est anima vegetabilis quia nutriuntur et augentur;[96] non autem anima sensibilis, quia sine sensu[97] sunt. Ergo non sunt idem secundum substantiam.

SED CONTRA est quod dicitur in libro *De Ecclesiae Dogmatibus* :[98] "Neque duas animas in uno homine esse dicimus, sicut Jacobus et alii[99] scribunt,[100] unam animalem qua animatur[101] corpus, et[102] aliam rationalem quae rationi[103] ministret; sed dicimus unam eandemque[104] animam in

---

[77] idem] *om.* B   [78] in] *add.* eadem B   [79] substantia] subjecto P²   [80] animae] materiae V   [81] Sed] quaelibet A quae si P²   [82] una] *om.* V   [83] essentia] esse V
[84] procederent] procedunt O procedent P²   [85] affixae] afflixae A fixae L   [86] affixae] afflixae A
[87] sensibilis] *om.* B   [88] comparetur] operetur ALP¹P²V   [89] dicitur] diffinitur O
[90] anima] animali V   [91] homine] equo AL   [92] sint] sunt LOVBH   [93] parte] *om.* L   [94] est] sit P²   [95] earum] secundum substantiam V   [96] augentur] augmentantur O   [97] sine sensu] supra sensum O   [98] Gennadius, *De Ecclesiasticis dogmatibus*, XV (PL 43: 984)   [99] alii] *add. in marg.* syriorum P¹₂ *add.* syriorum O *add.* superiores V *add.* suorum BH   [100] scribunt] dicunt B *Ibi lacuna in Ms.* O *usque ad Obj. 17 Quaestionis 12: oportet quod anima ipsa sit quae potentiae.*   [101] animetur] animatur P²   [102] et] in AP¹
[103] rationi] rationem VH ratione B   [104] eandemque] eandem ALP¹P² et eandem V

homine,[105] quae et[106] corpus sua societate vivificet,[107] et semetipsam sua ratione disponat."

RESPONSIO. Dicendum quod circa hanc quaestionem sunt diversae opiniones, non solum modernorum sed etiam antiquorum. Plato[108] enim posuit diversas animas esse in corpore; et hoc quidem consequens erat[109] suis principiis. Posuit enim Plato quod anima unitur[110] corpori ut motor[111] et non ut forma, dicens animam[112] esse in corpore sicut est[113] nauta in navi.[114] Ubi autem[115] apparent diversae actiones secundum genus,[116] oportet ponere diversos motores; sicut in navi alius est qui gubernat et alius qui remigat, nec eorum diversitas repugnat unitati navis; quia sicut actiones ordinatae sunt, ita et motores qui sunt in navi ordinati sunt,[117] unus[118] sub alio. Et similiter[119] non videtur repugnare unitati hominis vel animalis[120] si sint[121] plures animae[122] in uno corpore ut motores, ordinati[123] sub invicem secundum ordinem[124] operationum animae.[125]

Sed[126] secundum hoc,[127] cum[128] ex motore et mobili[129] non fiat[130] unum simpliciter et per se,[131] homo non esset unum simpliciter et per se, neque animal;[132] neque esset generatio aut[133] corruptio simpliciter, cum corpus accipit animam vel amittit.[134] Unde[135] oportet dicere quod anima unitur[136] corpori, non solum ut motor, sed ut forma, ut etiam ex superioribus manifestum est.[137]

Sed etiam[138] hoc posito, adhuc[139] secundum Platonis principia[140] consequens est quod sint plures animae in homine et in animali. Posuerunt enim Platonici universalia esse formas separatas quae de sensibilibus praedicantur in quantum participata sunt[141] ab eis, ut puta Socrates[142] dicitur animal[143] in quantum participat ideam animalis et homo in quantum participat ideam hominis; et secundum hoc[144] relinquitur quod alia[145]

[105] in homine] om. B   [106] et] om. BH   [107] vivificet] ministret V   [108] PLATO, Timaeus, 69E-70A; Republic, IX, 580D-581C   [109] erat] fuit V   [110] unitur] uniatur H [111] motor] motori LP[1] add. tantum VH   [112] animam] eam VBH   [113] est] om. P[1]P[2]VB [114] navi.] add. sed B   [115] autem] om. L multum B   [116] genus] genera H   [117] sunt] om. LV   [118] ordinati sunt, unus] unus est ordinatus B   [119] similiter] sic V   [120] animalis] add. etiam L   [121] sint] sunt VH   [122] animae] om. ALP[1]P[2]   [123] ordinati] ordinatae P[2] [124] ordinem] ordinationem H   [125] ut motores... animae] om. V   [126] Sed] quia L [127] Sed secundum hoc] sed haec positio est omnino inconveniens quia B   [128] cum] quod H [129] mobili] moto V   [130] fiat] esset P[2]   [131] per se] add. sequitur quod B   [132] animal] add. similiter B   [133] aut] vel VB   [134] amittit] add. sive anima uniatur corpori tantum ut motor et non ut forma sed quia hoc falsum est. B   [135] Unde] ideo B   [136] unitur] uniatur H [137] ut... est] om. B   [138] Sed etiam] praeterea B   [139] adhuc] add. aliter B   [140] principia] opinionem B   [141] participata sunt] participant V participantur B   [142] Socrates] forma ALP[2]   [143] animal] om. P[2]   [144] secundum hoc] sic B   [145] alia] aliqua LP[2] anima VH

sit forma secundum essentiam secundum quam Socrates[146] dicitur esse animal, et alia[147] secundum quam dicitur esse[148] homo. Unde adhuc[149] sequitur[150] quod anima sensibilis et rationalis in homine secundum substantiam[151] differant.

Sed hoc non potest stare,[152] quod si de aliquo subjecto praedicentur aliqua secundum diversas formas,[153] unum illorum praedicatur de altero[154] per accidens; sicut de Socrate[155] dicitur[156] album sccundum albedinem et musicum secundum musicam, unde musicum de albo secundum accidens praedicatur. Si igitur Socrates dicatur homo et animal secundum aliam et aliam formam, sequitur[157] quod haec praedicatio "Homo est animal" sit per accidens, et quod homo non sit vere id quod est animal.

Contingit tamen secundum diversas formas fieri praedicationem per se quando habent ordinem[158] ad invicem, ut si dicatur quod habens superficiem est coloratum; nam color est in substantia[159] mediante superficie. Sed hic modus praedicandi per se non est[160] cum[161] praedicatum non ponatur[162] in definitione subjecti,[163] sed magis e converso. Superficies enim ponatur in definitione coloris[164] sicut numerus in definitione paris. Si igitur hoc modo esset praedicatio per se hominis et animalis,[165] cum anima sensibilis quasi materialiter ordinetur ad rationalem,[166] si diversa sint, sequitur[167] quod animal non praedicatur[168] per se de homine sed magis e converso.

Sequitur etiam et aliud inconveniens. Ex pluribus enim actu existentibus non fit unum simpliciter, nisi sit aliquid uniens et aliquo modo[169] ligans ea ad invicem. Sic ergo, si secundum diversas formas Socrates[170] esset animal et rationale,[171] indigerent haec duo, ad hoc quod unirentur[172] simpliciter, aliquo quod faceret ea unum. Unde cum hoc non sit assignare, remanebit quod homo[173] non erit unum nisi aggregatione, sicut acervus qui[174] est secundum quid[175] unum et simpliciter multa. Et ita etiam non

---

[146] Socrates] forma P²   [147] alia] *om.* L anima VH   [148] esse] *om.* V   [149] adhuc] ad hoc H   [150] sequitur] sequetur H   [151] secundum substantiam] *om.* B   [152] stare] *add.* quia ex diversis actu existentibus non sit aliquid unum V *add.* quod ex diversis actu existentibus non fit aliquid unum H   [153] formas] *add.* per se H   [154] altero alio B [155] Socrate] albedine P²   [156] dicitur] *del. et in marg.* praedicatur P¹₂ praedicatur VBH [157] sequitur] sequetur P¹H   [158] ordinem] ordinationem B   [159] substantia] subjecto V [160] non est] *add.* in primo modo dicendi per se B   [161] cum] quia H   [162] ponatur] *add. in marg.* alibi quia praedicatum ponatur P¹₂   [163] subjecti] substantiae P² [164] coloris] corporis V   [165] et animalis] et hominis ALP²   [166] rationalem] rationale ALP²H   [167] sequitur] sequetur P²H   [168] praedicatur] praedicabitur P²BH   [169] uniens et aliquo modo] *om.* V   [170] Socrates] substantiae P²   [171] rationale] rationalis B [172] unirentur] uniretur ALP²   [173] homo] hoc ALP²BV   [174] qui] quod H   [175] quid] quod ALP²

erit homo ens simpliciter, quia unumquodque in tantum est ens, in quantum est unum.

Iterum aliud inconveniens sequitur. Cum enim genus sit substantiale praedicatum,[176] oportet quod forma secundum quam individuum substantiae recipit praedicationem generis sit forma substantialis, et ita oportet quod anima sensibilis secundum quam Socrates dicitur[177] animal sit forma substantialis in eo; et sic necesse[178] est quod[179] det esse simpliciter corpori et faciat ipsum hoc[180] aliquid.[181] Anima ergo rationalis, si est alia[182] secundum substantiam, non faciet[183] hoc aliquid[184] nec dabit[185] esse simpliciter, sed solum esse aliquid, cum adveniat rei jam subsistenti. Unde non erit forma substantialis, sed accidentalis; et sic non dabit speciem Socrati, cum etiam species sit praedicatum[186] substantiale.

Relinquitur ergo quod in homine sit tantum una anima secundum substantiam, quae est rationalis, sensibilis et vegetabilis. Et hoc consequens[187] est ei, quod in praecedentibus ostendimus de ordine formarum substantialium, scilicet quod nulla forma substantialis unitur materiae mediante alia[188] forma substantiali, sed forma perfectior dat materiae quicquid dabat[189] inferior et adhuc amplius. Unde anima rationalis dat corpori humano quicquid dat anima[190] vegetabilis plantis, et quicquid dat anima sensibilis brutis,[191] et ulterius aliquid.[192] Et propter hoc[193] ipsa est in homine et vegetabilis et sensibilis et rationalis. Huic [194] etiam attestatur quod, cum operatio unius potentiae[195] fuerit intensa,[196] impeditur[197] alia operatio, et etiam[198] fit redundantia[199] ab una potentia in aliam, quod non esset nisi omnes potentiae in una essentia animae[200] radicarentur.

AD PRIMUM ergo dicendum quod supposito quod sit tantum una substantia[201] animae in corpore humano, diversimode ad hoc argumentum respondetur a diversis. Quidam enim dicunt quod in embryone ante animam rationalem non est anima sed quaedam virtus procedens ab anima parentis; et ab hujus[202] virtute sunt operationes quae in embryone

---

[176] praedicatum] praedicamentum H   [177] dicitur] add. esse V   [178] necesse] necessarium H   [179] quod] add. anima H   [180] ipsum hoc] hoc psum ALP¹P² illud hoc] B   [181] aliquid] om. L   [182] alia] ita V   [183] faciet] facit ALP ¹P²VH   [184] hoc aliquid] om. ALP¹P²   [185] dabit] om. ALP¹P²VH   [186] praedicatum] praedicamentum H   [187] consequens] quandoque P²   [188] alia] aliqua V   [189] dabat] add. a forma V add. forma BH   [190] dat anima] add. sensibilis brutis A add. et del. sensibilis brutis P¹   [191] vegetabilis... brutis] sensibilis brutis vegetabilis plantis B   [192] aliquid] om. B   [193] propter hoc] ideo B   [194] Huic] hiis L   [195] potentiae] add. non LP² add. et del. non P¹ add. animae V   [196] intensa] om. cum lacuna L add. in lac. P¹₂ om. P²   [197] impeditur] impedit A impenditur V   [198] etiam] add. quod P²VBH   [199] fit redun] om. cum lacuna L Erat lacuna in P¹; add. quod sit redun P¹₂ fit redundantia] sit redditus V sunt reducentes B sit redundans H   [200] essentia animae] anima V   [201] substantia] essentia V   [202] hujus] hujusmodi BH

apparent, quae dicitur virtus formativa.[203] Sed hoc non est[204] omnino verum, quia in embryone apparet non solum formatio corporis, quae posset attribui praedictae virtuti, sed etiam aliae[205] operationes quae non possunt attribui nisi animae, ut augeri,[206] sentire, et hujusmodi. Posset tamen hoc sustineri si[207] praedictum principium activum in embryone pro tanto diceretur virtus animae, non anima, quia nondum est anima[208] perfecta, sicut nec embryo[209] est animal perfectum. Sed tunc eadem[210] remanebit[211] dubitatio.

Dicunt enim aliqui quod licet primo in embryone sit anima vegetabilis quam sensibilis, et sensibilis quam rationalis, non tamen est alia et alia;[212] sed primo quidem reducitur semen in actum[213] animae vegetabilis per principium activum quod est in semine; quae quidem anima in processu temporis magis ad ulteriorem producitur perfectionem per processum generationis et ipsamet fit anima sensibilis; quae quidem ulterius producitur in majorem perfectionem a principio extrinseco et fit[214] anima rationalis. Sed secundum hanc positionem sequitur quod ipsa substantia animae[215] rationalis sit a principio activo quod est in semine, licet aliqua[216] perfectio adveniat ei ultimo a principio extrinseco; et ita sequitur[217] quod anima rationalis secundum suam substantiam sit corporalis;[218] non enim potest esse incorporale[219] quod a virtute quae est in semine terminatur.[220]

Et ideo aliter dicendum est quod generatio animalis non est tantum una generatio[221] simplex, sed succedunt sibi invicem multae generationes et corruptiones; sicut dicitur quod primo habet formam seminis, et secundo formam sanguinis, et sic deinceps quousque perficiatur[222] generatio. Et ideo cum corruptio et generatio[223] non sint sine adjectione et additione formae, oportet quod forma imperfecta quae prius inerat abjiciatur, et perfectior[224] inducatur;[225] et hoc quousque conceptum habeat formam perfectam. Et ideo dicitur[226] quod anima vegetabilis primum est,[227] sed illa adjicitur in processu[228] generationis, et succedit alia[229] quae non

---

[203] formativa] formatum AL   [204] est] potest esse P¹VBH   [205] aliae] esse P² animae V
[206] ut augeri] vel angeli et V   [207] si] sed ALP²   [208] est anima] est jam V
[209] embryo] *add.* ad hoc V in embryone H   [210] eadem] *add.* difficultas VBH   [211] remanebit] *add. in marg.* dubitatio P¹₂   [212] et alia] *add.* anima H   [213] actum] actu H   [214] et fit] sit etiam V   [215] substantia animae] anima B   [216] licet aliqua] *om. cum lacuna* L *om.* P² aliqua] *add. in lac. priori* P¹₂   [217] sequitur] sequetur LP²H   [218] corporalis] rationalis *del. et add.* corruptibilis P¹ corruptibilis BH   [219] incorporale] incorruptibile BH   [220] terminatur] *del. et add. in marg.* causatur P¹₂ causatur VBH   [221] animalis non est tantum una generatio] *bis exhibit* A   [222] perficiatur] *add.* corruptio et L   [223] Et ideo... generatio] *om.* L   [224] perfectior] perfectio AL   [225] inducatur] introduducatur V   [226] dicitur] dicendum VBH   [227] est] *add. in semine* VBH   [228] in processu] per processum V   [229] alia] aliam A

solum est vegetabilis sed etiam sensibilis;[230] ad ista[231] iterum[232] additur[233] alia quae simul est[234] vegetabilis, sensibilis et rationalis.

Ad secundum dicendum quod virtus[235] in semine a patre est virtus permanens ex intrinseco,[236] non[237] fluens ex extrinseco,[238] sicut virtus moventis[239] quae est in projectis. Et ideo quantumcumque pater distet secundum locum, virtus quae est in semine operatur. Non enim virtus activa quae est in semine potest esse a matre, licet hoc quidam dicant quod[240] femina[241] non est principium activum sed passivum in generatione. Sed[242] tamen quantum ad aliquid est simile, sicut enim virtus projicientis, quia[243] est finita,[244] movet motu locali usque ad determinatam distantiam loci; ita[245] virtus generantis[246] movet motu generationis usque ad determinatam formam.[247]

Ad tertium dicendum quod illa virtus habet rationem animae, ut dictum est; et ideo[248] ab ea[249] embryo[250] potest dici animal.

Et similiter[251] dicendum ad quartum, quintum, sextum, septimum et octavum.

Ad nonum dicendum quod sicut anima est in embryone in actu, sed imperfecto,[252] ita[253] operatur sed operationes imperfectas.

Ad decimum dicendum quod licet anima sensibilis in brutis sit ab intrinseco,[254] tamen in homine[255] substantia animae[256] quae est simul vegetabilis, sensibilis,[257] rationalis est ab extrinseco,[258] ut jam dictum est.

Ad undecimum dicendum quod anima sensibilis non est accidens in homine sed substantia, cum sit idem in substantia cum anima rationali; sed potentia sensitiva est accidens[259] in homine, sicut et in aliis animalibus.[260]

Ad duodecimum dicendum quod anima sensibilis est nobilior in homine quam in aliis animalibus; quia in homine non tantum sensibilis est, sed etiam rationalis.

Ad tertium decimum dicendum quod anima sensibilis in homine secundum substantiam est incorruptibilis,[261] cum ejus substantia sit substantia

---

[230] sensibilis] add. qua P¹P²   [231] ad ista] adjecta P¹P² qua abjecta B   [232] ad ista iterum] et qua abjecta V   [233] additur] adicitur H   [234] est] erit P²   [235] virtus] post verbum virtus lac. in L add. ss. illa quae est P¹₂ add. illa quae est VBH   [236] ex intrinseco] extrinseca H [237] non] om. ALP² ss. P¹₂   [238] extrinseco] intrinseco B intrinseca H   [329] moventis] motoris V   [240] quod] quia P¹VBH   [241] femina] sensitiva P²   [242] in generatione sed] in marg. A om. cum lac. L add. in priori lac. P¹₂P²₂   [243] projicientis, quia] om. cum lac. L quia] quae P²VB [244] finita] forma P²   [245] ita] vel V   [246] generantis] generationis L virtus generantis] generans B   [247] formam] add. vel tempus H   [248] ideo] add. aliter V   [249] ea] om. V   [250] embryo] embryone V   [251] similiter] sic V   [252] imperfecto] in perfectis A perfecte L imperfecta B   [253] ita] add. et ibi B   [254] intrinseco] extrinseco ALP²   [255] homine] om. L [256] animae] om. V   [257] sensibilis] add. et P²VBH   [258] extrinseco] intrinseco V [259] accidens] om. B   [260] Ad... animalibus] om. V   [261] incorruptibilis] incorporalis P²

animae rationalis; licet[262] forte potentiae sensitivae, quia sunt actus corporis, non remaneant[263] post corpus, ut quibusdam videtur.

Ad quartum decimum dicendum quod si anima sensibilis quae est in brutis et anima sensibilis quae est in homine collocarentur secundum[264] se in genere vel specie, non essent unius[265] generis, nisi forte logice loquendo secundum aliquam intentionem communem. Sed illud quod est in genere et[266] specie proprie est compositum,[267] quod utrobique est corruptibile.

Ad quintum decimum dicendum quod anima sensibilis in homine non est anima irrationalis,[268] sed est anima sensibilis et rationalis simul. Sed verum est quod potentiae animae[269] sensitivae, quaedam quidem[270] sunt[271] irrationales secundum se, sed participant ratione[272] secundum[273] quod obediunt[274] rationi. Potentiae autem animae vegetabilis sunt penitus irrationales,[275] quia non obediunt rationi, ut patet per Philosophum, in I[276] *Ethicorum*.[277]

Ad sextum decimum dicendum quod licet sint plura principalia membra in corpore in quibus manifestantur[278] principia quarundam operationum animae, tamen omnia dependent a corde sicut a primo principio corporali.

Ad septimum decimum dicendum quod ab anima humana, in quantum unitur corpori, effluunt vires affixae organis; in quatum vero excedit sua virtute corporis capacitatem, effluunt ab ea vires non affixae organis.

Ad octavum decimum dicendum quod sicut ex superioribus quaestionibus patet, ab[279] una et eadem forma materia recipit diversos gradus perfectionis; et secundum quod materia perficitur[280] inferiori[281] gradu perfectionis, remanet[282] adhuc materialis ad altioris[283] perfectionis gradum. Et sic secundum quod corpus perficitur in esse sensibili ab anima humana, remanet adhuc[284] ut materiale respectu ulterioris[285] perfectionis. Et[286] secundum hoc[287] animal, quod est genus, sumitur a materia; et rationale, quod est differentia, sumitur a forma.

Ad nonum decimum dicendum quod sicut[288] animal in quantum[289] animal neque est rationale neque irrationale, sed ipsum animal rationale

---

[262] licet] sed VB   [263] remaneant] remanent P²VB   [264] secundum] per B   [265] unius] ejusdem V   [266] et] vel B   [267] compositum] *add.* ex materia et forma B   [268] irrationalis] rationalis P²V   [269] animae] *om.* V   [270] quidem] *om.* VB   [271] sunt] *add.* rationales quaedam V   [272] ratione] *add.* m P¹₂ rationem VBH   [273] secundum] *om.* P² [274] obediunt] obedit P²   [275] irrationales] irrationabiles H   [276] I] VIII V   [277] ARISTOTLE, *Ethica Nicomachea*, I, 13 (1102b 30)   [278] manifestantur] *add.* quaedam B   [279] ab] *om. cum lac.* L *add.* P¹₂ P²₂   [280] perficitur] *add.* in B   [281] inferiori] in superiori H [282] remanet] retinet V   [283] altioris] altiorem L   [284] materialis... adhuc] *om.* V [285] ulterioris] interioris AL minoris P²   [286] Et] *add. in marg.* sic B   [287] secundum hoc] sic V   [288] sicut] *om.* V   [289] quantum] *add.* est LV

est homo, animal vero irrationale est animal brutum; ita anima sensibilis in quantum hujusmodi neque rationalis[290] neque irrationalis;[291] sed ipsa anima sensibilis in homine est rationalis, in brutis vero irrationalis.

Ad vicesimum dicendum quod licet una sit anima[292] sensibilis et vegetabilis, non tamen oportet quod in quacumque[293] apparet operatio unius, appareat operatio alterius propter diversam[294] partium dispositionem. Ex quo etiam contingit quod nec omnes operationes animae sensibilis[295] exercentur per unam partem, sed visus per oculum, auditus per aures,[296] et sic de aliis.

---

[290] rationalis] *add.* est B [291] irrationalis] *add.* est H [292] anima] *add.* ipsa H [293] quacumque] *add. in marg.* parte P¹₂ *add.* parte B quocumque H [294] diversam] diversarum V [295] sensibilis] sensibiles P² [296] aures] aurem VH

QUAESTIO DUODECIMA

Loca parallela: *In I Sent.*, dist. 3, q. 4, a. 2; *Quodl.*, VII, q. 2, a. 5; X, q. 3, a. 5; X, q. 3, a. 1; *Summa theol.*, I, q. 54, a. 3; q. 77, a. 1; q. 79, a. 1; *De Spir. creat.*, a. 11.

Duodecimo quaeritur utrum ANIMA SIT SUAE POTENTIAE. Et videtur quod sic.

(1) Dicitur enim in libro *De Spiritu et Anima*:[1] "Anima habet sua naturalia[2] et illa omnia est; potentiae namque atque vires ejus idem sunt quod ipsa. Habet accidentia et illa non est;[3] suae vires est; suae virtutes non est. Non est enim sua prudentia, sua temperantia, sua justitia, sua fortitudo." Ex hoc expresse videtur haberi quod anima sit suae potentiae.

(2) Praeterea, in eodem libro dicitur: "Anima secundum sui operis[4] officium[5] variis nuncupatur nominibus. Dicitur namque anima dum vegetat, sensus dum sentit, animus dum sapit, mens dum intelligit, ratio dum discernit, memoria dum recordatur, voluntas dum vult. Ista tamen non differunt in substantia, quemadmodum[6] in nominibus; quoniam omnia ista una sunt anima."[7] Ex hoc etiam idem habetur quod prius.

(3) Praeterea, Bernardus[8] dicit: "Tria quaedam intueor in anima: memoriam, intelligentiam[9] et voluntatem; et haec tria esse ipsam[10] animam." Sed eadem ratio est etiam de aliis potentiis animae. Ergo anima est suae potentiae.

(4) Praeterea, Augustinus dicit, in IX *De Trinitate*,[11] quod memoria, intelligentia[12] et voluntas sunt una vita, una essentia. Sed non nisi[13] essentia animae. Ergo potentiae animae sunt idem quod ejus essentia.[14]

(5) Praeterea, nullum accidens excedit suum subjectum. Sed memoria, intelligentia et voluntas excedit animam. Non enim solum[15] sui anima meminit, neque[16] solum se[17] intelligit et vult, sed etiam alia. Ergo haec tria non sunt accidentia animae. Sunt igitur idem quod essentia animae, et eadem ratione aliae potentiae.

---

[1] ALCHERIUS CLARAVALLENSIS (PSEUDO-AUGUSTINUS), *Liber de spiritu et anima*, XIII (PL 40: 789)   [2] habet sua naturalia] est sua potentia naturalis B   [3] Habet... non est;] *om.* B [4] operis] operationis V   [5] officium] effectum V   [6] quemadmodum] sicut et V [7] ALCHERIUS CLARAVALLENSIS (PSEUDO-AUGUSTINUS), *Liber de spiritu et anima*, XIII (PL 40: 788-789)   [8] Bernardus] Boethius B   [8] PSEUDO S. BERNARDUS, *Meditationes Piissimae*, I (PL 184: 487)   [9] intelligentiam] intellectum V   [10] ipsam] unam VH   [11] S. AUGUSTINUS, *De Trinitate*, X, 11 (PL 42: 983)   [12] intelligentia] intellectus V   [13] non nisi] *add.* una V nisi] *om.* L una P²   [14] essentia] esse P¹   [15] solum] *om.* ALP² *add. ss.* P¹₂ [16] neque] *om.* L non B   [17] se] sed L

(6) Praeterea, secundum haec tria attenditur imago Trinitatis in anima. Sed anima est ad imaginem Trinitatis[18] secundum se ipsam, et non solum secundum ejus accidentia.[19] Ergo praedictae potentiae non sunt accidentia animae. Sunt igitur de essentia ejus.

(7) Praeterea, accidens est quod potest adesse et abesse praeter subjecti corruptionem. Sed potentiae animae non possunt abesse.[20] Ergo non sunt accidentia animae, et sic idem quod prius.

(8) Praeterea, nullum accidens est principium substantialis differentiae;[21] quia[22] differentia complet definitionem rei, quae significat quid est res. Sed potentiae animae sunt principia differentiarum substantialium;[23] sensibile enim dicitur secundum sensum,[24] rationale secundum rationem. Ergo potentiae[25] non sunt accidentia animae; sed sunt ipsa anima, quae est forma corporis; nam forma est principium substantialis differentiae.

(9) Praeterea, forma substantialis est virtuosior quam[26] accidentalis. Sed accidentalis se ipsa agit, et non per aliam[27] potentiam mediam; ergo et substantalis. Cum igitur anima sit forma substantialis, potentiae quibus agit non sunt aliud[28] quam ipsa.

(10) Praeterea, idem est principium essendi et operandi. Sed anima secundum se ipsam est principium essendi, quia[29] secundum suam essentiam est forma. Ergo sua essentia[30] est principium operandi. Sed potentia nihil est aliud quam principium operandi.[31] Essentia igitur animae est ejus potentia.[32]

(11) Praeterea, substantia animae in quantum est in potentia ad intelligibilia est intellectus possibilis; inquantum autem[33] est actu, est[34] agens. Sed esse actu et esse in potentia non significant aliud quam ipsam rem quae est in potentia et actu. Ergo anima est intellectus agens et possibilis; et eadem ratione est[35] suae potentiae.

(12) Praeterea, sicut materia[36] prima est in potentia ad[37] formas sensibiles, ita anima intellectiva est in potentia ad[38] formas intelligibiles. Sed materia prima est sua potentia.[39] Ergo[40] anima intellectiva est sua potentia.

---

18 in anima... Trinitatis] *om.* A   19 accidentia] essentiam V   20 abesse] *add.* animae VBH   21 est principium substantialis differentiae] *om.* LP²P¹ *add. in lac. et in marg.* P¹₂   22 quia] *add. in marg.* P¹₂   23 substantialium] sensibilium substantiarum V   24 sensum] *add.* et VBH   25 potentiae] *add.* animae B   26 quam] forma B   27 aliam] aliquam BH   28 aliud] aliquid P¹ *et add. in marg.* aliud P¹₂   29 quia] et VH   30 sua essentia] secundum suam essentiam VH   31 Sed... operandi] secundum principium operandi idem est quod potentia V   32 potentia] potentiae B   33 autem] *om.* V   34 actu, est] *om.* A *add.* intellectus B   35 est] *om.* L *add.* aliae B   36 materia] potentia H   37 ad] *add.* omnes V   38 ad] *add.* omnes B   39 potentia] *Add. in marg. infer.* B: non enim potest dici quod potentia materiae sit accidens ejus qiua sic accidens praeexisteret formae substantiali nec iterum est forma substantialis quia forma est actus qui opponitur potentiae et similiter nec oppositum (*sic*) quia substantia composita praecederet formam quod est impossibile relinquitur ergo   40 Ergo] quod B

(13) Praeterea, Philosophus, in libro[41] *Ethicorum*,[42] dicit quod homo est intellectus. Sed hoc non est nisi ratione animae. Ergo anima[43] est intellectus et[44] eadem ratione est aliae[45] suae potentiae.

(14) Praeterea, Philosophus, in II *De Anima*,[46] dicit quod anima est actus primus sicut scientia.[47] Sed[48] scientia[49] est immediatum principium actus secundi, qui est considerare. Ergo anima est immediatum principium operationum suarum. Sed immediatum principium[50] dicitur potentia. Ergo anima est[51] suae potentiae.

(15) Praeterea, omnes partes sunt substantiales toti, quia[52] totum consistit[53] ex partibus. Sed potentiae animae sunt partes ejus, ut patet in II *De Anima*.[54] Ergo sunt substantiales animae,[55] et non sunt accidentia animae.

(16) Praeterea, forma simplex non potest esse subjectum. Sed anima est forma simplex, ut supra[56] ostensum est. Ergo non potest esse subjectum[57] accidentium.[58] Potentiae ergo, quae sunt in anima, non sunt ejus accidentia.

(17) Praeterea, si potentiae[59] sunt accidentia animae, oportet quod ab essentia ejus fluant; accidentia enim propria causantur ex principiis subjecti. Sed essentia animae, cum sit simplex, non potest esse causa tantae diversitatis accidentium, quanta apparet in potentiis animae.[60] Potentiae igitur animae non sunt ejus accidentia.[61] Relinquitur[62] igitur quod ipsa anima sit suae potentiae.

SED CONTRA, sicut se habet essentia[63] ad esse, ita potentia[64] ad agere.[65] Ergo permutatim sicut se habent esse et agere ad invicem, ita se habent potentia et essentia.[66] Sed in solo Deo idem est esse et agere ; ergo in solo Deo idem est potentia et essentia.[67] Anima ergo non est suae potentiae.

(2) Praeterea, nulla qualitas est substantia. Sed potentia naturalis est quaedam species qualitatis, ut patet in *Praedicamentis*.[68] Ergo potentiae naturales animae[69] non sunt ipsa essentia animae.

---

[41] libro] principio V   [42] ARISTOTLE, *Ethica Nicomachea*, IX, 4 (1166a 16)   [43] anima] non ALP¹P²   [44] et] in ALP¹P²   [45] aliae] anima V etiam H   [46] ARISTOTLE, *De Anima*, II, 1 (412a 19-27)   [47] scientia] *om.* ALP² *in marg.* P¹₂   [48] Sed] si A   [49] Sed scientia] *om.* H   [50] principium] *add.* operationum VB *add.* operationis H   [51] est] *om.* ALP¹P² *add. ss.* P¹₂   [52] quia] secundum quod V   [53] consistit] constat V   [54] ARISTOTLE, *De Anima*, II, 2 (413b 13-414a 3)   [55] animae] *om.* VBH   [56] supra] *om.* P¹   [57] subjectum] forma ALP²VH forma *del. et add. ss.* P¹₂   [58] accidentium] accidentalis V   [59] potentiae] *add.* animae B   [60] animae] *in marg.* P¹₂   [61] Potentiae... accidentia] *om.* V   [62] Relinquitur] oportet O sequitur V   [63] essentia] potentia ALP¹P²B   [64] potentia] posse ALP¹P² essentia potentia *del.* B *et add. in marg.* posse B   [65] agere] agentem ALP¹P²   [66] essentia] esse P² potentia et essentia] potentiae ad essentiam H   [67] essentia] esse H   [68] ARISTOTLE, *Categoriae*, 8 (9a 14-28)   [69] naturales animae] *om.* animae P¹ *ss.* V

RESPONSIO. Dicendum quod circa hanc quaestionem sunt diversae opiniones. Quidam enim dicunt quod anima est suae potentiae; alii vero hoc negant, dicentes potentias animae esse quasdam proprietates ipsius. Et ut harum[70] opinionum[71] diversitas cognoscatur, sciendum est quod potentia nihil aliud est quam principium operationis[72] alicujus, sive sit actio sive passio. Non quidem principium quod est subjectum agens aut patiens, sed illud quo agens agit aut patiens patitur; sicut ars aedificativa est potentia in aedificatore[73] qui[74] per eam aedificat, et calor in igne qui calore[75] calefacit, et siccum est in[76] potentia in lignis quia secundum hoc sunt combustibilia. Ponentes igitur quod anima sit suae potentiae, hoc intelligunt quod[77] ipsa essentia animae sit principium immediatum[78] operationum animae, dicentes quod homo[79] per essentiam animae[80] intelligit, sentit, et alia hujusmodi operatur; et[81] secundum diversitatem operationum diversis nominibus nominatur: sensus quidem in quantum est principium sentiendi, intellectus autem in quantum est intelligendi principium, et sic de aliis; utpote[82] si ignis calorem nominaremus potentiam liquefactivam, calefactivam,[83] et desiccativam, quia haec omnia operatur.[84]

Sed haec opinio stare non potest. Primo quidem quia[85] unumquodque agit[86] secundum quod actu est illud scilicet[87] quod agit. Ignis enim calefacit non in quantum est lucidum, sed in quantum est actu calidum. Et exinde[88] est quod omne agens agit sibi[89] simile. Unde oportet quod ex eo quod agitur,[90] consideretur principium quo agitur; oportet enim utrumque[91] conforme.[92] Unde in II *Physicorum*[93] dicitur quod forma et generans sunt idem specie. Quando[94] illud quod agitur non pertinet ad esse substantiale rei, impossibile est quod principium quo agitur sit aliquid de essentia[95] rei. Et hoc manifeste apparet in agentibus naturalibus; quia enim agens naturale in generatione agit transmutando[96] materiam ad formam, quod quidem fit secundum quod materia primo disponitur ad formam,[97] et tandem consequitur formam secundum quod generatio est terminus alterationis, necesse est quod ex parte agentis illud quod immediate agit sit forma accidentalis, correspondens dispositioni materiae.

---

70 harum] horum AP²   71 opinionum] opinionem A   72 operationis] operationum B
73 aedificatore] aedificante OV   74 qui] cum P²   75 calore] per eum OV   76 in]
del. P¹ *erasit* P² *om.* BH   77 quod] *add.* in O   78 immediatum] *add.* omnium VBH
79 homo] anima V   80 essentiam animae] animam H   81 operatur et] *om. cum lac.* L *lac.*
P¹ *sed add.* operatur et quod P¹₂ *om.* P² *add.* quod OVBH   82 utpote] ut puta OV ut H
83 calefactivam] stellefactivam A *om.* P¹H   84 operatur] *add.* sed haec omnia operatur A
85 quia] quod A   86 agit] operatur OV   87 scilicet] secundum O *om.* B   88 exinde]
inde OVB   89 sibi] *om.* P¹   90 quod agitur] quod agit L   91 utrumque] *add.* esse P²OVB
92 conforme] conformem AL   93 ARISTOTLE, *Physica*, II, 7 (198a 24-27)   94 Quando]
add. igitur P¹₂ OVB cum igitur H   95 essentia] esse V   96 transmutando] transcen-
dendo V   97 quod quidem... ad formam] *om.* O

Sed oportet ut[98] forma accidentalis agat[99] in virtute formae consubstan-
tialis[100] quasi instrumentum ejus,[101] alias non induceret[102] agendo[103]
formam substantialem. Et propter hoc in elementis non apparent aliqua[104] principia actionum nisi qualitates activae et passivae, quae tamen
agunt in virtute formarum substantialium. Et propter hoc eorum actio
non solum terminatur ad dispositiones accidentales, sed etiam ad formas
substantiales. Nam et in artificialibus actio instrumenti terminatur ad
formam intentam ab artifice. Si vero est aliquod agens quod directe et
immediate sua actione[105] producat substantiam, sicut nos dicimus de
Deo, qui creando producit rerum substantias, et sicut Avicenna[106] dicit de
intelligentia agente, a[107] qua secundum ipsum effluunt formae substantiales
in istis inferioribus, hujusmodi agens agit per suam essentiam; et sic non
erit in eo potentia activa aliud ab ejus essentia.[108]

De potentia vero passiva, manifestum est quod potentia passiva quae
est ad actum substantialem est in genere substantiae, et quae est ad actum
accidentalem est in genere accidentis per reductionem, sicut principium
et non sicut species completa. Quia[109] unumquodque genus[110] dividitur
per potentiam et actum. Unde potentia homo est in genere substantiae
et[111] potentia album est in genere qualitatis. Manifestum est autem quod
potentiae[112] animae, sive sint activae sive passivae, non dicuntur directe[113]
per respectum ad aliquid substantiale sed ad aliquid accidentale; ut[114]
esse[115] intelligens vel sentiens actu non est esse[116] substantiale sed accidentale, ad quod ordinatur intellectus et sensus; et similiter esse magnum vel
parvum ad quod ordinatur vis augmentativa. Generativa vero[117] potentia
et nutritiva ordinantur quidem[118] ad substantiam[119] producendam[120] vel
conservandam,[121] sed per transmutationem materiae.[122] Unde[123] talis
actio, sicut et aliorum agentium naturalium,[124] fit[125] a[126] substantia mediante principio accidentali. Manifestum est igitur quod ipsa essentia
animae non est principium immediatum suarum operationum, sed operatur

---

[98] Sed oportet ut] nam O unde V   [99] agat] agit V   [100] consubstantialis] substantialis
omnes codices   [101] quasi instrumentum ejus] quod est instrumentum O   [102] induceret] *add.*
in P²   [103] agendo] *add. in* ALP¹ *sed del.* P¹ *add. in* OVH   [104] aliqua] alia LB
[105] sua actione] *om.* OV   [106] AVICENNA, *Metaph.*, Tractatus VIII, cap. 7, p. 263 sq.;
Tractatus IX, cap. 5, p. 305 sq.; ed. S. Bonaventure, N. Y., The Franciscan Institute, 1948
[107] a] *om.* ALP¹P² *add. ss.* P¹₂P²₂   [108] potentia... essentia] aliud potentia activa et ejus
essentia AP¹P²OH alia potentia activa et ejus essentia V aliud potentia activa et ejus esse L
[109] Quia] quod H   [110] genus] ergo H   [111] substantiae et] *om.* et P¹   [112] potentiae]
potentia A   [113] directe] *add.* sed V   [114] ut] et OV   [115] ut esse] et semel ALP² esse
enim B et similiter H   [116] esse] *om.* OVBH   [117] Generativa vero] *om. cum lac.* L *add. in
textu* P¹₂ augmentativa P²   [118] quidem] quantum H   [119] ad substantiam] *om. cum lac.* L
add. in textu P¹₂P¹₂   [120] producendam] producendo P²   [121] conservandam] conservando P²
[122] materiae] *om. cum lac.* L *add. in textu* P¹₂   [123] Unde] habet esse P¹₂   [124] naturalium]
materialium A   [125] fit] ut P¹₂   [126] naturalium, fit a] *om. cum lac.* L

mediantibus principiis accidentalibus. Unde potentiae animae non sunt
ipsa essentia animae[127] sed proprietates ejus.

Deinde hoc apparet ex ipsa diversitate actionum,[128] quae sunt genere
diversae et non possunt reduci in unum principium immediatum; cum
quaedam earum sint actiones et quaedam passiones et aliis hujusmodi
differentiis differant, quae oportet attribui diversis principiis. Et ita cum
essentia animae sit unum principium non potest esse immediatum principium omnium suarum actionum;[129] sed oportet quod habeat plures et
diversas potentias correspondentes diversitati suarum actionum.[130] Potentia enim ad actum dicitur;[131] unde secundum diversitatem actuum[132]
oportet esse diversitatem potentiarum. Et inde est quod Philosophus, in
VI *Ethicorum*,[133] dicit quod scientificum[134] quod[135] est necessarium[136] et
ratiocinativum quod est contingentium[137] sunt diversae potentiae, quia
necessarium et contingens genere[138] differunt.

A D   PRIMUM ergo dicendum quod liber iste *De Spiritu et Anima* non est
Augustini, sed dicitur cujusdam Cisterciensis fuisse; nec est multum
curandum de his quae in eo[139] dicuntur. Si tamen sustineatur, potest dici
quod anima est suae potentiae vel suae vires quia sunt naturales proprietates ejus. Unde in eodem libro dicitur quod omnes potentiae[140] sunt una
anima, proprietates quidem diverse, sed potentia una. Et est[141] similis
modus dicendi sicut si diceret quod calidum, siccum,[142] leve[143] sunt unus
ignis.[144]

Et similiter dicendum ad secundum, tertium, et quartum.

Ad quintum dicendum quod accidens non excedit subjectum[145] in
essendo; excedit tamen in agendo; calor enim ignis exteriora calefacit.
Et secundum hoc potentiae animae excedunt ipsam in quantum anima
intelligit et diligit non solum se sed etiam alia. Augustinus autem inducit
hanc rationem, comparans notitiam et amorem ad mentem,[146] non ut ad
cognoscentem et ad amantem, sed ut ad cognitum[147] et amatum.[148] Si
enim secundum hanc habitudinem comparentur ad ipsam ut accidentia[149]

---

[127] ipsa essentia animae] ejus essentia V   [128] actionum] *add.* animae OVBH   [129] actionum]
operationum LOV   [130] actionum] operationum V   [131] dicitur] correspondentem O
add. correlative VH   [132] actuum] actionum BH   [133] ARISTOTLE, *Ethica Nicomachea*, VI,
1 (1139a 6-15)   [134] scientificum] *add. in marg.* animae P¹₂ scienti V *add.* animae BH *add.*
animae est O   [135] quod] *om.* P²   [136] quod est necessarium] *om.* L necessarium] necessarium OBH   [137] quod est contingentium] *om.* O   [138] genere] etiam se O
[139] in eo] ibi OV   [140] potentiae] *add.* animae OV   [141] est] ideo L *add.* animae OV
[142] siccum] frigidum ALP¹P² *del. et add. ss.* siccum P¹₂ lucidum OV *add.* frigidum et H   [143] leve]
add. non AP² *add. et del.* non P¹   [144] sunt unus ignis] *om. cum lac.* L ignis] *om.* P²
[145] subjectum] substantiam V   [146] mentem] invicem OV *del. et in marg.* invicem B
[147] cognitum] cognitam OVH   [148] amatum] amatam OVH   [149] accidentia] actus O

ad subjectum,[150] sequeretur quod anima non cognosceret et amaret nisi se. Unde fortassis secundum hunc intellectum dixit quod sunt una vita, una essentia; quia notitia in actu est quodammodo ipsum cognitum, et amor[151] in actu est quodammodo[152] ipsum amatum.

Ad sextum dicendum quod imago Trinitatis in anima attenditur non secundum potentiam tantum, sed etiam secundum essentiam; sic[153] enim repraesentatur una essentia in tribus personis, licet deficienter.[154] Si autem anima esset suae potentiae, non esset distinctio potentiarum[155] ab invicem nisi solum nominibus; et sic non repraesentaretur convenienter distinctio personarum quae est in divinis.

Ad septimum dicendum quod tria sunt genera accidentium. Quaedam enim causantur ex principiis speciei et dicuntur propria, sicut risibile homini. Quaedam enim[156] causantur ex principiis individui, et hoc[157] dupliciter,[158] quia vel habent causam permanentem in subjecto,[159] et haec sunt accidentia inseparabilia, sicut masculinum et femininum et alia hujusmodi; quaedam vero habent causam non[160] permanentem in subjecto,[161] et haec sunt[162] accidentia separabilia, ut sedere et ambulare.[163] Est autem commune omni accidenti quod non sit de essentia rei; et ita non cadit in definitione[164] rei. Unde de re intelligimus quod[165] quid[166] est absque hoc quod intelligamus[167] aliquid accidentium ejus. Sed species non potest intelligi esse sine accidentibus quae consequuntur principium[168] speciei; potest tamen intelligi[169] sine accidentibus individui etiam inseparabilibus. Sine separabilibus vero esse potest non solum species, sed etiam individuum.[170] Potentiae[171] vero animae sunt accidentia sicut proprietates;[172] unde intelligitur sine eis[173] quid est anima; non autem sine eis esse[174] est[175] possibile neque[176] intelligibile.

Ad octavum dicendum quod sensibile et rationale,[177] secundum quod[178] sunt differentiae essentiales, non sumuntur a sensu et intellectu, sed ab anima sensitiva et intellectiva.

---

[150] subjectum] substantiam V   [151] amor] amator OV   [152] quodammodo] *add.* in ALP¹P² [152] ipsum cognitum... quodammodo] *om.* ALP¹P²   [153] sic] similiter A sicut OH   [154] deficienter] differenter V   [155] potentiarum] personarum ALP¹P²V personaum B *del. et add.* potentiarum B   [156] enim] *del.* P¹ *om.* OH   [157] hoc] haec P²B   [158] dupliciter] dicitur ALP¹ dicuntur P² *add.* dicuntur B   [159] subjecto] *add.* semper O substantia H   [160] non] *om.* OV *add.* semper H   [161] subjecto] *add.* non tamen semper O non tamen V   [162] sunt] *add.* semper V   [163] ambulare] hujusmodi OV   [164] definitione] distinctione O   [165] quod] *om.* H   [166] quid] *om.* OV   [167] intelligamus] intelligimus H   [168] principium] principia H   [169] intelligi] *add.* esse H   [170] etiam... individuum] *om.* V   [171] Potentiae] potentia AL   [172] proprietates] *add.* non speciei P¹   [173] sine eis] *om. cum lac.* L *lac.* P¹ *add. in lac.* unde sine eis P¹₂ intelligitur sine eis] sine eis intelligi potest B   [174] esse] *add.* non LP¹P²H   [175] est] *add.* nec V   [176] neque] vel V   [177] rationale] corporale O rationabile H   [178] secundum quod] etiam O

Ad nonum dicendum quod quare forma substantialis non sit immediatum principium actionis in agentibus inferioribus[179] ostensum est.

Ad decimum dicendum quod anima est principium operandi,[180] sed primum non proximum. Operantur enim potentiae[181] virtute animae, sicut et qualitates elementorum, in virtute formarum substantialium.

Ad undecimum dicendum quod ipsa anima est in potentia ad ipsas formas intelligibiles. Sed ista potentia non est essentia animae, sicut nec potentia ad statuam quae est in aere est essentia[182] aeris. Esse enim actu et potentia non sunt de essentia rei quando actus non est essentialis.

Ad duodecimum dicendum quod materia prima[183] est in potentia ad actum substantialem, qui est forma; et ideo ipsa potentia est ipsa essentia ejus.

Ad tertium decimum dicendum quod homo dicitur intellectus esse quia intellectus est[184] id quod est potius[185] in homine, sicut civitas dicitur esse rector civitatis. Non tamen hoc dictum est eo quod essentia animae sit ipsa potentia intellectus.

Ad quartum decimum dicendum quod similitudo inter animam et scientiam attenditur[186] quod utraque[187] est actus primus, non autem quantum ad omnia. Unde non oportet quod[188] anima sit immediatum principium operationum sicut scientia.

Ad quintum decimum dicendum quod potentiae animae non sunt partes essentiales animae, quasi constituentes essentiam[189] ejus, sed partes potentiales, quia virtus animae distinguitur[190] per hujusmodi potentias.

Ad sextum decimum dicendum quod forma simplex quae non est subsistens vel si[191] subsistat[192] est actus purus non potest esse subjectum accidentis. Anima autem est forma subsistens, et non est actus purus, loquendo de anima humana. Et ideo potest esse subjectum potentiarum quarumdam, scilicet intellectus et voluntatis. Potentiae autem sensitivae et nutritivae partis sunt in composito sicut in subjecto; quia cujus est actus, ejus est potentia, ut patet per Philosophum, in libro *De Somno et Vigilia*.[193]

Ad septimum decimum dicendum quod licet[194] anima sit una in essentia,[195] tamen est in ea potentia et actus; et habet diversam habitudinem ad res, et diversimode etiam[196] comparatur ad corpus. Et propter hoc ab una essentia animae possunt procedere diversae potentiae.

---

[179] inferioribus] superius O *add.* superius V   [180] operandi] *add.* per se V   [181] potentiae] *add.* in OVBH   [182] essentia] potentia OV   [183] prima] *om.* OV   [184] quia intellectus est] *om.* ALP¹P² *add. in marg.* P¹₂   [185] est potius] potissimum est OV   [186] attenditur] *add.* in eo OVB   [187] utraque] uterque LP² utrumque OVB   [188] quod] *add.* sit similitudo quantum ad omnia unde non oportet quod OV   [189] essentiam] potentiam O   [190] distinguitur] distingui habet B   [191] si] *om.* ALP¹P²   [192] vel si subsistat] *om.* OV subsistat] *add. ss.* quia P¹₂ *add.* et B subsistit quae H   [193] ARISTOTLE, *De Somno et vigilia*, I (454a 8)   [194] licet] si OV   [195] essentia] *add.* non L   [196] etiam] *add. et del.* autem A autem L autem *del.* P¹ et O *om.* VB

QUAESTIO TERTIA DECIMA

Loca parallela: *In I Sent.*, dist. 17, q. 1, a. 4; *In II Sent.*, dist. 44, q. 2, a. 1; *Summa theol.*, I, q. 77, a. 3; *In II De An.*, lect. 6.

Tertio decimo quaeritur de distinctione[1] potentiarum animae, utrum VIDELICET DISTINGUANTUR PER OBJECTA. Et videtur quod non.

(1) Quia contraria sunt quae maxime distant. Sed contrarietas objectorum non diversificat potentias; eadem enim potentia albi et nigri est visus. Ergo nulla differentia[2] objectorum diversificat potentias.[3]

(2) Praeterea, magis differunt quae differunt[4] secundum substantiam quam quae differunt secundum accidens. Sed homo et lapis differunt secundum substantiam; sonorum autem et coloratum differunt secundum accidens. Cum igitur[5] homo et lapis ad eandem potentiam pertineant, multo magis sonorum et coloratum. Et ita nulla differentia objectorum facit differre potentias.

(3) Praeterea, si differentia objectorum esset causa diversitatis potentiarum, oportet[6] quod unitas objecti[7] esset causa identitatis in potentiis. Videmus autem quod idem objectum ad diversas potentias se habet; idem enim est quod intelligitur et desideratur; bonum enim intelligibile[8] est objectum voluntatis. Ergo differentia objectorum non est causa diversitatis potentiarum.

(4) Praeterea, ubi est eadem causa,[9] est[10] idem effectus. Si igitur objecta diversa diversificarent potentias aliquas, oporteret[11] quod diversitatem facerent ubique in potentiis. Hoc autem non videmus; nam quaedam objecta diversa comparantur[12] quidem[13] ad diversas potentias, sicut sonus et color ad auditum et visum, et iterum ad unam potentiam,[14] scilicet ad imaginationem et intellectum.[15] Relinquitur igitur quod differentia objectorum non sit causa diversitatis potentiarum.

(5) Praeterea, habitus sunt perfectiones potentiarum. Perfectibilia enim distinguuntur per perfectiones proprias.[16] Ergo potentiae distinguuntur secundum[17] habitum[18] et non[19] secundum objecta.

---

[1] distinctione] definitione V   [2] differentia] potentia V   [3] eadem enim... potentias] *bis exhibit* A   [4] quae differunt] *om.* A   [5] igitur] *add.* eadem potentia O   [6] oportet] *del. et ss.* oporteret P[1][2] oporteret VBH   [7] objecti] objectorum V   [8] intelligibile] intelligere V   [9] causa] *add.* ibi OVH   [10] est] *om.* AOV   [11] oporteret] oportet A   [12] comparantur] *add.* ad easdem OV   [13] quidem] quaedam OV   [14] unam potentiam] eandem OV   [15] intellectum] objectum L intelligentiam H   [16] proprias] *add.* ergo potentiae distinguuntur per perfectiones proprias P[1]   [17] secundum] *add.* potentias O   [18] habitum] habitus OV   [19] non] *add.* solum OV

(6) Praeterea, omne quod est in aliquo[20] est in eo per modum recipientis. Sed potentiae animae sunt in organis corporis; sunt enim actus organorum. Ergo distinguuntur secundum organa corporis et non secundum objecta.

(7) Praeterea, potentiae animae non sunt ipsa essentia animae, sed proprietates ejus. Proprietates autem rei fluunt ab essentia ejus. Ab uno autem non est nisi unum immediate. Ergo[21] una sola[22] potentia animae prima[23] fluens ab essentia animae, et mediante ea, fluunt aliae secundum aliquem ordinem. Ergo potentiae animae differunt secundum originem et non secundum objecta.

(8) Praeterea, si potentiae animae sunt diversae, oportet quod una earum oriatur ab alia;[24] quia non possunt omnes oriri ab[25] essentia animae immediate, cum sit una et simplex. Sed impossibile videtur quod una potentia animae oriatur ex alia, tum[26] quia omnes potentiae animae sunt simul, tum etiam quia[27] accidens oritur a subjecto. Unum autem[28] accidens non potest[29] esse subjectum alterius. Non igitur possunt esse diversae potentiae animae per[30] diversitatem objectorum.

(9) Praeterea, quanto aliqua substantia est altior, tanto ejus virtus est major et per consequens minus multiplicata; quia omnis virtus unita[31] plus est infinita quam multiplicata, ut dicitur in *Libro de Causis*.[32] Anima autem inter omnia inferiora[33] est sublimior.[34] Ergo virtus ejus est magis una et tamen ad plura se habens. Non ergo multiplicatur secundum differentiam[35] objectorum.

(10) Praeterea, si diversitas potentiarum animae est[36] secundum differentiam[37] objectorum, oportet ergo quod ordo potentiarum sit secundum ordinem objectorum. Hoc autem non videtur;[38] nam intellectus, cujus objectum est quod quid est[39] et substantia, est posterius sensu, cujus objecta sunt accidentia ut color et sonus. Tactus autem est prior visu, cum tamen visibile sit prius et communius[40] tangibili. Ergo nec diversitas potentiarum est secundum differentiam[41] objectorum.

(11) Praeterea, omne[42] appetibile est sensibile et intelligibile. Intelligibile autem est perfectio intellectus; et sensibile, perfectio sensus. Cum igitur unumquodque appetat[43] naturaliter suam perfectionem, sequitur

---

[20] aliquo] alio BH   [21] Ergo] *add. ss.* est P$^1_2$ [22] sola] *add.* est B   [23] prima] primo LV   [24] alia] altera V   [25] oriri ab] *add.* una OV   [26] tum] tamen A   [27] tum etiam quia] quia etiam cum ALP² cum quia OV   [28] unum autem] unde cum unum OV
[29] potest] possit OV   [30] per] propter OVH   [31] unita] unica H   [32] *Liber de causis*, XVI; ed. BARDENHEWER, p. 179, 1   [33] omnia inferiora] formas inferiores OV inferiora] inferior A   [34] est sublimior] sublimissima est OV   [35] differentiam] differentias V
[36] est] *om.* AO sit H   [37] differentiam] diversitatem O   [38] videtur] videmus OVH
[39] quid est] *add.* est A   [40] et communis] *om.* L *in marg.* P$^1_2$ [41] differentiam] diversitatem L   [42] omne] esse VH   [43] appetat] appetatur ALP¹ *del.* -ur P¹

quod intellectus et sensus appetant[44] naturaliter omne[45] appetibile. Non igitur oportet ponere potentiam appetitivam praeter sensitivam et intellectivam.[46]

(12) Praeterea, non est appetitus nisi voluntas,[47] irascibilis et concupiscibilis. Sed voluntas est in[48] intellectu;[49] irascibilis et concupiscibilis in sensu, ut dicitur in III *De Anima*.[50] Ergo potentia appetitiva[51] non est ponenda praeter sensitivam et intellectivam.[52]

(13) Praeterea, Philosophus probat, in III *De Anima*,[53] quod principia motus localis in animalibus sunt sensus sive[54] imaginatio, intellectus et appetitus.[55] Sed potentia motiva[56] in animalibus nihil aliud est quam principium motus. Ergo potentia motiva non est praeter cognoscitivam et appetitivam.

(14) Praeterea, potentiae[57] animae ordinantur[58] ad aliquid altius[59] quam[60] natura, alias in omnibus corporibus[61] naturalibus essent vires animae. Sed potentiae animae[62] quae attribuuntur animae vegetabili non videntur ordinari ad aliquid altius quam natura. Ordinantur[63] enim ad conservationem speciei per generationem, et conservationem individui per nutrimentum, et perfectam quantitatem per augmentum; quae omnia operatur natura etiam in rebus naturalibus. Non igitur[64] ad[65] hujusmodi ordinandae[66] sunt[67] potentiae animae.

(15) Praeterea, quanto aliqua virtus[68] altior, tanto una existens ad plura se extendit. Sed virtus animae est supra[69] virtutem naturae. Cum igitur natura[70] eadem virtute producat in esse corpus naturale et det ei debitam quantitatem et conservet ipsum in esse, videtur hoc[71] fortius quod anima haec[72] una virtute operetur.[73] Non igitur sunt diversae potentiae generativa, nutritiva, et augmentativa.

(16) Praeterea, sensus est cognoscitivus accidentium. Sed aliqua alia accidentia magis ad invicem differunt quam sonus et color et hujusmodi; quae sunt non solum in eodem genere qualitatis sed etiam in eadem[74]

---

[44] appetant] appetunt AB   [45] omne] esse VH   [46] et intellectivam] *om.* ALP¹P² *add. in marg.* P¹₂   [47] Praeterea, non... voluntas] *om.* ALP¹P² *add. in marg.* P¹₂   [48] in] *om.* P¹ [49] intellectu] intellectum P¹P²   [50] ARISTOTLE, *De Anima*, III, 9 (432b 5-7)   [51] appetitiva] intellectiva ALP¹P²O   [52] Praeterea... intellectivam] *om.* H   [53] ARISTOTLE, *De Anima*, III, 10 (422a 9-21)   [54] sive] et OV   [55] et appetitus] *om.* OV   [56] motiva] passiva O appetitiva B   [57] potentiae] potentia OV   [58] ordinantur] ordinatur OV [59] altius] alterius ALO   [60] quam] *add. in marg.* potentiae P¹₂   [61] corporibus] corporalibus V   [62] potentiae animae] *om.* animae OVBH   [63] Ordinantur] ordinatur ALP²H [64] igitur] *add.* ordinantur O   [65] ad] *om.* B   [66] ad hujusmodi ordinandae] ad ordinationem hujusmodi H   [67] ordinandae sunt] *om.* O ordinantur V ordinationes B   [68] virtus] *add.* est P²OVBH   [69] supra] secundum V   [70] natura] non OV   [71] hoc] multo B [72] haec] hoc faciat B   [73] operetur] *om.* B   [74] eadem] *add.* est ALP¹P² *del.* est P¹ *add.* ejus OVH

specie, quae est tertia. Si igitur potentiae distinguantur secundum differentiam[75] objectorum, non deberent potentiae animae distingui penes hujusmodi accidentia, sed magis penes alia quae magis distant.

(17) Praeterea, cujuscumque[76] generis est una contrarietas prima. Si igitur penes diversa genera qualitatum passibilium[77] diversificantur potentiae[78] sensitivae, videtur quod ubicumque sunt diversae contrarietates, sunt diversae potentiae sensitivae. Sed hoc alicubi invenitur: visus enim est albi et nigri, auditus gravis et acuti; alicubi vero non:[79] tactus enim est calidi et frigidi, humidi et sicci, mollis et duri, et hujusmodi. Ergo potentiae non distinguuntur[80] penes objecta.

(18) Praeterea, memoria non[81] videtur[82] esse alia potentia a sensu; est enim passio[83] primi sensitivi, secundum Philosophum.[84] Objecta tamen eorum differunt; quia objectum sensus est praesens, objectum vero memoriae praeteritum. Ergo potentiae non distinguuntur penes objecta.

(19) Praeterea, omnia quae cognoscuntur per sensum[85] cognoscuntur etiam per intellectum et alia plura. Si igitur potentiae sensitivae distinguuntur secundum pluralitatem objectorum, oportet[86] etiam quod intellectus distinguatur[87] in diversas potentias, sicut et sensus; quod patet esse falsum.

(20) Praeterea, intellectus possibilis et agens sunt diversae potentiae, ut supra ostensum est. Sed idem est objectum utriusque. Non igitur[88] potentiae distinguuntur secundum[89] differentiam objectorum.

SED CONTRA est quod dicitur in II *De Anima*[90] quod potentiae distinguuntur per actus, et actus per objecta.

(2) Praeterea, perfectibilia distinguuntur penes perfectiones. Sed objecta sunt perfectiones potentiarum. Ergo potentiae distinguuntur penes objecta.

RESPONSIO. Dicendum quod potentia, secundum[91] id quod est, dicitur ad[92] actum. Unde oportet quod per actum definiatur[93] potentia, et secundum diversitatem actuum diversificentur potentiae. Actus autem ex objectis speciem habet;[94] nam si sint actus passivarum potentiarum, objecta

---

[75] differentiam] potentiam ALP²OB   [76] cujuscumque] cujus ALP¹P² *del.* cujus *et add. in marg.* cujuscumque P¹₂   [77] passibilium] passionum O pascibilium V   [78] potentiae] formae V   [79] non:] *add.* invenitur B   [80] distinguuntur] distinguunt ALP¹ *add.* -ur P¹₂   [81] non] *om.* V   [82] videtur] invenitur OV   [83] passio] potentia O   [84] ARISTOTLE, *De Memoria et reminiscentia*, I (451a 17-18)   [85] per sensum] *om.* L   [86] oportet] oporteret H   [87] distinguatur] distingueretur H   [88] igitur] *add.* diversae B   [89] secundum] penes VB   [90] ARISTOTLE, *De Anima*, II, 4 (415a 16-22)   [91] secundum] *add. ss.* P¹₂ *om. omnes codices*   [92] ad] *om.* AL *ss.* P¹₂ *add. in marg.* P²   [93] definiatur] distinguitur O distinguatur V   [94] habet] habent LVH

sunt activa; si autem sunt actus activarum potentiarum, objecta sunt ut fines. Secundum autem utrumque horum considerantur species operationis;[95] nam calefacere quidem et infrigidare distinguuntur quidem secundum quod hujus principium est calor, illius autem[96] frigus; et iterum in similes fines terminantur. Nam agens ad hoc[97] agit ut similitudinem suam in[98] aliud inducat. Relinquitur quod secundum distinctionem objectorum attenditur distinctio potentiarum[99] animae.[100]

Oportet tamen attendere distinctionem objectorum secundum quod objecta[101] sunt[102] actionum[103] animae, et non secundum aliud; quia in nullo[104] genere species[105] diversificantur nisi differentiis quae per se dividunt genus. Non enim albo et nigro[106] distinguuntur[107] species animalis, sed rationali et irrationali.[108] Oportet autem in actionibus animae tres gradus considerare. Actio enim animae transcendit actionem naturae in rebus inanimatis[109] operantis. Sed hoc contingit quantum ad duo, scilicet quantum ad modum agendi et quantum ad[110] id quod agitur. Oportet autem quod quantum ad modum agendi omnis actio animae transcendat operationem vel[111] actionem naturae inanimati;[112] quia cum actio animae sit actio vitae, vivum autem est[113] quod per[114] se ipsum movet ad operandum, oportet quod omnis operatio animae sit secundum aliquod intrinsecum agens.

Sed quantum ad id quod agitur, non omnis actio[115] transcendit actionem naturae inanimati.[116] Oportet ergo[117] quod sicut[118] esse naturale[119] et[120] quae ad ipsum requiruntur[121] sit[122] in corporibus inanimatis,[123] ita sit in corporibus animatis, sed in corporibus inanimatis fit ab agente extrinseco; in corporibus vero animatis[124] ab agente intrinseco; et hujusmodi sunt actiones ad quas ordinantur potentiae animae vegetabilis. Nam ad hoc quod individuum producatur in esse, ordinatur potentia generativa; ad hoc autem quod[125] quantitatem debitam consequatur, ordinatur vis augmentativa; ad hoc autem quod conservetur in esse, ordinatur vis

[95] operationis] operationes AP²   [96] autem] aut ALP¹P²OV   [97] ad hoc] *om.* V
[98] in] ad ALP¹P²   [99] potentiarum] *om.* ALP²VH *add. in marg.* P¹   [100] animae] *om.* B
[101] objecta] omnino V   [102] sunt] *add. in marg.* objecta P¹₂   [103] actionum] actiones OV
[104] nullo] illo H   [105] species] *add.* non H   [106] albo et nigro] albedo et nigredo O
[107] distinguuntur] dividunt OV   [108] rationali et irrationali] rationale et irrationale OV
[109] inanimatis] animatis ALOBH   [110] quantum ad] circa OV   [111] operationem vel]
om. OVH   [112] inanimati] in animatis OV   [113] est] dicitur OVH   [114] per] *om.* OVBH
[115] actio] *add.* animae OVBH   [116] inanimati] in animatis OV   [117] ergo] enim OVBH
[118] sicut] sit ALP² opus P¹   [119] naturale] naturae P¹O materiale H   [120] et] *add.* actiones,
et corr. ad actio P¹₂   [121] requiruntur] requiritur ALP²   [122] sit] sicut A *om.* V
[123] inanimatis] animatis ALP²   [124] sed... vero animatis] *om.* ALP¹P²V   [125] quod] *add.*
potentiam B

nutritiva. Haec autem consequuntur corpora inanimata ab agente naturali extrinseco tantum,[126] et propter hoc praedicatae vires animae dicuntur naturales.

Sunt autem aliae altiores actiones animae quae transcendunt actiones formarum[127] naturalium[128] etiam quantum ad id quod agitur, in quantum scilicet in anima sunt nata[129] esse omnia secundum esse immateriale. Est enim anima quodammodo omnia secundum quod est sentiens et intelligens. Oportet enim esse diversum gradum hujusmodi esse immaterialis.

Unus enim gradus est secundum quod in anima sunt res sine propriis materiis, sed tamen secundum[130] singularitatem et conditiones individuales quae consequuntur materiam.[131] Et iste est gradus sensus qui est suceptivus specierum individualium sine materia, sed tamen in organo corporali. Altior autem et perfectissimus[132] immaterialitatis gradus est intellectus, quod[133] recepit species omnino a materia et conditionibus materiae abstractas[134] et absque organo corporali. Sicut autem per formam naturalem[135] res habet inclinationem ad aliquid et habet motum aut[136] actionem ad consequendum id ad quod inclinatur; ita formam etiam sensibilem[137] vel intelligibilem[138] sequitur inclinatio ad rem, sive per sensum[139] sive per intellectum comprehensam, quae inclinatio[140] pertinet ad potentiam appetitivam. Et iterum[141] oportet consequenter[142] esse motum aliquem per quem perveniatur[143] ad rem desideratam; et hoc pertinet ad potentiam motivam.

Ad perfectam autem sensus cognitionem, quae sufficiat animali,[144] quinque requiruntur. Primo quod sensus recipiat speciem a sensibilibus;[145] et hoc pertinet ad sensum proprium. Secundo quia de sensibilibus perceptis dijudicet, et ea ad[146] invicem discernat; quod oportet fieri per potentiam ad quam omnia sensibilia perveniant, quae dicitur sensus communis. Tertium est quod species sensibilium receptae conserventur. Indiget autem animal apprehensione sensibilium,[147] non solum apud eorum praesentiam, sed[148] postquam abierint. Et hoc necessarium est reduci in aliam potentiam; nam in rebus corporalibus aliud principium est recipiendi et conservandi; nam quae sunt bene receptabilia[149] sunt

---

[126] tantum] tamen LP²OBH   [127] formarum] corporum OVBH   [128] naturalium] animalium V   [129] nata] innata in O   [130] secundum] in marg. P¹₂   [131] materiam] naturam A   [132] perfectissimus] perfectior H   [133] quod] qui P¹BH   [134] abstractas] abstractis LP²   [135] naturalem] naturalis L similem B   [136] aut] ad OV   [137] sensibilem] sensibile A   [138] intelligibilem] intelligibile A   [139] sive per sensum] om. LOVBH   [140] inclinatio] add. quidem P¹ quidem LBH   [141] iterum] ideo A ita L utrum V item H   [142] consequenter] om. OVB   [143] perveniatur] pertinet A veniatur O   [144] animali] aliter A alicui P² add. in marg. specialiter P¹₂   [145] sensibilibus] sensibili OVH   [146] ad] ab H   [147] sensibilium] sensibilis A   [148] sed] add. etiam OVBH   [149] receptabilia] corr. in marg. ad receptiva B

interdum male conservativa. Hujusmodi autem potentia dicitur imaginatio sive phantasia. Quarto autem requiritur quod apprehendantur intentiones quas sensus non apprehendit, sicut nocivum[150] et utile et alia[151] hujusmodi. Et ad haec quidem cognoscenda pervenit homo inquirendo et conferendo; alia vero animalia quodam naturali instinctu, sicut ovis naturaliter fugit[152] lupum tamquam nocivum. Unde ad hoc in aliis animalibus ordinatur aestimativa naturalis; in homine autem vis cogitativa, quae est collativa intentionum particularium;[153] unde et ratio[154] particularis dicitur et intellectus passivus. Quinto autem requiritur quod ea quae prius fuerunt apprehensa per sensus[155] et interius conservantur, iterum ad actualem considerationem revocentur. Et hoc quidem pertinet ad rememorativam virtutem, quae in aliis quidem animalibus absque inquisitione suam operationem habet, in hominibus autem cum inquisitione[156] et studio. Unde in hominibus non solum est memoria, sed reminiscentia. Necesse autem fuit ad hoc potentiam ab aliis distinctam ordinari, quia actus aliarum potentiarum sensitivarum est secundum motus a rebus ad animam; actus autem memorativae potentiae est e contrario secundum motum ab anima ad res.

Diversi autem motus diversa principia motiva requirunt; principia autem motus[157] potentiae dicuntur quia vero sensus proprius, qui[158] est primum[159] in ordine sensitivarum potentiarum, immediate a sensibilibus immutatur, necesse fuit quod secundum diversitatem immutationum[160] sensibilium in diversas potentias distingueretur. Cum enim sensus sit susceptivus specierum sensibilium sine materia, necesse est gradum et ordinem immutationum, quibus immutantur sensus a sensibilibus, accipere per comparationem ad materiales immutationes. Sunt igitur quaedam sensibilia quorum species, licet immaterialiter[161] in sensu recipiantur, tamen etiam materialem[162] immutationem faciunt in animalibus sentientibus. Hujusmodi autem sunt qualitates quae sunt principia transmutationum etiam in rebus materialibus, sicut calidum, frigidum et[163] siccum et alia hujusmodi. Quia igitur hujusmodi sensibilia immutant nos[164] etiam materialiter agendo, materialis autem mutatio[165] fit per contactum, necesse est quod hujusmodi sensibilia contingendo sentiantur. Propter quod potentia sensitiva comprehendens ea vocatur[166] tactus.

---

[150] nocivum] motivum A   [151] alia] aliud AP[1] om. O   [152] fugit] apprehendit B
[153] particularium] intellectuum P[2]   [154] ratio] ideo AP[2]   [155] sensus] sensum OVBH
[156] inquisitione] acquisitione P[2]   [157] motus] motuum LP[1]VBH motivae P[2] motiva O
[158] qui] quae AL   [159] primum] prius LP[1] primus OVBH   [160] immutationum] immutationem A   [161] immaterialiter] materialiter O   [162] materialem] immaterialem LP[2]V
[163] et] om. L humidum OH humidum et B   [164] nos] non A nec L   [165] mutatio] immutatio P[1]VBH   [166] vocatur] nominatur V

Sunt autem quaedam sensibilia, quae ipsa quidem non materialiter immutant, sed tamen eorum immutatio habet materialem[167] immutationem annexam; quod contingit dupliciter. Uno modo sic quod materialis mutatio[168] annexa sit tam ex parte sensibilis quam ex parte sentientis,[169] et hoc pertinet ad gustum. Licet enim sapor non immutet organum sensus,[170] faciendo ipsum saporosum; tamen haec mutatio[171] non est sine aliquali transmutatione,[172] tam saporosi[173] quam etiam organi gustus, et praecipue secundum humectationem.[174] Alio modo sic quod transmutatio materialis annexa sit solum ex parte sensibilis. Hujusmodi autem transmutatio vel est secundum resolutionem et alterationem quamdam[175] sensibilis,[176] sicut accidit in sensu odoratus; vel solum secundum loci mutationem,[177] sicut accidit in auditu. Unde auditus et odoratus, quia sunt sine immutatione materiali sentientis,[178] licet adsit materialis mutatio[179] ex parte sensibilis, non tangendo[180] sed per medium extrinsecum sentiunt. Gustus autem solum in tangendo sentit,[181] quia requiritur[182] immutatio[183] materialis[184] ex parte sentientis.[185]

Sunt autem alia sensibilia quae immutant sensum absque materiali immutatione annexa, sicut lux et color quorum est visus. Unde visus est altior inter omnes[186] sensus et universalior, quia sensibilia ab eo percepta sunt communia corporibus corruptibilibus et incorruptibilibus.

Similiter autem vis appetitiva, quae consequitur apprehensionem sensus, necesse est quod in duo dividatur. Quia aliquid est appetibile,[187] vel ea ratione quod est delectabile sensui et conveniens, et ad hoc est vis concupiscibilis; vel ea ratione quod per hoc[188] habetur[189] potestas[190] fruendi delectabilibus secundum sensum. Quia[191] quandoque contingit cum aliquo tristabili secundum sensum, sicut cum animal pugnando adipiscitur quamdam potestatem fruendo[192] proprio[193] delectabili, repellendo impedientia; et ad hoc ordinatur vis irascibilis. Vis autem motiva, cum ad motum[194] ordinetur, non diversificatur nisi secundum diversitatem motuum; qui vel competunt diversis animalibus, quorum quaedam sunt reptilia,[195]

---

[167] materialem] naturalem LO   [168] mutatio] immutatio OVBH   [169] sentientis] sensibilitatis O   [170] sensus] gustus OV *add.* gustus B   [171] mutatio] immutatio VBH   [172] transmutatione] immutatione H   [173] saporosi] saporosum AP[2] saporis O   [174] humectationem] hujusmodi mutationem L   [175] quamdam] cujusdam P[2]   [176] sensibilis] sensibilem OV   [177] mutationem] immutationem P[1]   [178] sentientis] phantasmatis O   [179] mutatio] immutatio OVBH   [180] tangendo] causando O   [181] sentit] *om.* LBH sentiunt OV   [182] requiritur] relinquitur OV   [183] immutatio] diminutio V   [184] materialis] *om.* OV   [185] sentientis] sensibilitatis O   [186] omnes] alios B *add.* alios H   [187] appetibile] apprehensibile L   [188] hoc] *add.* homo P[2]   [189] habetur] habet P[2]   [190] potestas] potestatem P[2]   [191] Quia] quod P[2]OVBH   [192] fruendo] fruendi P[2]VBH   [193] proprio] proprie AL   [194] motum] neutrum P[2]   [195] reptilia] reptibilia P[1]P[2]

quaedam volatilia, quaedam gressibilia, quaedam alio modo mobilia; vel etiam secundum diversas partes ejusdem animalis, nam singulae partes habent quosdam proprios motus.

Gradus autem intelligibilium[196] potentiarum similiter distinguuntur in cognoscitivas et appetitivas. Motiva autem communis est et sensui et intellectui, nam[197] idem corpus et eodem motu movetur ab utroque. Cognitio autem intellectus requirit duas potentias, scilicet intellectum agentem et possibilem, ut ex superioribus patet. Sic igitur manifestum est quod etiam[198] tres sunt gradus potentiarum animae, scilicet secundum animam vegetabilem,[199] sensitivam et rationalem. Sunt autem quinque genera potentiarum, scilicet nutritivum, sensitivum, intellectivum, appetitivum, et motivum secundum locum et horum[200] quodlibet[201] continet sub se potentias pluras,[202] ut dictum est.

AD PRIMUM ergo dicendum quod contraria maxime differunt, sed in eodem genere. Diversitas autem objectorum secundum genus convenit diversitati potentiarum, quia et genus quodammodo in potentia est. Et ideo contraria referuntur ad eandem potentiam, et cetera.[203]

Ad secundum dicendum quod licet sonus et color sint diversa accidentia, tamen per se differunt quantum ad immutationem sensus, ut dictum est; non autem homo et lapis, quia eis eodem modo immutatur sensus. Et ideo homo et lapis differunt per accidens in quantum sentiuntur,[204] licet differant per se in quantum sunt substantiae. Nihil enim prohibet[205] differentiam aliquam esse per se comparatam ad unum genus,[206] comparatam[207] vero ad aliud esse[208] per accidens; sicut album et nigrum per se differunt in genere coloris, non autem in genere substantiae.

Ad tertium dicendum quod eadem res comparatur ad diversas potentias animae, non secundum eandem rationem objecti, sed secundum aliam et aliam.

Ad quartum dicendum quod quanto aliqua potentia est altior, tanto ad plura se extendit; unde habet communiorem[209] rationem objecti. Et inde est quod quaedam conveniunt in ratione objecti[210] superioris potentiae, quae distinguuntur in ratione objecti quantum ad potentias inferiores.

---

196 intelligibilium] intellectivarum P¹B intellectualium OH   197 nam] ut A   198 etiam] om. OVBH   199 vegetabilem] naturalem V   200 horum] harum OV   201 quodlibet] quilibet ALP² quaelibet OV   202 plures] add. vel species H   203 et cetera] del. P¹₂ om. LOVBH   204 sentiuntur] sequuntur A   205 prohibet] prohibent P¹   206 genus] om. B   207 comparatam] comparata ALP¹P²B   208 esse] esset ALP¹P²   209 communiorem] convenientiorem O   210 objecti] om. L

Ad quintum dicendum quod habitus non sunt perfectiones potentiarum propter quas sunt potentiae, sed sicut quibus aliqualiter se habent ad ea propter[211] quae sunt, id est[212] ad objecta. Unde potentiae non distinguuntur penes habitus, sed penes objecta; sicut nec artificialia, penes objecta,[213] sed penes fines.

Ad sextum dicendum quod potentiae non sunt propter organa, sed magis e converso. Unde magis[214] distinguuntur organa penes objecta[215] quam e converso.

Ad septimum dicendum quod anima habet aliquem praecipuum finem; sicut anima humana, bonum intelligibile. Habet autem et alios fines ordinatos ad hunc ultimum finem, sicut quod sensibile ordinatur ad intelligibile. Et quia anima ordinatur ad sua objecta per potentias, sequitur quod etiam potentia sensitiva sit in homine propter intellectivam,[216] et sic de aliis. Sic igitur secundum rationem finis oritur una potentia animae ex alia per comparationem ad objecta. Unde potentias[217] animae distingui possunt[218] per potentias et objecta non est contrarium.[219]

Ad octavum dicendum quod licet accidens non possit esse[220] subjectum accidentis, tamen subjectum subjicitur uni accidenti mediante alio, sicut corpus colori mediante[221] superficie. Et sic unum accidens oritur ex subjecto,[222] mediante alio; et una potentia ab essentia animae, mediante alia.

Ad nonum dicendum quod anima una virtute in plura potest quam res naturalis, sicut visus apprehendit omnia visibilia. Sed anima propter sui nobilitatem habet multo plures operationes quam res inanimata, unde oportet quod habeat plures potentias.

Ad decimum dicendum quod ordo potentiarum animae est secundum ordinem objectorum. Sed utrobique potest attendi ordo, vel secundum perfectionem quia[223] sic intellectus est prior sensu, vel secundum generationis viam; et sic est sensus prior[224] intellectu, quia in generationis via prius inducitur accidentalis dispositio quam forma substantialis.[225]

Ad undecimum dicendum quod intellectus quidem naturaliter appetit intelligibile ut est intelligibile. Appetit enim naturaliter intellectus intelligere et sensus sentire. Sed quia res sensibilis vel intelligibilis non solum appetitur ad sentiendum et ad intelligendum sed etiam ad aliquid aliud, ideo praeter sensum et intellectum necesse est esse appetitivam potentiam.

---

[211] propter] *om.* OV　　　[212] id est] *om.* OV　　　[213] objecta] accidentia ALP¹P²VB accidentalia O　　　[214] e converso. Unde magis] *om.* P¹ *add. in marg.* P¹₂　　　[215] objecta] potentias B [216] intellectivam] intellectum B　　　[217] potentias] potentiae L　　　[218] possunt] *om.* OVH secundum originem B　　　[219] est contrarium] e contrario P¹P²　　　[220] esse] *add.* per se OVH [221] alio, sicut... mediante] *om.* P¹ *add.* P¹₂　　　[222] subjecto] objecto L　　　[223] quia] *del. et add. ss. et* P¹₂ *et* OVBH　　　[224] prior] communior P²　　　[225] substantialis] accidentalis LOVHB *sed del. et add. in marg.* substantialis B

Ad duodecimum dicendum quod voluntas est in ratione in quantum[226] sequitur apprehensionem rationis.[227] Operatio vero voluntatis pertinet ad eundem gradum[228] potentiarum[229] animae, sed non ad idem genus. Et similiter est dicendum de irascibili et concupiscibili respectu sensus.

Ad tertium decimum dicendum quod intellectus et appetitus movent sicut imperantes motum. Sed oportet esse potentiam motivam, quae motum exequatur[230] secundum quam scilicet membra sequuntur imperium appetitus, et intellectus vel sensus.

Ad quartum decimum dicendum quod potentiae[231] animae vegetabilis[232] dicuntur vires naturales, quia non operantur nisi quod natura facit in corporibus; sed dicuntur vires animae, quia altiori modo hoc faciunt, ut supra dictum est.

Ad quintum decimum dicendum quod res naturalis inanimata simul recipit speciem et debitam quantitatem; quod non est possibile in rebus viventibus quas[233] oportet in principio generationis esse modicae quantitatis, quia generantur ex semine. Et ideo oportet quod praeter vim generativam in eis sit vis augmentativa, quae perducit[234] ad debitam quantitatem. Hoc autem fieri oportet per hoc quod[235] aliquid convertatur[236] in substantiam augmentandi,[237] et sic additur ei. Haec autem conversio fit per calorem, qui et convertit id quod extrinsecum apponitur et resolvit etiam id quod inest. Unde ad conservationem individui, ut continue restauretur deperditum et addatur quod deest ad perfectionem quantitatis et quod necessarium est ad generationem seminis, necessaria fuit vis nutritiva quae deservit et augmentativae et generativae, et praeter[238] hoc individuum conservat.

Ad sextum decimum dicendum quod sonus et color et hujusmodi differunt secundum diversum modum immutationis sensus, non autem sensibilia diversorum generum. Et ideo penes ea non diversificantur potentiae sensitivae.

Ad septimum decimum dicendum quod quia contrarietates quarum[239] est tactus cognoscitivus non reducuntur in aliquod unum genus,[240] sicut diversae contrarietates quae possunt considerari circa visibilia reducuntur in unum genus coloris, ideo Philosophus determinat, in II *De Anima*,[241] quod tactus non est unus sensus sed plures. Sed tamen omnes conveniunt

---

[226] quantum] *add.* operatio voluntatis B   [227] rationis] hominis L   [228] gradum] *add.* operationis OV   [229] eundem gradum potentiarum] eandem potentiam P²   [230] exequatur] consequatur P²   [231] potentiae] potentia ALOV   [232] vegetabilis] vegetativae OV   [233] quas] quae LBH   [234] perducit] perducat OVBH   [235] quod] *add.* hoc per P¹   [236] convertatur] convertitur OVH   [237] augmentandi] augendi O   [238] praeter] propter OVBH   [239] quarum] quorum AP¹   [240] genus] ergo ALP²   [241] Aristotle, *De Anima*, II, 11 (422b 17-33); Cf. II, 7 (418a 13-14)

in hoc quod non per medium extrinsecum sentiunt, et ideo omnes dicuntur tactus ut sit unus sensus genere, divisus in plures species. Posset tamen dici quod esset simpliciter unus sensus; quia omnes contrarietates quarum[242] tactus est cognoscitivus cognoscuntur[243] per[244] se[245] invicem et reducuntur in unum genus, sed[246] est[247] innominatum; nam et genus proximum calidi et frigidi innominatum est.

Ad octavum decimum dicendum quod cum potentiae animae sint proprietates quaedam, per hoc quod dicitur memoria esse passio primi sensitivi, non excluditur[248] quin[249] memoria sit alia potentia a sensu, sed ostenditur ordo ejus ad sensum.

Ad nonum decimum dicendum quod sensus recipit species sensibilium in organis corporalibus, et est cognoscitivus particularium. Intellectus autem recipit species rerum absque organo corporali et est cognoscitivus universalium. Et ideo aliqua diversitas objectorum requirit diversitatem[250] potentiarum in parte sensitiva, quae non requirit diversitatem potentiarum in parte intellectiva. Recipere enim et retinere in rebus materialibus[251] non est secundum idem; sed in immaterialibus[252] secundum idem est. Et similiter secundum diversos modos immutationis[253] oportet[254] diversificare[255] sensum non autem intellectum.

Ad vicesimum dicendum quod idem[256] objectum,[257] scilicet[258] intelligibile in actu, comparatur ad intellectum agentem ut factum ab eo, ad[259] intellectum vero possibilem[260] ut movens ipsum. Et sic patet quod non secundum eandem rationem idem comparatur ad intellectum agentem et possibilem.

---

[242] quarum] quorum ALP¹P²   [423] cognoscuntur] cognoscunt L   [244] per] om. ALP¹P² VB   [245] se] add. cognoscunt enim se invicem H   [246] sed] si A   [247] sed est] sicut P² [248] excluditur] excludit ALP¹P²   [249] quin] add. a ALP¹   [250] diversitatem] diversitates H [251] materialibus] naturalibus OV   [252] immaterialibus] materialibus AL   [253] immutationis] mutationis LO mutationum P²   [254] oportet] potest LP²H   [255] diversificare] diversificari OVB   [256] idem] om. OV   [257] objectum] add. operatur L add. comparatur ad intellectum possibilem et agentem OVB   [258] scilicet] sed OVB   [259] ad] ab ALP¹P²H [260] intellectum vero possibilem] intellectu vero possibili ALP¹P²H

QUAESTIO QUARTA DECIMA

Loca parallela: *In II Sent.*, dist. 19, a. 1; *In IV Sent.*, dist. 50, q. 1, a. 1; *Quodl.*, X, q. 3, a. 2; *Contra gent.*, II, 79-81; *Summa theol.*, I, q. 75, a. 6; *Compend. theol.*, cap. 84.

Quartodecimo quaeritur DE IMMORTALITATE ANIMAE HUMANAE. Et videtur quod sit corruptibilis.

(1) Dicitur enim, *Ecclesiastes* III,[1] "Unus est interitus hominis et jumentorum et aequa utriusque conditio." Sed jumenta cum intereunt, interieorum anima. Ergo cum homo interierit,[2] anima ejus corrumpitur.[3]

(2) Praeterea, corruptibile et incorruptibile differunt secundum genus, ut dicitur in X[4] *Metaphysicae*.[5] Sed anima humana et anima jumentorum non differunt secundum genus; quia nec homo a jumentis[6] genere differt.[7] Ergo anima hominis et anima jumentorum non differunt secundum corruptibile et incorruptibile. Sed anima jumentorum est corruptibilis. Ergo anima humana non est incorruptibilis.[8]

(3) Praeterea, Damascenus[9] dicit quod angelus est gratia,[10] non natura immortalitatem suscipiens. Sed angelus non est inferior anima. Ergo anima non est naturaliter immortalis.

(4) Praeterea, Philosophus probat, in VIII[11] *Physicorum*,[12] quod primum movens est infinitae virtutis, quia movet tempore infinito. Si igitur anima habet virtutem durandi tempore infinito,[13] sequitur quod virtus ejus sit infinita. Sed virtus infinita[14] non est in essentia finita. Ergo sequitur quod essentia animae sit infinita, si sit incorruptibilis.[15] Hoc autem est impossibile, quia sola essentia divina est infinita. Ergo anima humana non est incorruptibilis.[16]

---

[1] *Ecclesiastes*, 3:19   [2] interierit] interit OVH   [3] corrumpitur] interit V   [4] X] IIII LV   [5] Aristotle, *Metaph.*, X, 10 (1058b 26-29)   [6] jumentis] jumento P²
[7] secundum... differt] *in marg.* P¹₂   [8] *Add. in marg.* Praeterea si anima est incorruptibilis et tamen separabilis a corpore oportet quod habeat naturalem inclinationem ad hoc ut iterum uniatur corpori cum non habeat esse omnimode perfectum extra corpus quia sic non est species completa sed solum pars speciei est. sed omnis naturalis appetitus sui dependentia cum non sit frustra oportet quod quandoque impleatur etiam per viam naturae alioquin frustra esset desiderium naturale si naturaliter non posset impleri. sed anima post separationem suam a corpore non potest secundum viam naturae iterum ei conjungi. relinquitur igitur quod non sit separabilis sed corrumpitur corrupto corpore. B   [9] S. Joannes Damascenus, *De Fide orthodoxa*, II, 3 (PG 94: 868)   [10] gratia] substantia O   [11] VIII] III P² 4 B   [12] Aristotle, *Physica*, VIII, 10 (267b 24-26); Cf. *Metaph.*, XII, 7 (1073a 5-11)   [13] Si igitur... infinito] *in marg.* P¹₂
[14] Sed virtus infinita] *in marg.* P¹₂   [15] incorruptibilis] immortalis OV   [16] incorruptibilis] corruptibilis A

Sed dicebat quod anima[17] est incorruptibilis, non per essentiam propriam, sed per virtutem divinam.

(5) Sed contra, illud quod non competit alicui per essentiam propriam non est ei essentiale. Sed corruptibile et incorruptibile essentialiter praedicantur de quibuscumque dicuntur, ut dicit Philosophus, in X[18] *Metaphysicae*.[19] Ergo si anima est[20] incorruptibilis, oportet quod sit incorruptibilis per essentiam suam.

(6) Praeterea, omne quod est, aut est corruptibile aut incorruptibile. Si igitur anima humana secundum suam[21] naturam non est incorruptibilis, sequitur quod secundum suam naturam sit corruptibilis.

(7) Praeterea, omne incorruptibile habet virtutem quod sit semper. Si igitur anima humana sit incorruptibilis, sequitur quod habet[22] virtutem quod[23] sit semper. Ergo non habet esse post non esse; quod est contra fidem.

(8) Praeterea, Augustinus[24] dicit quod sicut Deus est vita animae, ita anima est vita corporis. Sed mors est privatio vitae. Ergo per mortem anima privatur et tollitur.

(9) Praeterea, forma non est[25] nisi in eo in quo est. Si igitur[26] anima est forma corporis, ergo non potest esse nisi in corpore. Ergo perit perempto corpore.

Sed dicebat quod hoc est verum de anima secundum quod est forma, non secundum suam essentiam.

(10) Sed contra, anima non est forma corporis per accidens; alioquin cum anima constituat hominem secundum quod est forma corporis, sequeretur quod homo esset ens per accidens. Quicquid autem competit alicui non per accidens convenit ei secundum suam essentiam. Ergo est forma secundum suam essentiam. Si ergo secundum quod est forma est corruptibilis, et secundum suam essentiam erit corruptibilis.

(11) Praeterea, quaecumque conveniunt ad unum esse, ita se habent quod corrupto uno, corrumpitur aliud. Sed anima et corpus conveniunt ad unum esse, scilicet ad esse hominis. Ergo corrupto corpore, corrumpitur anima.

(12) Praeterea, anima sensibilis et anima rationalis sunt unum secundum substantiam in homine. Sed anima sensibilis est corruptibilis. Ergo et rationalis.

(13) Praeterea, forma debet[27] esse materiae proportionata.[28] Sed anima

---

[17] anima] *add.* humana OVB   [18] X] *del. et add. ss.* 4 P¹ II V   [19] ARISTOTLE, *Metaph.*, X, 10 (1058b 36-1059a 10)   [20] est] sit L   [21] suam] illam P²   [22] habet] habeat P² [23] quod] ut P²   [24] S. AUGUSTINUS, *De Civitate Dei*, XIX, 26 (PL 41: 656)   [25] non est] non habet esse OVBH   [26] Si igitur] sed OVBH   [27] debet] dat OV   [28] proportionata] proportionatae O

humana est in corpore ut forma in[29] materia. Cum igitur corpus sit corruptibile, et anima erit corruptibilis.

(14) Praeterea, si anima potest a corpore separari, oportet quod sit aliqua operatio ejus sine corpore; eo quod nulla substantia est otiosa. Sed nulla operatio potest esse animae sine corpore, etiam neque intelligere de quo magis videtur; quia non est intelligere sine phantasmate, ut Philosophus[30] dicit. Phantasma autem non est sine corpore. Ergo anima non potest separari a corpore, sed corrumpitur corrupto corpore.

(15) Praeterea, si anima humana sit incorruptibilis, hoc non erit nisi quia est intelligens.[31] Sed videtur quod intelligere non sibi conveniat; quia id quod est supremum inferioris naturae imitatur aliqualiter actionem naturae superioris, sed ad eam non pervenit; sicut simia imitatur aliqualiter operationem[32] hominis, non tamen ad eam pertingit. Et similiter videtur quod cum homo sit supremum in ordine materialium rerum,[33] imitetur aliqualiter actionem substantiarum separatarum intellectualium, quae est intelligere; sed ad eam non perveniat.[34] Nulla igitur necessitas videtur ponendi animam hominis esse[35] immortalem.[36]

(16) Praeterea, ad operationem propriam speciei pertingunt vel omnia vel plurima eorum quae sunt in specie. Sed paucissimi homines perveniunt ad hoc quod sint intelligentes. Ergo intelligere non est propria operatio animae humanae. Et ita non oportet animam humanam esse incorruptibilem[37] eo quod sit intellectualis.

(17) Praeterea, Philosophus dicit, in I *Physicorum*,[38] quod omne finitum consumitur, semper ablato quodam. Sed bonum naturale animae est finitum bonum. Cum igitur per quodlibet peccatum minuatur bonum naturale animae humanae, videtur quod tandem totaliter tollitur;[39] et sic anima humana quandoque corrumpitur.

(18) Praeterea, ad debilitatem corporis, anima debilitatur; ut patet in ejus operationibus. Ergo et ad corruptionem corporis, anima[40] corrumpitur.[41]

(19) Praeterea, omne quod est ex nihilo est vertibile in nihil. Sed anima humana ex nihilo creata est. Ergo vertibilis est in nihil. Et sic sequitur quod anima sit corruptibilis.

(20) Praeterea, manente causa manet effectus. Sed anima est causa

---

[29] corpore ut forma in] *om.* OV   [30] ARISTOTLE, *De Anima*, III, 7 (431a 16)   [31] intelligens] intellectus P[1]OH   [32] operationem] naturam OV   [33] materialium rerum] rerum naturalium OV   [34] perveniat] perveniet ALB pervenit OH perveniatur V   [35] hominis esse] *om.* OVB   [36] immortalem] incorruptibilem P[2]   [37] incorruptibilem] immortalem OV   [38] ARISTOTLE, *Physica*, I, 4 (187b 25-26)   [39] tollitur] tollatur LB   [40] anima] *om.* B   [41] corrumpitur] corrumpetur B

vitae corporis.[42] Si igitur anima semper manet, videtur quod corpus semper vivat; quod patet esse falsum.

(21) Praeterea, omne quod est per se substans[43] est hoc aliquid, in genere vel specie collocatum. Sed anima humana, ut videtur, non est hoc aliquid nec collocatur in specie vel genere tanquam individuum vel species, cum sit forma. Esse enim in genere vel specie convenit[44] composito, non materiae neque formae nisi per reductionem. Ergo anima humana non est per se subsistens; et ita, corrupto corpore, remanere non potest.

SED CONTRA est quod dicitur, *Sapientia* II,[45] "Deus fecit hominem inexterminabilem et[46] ad imaginem suae similitudinis fecit illum." Ex quo potest[47] accipi quod homo est inexterminabilis, id est[48] incorruptibilis, secundum quod est ad imaginem Dei. Est autem ad imaginem Dei[49] secundum animam, ut Augustinus dicit in libro *De Trinitate*.[50] Ergo anima humana est incorruptibilis.

(2) Praeterea, omne quod corrumpitur habet contraria vel est ex contrariis compositum. Sed anima humana est omnino absque contrarietate; quia illa etiam quae sunt contraria in se in anima non sunt contraria; rationes enim contrariorum in anima contrariae non sunt. Ergo anima humana est incorruptibilis.[51]

(3) Praeterea, corpora caelestia dicuntur esse incorruptibilia, quia non habent materiam qualem generabilia et corruptibilia. Sed anima humana omnino est immaterialis; quod patet ex hoc quod rerum species immaterialiter recipit. Ergo anima est incorruptibilis.[52]

(4) Praeterea, Philosophus[53] dicit quod intellectus separatur sicut perpetuum a corruptibili. Intellectus autem est pars animae,[54] ut ipse dicit. Ergo anima humana est incorruptibilis.

RESPONSIO. Dicendum[55] quod necesse est omnino animam humanam incorruptibilem esse. Ad cujus evidentiam considerandum est quod id quod per se consequitur ad aliquid non potest removeri ab eo; sicut ab homine non removetur quod sit animal, neque a numero quod sit par vel impar. Manifestum est autem quod esse per se consequitur formam; unumquodque enim habet[56] esse secundum propriam formam; unde esse a forma nullo modo separari potest. Corrumpuntur igitur composita ex

---

[42] corporis] corporalis P²   [43] substans] subsistens P¹OVBH   [44] convenit] *add.* solum V [45] *Sapientia*, 2: 23   [46] et] *om.* ALP¹P²O   [47] potest] *add.* sic V   [48] id est] et P¹ *del. et add. ss.* id est P¹₂   [49] Est autem ad imaginem Dei] *in marg.* P¹₂ *om.* P²V   [50] S. AUGUSTINUS, *De Trinitate*, X, 12 (PL 42: 984)   [51] Ergo... incorruptibilis] ergo anima non est corruptibilis B [52] (3)... incorruptibilis] *om.* B   [53] ARISTOTLE, *De Anima*, II, 2 (413b 24-27)   [54] animae] *add.* humanae H   [55] Dicendum] *add.* est P¹   [56] habet] *add.* suum O

materia et forma per[57] hoc quod amittunt formam ad quam consequitur esse. Ipsa autem forma per se corrumpi non potest; sed per accidens, corrupto composito,[58] corrumpitur in[59] quantum deficit[60] esse compositi quod est per formam, si forma sit talis quae non sit habens esse sed sit solum quo compositum est.

Si igitur sit aliqua forma quae sit habens esse, necesse est illam formam incorruptibilem esse. Non enim separatur esse ab aliquo habente esse nisi per hoc quod separatur forma[61] ab eo. Unde si id quod habet esse sit ipsa[62] forma, impossibile est quod esse separetur[63] ab eo. Manifestum est autem quod principium quo homo intelligit est forma habens esse, et non solum ens sicut quo aliquid est. Intelligere enim, ut Philosophus probat, in III *De Anima*,[64] non est actus expletus per organum corporale. Non enim posset inveniri[65] aliquod organum corporale quod esset receptivum omnium naturarum[66] sensibilium; praesertim quia recipiens debet esse denudatum a natura recepti, sicut pupilla caret colore. Omne autem organum corporale habet naturam aliquam sensibilem. Intellectus vero quo intelligimus est cognoscitivus omnium sensibilium naturarum. Unde impossibile est quod ejus operatio, quae est intelligere, exerceatur per aliquod[67] corporale. Unde apparet quod intellectus habet operationem per se in qua[68] non communicat[69] corpus. Unumquodque autem operatur secundum quod est. Quae enim per se habent esse per se operantur; quae vero per se non habent esse non habent per se operationem; non enim calor per se calefacit, sed calidum. Sic igitur patet quod principium intellectivum quo homo intelligit habet esse elevatum supra corpus, non dependens a corpore.

Manifestum est etiam[70] quod hujusmodi intellectivum principium non est aliquid[71] ex materia et forma compositum, quia species omnino recipiuntur in ipso immaterialiter. Quod declaratur ex hoc quod intellectus est universalium, quae considerantur in[72] abstractione[73] a materia et a materialibus conditionibus. Relinquitur ergo quod principium intellectivum quo homo intelligit sit forma habens esse. Unde necesse est quod sit incorruptibilis; et hoc est[74] quod etiam[75] Philosophus[76] dicit, quod[77] intellectus est quoddam divinum et perpetuum.

---

[57] per] propter O   [58] composito] corpore LP²   [59] in] *om.* AL   [60] deficit] deficiet P¹
[61] forma] esse LOVH   [62] ipsa] ipsam ALP² *om.* B ut H   [63] separetur] separari OV
separatur B   [64] Aristotle, *De Anima*, III, 4 (429b 4)   [65] inveniri] reperiri OV
[66] naturarum] naturalium AP² *om.* P¹ materialium L rerum V   [67] aliquod] *add.* organum OVB
[68] qua] *add.* natura O   [69] communicat] *add.* sibi O   [70] etiam] autem LP¹P²
[71] aliquid] *om.* OV   [72] in] ab L per O cum V *om.* H   [73] abstractione] abstractionem O
[74] hoc est] *om.* est ALP²OB   [75] etiam] *om.* L *ss.* P¹₂   [76] Aristotle, *De Anima*, III, 5
(430a 23)   [77] quod] *add.* etiam L

Ostensum est autem in praecedentibus quaestionibus quod principium intellectivum quo homo intelligit non est aliqua substantia separata; sed est aliquid formaliter inhaerens homini, quod est anima vel pars[78] animae. Unde relinquitur ex praedictis quod anima humana sit incorruptibilis.

Omnes enim qui posuerunt animam humanam corrumpi[79] interemerunt[80] aliquid praemissorum. Quidam enim, animam ponentes esse corpus, posuerunt[81] eam non esse formam sed aliquid ex materia et forma compositum. Alii vero, ponentes intellectum non differre a sensu, posuerunt per[82] consequens quod non habet[83] operationem nisi per organum corporale; et sic non[84] habet esse elevatum supra corpus; unde non est forma habens esse. Alii vero posuerunt intellectum quo homo intelligit esse substantiam separatam. Quae omnia in superioribus ostensa sunt[85] esse falsa. Unde relinquitur animam humanam esse incorruptibilem.

Signum autem hujus ex duobus accipi potest. Primo quidem ex parte intellectus, quia enim[86] ea[87] quae sunt in se[88] ipsis corruptibilia, secundum quod intellectu[89] percipiuntur incorruptibilia sunt. Est enim intellectus apprehensivus rerum in universali, secundum quem modum non accidit eis corruptio. Secundo, ex naturali appetitu qui[90] in nulla re[91] frustrari potest. Videmus enim[92] in hominibus appetitum esse perpetuitatis et hoc rationabiliter; quia cum ipsum esse secundum se sit appetibile, oportet quod ab intelligente qui apprehendit esse simpliciter, et non hic et nunc, appetatur[93] naturaliter esse simpliciter et secundum omne tempus. Unde videtur quod iste appetitus non sit inanis; sed quod homo secundum animam intellectivam[94] sit incorruptibilis.

AD PRIMUM ergo dicendum quod Salomon, in libro *Ecclesiastes*,[95] loquitur quasi concinnator, nunc ex persona sapientum,[96] nunc ex persona stultorum; verbum autem inductum loquitur ex persona stultorum. Vel potest dici quod unus dicitur esse interitus hominis et jumentorum quantum ad corruptionem compositi, quae utrobique est per separationem animae a corpore; licet post separationem anima humana remaneat, non autem anima jumentorum.

Ad secundum dicendum quod si[97] anima humana et[98] jumentorum per se collocarentur in genere, sequeretur quod diversorum generum essent

---

[78] pars] potentia V   [79] corrumpi] *add.* non V   [80] interemerunt] ignoraverunt O *om. cum lacuna* B   [81] posuerunt] ignoraverunt O   [82] per] quod A   [83] habet] *add.* per AP¹P²   [84] non] *om.* A   [85] ostensa sunt] ostendimus OV   [86] enim] *om.* OVB   [87] enim ea] ea enim P¹ ea etiam H   [88] se] *om.* ALP² *ss.* P¹   [89] intellectu] intellectum P¹   [90] qui] quod AP² quia O   [91] nulla re] nullo OV re] *om.* L   [92] enim] autem LBH *om.* V   [93] appetatur] apprehendatur LH   [94] intellectivam] *add.* non sit corruptibilis sed B   [95] *Ecclesiastes*, 3: 19   [96] sapientum] sapientis P²O   [97] si] *ss.* P¹   [98] et] *add.* anima BH

secundum naturalem generis considerationem. Sic enim corruptibile et incorruptibile necesse est[99] genere[100] differre,[101] licet in aliqua ratione communi possent convenire. Ex quo etiam in uno genere esse[102] possunt secundum logicam considerationem. Nunc autem anima non[103] est in genere sicut species, sed sicut[104] pars speciei. Utrumque autem compositum corruptibile est, tam illud cujus pars est anima humana, quam illud cujus pars est anima jumentorum. Et propter hoc nihil prohibet ea[105] esse unius generis.

Ad tertium dicendum quod sicut Augustinus[106] dicit, vera immortalitas est vera immutabilitas. Immutabilitatem[107] autem quae est secundum electionem, ne scilicet de bono in malum mutari possint,[108] tam anima quam angelus habent[109] per gratiam.[110]

Ad quartum dicendum quod esse comparatur ad formam sicut per se consequens ipsam, non autem sicut effectus[111] ad virtutem[112] agentis, ut puta motus[113] a virtute[114] moventis.[115] Licet ergo quod aliquid possit[116] movere infinito tempore demonstret infinitatem virtutis moventis; tamen quod aliquid possit[117] esse tempore infinito non demonstrat infinitatem formae per quam aliquid est; sicut nec hoc quod dualitas semper est par ostendit infinitatem ipsius. Magis autem hoc[118] quod aliquid est tempore infinito demonstrat virtutem infinitam ejus quod[119] est causa essendi.

Ad quintum[120] dicendum quod corruptibile et incorruptibile sunt essentialia praedicata; quia [21] consequuntur essentiam sicut principium formale vel materiale, non autem sicut principium activum.[122] Sed[123] principium activum perpetuitatis aliquorum est extrinsecus.[124]

Et per hoc patet solutio ad sextum.

Ad septimum dicendum quod anima habet virtutem ut sit semper; sed illam virtutem non semper habuit. Et ideo non oportet quod semper fuerit, sed quod in futurum nunquam deficiet.[125]

Ad octavum dicendum quod anima dicitur forma corporis in quantum est causa vitae, sicut forma est principium essendi. Vivere enim viventibus est esse, ut dicit Philosophus, in II *De Anima*.[126]

---

[99] necesse est] necessario OVB   [100] genere] *om.* O   [101] differre] differunt OVB [102] esse] *om.* ALP¹P²   [103] non] *om.* L   [104] species, sed sicut] *om.* OV   [105] ea] eam ALP²OBH   [106] S. Augustinus, *De Immortalite animae*, I, 1, 1 (PL 32: 1021); 2, 2; 3, 3; 4, 5 (PL 32: 1022, 1023, 1024)   [107] Immutabilitatem] immutabilitas LVB   [108] possint] possunt ALP²   [109] habent] habet a deo OV   [110] Ad tertium... gratiam] *in marg.* P² [111] effectus] efficiens V   [112] virtutem] utilitatem L   [113] motus] movens OV   [114] a virtute] ad virtutem OVH   [115] moventis] agentis B   [116] possit] posset ALP²   [117] possit] posset ALP²   [118] hoc] hic A   [119] quod] quae B qui H   [120] quintum] sextum P¹   [121] quia] quae LP²B   [122] activum] actus A   [123] Sed] *om.* LP¹P² nam B   [124] extrinsecus] extrinsecum V   [125] deficiet] deficit P² deficiat B   [126] Aristotle, *De Anima*, II, 4 (415b 13)

Ad nonum dicendum quod anima est talis forma quae habet esse non dependens ab eo cujus est forma; quod operatio ipsius ostendit,[127] ut dictum est.

Ad decimum dicendum quod licet anima per suam essentiam sit forma, tamen aliquid potest ei competere in quantum est talis forma, scilicet forma subsistens, quod non competit ei in quantum est forma; sicut intelligere non convenit[128] homini in quantum est animal, licet homo sit animal secundum suam essentiam.

Ad undecimum dicendum quod licet anima et corpus conveniant ad unum esse hominis, tamen illud esse est corpori ab anima; ita quod anima humana esse suum, in quo subsistit, corpori[129] communicat, ut ex[130] praemissis quaestionibus ostensum est. Et ideo remoto corpore, adhuc remanet anima.

Ad duodecimum dicendum quod anima sensibilis in brutis est corruptibilis; sed in homine,[131] cum sit eadem in substantia cum anima rationali, incorruptibilis est.

Ad tertium decimum dicendum quod corpus humanum est materia animae humanae proportionata quantum ad operationes ejus; sed corruptio et alii defectus incidunt[132] ex necessitate materiae, ut supra ostensum est. Vel potest dici quod corruptio advenit[133] corpori ex peccato, non[134] ex prima institutione naturae.[135]

Ad quartum decimum dicendum quod hoc quod dicit Philosophus, quod non est intelligere sine phantasmate, intelligitur quantum ad statum praesentis[136] vitae, in quo homo intelligit per animam. Alius autem modus erit intelligendi[137] animae[138] separatae.

Ad quintum decimum dicendum quod licet anima humana[139] non pertingat ad illum modum intelligendi quo substantiae superiores intelligunt, pervenit[140] tamen ad intelligendum aliquo modo; quod[141] quidem[142] sufficit ad incorruptabilitatem ejus ostendendum.

Ad sextum decimum dicendum quod licet pauci perveniant ad perfecte intelligendum, tamen ad aliqualiter intelligendum omnes perveniunt Manifestum est enim quod prima demonstrationis principia sunt communes animi[143] conceptiones quae[144] in[145] intellectu percipiuntur.

Ad septimum decimum dicendum quod peccatum gratiam totaliter

---

[127] ostendit] dicit A   [128] convenit] competit B   [129] corpori] corpus O   [130] ex] in OVBH   [131] homine,] add. sensibilis anima OV   [132] incidunt] incident L inciderunt B   [133] advenit] evenit V   [134] non] om. V   [135] naturae] materiae O om. V   [136] praesentis] praesens O   [137] intelligendi] add. ipsius OH   [138] animae] add. ipsius V   [139] anima humana] homo OV   [140] pervenit] perveniunt L pertingit P²   [141] quod] quo V qui BH   [142] quidem] tamen LBHom. OV   [143] animi] omnium H   [144] quae] om. L et BH   [145] in] om. OVH

tollit; nihil autem removet de rei essentia. Removet tamen aliquid de inclinatione sive habilitate ad gratiam; et in quantum quodlibet peccatum[146] de contraria dispositione inducit, dicitur quodlibet peccatum[147] aliquid de bono naturae adimere, quod est habilitas[148] ad gratiam. Nunquam tamen totum bonum naturae tollitur; quia semper remanet potentia[149] sub contrariis dispositionibus, licet magis ac magis elongata ab actu.

Ad octavum decimum dicendum quod anima non debilitatur, debilitato corpore, nec etiam sensitiva; ut patet per illud quod Philosophus dicit, in I *De Anima*,[150] quod si senex accipiat oculum juvenis, videbit utique sicut et juvenis. Ex quo manifestum est quod debilitas actionis non accidit propter debilitatem animae sed organi.

Ad nonum decimum dicendum quod illud[151] quod est ex nihilo vertibile est in nihil,[152] nisi manu gubernantis conservetur. Sed ex hoc non dicitur aliquid corruptibile, sed ex eo quod habet in se aliquid[153] principium[154] corruptionis. Et sic[155] corruptibile[156] et incorruptibile sunt praedicata essentialia.

Ad vicesimum dicendum quod licet anima quae est causa vitae sit incorruptibilis, tamen corpus[157] quod recipit vitam ab anima est subjectum transmutationi; et per hoc recedit[158] a dispositione[159] per quam[160] est aptum ad recipiendum vitam. Et sic incidit corruptio hominis.

Ad vicesimum primum dicendum quod anima, licet per se possit esse, non tamen per se habet speciem, cum sit pars speciei.

---

[146] peccatum] *add.* plus LP²BH *add. in marg.* plus P¹₂   [147] de contraria... peccatum] *om.* P¹ *add. in marg.* P¹₂   [148] habilitas] liberalitas L   [149] potentia] *om.* LB   [150] ARISTOTLE, *De Anima*, I, 4 (408b 21-22)   [151] illud] id P¹P²H   [152] nihil] nihilum P²OV   [153] aliquid] *om.* OV   [154] aliquid principium] aliquod principium LP¹P²BH   [155] Et sic] *om.* LOVBH   [156] corruptibile] *add.* enim VB   [157] corpus] *om.* LB   [158] recedit] accedit P²   [159] a dispositione] ad dispositionem LP²   [160] per quam] secundum quam OVH

QUAESTIO QUINTA DECIMA

Loca parallela: *In III Sent.*, dist. 31, q. 2, a. 4; *In IV Sent.*, dist. 1, q. 1, a. 1; *De Ver.*, q. 19, a. 1; *Contra gent.*, II, 81; *Summa theol.*, I, q. 89, a. 1; I-II, q. 67, a. 2; *Quodl.* III, q. 9, a. 1.

Quinto decimo quaeritur utrum ANIMA SEPARATA A CORPORE POSSIT INTELLIGERE. Et videtur quod non.[1]

(1) Quia,[2] sicut dicit Philosophus, in I *De Anima*,[3] intelligere vel est phantasia vel non est sine phantasia. Phantasia autem non est sine corpore; ergo nec intelligere. Anima igitur separata non intelligit.

(2) Praeterea, Philosophus dicit, in III *De Anima*,[4] quod ita se habet intellectus ad phantasmata sicut visus ad colores. Sed visus non potest videre sine coloribus. Ergo[5] nec intellectus intelligit sine phantasmatibus; ergo neque sine corpore.

(3) Praeterea, Philosophus dicit, in I *De Anima*,[6] quod intelligere[7] corrumpitur interius, quodam corrupto, scilicet vel[8] corde vel[9] calore naturali; quod quidem corrumpitur,[10] anima a corpore separata intelligere non potest.

Sed dicebat quod anima a corpore separata intelligit quidem, non autem isto modo quo nunc intelligit a phantasmatibus abstrahendo.

(4) Sed contra,[11] forma unitur materiae non propter materiam sed propter formam, nam forma est finis et perfectio materiae;[12] unitur autem

---

[1] non] *add. has objectiones* LVBH
nulla enim operatio conjuncti manet in anima separata.[a] sed intelligere est operatio conjuncti. dicit enim philosophus in primo de anima quod dicere animam intelligere idem est[b] ac si dicat eam quis texere vel aedificare. ergo intelligere non manet in anima a corpore separata.[c]

Praeterea philosophus dicit in tertio de anima[d] quod nequaquam est intelligere sine phantasmate sed phantasma[e] cum sit[f] in organis sentiendi non possit[g] esse in anima separata. ergo anima separata non intelligit.

Sed dice. quod philosophus loquitur de anima secundum quod est unita corpori. non[h] de anima separata. Sed contra anima separata non potest intelligere nisi per potentiam intellectivam.[i]

[2] Quia] Praeterea LV *om.* P²B   [3] ARISTOTLE, *De Anima*, I, 4 (403a 8-9)   [4] ARISTOTLE, *De Anima*, III, 7 (431a 14-15)   [5] ergo] igitur AP²VH   [6] ARISTOTLE, *De Anima*, I, 4 (408b 24-25)   [7] intelligere] intellectus H   [8] vel] *add. ex* L *om.* VB   [9] vel] *add. ex* L   [10] corrumpitur] *add.* in morte igitur O   [11] forma] anima O   [12] et perfectio materiae] mutationis naturae O

[a] separata] *add.* a corpore V   [b] sed... separata] *om.* V   [c] idem est] *om.* B simile est H
[d] in tertio de anima] *om.* V   [e] phantasma] phantasmata VBH   [f] sit] sint VBH
[g] possit] possunt VBH   [h] non] *add.* autem H   [i] intellectivam] *ibi lacuna unius lineae* L

forma materiae propter complementum suae operationis. Unde talem materiam[13] forma requirit per quam operatio formae compleri possit, sicut forma serrae requirit[14] materiam ferream ad perficiendum opus secandi. Anima autem est forma corporis; unitur ergo tali corpori ad complementum suae operationis; propria autem ejus operatio est intelligere. Ergo si potest sine corpore intelligere, frustra corpori uniretur.

(5) Praeterea, si anima separata intelligere potest, nobilius intelligit[15] sine corpore[16] quam corpori unita; nobiliori enim modo intelligunt quae phantasmatibus non indigent ad intelligendum, scilicet substantiae separatae, quam nos qui per phantasmata intelligimus. Bonum autem animae est[17] in intelligendo; nam perfectio cujuslibet substantiae est propria operatio ejus. Ergo si anima sine corpore intelligere[18] potest praeter phantasmata, nocivum[19] esset ei[20] corpori[21] uniri, et sic non esset ei naturale.

(6) Praeterea, potentiae diversificantur penes objecta. Sed animae intellectivae sunt objecta phantasmata, ut dicitur in III *De Anima*.[22] Si igitur sine phantasmatibus intelligit[23] separata a corpore, oportet quod habeat alias potentias; quod est impossibile cum potentiae sint naturales animae et inseparabiliter ei inhaereant.

(7) Praeterea, si anima separata intelligit, oportet quod per aliquam potentiam intelligat. Potentiae autem intellectivae in anima non[24] sunt nisi[25] duae, scilicet intellectus agens et possibilis. Per neutrum autem horum potest anima separata intelligere, ut videtur; nam operatio utriusque intellectus respicit phantasmata. Intellectus enim agens facit phantasmata esse intelligibilia actu; intellectus autem possibilis respicit[26] species intelligibiles a phantasmatibus abstractas. Videtur igitur quod nullo modo anima separata intelligere possit.

(8) Praeterea, unius rei una est propria operatio, sicut[27] et unius perfectibilis una est perfectio. Si ergo operatio animae sit intelligere accipiendo[28] a phantasmatibus, videtur quod non possit esse ejus operatio intelligere praeter phantasmata; et ita,[29] separata a corpore,[30] non intelliget.

(9) Praeterea, si anima separata intelligit, oportet quod[31] aliquo[32] intelligat; quia intelligere est per similitudinem rei intellectae in intelligente. Non potest autem dici quod anima separata intelligat per suam essentiam. Hoc enim solius Dei est; hujus[33] enim essentia,[34] quia infinita

---

[13] materiam] naturam O   [14] requirit] inquirit A   [15] intelligit] intelligitur V   [16] sine corpore] separata OH corpori separata V   [17] est] *om.* LP[1]   [18] intelligere] *add.* non B   [19] nocivum] necessarium LB nocumentum P[2]   [20] ei] corpori OV   [21] corpori] *om.* A   [22] ARISTOTLE, *De Anima*, III, 7 (431a 15); 8 (432a 8-9)   [23] intelligit] *add.* anima B   [24] non] *om.* ALP[1]P[2] *add. in marg.* P[1]₂   [25] nisi] *om.* P[2]   [26] respicit] recipit P[2]OVBH   [27] sicut] *om.* LP[2]B   [28] accipiendo] acceptum P[2]   [29] ita] *add.* anima B   [30] a corpore] *om.* B   [31] quod] *add. in* H   [32] aliquo] *add.* modo O   [33] hujus] hujusmodi P[2]V   [34] essentia] esse V

est, omnem in se perfectionem praehabens, similitudo est omnium rerum. Similiter etiam neque per essentiam rei intellectae; quia sic intelligeret solum illa quae per essentiam suam sunt in anima.[35] Neque etiam per aliquas species, ut videtur, intelligere potest; non[36] per species innatas[37] sive concreatas; hoc enim videtur redire in opinionem Platonis,[38] qui posuit omnes scientias esse nobis naturaliter inditas.[39]

(10) Praeterea, hujusmodi species frustra viderentur esse animae innatae, cum per eas intelligere non possit dum est in corpore. Species autem intelligibiles ad nihil[40] ordinari videntur,[41] nisi ut per eas intelligatur.

Sed dicebat quod anima, quantum est de se, potest intelligere per species innatas; sed impeditur a corpore ne per eas intelligere possit.

(11) Sed contra, quanto aliquid est perfectius in sua natura, tanto perfectius est in operando. Sed anima unita corpori est perfectior in sua natura quam cum est a corpore separata, sicut quaelibet pars in suo toto existens perfectior est.[42] Si igitur[43] separata a corpore per species innatas intelligere potest, multo magis corpori unita potest intelligere per easdem.[44]

(12) Praeterea, nihil naturalium alicujus rei totaliter impeditur per id quod ad naturam[45] pertinet.[46] Ad naturam autem animae pertinet ut corpori uniatur, cum sit corporis forma. Ergo si species intelligibiles sunt naturaliter inditae animae, non impedietur per unionem corporis quin per eas intelligere possit; cujus contrarium experimur.

(13) Neque etiam potest dici, ut videtur, quod anima separata intelligat per species prius acquisitas in corpore. Multae enim animae humanae remanebunt a corporibus separatae, quae nullas species intelligibiles acquisierunt; sicut patet de animabus[47] puerorum et maxime eorum quae[48] in maternis uteris defuncti sunt. Si igitur animae separatae non possent[49] intelligere nisi per species prius acquisitas, sequeretur quod non omnes animae separatae intelligerent.

(14) Praeterea, si anima separata[50] non intelligeret[51] nisi per species prius[52] acquisitas, sequi videtur[53] quod non intelligat[54] nisi ea quae prius intellexit dum fuerit[55] corpori unita. Hoc autem non videtur verum. Intelligit enim multa de poenis et de praemiis quae nunc non intelligit. Non ergo anima separata intelliget tantum per species prius acquisitas.

---

[35] anima] add. neque etiam per illa quae per essentiam suam sunt in anima V   [36] non] add. enim OVBH   [37] innatas] inditas P²   [38] PLATO, Phaedo, 75 C-D   [39] inditas] add. ergo nullo modo intelligit B   [40] nihil] add. aliud OVBH   [41] videntur] videtur P¹   [42] est] add. quam a toto separata B   [43] igitur] add. anima B   [44] potest... easdem] per eas intelligit B   [45] naturam] add. rei OBH   [46] pertinet] add. rei V   [47] sicut patet de animabus] puta animae B   [48] quae] qui P²H   [49] possent] possint L possunt P²O   [50] separata] om. B   [51] intelligeret] intelligit et add. existens separata B   [52] prius] om. A   [53] sequi videtur] sequeretur B   [54] intelligat] intelligit B   [55] fuerit] fuit OVBH

(15) Praeterea, intellectus efficitur in actu[56] per speciem intelligibilem in eo existentem. Sed intellectus[57] actu existens actu intelligit. Ergo intellectus in actu intelligit omnia illa quorum species intelligibiles sunt actu in ipso. Videtur igitur quod species intelligibiles non conserventur in intellectu postquam desinit[58] actu intelligere; et ita non remanent[59] in ipsa[60] post separationem[61] ut per eas intelligere possit.

(16) Praeterea, habitus acquisiti actus similes reddunt illis actibus ex quibus acquiruntur, ut patet per Philosophum in II *Ethicorum*;[62] aedificando enim fit homo aedificator, et iterum aedificator[63] factus potest aedificare. Sed species intelligibiles acquiruntur[64] intellectui[65] per hoc quod convertitur ad phantasmata. Ergo nunquam per eas potest intelligere nisi convertendo se ad phantasmata. Separata igitur a corpore, per species acquisitas intelligere non potest, ut videtur.

(17) Neque etiam dici posset quod intelligat per species[66] influxas ab aliqua superiori substantia; quia unumquodque receptivum[67] habet proprium agens a quo natum est recipere. Intellectus humanus natus est recipere a sensibus. Non igitur recipit a substantiis superioribus.[68]

(18) Praeterea, ad ea quae nata sunt causari per agentia inferiora non sufficit sola actio superioris agentis, sicut animalia quae sunt nata generari[69] ex semine non inveniuntur generata ex actione solis tantum. Sed anima humana nata est recipere species a sensibilibus.[70] Non igitur sufficit[71] ad hoc quod acquirat species[72] intelligibiles[73] solum[74] influxus substantiarum superiorum.[75]

(19) Praeterea, agens debet esse proportionatum patienti et influens recipienti. Sed intelligentia[76] substantiarum superiorum non est[77] proportionata intellectui humano,[78] cum habeant scientiam magis universalem et incomprehensibilem nobis. Non igitur anima separata per species influxas a substantiis superioribus intelligere potest,[79] ut videtur, et sic non relinquitur aliquis modus quo intelligere possit.

SED CONTRA, intelligere est maxime[80] operatio animae. Si igitur intelligere non convenit animae sine corpore, nulla alia operatio ipsius

---

[56] actu] actum OV   [75] intellectus] *add. ss.* in P¹ *add.* possibilis in B   [58] desinit] desint A   [59] remanent] remanet ALP¹P²   [60] ipsa] anima LP¹OVBH   [61] separationem] *add.* ejus a corpore B   [62] ARISTOTLE, *Ethica Nicomachea*, II, 1 (1103a 26-b 2)   [63] et iterum aedificator] *in marg.* P¹₂   [64] acquiruntur] acquirunt ALP¹P²   [65] intellectui] intellectum ALP¹P² intellectu OV   [66] per species] *bis exhibit* A   [67] receptivum] receptionem L receptum H   [68] superioribus] inferioribus ALP²   [69] generari] *om.* AL   [70] sensibilibus] sensibus OVB   [71] non igitur sufficit]*om.* L   [72] species] *om.* LO   [73] Non intelligibiles] *in marg. et om.* species P¹₂   [74] solum] solus OVBH   [75] superiorum] separatarum L   [76] intelligentia] intelligibilia B   [77] est] sunt B   [78] humano] animae humanae OVBH   [79] potest] *om.* L poterit OVBH   [80] est maxime] maxime est propria OV maxima et propria H

conveniet[81] ei. Sed si non conveniat ei aliqua operatio sine corpore, impossibile est animam separatam esse. Ponimus autem animam separatam.
Ergo necesse est ponere eam intelligere.

(2) Praeterea, illi qui resuscitati leguntur in Scripturis eandem notitiam
postea habuerunt quam prius. Ergo notitia eorum quae homo in hoc
mundo scit non tollitur post[82] mortem. Potest igitur anima per[83] species
prius acquisitas intelligere.

(3) Praeterea, similitudo inferiorum invenitur in superioribus; unde
et mathematici futura praenuntiant, considerantes similitudines[84] eorum
quae hic aguntur[85] in caelestibus corporibus. Sed anima est superior in
natura omnibus corporalibus rebus. Ergo omnium corporalium similitudo
est in anima, et per modum intelligibilem, cum ipsa sit substantia intellectiva. Videtur igitur quod[86] per suam naturam omnia corporalia
intelligere possit, etiam cum[87] fuerit separata.

RESPONSIO. Dicendum quod huic quaestioni dubitationem affert hoc
quod anima nostra secundum praesentem statum ad intelligendum sensibilibus[88] indigere invenitur. Unde secundum hujusmodi diversam indi-
gentiae[89] rationem diversimode oportet de veritate[90] hujus quaestionis
aestimare.

Posuerunt enim quidam, scilicet Platonici, quod sensus sunt animae
nostrae necessarii ad intelligendum, non per se quasi ex sensibus in nobis
causetur scientia, sed per accidens; in quantum scilicet per sensus[91]
quodammodo excitatur anima nostra ad rememorandum quae prius novit
et quorum scientiam naturaliter inditam habet. Et sciendum est ad hujus[92]
intelligentiam quod Plato[93] posuit species rerum separatas subsistentes[94]
et actu intelligibiles, et nominavit eas ideas; per quarum participationem
et quodammodo influxum, posuit animam nostram scientem et intelligentem esse; et antequam anima corpori uniretur, ista scientia libere poterat
uti; sed ex unione ad corpus in tantum erat praegravata, et quodammodo
absorpta est,[95] quod[96] eorum quae prius sciverat et quorum scientiam
connaturalem habebat, oblita[97] videbatur. Sed excitabatur[98] quodammodo per sensus, ut in se ipsam[99] rediret et reminisceretur eorum quae

---

81 conveniet] convenit AV   82 post] per H   83 per] *om.* H   84 similitudines]
similitudinem OH   85 aguntur] agantur A   86 quod] *add.* anima B   87 cum] *add.*
ipsa B   88 sensibilibus] sensibus OVBH   89 indigentiae] indigentem H   90 de
veritate] veritatem H   91 sensus] *add. scilicet* AL *add. et del.* P¹   92 hujus] hujusmodi
LOV   93 PLATO, *Phaedo*, 73C-77A; *Timaeus*, 52A-53C   94 separatas subsistentes]
imperatas sensum habentes P²   95 est] *om.* OVBH   96 quod] *add. ad* ALP¹P²OV
97 oblita] obliti A   98 excitabatur] aestimabatur ALP² aestimabant P¹ extimabatur V exal-
tabatur H   99 ipsam] ipsa ALP¹P²OV

prius intellexit et quorum scientiam innatam habuit; sicut etiam nobis interdum accidit quod ex inspectione aliquorum sensibilium manifeste[100] reminiscimur[101] aliquorum quorum obliti videbamur.[102]

Haec autem ejus positio de scientia et sensibilibus[103] conformis est positioni ejus[104] circa generationem rerum naturalium. Nam formas rerum naturalium, per quas unumquodque individuum in specie collocatur, ponebat provenire ex participatione idearum praedictarum, ita quod agentia inferiora non sint[105] nisi disponentia materiam ad participationem[106] specierum separatarum.

Et si quidem haec opinio teneatur, haec quaestio facilis et absoluta est.[107] Nam secundum hoc anima non indiget sensibilibus[108] ad intelligendum secundum suam naturam, sed per accidens; quod quidem tollitur cum anima fuerit a corpore separata; tunc[109] cessante aggravatione corporis, excitante non indigebit; sed ipsa per se ipsam erit quasi vigil et expedita ad omnia intelligenda.

Sed secundum hanc opinionem non videtur quod possit assignari rationabilis[110] causa propter quam anima corpori uniatur. Non enim est hoc propter animam, cum anima corpori[111] non unita perfecte propriam operationem habere possit, et ex unione ad corpus ejus propria operatio impeditur. Similiter etiam non potest dari[112] quod propter corpus; non enim anima est propter corpus, sed corpus magis propter animam cum anima sit nobilior corpore. Unde et inconveniens[113] videtur quod anima ad nobilitandum corpus sustineat in sua operatione detrimentum.

Videtur etiam sequi[114] ex hac opinione quod unio animae ad corpus non sit naturalis. Nam quod est naturale alicui non impedit ejus propriam operationem. Si igitur unio corporis impedit intelligentiam animae, non erit[115] naturale animae corpori uniri sed contra naturam; et ita homo qui constitutitur ex unione animae ad corpus[116] non erit aliquod[117] naturale; quod videtur absurdum. Similiter in experimento patet quod scientia in nobis non pervenit ex participatione specierum separatarum sed a sensibilibus[118] accipitur; quia quibus deest unus sensus, deest scientia sensibilium quae illo sensu apprehenditur,[119] sicut caecus natus non potest habere scientiam de coloribus.

---

[100] manifeste] *om.* B maxime H   [101] reminiscimur] reminiscuntur ALP[2]   [102] videbamur] videbamus AP[1]   [103] sensibilibus] sensibus OVBH   [104] ejus] est A   [105] sint] sunt P[1]OB   [106] participationem] dispositionem LB   [107] facilis... est] faciliter solvi potest B   [108] sensibilibus] sensibus OVBH   [109] tunc] *add.* enim LP[1]OVBH   [110] rationabilis] rationalis OV   [111] corpori] *in marg.* P[1]   [112] dari] dici OVBH   [113] et inconveniens] causa conveniens H   [114] Videtur etiam sequi] unde etiam sequitur P[1]   [115] erit] *add. in marg.* aliquid P[1]$_2$ [116] ad corpus] et corporis B   [117] aliquod] aliquid OVBH   [118] sensibilibus] sensibus OB   [119] apprehenditur] apprehenderet ALP[2] apprehendimur O apprehenduntur VBH

Alia autem positio est quod sensus prosunt[120] animae humanae ad intelligendum, non per accidens sicut praedicta opinio ponit, sed per se; non quidem ut a sensibilibus[121] accipiamus scientiam, sed quia sensus disponit animam ad acquirendum scientiam aliunde. Et haec est opinio Avicennae.[122] Ponit enim quod est quaedam substantia separata, quam vocat intellectum vel intelligentiam agentem, et quod ab ea effluunt species intelligibiles in intellectu nostro per quas intelligimus, et quod per operationem[123] sensitivae partis, scilicet imaginationem et alia[124] hujusmodi, praeparatur intellectus noster ut convertat se ad intelligentiam agentem et recipiat influentiam specierum intelligibilium ab ipsa.

Et hoc etiam consonat ei quod ipse opinatur circa generationes rerum naturalium. Ponit enim quod omnes formae substantiales effluunt ab intelligentia et quod agentia naturalia disponunt solum materiam ad recipiendum formas ab intelligentia agente.

Secundum hanc etiam opinionem videtur quaestio haec parum difficultatis habere. Si enim sensus non sunt necessarii ad intelligendum nisi secundum[125] quod disponunt[126] ad recipiendum species ab intelligentia agente per hoc quod anima nostra convertatur ad ipsam, quando jam erit a corpore separata per se ipsam convertetur ad intelligentiam[127] agentem et recipiet species intelligibiles ab ea. Nec sensus erunt ei necessarii ad intelligendum; sicut navis quae est necessaria ad transfretandum, cum aliquis jam transfretaverit, ei necessaria non est.

Sed ex hac opinione videtur sequi quod homo statim acquirat omnem[128] scientiam, tam eorum quae sensu percipit quam aliorum. Si enim intelligimus per species influentes[129] in nos ab intelligentia agente, et ad hujusmodi influentiae[130] receptionem non requiritur nisi conversio animae nostrae ad intelligentiam praedictam, quandocumque fuerit ad eam conversa poterit recipere quarumcumque specierum intelligibilium fluxum.[131] Non enim potest dici quod convertatur quantum ad unum et non quantum ad aliud; et ita caecus[132] natus, imaginando sonos,[133] poterit accipere scientiam colorum vel quorumcumque aliorum sensibilium; quod patet esse falsum. Manifestum est etiam quod potentiae sensitivae sunt nobis necessariae ad intelligendum, non solum in acquisitione scientiae sed etiam in utendo scientia jam acquisita. Non enim possumus consi-

---

[120] prosunt] assunt H   [121] sensibilibus] sensibus OVBH   [122] AVICENNA, *De Anima*, V, cap. 6, fol. 25[vb] sq., ed. Venetiis, 1508   [123] operationem] ordinem O   [124] alia] alias H   [125] secundum] *om.* P[1]   [126] disponunt] *add.* animam B   [127] intelligentiam] intellectum LB   [128] omnem] omnium H   [129] influentes] effluentes OBH   [130] influentiae] intelligentiae O   [131] fluxum] influxum BH   [132] caecus] secus A   [133] sonos] senes ALP[1] *om.* P[2] et sentiens O

derare etiam ea quorum scientiam habemus nisi convertendo nos ad phantasmata, licet ipse contrarium dicat. Inde enim est quod laesis organis potentiarum sensitivarum per quas conservantur et comprehenduntur phantasmata, impeditur visus[134] animae in considerando[135] etiam ea quorum scientiam[136] habet. Manifestum est etiam quod in[137] revelationibus, quae nobis divinitus fiunt[138] per influxum substantiarum superiorum, indigemus aliquibus phantasmatibus. Unde dicit Dionysius, I capitulo *Caelestis Hierarchiae*,[139] quod impossibile est nobis aliter lucere divinum radium, nisi varietate sacrorum velaminum circumvelatum;[140] quod quidem non esset, si phantasmata non essent nobis necessaria nisi ad convertendum nos ad substantias superiores.

Et ideo aliter dicendum est quod potentiae sensitivae sunt necessariae animae ad intelligendum, non per accidens tamquam excitantes ut Plato posuit, neque ut disponentes tantum sicut posuit Avicenna, sed ut repraesentantes animae intellectivae proprium objectum; ut enim dicit Philosophus, in III *De Anima*,[141] Intellectivae animae phantasmata sunt sicut sensibilia sensui. Sed sicut colores non sunt visibiles actu nisi per lumen, ita phantasmata non sunt intelligibilia actu nisi per intellectum agentem.

Et hoc consonat ei quod ponimus circa generationem rerum naturalium. Sicut enim ponimus quod agentia superiora, mediantibus agentibus naturalibus, causant formas naturales; ita ponimus quod intellectus agens, per phantasmata ab eo facta intelligibilia actu, causat scientiam in intellectu possibili nostro. Nec refert ad propositum[142] utrum intellectus agens sit substantia separata ut quidam ponunt, vel sit lumen quod anima nostra participat ad similitudinem substantiarum superiorum.

Sed secundum hoc jam difficilius est videre quomodo anima separata intelligere posset; non enim erunt phantasmata quae indigent[143] ad sui apprehensionem et conservationem[144] organis corporeis; eis autem sublatis, ut videtur, non potest intelligere anima, sicut nec coloribus sublatis potest visus videre. Ad hanc igitur difficultatem tollendam, considerandum est quod anima, cum sit infima in ordine intellectivarum substantiarum, infimo et debilissimo modo participat intellectuale[145] lumen sive intellectualem[146] naturam. Nam in primo intelligente, scilicet Deo, natura intellectualis est adeo potens quod per unam formam intelligibilem,[147] sci-

---

[134] visus] usus LP¹OH   [135] considerando] conservando B   [136] scientiam] essentiam ALP¹ *del. et add. ss.* scientiam P¹₂   [137] in] *om.* ALP²OV   [138] fiunt] fluunt L   [139] Pseudo-Dionysius, *De Coelesti hierarchia*, I, 2 (PG 3: 122)   [140] circumvelatum] velatum LVH   [141] Aristotle, *De Anima*, III, 7 (431a 14-15)   [142] propositum] *add.* nostrum B   [143] indigent] indigeat P¹   [144] conservationem] *om.* LV comprehensionem OBH   [145] intellectuale] intelligibile O   [146] intellectualem] intelligibilem O   [147] intelligibilem] intelligentem LOVB *om.* P²

licet essentiam suam, omnia intelligit. Inferiores vero substantiae intellectuales per species multas, et quanto[148] unaquaeque earum est altior, tanto habet pauciores formas et virtutem magis potentem ad intelligendum omnia per formas paucas. Si autem substantia intellectualis inferior haberet formas ita universales sicut superior, cum non adsit ei tanta virtus in[149] intelligendo, remaneret ejus scientia incompleta; quia tantum in universali res cognosceret et non posset deducere cognitionem suam ex illis paucis ad singula.[150]

Anima ergo humana, quae est infima, si acciperet formas in abstractione et universalitate conformis[151] substantiis separatis, cum habeat minimam virtutem in intelligendo, imperfectis imam cognitionem haberet, utpote cognoscens res in quadam universalitate et confusione. Et ideo ad hoc quod ejus cognitio perficiatur et distinguatur[152] per singula, oportet quod a singulis rebus scientiam colligat veritatis, lumine tamen intellectus agentis ad[153] hoc necessario existente, ut altiori modo recipiantur[154] in anima quae sunt in materia. Ad perfectionem igitur intellectualis operationis necessarium fuit animam[155] corpori uniri.

Nec tamen dubium est quin per motus corporeos et occupationem sensuum anima impediatur a receptione influxus substantiarum separatarum; unde dormientibus et alienatis a sensibus quaedam revelationes fiunt quae non accidunt sensu utentibus. Quando igitur anima erit a corpore totaliter[156] separata, plenius[157] percipere[158] poterit influentiam a superioribus substantiis, quantum ad hoc quod per hujusmodi influxum intelligere poterit absque phantasmate[159] quod modo non potest. Sed tamen hujusmodi influxus non causabit scientiam ita perfectam et ita determinatam ad singula sicut scientia quam hic accipimus per sensus; nisi in illis[160] animabus quae, supra dictum naturalem influxum, habebunt alium supernaturalem gratiae, ad omnia plenissime cognoscenda et ad ipsum videndum Deum. Habebunt etiam animae separatae determinatam cognitionem eorum quae[161] prius hic sciverunt, quorum species intelligibiles conservantur in eis.

AD PRIMUM ergo dicendum quod Philosophus loquitur de operatione intellectualis[162] animae secundum quod est corpori unita; sic enim non est sine phantasia,[163] ut dictum est.

---

148 quanto] quanta A 149 in] *om.* AP¹O 150 singula] singularia V 151 conformis] conformes B conformi H 152 distinguatur] distribuator O 153 ad] ab ALP² 154 recipiantur] *add.* igitur A 155 animam] animae B 156 totaliter] *om.* P¹V 157 plenius] perfectius P² 158 percipere] participare O 159 phantasmate] phantasmatibus OVBH 160 illis] istis P¹ 161 quae] qui AB 162 intellectualis] intellectuali P¹VBH intelligibili O 163 phantasia] phantasmate B

Ad secundum dicendum quod secundum statum praesentem, quo anima corpori unitur, non participat a substantiis superioribus species intelligibiles sed[164] solum lumen intellectuale; et ideo indiget phantasmatibus ut objectis a quibus species intelligibiles accipiat. Sed post separationem amplius participabit etiam[165] intelligibiles species, unde non indigebit exterioribus objectis.

Ad tertium dicendum quod Philosophus loquitur secundum opinionem quorumdam qui posuerunt intellectum habere organum corporale sicut et sensum, ut patet per ea quae ante praemittuntur.[166] Hoc enim posito, penitus anima separata intelligere non posset. Vel potest dici quod loquitur de intelligere secundum modum intelligendi quo nunc intelligimus.

Ad quartum dicendum quod anima unitur corpori per[167] suam operationem, quae est intelligere, non quin[168] sine corpore quoquomodo intelligere[169] posset, sed quia naturali ordine sine corpore perfecte non intelligeret,[170] ut expositum est.

Et per hoc patet solutio ad quintum.

Ad sextum dicendum quod phantasmata non sunt objecta intellectus nisi secundum quod fiunt intelligibilia actu per lumen intellectus agentis. Unde quaecumque species intelligibiles actu recipiantur in intellectu et undecumque[171] non[172] habebunt[173] rationem objecti aliam formalem, penes quam objecta potentias diversificant.

Ad septimum dicendum quod operatio intellectus agentis et possibilis respicit phantasmata secundum quod est anima corpori unita. Sed cum erit anima a corpore separata, per intellectum possibilem recipiet species effluentes a substantiis superioribus, et per intellectum agentem habebit virtutem ad intelligendum.

Ad octavum dicendum quod operatio propria[174] animae est intelligere intelligibilia actu; nec per[175] hoc diversificatur species intellectualis operationis quod intelligibilia actu sunt accepta a phantasmatibus vel aliunde.

Ad nonum dicendum quod anima separata non intelligit res per essentiam suam neque per essentiam rerum intellectarum, sed per species influxas a substantiis superioribus in ipsa separatione, non a principio cum esse incepit, ut Platonici posuerunt.

Et per hoc patet solutio ad decimum.

Ad undecimum dicendum quod anima cum est[176] unita corpori, si

---

[164] sed] non V   [165] etiam] et AP² *om.* LVB   [166] praemittuntur] praemittit OVH
[167] per] propter BH   [168] quin] quia H   [169] intelligere] *add.* non H   [170] non intelligeret] intelligere non posset B   [171] undecumque] unumquodque O   [172] et undecumque non] nunquam V   [173] habebunt] habebit O   [174] propria] proprie ALP²   [175] per] propter A   [176] cum est] *om.* B

haberet species innatas, per eas posset intelligere sicut intelligit per acquisitas. Sed licet sit perfectior in natura sua, tamen propter motus[177] corporeos[178] et occupationes[179] sensibiles retinetur[180] ut non possit ita libere conjungi substantiis superioribus ad recipiendum influxum earum sicut post separationem.

Ad duodecimum dicendum quod non est naturale animae ut per species influxas intelligat cum est corpori unita, sed solum postquam est separata, ut dictum est.

Ad tertium decimum dicendum quod animae separatae poterunt etiam intelligere per species prius acquisitas in corpore, sed tamen non solum per eas, sed etiam per influxas, ut dictum est.

Et per hoc patet solutio ad quartum decimum.

Ad quintum decimum dicendum quod species intelligibiles quandoque sunt in intellectu possibili in potentia tantum, et tunc homo est intelligens in potentia et indiget aliquo reducente in actu,[181] vel per doctrinam vel per inventionem.[182] Quandoque autem sunt in eo in actu perfecto, et tunc intelligit actu. Quandoque autem sunt in eo medio modo inter potentiam et actum, scilicet in habitu, et tunc potest intelligere actu quando voluerit. Et per hunc modum species intelligibiles acquisitae sunt in intellectu possibili quando actu non[183] intelligit.

Ad sextum decimum dicendum quod, sicut jam dictum est, operatio intellectualis non differt specie, sive intelligibile actu quod est objectum intellectus accipiatur a phantasmatibus sive undecumque.[184] Operatio enim potentiae recipit distinctionem et speciem secundum objectum quantum ad formalem rationem[185] ipsius, non secundum id quod est materiale in ipso. Et ideo si per species intelligibiles conservatas in intellectu, acceptas a phantasmatibus, anima separata intelligat non convertendo se ad phantasmata, non erunt dissimiles specie operatio quae ex speciebus acquisitis causatur[186] et per quam species acquiruntur.[187]

Ad septimum decimum dicendum quod intellectus possibilis non est natus recipere a phantasmatibus nisi secundum quod phantasmata fiunt actu per lumen intellectus agentis, quod est quaedam participatio luminis substantiarum superiorum; et ideo non removetur quin a substantiis superioribus recipere possit.[188]

Ad octavum decimum[189] dicendum quod scientia in anima nata est

---

[177] motus] metum O   [178] corporeos] cordis ALP¹P²OV   [179] occupationes] passiones V
[180] retinetur] retrahitur OVBH   [181] actu] actum P²VBH   [182] vel per doctrinam...
inventionem] om. LVB   [183] non] ss. P¹   [184] undecumque] non B   [185] rationem]
operationem V   [186] causatur] add. in marg. sine conversione ad phantasmata P¹₂
[187] acquiruntur] add. in marg. intuendo ea P¹₂   [188] Haec solutio solum invenitur in B et H.
[189] octavum decimum] septimum decimum ALP¹P²OV

causari a phantasmatibus secundum statum quo est corpori unita, secundum quem statum non potest[190] causari a superioribus agentibus
tantum. Poterit autem hoc esse cum anima fuerit a corpore separata.

Ad nonum decimum[191] dicendum quod ex hoc quod scientia substantiarum separatarum non est proportionata animae nostrae non sequitur
quod nullam intelligentiam ex earum[192] influxu capere possit, sed solum
quod non possit capere perfectam et distinctam, ut dictum est.

---

190 potest] habet P²   191 nonum decimum] octavum decimum ALP¹P²OV *om.* B
192 earum] eorum P¹P²OV

QUAESTIO SEXTA DECIMA

Loca parallela: *De Ver.*, q. 10, a. 11; q. 18, a. 5, ad 7, 8; *In lib. Boet. De Trin.*, q. 6, a. 3; *Contra gent.*, II, 6; III, 42-46; *Summa theol.*, I, q. 88, a. 1; *In II Metaph.*, lect. 1.

Sextodecimo[1] quaeritur utrum ANIMA CONJUNCTA CORPORI POSSIT INTELLIGERE SUBSTANTIAS SEPARATAS. Et videtur quod sic.

(1) Nulla enim[2] forma impeditur a fine suo per materiam cui naturaliter unitur. Finis enim animae intellectivae videtur esse intelligere substantias separatas, quae sunt maxime intelligibilia. Uniuscujusque[3] enim rei finis est ut perveniat ad perfectum in sua operatione. Non igitur anima impeditur ab intelligendo substantias separatas per hoc quod unitur tali corpori, quod est propria ejus materia.

(2) Praeterea, finis hominis est felicitas. Ultima autem felicitas secundum Philosophum, in X *Ethicorum*,[4] consistit in operatione altissimae potentiae, scilicet intellectus, respectu nobilissimi objecti,[5] quod non videtur esse nisi substantia separata. Ergo ultimus finis hominis est intelligere substantias separatas. Inconveniens autem est si[6] homo totaliter deficiat a fine suo; sic enim in vanum[7] esset. Cognoscere igitur[8] potest homo substantias separatas.[9] Sed de ratione hominis est quod anima corpori sit unita. Ergo anima unita corpori intelligere potest substantias separatas.

(3) Praeterea, omnis generatio pervenit ad aliquem terminum; nihil[10] enim in[11] infinitum movetur. Est autem quaedam intellectus generatio secundum quod de potentia in actum reducitur, prout scilicet fit actu sciens. Hoc ergo non procedit in infinitum; sed pervenit[12] quandoque ad aliquem terminum; ut scilicet totaliter sit[13] sciens[14] in actu. Quod esse non potest nisi omnia[15] intelligibilia[16] intelligat, inter quae praecipua[17] sunt substantiae separatae. Ergo intellectus humanus ad hoc pervenire potest quod intelligat substantias separatas.

(4) Praeterea, difficilius videtur facere separata ea quae non sunt separata et intelligere ea, quam intelligere ea quae secundum se sunt se-

---

[1] Sextodecimo] Tertiodecimo A   [2] enim] autem P¹OBH   [3] Uniuscujusque] uniuscujus A   [4] ARISTOTLE, *Ethica Nicomachea*, X, 7 (1177a 11-18)   [5] objecti] subjecti O
[6] si] quod B   [7] in vanum] *om. cum lac.* P¹ improprium P² inanum O invanum H
[8] igitur] *add.* non P²   [9] Inconveniens... separatas.] *om.* L *in marg.* P²   [10] nihil] om. A
[11] in] *add.* OVH   [12] pervenit] perveniet OH   [13] sit] fit LP²   [14] sciens] factus P¹OVBH   [15] omnia] anima O   [16] intelligibilia] intellectiva OV   [17] praecipua] praecipue OV

parata. Sed intellectus noster, etiam[18] corpori unitus, facit separata ea[19] quae non sunt secundum se separata, dum abstrahit species intelligibiles a rebus materialibus per quas res[20] materiales intelligit. Ergo multo fortius poterit intelligere substantias separatas.

(5) Praeterea, excellentia sensibilia pro tanto minus sentiuntur quia corrumpunt harmoniam organi.[21] Si autem[22] esset aliquod organum sensus quod non corrumperetur ab excellenti sensibili, quanto sensibile esset excellentius, tanto magis sentiret ipsum. Intellectus autem nullo modo corrumpitur ab intelligibili, sed magis perficitur. Ergo ea quae sunt magis intelligibilia magis intelligit. Sed substantiae separatae, quae sunt secundum se actu intelligibiles, utpote immateriales, sunt magis intelligibiles quam substantiae materiales, quac non sunt intelligibiles nisi in potentia. Ergo, cum anima intellectiva unita corpori[23] intelligat substantias materiales, multo magis intelligere potest substantias separatas.

(6) Praeterea, anima intellectiva, etiam unita corpori, abstrahit quidditatem a rebus habentibus quidditatem. Et cum non sit in infinitum abire, necesse est quod perveniat abstrahendo ad aliquam quidditatem quae non sit res habens quidditatem, sed quidditas tantum. Cum igitur substantiae separatae nihil aliud sint quam quaedam quidditates per se existentes, videtur quod anima intellectiva unita corpori intelligere possit substantias separatas.

(7) Praeterea, innatum est nobis per effectus causas cognoscere. Oportet autem aliquos effectus substantiarum separatarum in rebus sensibilibus et materialibus esse, cum omnia corporalia[24] a Deo per angelos administrentur ut patet per Augustinum, in III *De Trinitate*.[25] Potest igitur anima unita corpori per sensibilia[26] substantias separatas intelligere.

(8) Praeterea, anima unita corpori intelligit se ipsam. Mens enim intelligit se et amat[27] se, ut dicit Augustinus, in IX *De Trinitate*.[28] Sed ipsa est de natura substantiarum separatarum intellectualium. Ergo unita corpori potest intelligere substantias separatas.

(9) Praeterea, nihil est frustra in rebus. Frustra autem videtur[29] esse intelligibile si[30] a nullo intellectu intelligeretur. Ergo substantias separatas, cum sint intelligibiles,[31] intellectus noster intelligere potest.

(10) Praeterea, sicut se habet visus ad visibilia, ita intellectus[32] ad intelligibilia. Sed visus noster potest cognoscere omnia visibilia, etiam

---

18 etiam] dum P²   19 ea] esse H   20 res] *om.* L   21 organi] *add.* sensus L
22 Si autem] nam si OV   23 corpori] cor P¹   24 corporalia] corpora P¹   25 S. Augustinus, *De Trinitate*, III, 4 (PL 42: 873)   26 per sensibilia] *om.* LB   27 amat] diligit O
28 S. Augustinus, *De Trinitate*, IX, 4 (PL 42: 963)   29 videtur] creatur L videretur VH
30 si] *add.* autem L   31 intelligibiles] universales V   32 intellectus] *add.* noster V

incorruptibilia, quamvis ipse sit corruptibilis.[33] Ergo intellectus noster, etiam dato quod esset corruptibilis,[34] posset intelligere substantias separatas incorruptibiles,[35] cum per se sint[36] intelligibiles.

SED CONTRA,[37] nihil sine phantasmate intelligit anima, ut dicit Philosophus, in III *De Anima*.[38] Sed per phantasmata non possunt intelligi substantiae separatae. Ergo anima unita corpori non potest intelligere substantias separatas.

RESPONSIO. Dicendum quod hanc quaestionem Aristoteles promisit se determinaturum in III *De Anima*,[39] licet non inveniatur determinata ab ipso in libris ejus qui ad nos pervenerunt. Unde sectatoribus ejus fuit occasio diversimode procedendi ad hujus quaestionis solutionem.

Quidam enim posuerunt quod anima nostra, etiam corpori unita, potest pervenire ad hoc quod intelligat substantias separatas. Et hoc ponunt esse ultimam felicitatem humanam; sed in modo intelligendi est apud eos diversitas. Quidam enim posuerunt quod anima nostra potest pertingere ad intelligendum substantias separatas, non quidem eodem[40] modo quo pervenimus[41] ad intelligendum[42] alia intelligibilia, de quibus instruimur in scientiis speculativis per definitiones et demonstrationes, sed per continuationem intellectus agentis nobiscum. Ponunt enim intellectum agentem esse quamdam substantiam separatam, quae naturaliter substantias separatas intelligit. Unde cum iste intellectus agens fuerit unitus nobis sic ut[43] per eum[44] intelligamus, sicut nunc intelligimus per habitus scientiarum, sequeretur quod intelligamus substantias separatas. Modus autem quo iste intellectus agens[45] possit sic continuari nobis, ut per eum intelligamus, talem assignant.

Manifestum est enim ex Philosopho, in II *De Anima*,[46] quod nos[47] dicimur[48] aut esse aut operari aliquid duobus; unum eorum est quasi forma et aliud sicut materia; sicut dicuntur[49] sanari sanitate et corpore, unde sanitas comparatur ad corpus sicut forma ad materiam. Manifestum est etiam[50] nos intelligere per intellectum agentem et per intelligibilia[51] speculata; venimus enim in cognitionem conclusionum per principia naturaliter nota

---

[33] corruptibilis] corporalis OV   [34] corruptibilis] corporalis OV   [35] incorruptibiles] incorporales OV   [36] per se sint] sint per se LP¹P² OVBH   [37] Sed contra] praeterea A
[38] ARISTOTLE, *De Anima*, III, 7 (431a 16)   [39] ARISTOTLE, *De Anima*, III, 7 (431b 19)
[40] eodem] eo LOV   [41] pervenimus] perveniamus L   [42] intelligendum] cognoscendum H
[43] ut] *om.* H   [44] per eum] *om.* B   [45] agens] agnoscens ALP¹P² *del. et add. ss.* agens P¹₂
[46] ARISTOTLE, *De Anima*, II, 2 (414a 4-14)   [47] nos] quandocumque LOVBH   [48] dicimur] dicuntur L dicitur OV dicimus H   [49] dicuntur] dicimur BH   [50] etiam] autem LB
[51] intelligibilia] *add.* separata O intelligentia V

et per intellectum agentem. Necesse est igitur quod intellectus agens comparetur ad intelligibilia[52] speculata[53] sicuti principale agens ad instrumentum, et sicut[54] forma ad materiam vel actus ad potentiam; semper[55] enim quod est perfectius[56] duorum est quasi actus alterius. Quicquid autem recipit[57] in se illud quod est quasi materia, recipit[58] illud etiam quod est quasi forma; sicut corpus recipiens superficiem recipit etiam colorem qui est forma quaedam superficiei, et pupilla recipiens colorem recipit et lumen quod est actus coloris, eo enim est visibilis actu. Sic igitur intellectus possibilis in quantum recipit intellecta speculata, in tantum recipit de intellectu agente. Quando igitur intellectus possibilis receperit[59] omnia speculata, tunc totaliter recipiet in se intellectum agentem; et sic intellectus agens fiet quasi forma intellectus possibilis, et per consequens unum[60] nobis. Unde sicut nunc intelligimus per intellectum possibilem, ita tunc intelligemus per intellectum agentem, non solum omnia naturalia, sed etiam substantias separatas.

Sed in hoc est quaedam diversitas inter quosdam sectantium hanc opinionem. Quidam enim ponentes intellectum possibilem esse corruptibilem, dicunt quod nullo modo intellectus possibilis potest intelligere intellectum agentem neque substantias separatas. Nos autem in statu illius continuationis intellectus agentis nobiscum, intelligemus ipsum intellectum agentem et alias substantias separatas per ipsum intellectum agentem[61] in quantum unietur nobis ut forma. Alii vero, ponentes intellectum possibilem esse incorruptibilem,[62] dicunt quod intellectus possibilis potest intelligere intellectum agentem et alias substantias separatas.

Haec autem positio impossibilis est et vana, et contra intentionem Aristotelis. Impossibilis quidem quia duo impossibilia ponit, scilicet quod intellectus agens sit quaedam substantia separata a nobis secundum esse, et quod nos per intellectum agentem intelligimus[63] sicut per formam. In tantum enim aliquo[64] operamur ut forma, in quantum illo[65] adipiscimur aliquod[66] esse actu; sicut calidum calore calefacit in quantum est calidum actu; nihil enim agit nisi secundum quod est actu. Oportet ergo illud quo[67] aliquid agit aut operatur formaliter uniri ei secundum esse. Unde impossibile est quod duarum substantiarum separatarum secundum esse una formaliter operetur per aliam. Et sic impossibile est quod si intellectus agens est quaedam substantia separata a nobis secundum esse quod ea

[52] intelligibilia] intelligentia V   [53] speculata] speculativa OV   [54] sicut] sint H
[55] semper] operatio O   [56] perfectius] perfectio LOVBH   [57] Quicquid autem recipit] quicumque enim tenebit L   [58] recipit] *add.* in se VBH   [59] receperit] recipit OVH
[60] unum] *om.* LOBH   [61] et alias... agentem] *bis exhibit* AP[1] *sed vacat.* P[1]₂   [62] incorruptibilem] incorporalem OV   [63] intelligimus] intelligamus OVBH   [64] aliquo] aliqua ALP²
[65] illo] *om.* B   [66] aliquod] aliquo ALP² aliqua V *add.* modo ipsius B   [67] quo] quod ALP²

formaliter intelligamus. Posset autem esse ut ea intelligeremus active,[68] sicut dicimur[69] videre sole illuminante.

Vana est etiam praedicta positio quia rationes ad ipsam inductae non de necessitate concludunt; et hoc patet in duobus. Primo quidem quia si intellectus agens[70] est substantia separata, ut ponunt, comparatio intellectus agentis ad intelligibilia speculata[71] non erit sicut luminis ad colores, sed sicut solis illuminantis. Unde intellectus possibilis, per hoc quod recipit intelligibilia speculata,[72] non conjungitur[73] substantiae ejus sed alicui effectui ipsius; sicut oculus, per hoc quod recipit colores, non unitur substantiae solis sed lumini ejus. Secundo quia dato quod per hoc quod recipit intelligibilia[74] speculata[75] conjungatur intellectus possibilis ipsi substantiae intellectus agentis aliquo modo, non tamen sequitur quod recipiendo omnia intelligibilia speculata,[76] quae abstrahuntur a phantasmatibus et[77] acquiruntur per principia demonstrationum, perfecte conjungatur substantiae intellectus agentis; nisi hoc esset probatum quod omnia hujusmodi intelligibilia speculata[78] adaequarent virtutem et substantiam intellectus agentis. Quod patet esse falsum; quia intellectus agens[79] est altioris gradus in entibus, si est substantia separata, quam omnia quae fiunt intelligibilia per ipsum in rebus naturalibus.

Manifestum[80] est igitur quod ipsimet non intellexerunt defectum suae rationis. Quamvis enim ponerent quod per[81] unum vel duo[82] intelligibilia speculata uniretur[83] nobiscum, non tamen sequitur secundum eos quod propter hoc intelligamus omnia alia intelligibilia speculata. Manifestum est autem quod multo plus excedunt substantiae intelligibiles separatae omnia praedicta, quae dicunt[84] intelligibilia speculata, quam omnia ea simul accepta excedant[85] unum vel duo vel quodlibet ex eis; quia omnia ista sunt unius generis et eodem modo intelligibilia; substantiae autem separatae sunt altioris generis et altiori modo intelliguntur. Unde etiam[86] si continuetur intellectus agens nobiscum secundum quod est forma et agens istorum intelligibilium, non sequitur propter hoc quod continuetur nobiscum secundum[87] quod intelligit substantias separatas.

Manifestum est etiam quod haec positio est contra intentionem Aristotelis, qui dicit, in I *Ethicorum*,[88] quod felicitas est quoddam bonum

---

[68] active] accidente H   [69] dicimur] dicuntur ALP² dicitur V   [70] agens] *om.* LOVBH
[71] speculata] speculativa V   [72] speculata] speculativa V   [73] conjungitur] conjungetur OVB conjungentur H   [74] intelligibilia] intelligentia V   [75] speculata] speculativa V
[76] speculata] speculativa V   [77] et] *om.* ALP¹P²   [78] speculata] speculativa V   [79] agens] *om.* A   [80] Manifestum] mirum OBH   [81] per] *om.* A   [82] duo] *add.* vel tria OVBH
[83] uniretur] unirentur AP¹ *corr. ad* uniretur P¹ uniri O   [84] dicunt] dicuntur VBH
[85] excedant] excedunt OV   [86] etiam] *om.* LP²B et OVH   [87] secundum] sed ALP¹P²OB
[88] ARISTOTLE, *Ethica Nicomachea*, I, 9 (1099b 18-20)

commune,[89] quod potest accidere omnibus non orbatis ad virtutem. Intelligere autem omnia quae dicuntur ab eis intelligibilia speculata,[90] vel est impossibile alicui homini,[91] vel adeo perrarum[92] quod nulli umquam homini hoc accidit in statu hujus vitae, nisi Christo, qui fuit Deus et homo. Unde impossibile est quod hoc requiratur[93] ad felicitatem humanam. Ultima autem humana felicitas consistit in intelligendo nobilissima intelligibilia, ut dicit Philosophus in X *Ethicorum*.[94] Non igitur ad intelligendum substantias separatas quae sunt nobilissima intelligibilia, secundum quod in hoc consistit felicitas humana, requiritur quod aliquis intelligat et[95] intelligibilia speculata omnia.

Alio etiam modo apparet quod praedicta positio est contra intentionem Aristotelis.[96] Dicitur[97] enim, in I[98] *Ethicorum*,[99] quod felicitas consistit in operatione quae est secundum perfectam virtutem. Et ideo, ut appareat in quo determinate consistit[100] felicitas, necesse habuit determinare de omnibus virtutibus, ut ipsemet dicit, in fine I *Ethicorum*;[101] quarum quaedam ponuntur ab ipso morales, ut fortitudo, temperantia et hujusmodi; quaedam enim[102] intellectuales, quae sunt quinque secundum ipsum: sapientia, intellectus, scientia, prudentia et ars. Inter quas praecipuam ponit sapientiam, in cujus operatione dicit[103] consistere ultimam felicitatem, ut in X[104] apparet. Sapientia autem est ipsa philosophia prima, ut patet in principio *Metaphysicae*.[105] Unde relinquitur quod ultima felicitas humana, quae potest haberi in hac vita secundum intentionem Aristotelis, est cognitio de substantiis separatis, qualis potest haberi per principia philosophiae, et non per modum[106] continuationis quem[107] aliqui somniaverunt.

Unde fuit alia opinio, quod anima humana per principia philosophiae[108] devenire potest ad intelligendum ipsas substantias separatas. Ad quod quidem ostendendum sic procedebant. Manifestum est enim quod anima humana potest abstrahere a rebus naturalibus[109] quidditates earum et intelligere eas. Hoc enim contingit quotiens[110] intelligimus de aliqua re materiali quid est. Si igitur illa quidditas abstracta non est quidditas pura, sed etiam[111] res habens quidditatem, iterum intellectus noster[112]

---

[89] commune] *om.* LB *del.* P¹   [90] intelligibilia speculata] intelligentia speculativa V
[91] homini] boni A   [92] perrarum] per ratum A   [93] requiratur] requiritur AL
[94] ARISTOTLE, *Ethica Nicomachea*, X, 7 (1177a 11-18)   [95] et] *om.* OVBH   [96] Aristotelis]
philosophi B   [97] Dicitur] dicit BH   [98] I] secundo LVH tertio B   [99] ARISTOTLE,
Ethica Nicomachea, I, 7 (1098a 16-17)   [100] consistit] consistat OVH   [101] ARISTOTLE,
Ethica Nicomachea, I, 13 (1102a 5-6; 1103a 4-6)   [102] enim] vero P¹ autem OVH *om.* B
[103] dicit] oportet LOVBH   [104] decimo] Christo P²VH   [105] ARISTOTLE, *Metaph.*, I, 2
(982b 7-10)   [106] modum] medium V   [107] quem] quandoque AL quam H   [108] philosophiae] philosophica H   [109] naturalibus] materialibus B   [110] quotiens] quotienscumque OVBH   [111] etiam] est OVBH   [112] noster] *add.* non ALP¹P² *del.* P¹

potest abstrahere illam. Et cum non possit procedere in infinitum, de-
venietur ad hoc quod intelligat aliquam simplicem quidditatem; et per
ejus considerationem intellectus noster intelliget substantias separatas, quae
nihil aliud sunt quam quaedam simplices quidditates.

Sed haec ratio omnino est insufficiens. Primo quidem quia quidditates
rerum materialium sunt alterius generis a quidditatibus separatis et habent
alium modum essendi. Unde per hoc quod intellectus noster intelligit
quidditates rerum materialium,[113] non sequitur quod intelligat quidditates
separatas. Iterum,[114] diversae quidditates intellectae differunt specie.
Et inde est quod etiam qui intelligit quidditatem[115] unius rei materialis
non intelligit quidditatem alterius. Non enim qui[116] intelligit quid est
lapis intelligit quid est animal. Unde dato quod quidditates separatae
essent ejusdem rationis cum quidditatibus materialibus, non sequeretur
quod qui intelligit has quidditates rerum materialium intelligeret substantias separatas; nisi forte secundum opinionem Platonis[117] qui posuit
substantias separatas esse species horum[118] sensibilium.

Et ideo aliter dicendum[119] quod anima intellectiva humana, ex unione
ad corpus,[120] habet aspectum inclinatum ad phantasmata. Unde non
informatur ad intelligendum aliquid nisi per species a phantasmatibus
acceptas. Et huic etiam consonat dictum Dionysii, in I capitulo *Caelestis
Hierarchiae*.[121] Dicit enim quod impossibile est nobis[122] lucere divinum
radium, nisi varietate sacrorum velaminum circumvelatum.[123] In tantum
igitur anima,[124] dum est unita corpori,[125] potest ad cognitionem substantiarum separatarum ascendere, in quantum potest per species a phantasmatibus acceptas manuduci. Hoc autem non est ut intelligatur[126] de eis
quid sint, cum illae substantiae excedant omnem proportionem horum
intelligibilium; sed possumus hoc modo de substantiis separatis aliquo
modo cognoscere quia sunt. Sicut per effectus deficientes devenimus in
causas excellentes, ut cognoscamus de eis tantum quia sunt;[127] et dum
cognoscimus quia sunt causae excellentes, scimus de eis quia non sunt
tales[128] quales sunt earum[129] effectus. Et hoc est scire de eis magis quid non
sunt quam quid sunt. Et secundum hoc est aliqualiter verum quod[130] in
quantum intelligimus quidditates quas abstrahimus a rebus materialibus,
intellectus noster convertendo se ad illas quidditates potest intelligere

---

[113] materialium] naturalium L   [114] Iterum] item OVBH   [115] quidditatem] quidditates AP²   [116] qui] *om.* ALP²   [117] PLATO, *Timaeus*, 52A   [118] horum] harum V
rerum B   [119] dicendum] *add.* est OVH *add. ss.* est B   [120] ad corpus] corporis B
[121] PSEUDO-DIONYSIUS, *De Coelesti hierarchia*, I, 2 (PG 3: 122)   [122] nobis] *add.* aliter BH
[123] circumvelatum] circumvolutum L   [124] anima] *add.* humana L   [125] dum est unita
corpori] *om.* L   [126] intelligatur] intelligat H   [127] sunt] *add.* et non quid sunt BH
[128] tales] talia OVH   [129] earum] eorum OVH   [130] quod] quia ALP²

substantias separatas, ut intelligat eas esse immateriales sicut ipsae quidditates sunt a materia abstractae. Et sic per considerationem intellectus
nostri deducimur in cognitionem substantiarum separatarum intelligibilium. Nec est mirum si substantias separatas non possumus in hac vita
cognoscere intelligendo quid sunt, sed quid non sunt; quia etiam quidditatem et naturam corporum caelestium non aliter cognoscere possumus.
Et sic etiam Aristoteles notificat ea, in I *De Caelo et Mundo*,[131] scilicet os-
tendens quod non sunt gravia neque levia, neque generabilia neque corruptibilia, neque contrarietatem[132] habentia.

SOLUTIO.[133] Ad primum ergo dicendum quod finis ad quem se extendit
naturalis possibilitas animae humanae est ut cognoscat substantias separatas secundum modum praedictum; et ab hoc non impeditur per hoc quod
corpori unitur. Et similiter etiam in tali cognitione substantiae separatae
ultima est[134] felicitas hominis ad quam per naturalia pervenire potest.
   Unde patet solutio ad II.
   Ad tertium dicendum quod cum intellectus possibilis continue reducatur
de potentia in actum per hoc quod magis et magis intelligit, finis tamen
hujusmodi reductionis sive generationis erit in intelligendo[135] supremum
intelligibile, quod est divina essentia. Sed ad hoc non potest pervenire
per naturalia, sed per gratiam tantum.
   Ad quartum dicendum quod difficilius est facere separata et intelligere
quam intelligere quae separata sunt, si de eisdem agatur; sed[136] de aliis,
non est necessarium. Quia major potest esse difficultas in intelligendo
tantum aliqua separata quam in abstrahendo et[137] intelligendo alia.
   Ad quintum dicendum quod sensus respectu excellentium[138] sensibilium
duplicem defectum patitur: unum quidem quia non potest ipsum compre-
hendere, propter hoc quod excedit proportionem sensus; alium autem
quia post[139] excellentia sensibilia non percipit minora sensibilia, propter
hoc[140] quia corrumpitur organum sensus. Licet igitur intellectus non
habeat organum quod possit corrumpi ab intelligibili excellenti,[141] tamen
aliquod excellens intelligibile[142] potest excedere facultatem intellectus nostri
in intelligendo. Et tale intelligibile est substantia separata quae excedit
facultatem intellectus[143] nostri, qui secundum quod est unitus corpori est
natus perfici per[144] species a phantasmatibus separatas.[145] Si tamen intel-

131 *et Mundo*] *om.* VH   131 ARISTOTLE, *De Caelo*, I, 2 (269b 30); I, 3 (270a 12-22)
132 contrarietatem] contrarietates OV   133 Solutio] *om.* P²OVBH   134 ultima est] est
ultra O   135 in intelligendo] intelligere B   136 sed] *add.* si OVH   137 et] *add.* in
P¹B   138 excellentium] *om.* LB   139 post] *add.* prima B   140 propter hoc] hoc est OV
et hoc est BH   141 intelligibili excellenti] excellenti sensibili B   142 intelligibile] intelligere V   143 intellectus] sensus V   144 per] *om.* ALP¹P²   145 separatas] acceptas LB

lectus noster intelligeret substantias separatas, non intelligeret minus alia,[146] sed magis.

Ad sextum dicendum quod quidditates abstractae a rebus materialibus non sufficiunt ut per eas possimus cognoscere de substantiis separatis quid sunt, ut ostensum est.

Et similiter dicendum ad septimum; nam effectus deficientes,[147] ut supra dictum est, non sufficiunt[148] ut per eos cognoscatur de causa quid est.

Ad octavum dicendum quod intellectus possibilis noster intelligit se ipsum, non directe apprehendendo essentiam suam, sed per speciem a phantasmatibus acceptam. Unde Philosophus dicit, in III *De Anima*,[149] quod[150] intellectus possibilis est intelligibilis sicut et alia. Et hoc ideo est, quia nihil est intelligibile secundum quod est[151] potentia sed secundum quod est actu, ut dicitur in IX[152] *Metaphysicae*.[153] Unde cum intellectus possibilis sit potentia tantum in esse intelligibili, non potest intelligi[154] nisi per formam suam per quam fit actu, quae est species a phantasmatibus abstracta;[155] sicut et quaelibet alia[156] res intelligitur[157] per formam suam. Et hoc est commune[158] in omnibus potentiis animae, quod actus cognoscuntur per objecta, et potentiae per actus, et anima per suas potentias. Sic igitur et anima intellectiva per suum[159] intelligibile[160] cognoscitur. Species a phantasmatibus accepta non est forma substantiae separatae,[161] ut per eam cognosci possit; sicut[162] per eam aliqualiter cognoscitur intellectus possibilis.

Ad nonum dicendum quod ratio illa omnino inefficax est propter duo. Primo quidem quia intelligibilia non sunt propter intellectus intelligentes[163] ipsa; sed magis intelligibilia sunt fines et perfectiones intellectuum. Unde non sequitur si esset aliqua substantia intelligibilis non intellecta ab aliquo alio intellectu quod propter hoc esset frustra; nam frustra dicitur de eo quod est ad finem[164] quem non pertingit. Secundo, quia etsi substantiae separatae non intelligantur ab intellectu nostro secundum quod est corpori unitus, intelliguntur tamen a substantiis separatis.

Ad decimum dicendum quod species quarum est visus receptivus possunt esse similitudines quorumcumque corporum, sive corruptibilium sive incorruptibilium. Sed species a phantasmatibus abstractae, quarum est receptivus intellectus possibilis,[165] non[166] sunt similitudines substantiarum separatarum; et ideo non est simile.

---

[146] alia] anima H   [147] deficientes] deficiens P[1]   [148] sufficiunt] *add.* ad hoc P[2]
[149] ARISTOTLE, *De Anima*, III, 4 (429b 7-9)   [150] quod] *om.* ALP[2]OH   [151] quod est] *add.* *ss.* in P[1] *add.* in OB   [152] IX] XI V   [153] ARISTOTLE, *Metaph.*, IX, 9 (1051a 29-33)
[154] non potest intelligi] *om.* A   [155] abstracta] *om.* V accepta H   [156] alia] anima H
[157] intelligitur] intelligit H   [158] commune] ponere V   [159] suum] unum O   [160] intelligibile] intelligere P[1]   [161] separatae] separata ALP[2]   [162] sicut] *add.* autem ALP[1]P[2] *del.* P[1]₂
[163] intelligentes] agentes V   [164] finem] *add.* ad BH   [165] possibilis] *om.* LVB   [166] non] *om.* L

QUAESTIO SEPTIMA DECIMA

Loca parallela: *Contra gent.*, III, 45; *Summa theol.*, I, q. 89, a. 2; *Quodl.*, III, a. 9, a. 1.

Septimodecim oquaeritur utrum ANIMA SEPARATA INTELLIGAT SUBSTANTIAS SEPARATAS. Et videtur quod non.

(1) Perfectioris[1] enim substantiae est perfectior operatio. Sed anima unita corpori est perfectior quam separata, ut videtur; quia quaelibet pars pcrfectior est unita toti[2] quam separata. Si igitur anima unita corpori non potest intelligere substantias separatas, videtur quod nec a corpore separata.

(2) Praeterea, anima nostra aut potest cognoscere substantias separatas per naturam aut per gratiam tantum. Si per naturam, cum naturale sit animae quod corpori uniatur, non impediretur per unionem ad corpus quin substantias separatas cognosceret.[3] Si autem per gratiam, cum non omnes animae separatae habeant gratiam, sequitur quod ad minus non omnes animae separatae cognoscant substantias separatas.

(3) Praeterea, anima unita est[4] corpori ut perficiatur in eo[5] scientiis et virtutibus. Maxima autem perfectio animae consistit in cognitione substantiarum separatarum. Si igitur ex hoc solo quod separatur, cognosceret[6] substantias separatas, frustra anima corpori uniretur.

(4) Praeterea, si anima separata cognosceret substantiam separatam, oportet quod cognoscat eam vel per essentiam ejus[7] vel per speciem ipsius. Sed non per essentiam substantiae separatae, quia[8] non[9] est unum cum anima[10] separata. Similiter nec per speciem ejus; quia a substantiis separatis, cum sint simplices, non potest fieri abstractio speciei. Ergo anima separata nullo modo cognoscit substantias separatas.

(5) Praeterea, si anima separata cognoscit substantiam separatam, aut cognoscit eam sensu aut intellectu. Manifestum est autem quod non cognoscit eam sensu, quia substantiae separatae non sunt sensibiles. Similiter etiam nec per intellectum, quia intellectus non est singularium; substantiae autem separatae sunt quaedm substantiae singulares.[11] Ergo anima separata nullo modo cognoscit substantiam separatam.

---

[1] Perfectioris] perfectiori H   [2] toti] corpori O   [3] cognosceret] cognoscerent AL
[4] unita est] unitur B   [5] in eo] *om.* A in ea L   [6] cognosceret] cognoscerent A
[7] ejus] suam VB   [8] quia] *om.* ALP[1]P[2]B *add. ss.* P[1]₂ *add.* essentia ejus O *add.* essentia substantiae separatae VH   [9] non] *add.* enim LB   [10] anima] substantia OV   [11] singulares] singulae V

(6) Praeterea, intellectus possibilis animae nostrae plus distat ab angelo quam imaginatio nostra ab intellectu possibili; quia imaginatio et intellectus possibilis reducuntur[12] in eandem substantiam animae. Sed imaginatio nullo modo potest intelligere[13] intellectum possibilem. Ergo intellectus possibilis noster nullo modo potest apprehendere substantiam separatam.

(7) Praeterea, sicut se habet voluntas ad bonum, ita intellectus ad verum. Sed voluntas quarumdam animarum separatarum, scilicet damnatarum, non potest ordinari[14] ad[15] bonum. Ergo et intellectus[16] nullo modo potest cognoscere,[17] quod potissime intellectus consequitur in cognitione substantiae separatae. Ergo non omnis anima separata potest cognoscere substantiam separatam.

(8) Praeterea, felicitas ultima secundum philosophos ponitur in intelligendo substantias separatas, ut dictum est. Si autem[18] animae damnatorum intelligunt substantias separatas, quas non possumus hic intelligere, videtur quod damnati sint propinquiores felicitati quam nos; quod est inconveniens.

(9) Praeterea, una[19] intelligentia intelligit aliam[20] per modum suae substantiae, ut dicitur in *Libro de Causis*.[21] Sed anima separata[22] non potest cognoscere suam substantiam, ut videtur, quia[23] intellectus possibilis non cognoscit[24] se ipsum nisi per speciem a phantasmatibus abstractam vel[25] acceptam, ut dicitur in III *De Anima*.[26] Ergo anima separata non potest cognoscere[27] substantias separatas.[28]

(10) Praeterea, duplex est modus cognoscendi. Unus modus secundum quod a posterioribus devenimus in priora; et sic quae sunt magis nota simpliciter cognoscuntur a nobis per ea quae sunt minus nota simpliciter. Alio modo a prioribus in posteriora;[29] et sic quae sunt magis nota simpliciter per prius cognoscuntur a nobis. In animabus autem separatis non potest esse primus modus cognoscendi. Ille enim modus competit nobis secundum quod cognitionem a sensu accipimus. Ergo anima separata intelligit[30] modo secundo, scilicet deveniendo a prioribus in posteriora. Et sic quae sunt magis nota simpliciter sunt per prius ei nota. Sed maxime notum[31] est essentia divina. Si igitur anima separata na-

---

[12] reducuntur] radicantur H   [13] intelligere] apprehendere H   [14] ordinari] *om. cum lac.* L   [15] ad] in VH   [16] intellectus] *add.* earum VBH   [17] cognoscere] *om. cum lac. brevi* L ordinari ad verum OVBH   [18] autem] ergo P² igitur OVBH   [19] una] nulla B   [20] aliam] *add.* nisi B   [21] *Liber de causis*, VIII, 16-20; ed. BARDENHEWER, p. 172   [22] separata] nostra B   [23] quia] quod A   [24] cognoscit] intelligit OVH   [25] abstractam vel] *om.* OVBH   [26] ARISTOTLE, *De Anima*, III, 4 (429a 23-24; 429b 5-9; 430a 3-9; 431a 14-16; 432a 3-8)   [27] cognoscere] intelligere OVBH *et add.* alias BH   [28] substantias separatas] alias substantias LO aliquas substantias V   [29] posteriora] *add.* devenimus H   [30] intelligit] intelliget OH intelligeret V   [31] notum] nota H

turaliter[32] cognoscit substantias separatas, videtur quod ex solis naturalibus possit videre essentiam divinam, quod[33] est vita aeterna, et hoc est contra Apostolum, qui dicit, *Rom.* VI, "Gratia Dei vita aeterna."[34]

(11) Praeterea, inferior substantia separata intelligit aliam[35] secundum quod impressio superioris est in inferiori. Sed impressio substantiae separatae est in anima separata multum deficienter a substantia separata. Ergo non potest eam intelligere.

SED CONTRA, simile simili cognoscitur. Sed anima separata est substantia separata. Ergo[36] potest intelligere substantias separatas.[37]

RESPONSIO. Dicendum quod secundum ea quae fides tenet, convenienter videtur dicendum quod animae separatae cognoscant[38] substantias separatas. Substantiae enim separatae dicuntur angeli et daemones, in quorum societatem deputantur[39] animae hominum separatae, bonorum vel malorum. Non videtur autem probabile quod animae damnatorum daemones ignorent, quorum societati deputantur, et qui animabus[40] terribiles esse dicuntur. Multo autem minus probabile videtur quod animae bonorum ignorent angelos, quorum societate laetantur.

Hoc autem quod animae separatae substantias separatas ubicumque[41] cognoscant rationabiliter accidit. Manifestum est enim quod anima humana corpori unita aspectum habet ex unione corporis ad inferiora directum. Unde non perficitur nisi per ea quae ab inferioribus accipit, scilicet per species a phantasmatibus abstractas. Unde neque in cognitionem[42] sui ipsius neque in cognitionem[43] aliorum devenire potest, nisi in quantum ex praedictis speciebus manuducitur, ut supra dictum est.

Sed quando jam anima erit a corpore separata, aspectus ejus non ordinabitur[44] ad aliqua inferiora, ut ab eis[45] accipiat; sed erit absolutus,[46] potens a superioribus substantiis influentiam[47] recipere sine inspectione[48] phantasmatum quae tunc omnino non erunt; et per hujusmodi influentiam reducetur[49] in actum. Et sic se ipsam[50] cognoscet directe, suam essentiam[51] intuendo, et non a posteriori sicut nunc accidit. Sua[52] autem essentia pertinet ad genus substantiarum separatarum intellectualium, et eundem

[32] naturaliter] *om.* O materialiter V   [33] quod] quae H   [34] *Epistola ad Romanos*, 6: 23
[35] aliam] animam ALP¹P²   [36] Ergo] *add.* non L   [37] separatas] *add.* alias BH
[38] cognoscant] cognoscunt H   [39] deputantur] deputentur H   [40] animabus] daemonibus V   [41] ubicumque] *del.* P¹₂ utrumque OVH ut cumque B   [42] cognitionem] cognitione
ALP¹P²   [43] cognitionem] cognitione P¹   [44] ordinabitur] ordinatur B   [45] eis] *add.*
aliquis B   [46] absolutus] absolute B   [47] influentiam] influentias OV   [48] inspectione]
infectione O   [49] reducetur] reduceretur AP² reducere L reducitur V   [50] se ipsam]
om. B   [51] essentiam] scientiam V   [52] Sua] alia P²

modum subsistendi habet, licet sit infima in hoc genere. Omnes enim sunt formae subsistentes. Sicut igitur una aliquarum[53] aliarum[54] substantiarum separatarum[55] cognoscit aliam, intuendo substantiam[56] suam, in quantum in ea est aliqua similitudo alterius substantiae cognoscendae,[57] per hoc quod recipit influentiam ab ipsa vel ab aliqua altiori substantia, quae est communis causa utriusque; ita etiam anima separata, intuendo directe essentiam suam, cognoscet substantias separatas secundum influentiam receptam ab eis vel a superiori causa, scilicet Deo. Non tamen ita perfecte cognoscet substantias separatas naturali cognitione sicut ipsae cognoscunt se invicem, eo quod anima est infima inter eas et infimo modo recipit intelligibilis[58] luminis emanationem.

AD PRIMUM ergo dicendum quod anima unita corpori est quodammodo perfectior quam separata, scilicet[59] quantum ad naturam speciei. Sed quantum ad actum intelligibilem habet aliquam perfectionem a corpore separatam,[60] quam habere non potest dum est corpori unita. Nec hoc est inconveniens; quia operatio intellectualis competit animae secundum quod supergreditur corporis proportionem. Intellectus enim non est actus alicujus organi corporalis.

Ad secundum dicendum quod loquimur de cognitione animae separatae quae[61] sibi per naturam competit. Nam de cognitione quae sibi debetur[62] per gratiam loquendo, aequabitur[63] angelis in cognoscendo. Haec autem cognitio, ut cognoscat praedicto modo substantias separatas, est sibi naturalis, non simpliciter[64] sed in quantum est separata. Unde in quantum est unita non competit ei.

Ad tertium dicendum quod ultima[65] perfectio cognitionis naturalis animae humanae[66] est ut intelligat substantias separatas. Sed perfectius ad hanc cognitionem habendam pervenire potest, per hoc quod in corpore ad hoc disponitur per studium et maxime per meritum. Unde non frustra corpori unitur.

Ad quartum dicendum quod anima separata non cognoscit substantiam separatam per essentiam ejus, sed per ipsius speciem et similitudinem. Sciendum tamen est quod non semper species per quam aliquid cognoscitur est abstracta a re, quae per ipsam cognoscitur; sed tunc solum quando cognoscens accipit[67] speciem a re. Et tunc[68] haec species accepta est sim-

---

[53] aliquarum] *om.* OVB   [54] aliarum] aliqua VB   [55] separatarum] intellectualium B [56] substantiam] scientiam ALP² essentiam B   [57] cognoscendae] *add.* vel OVH   [58] intelligibilis] intellectualis H   [59] scilicet] *om.* ALP²V   [60] separatam] *del.* -m P¹ separata BH [61] quae] *add.* est AP¹P² *del.* est P¹   [62] debetur] dabitur OVH   [63] aequabitur] aequaliter ALP¹P²   [64] simpliciter] specie P²   [65] ultima] multa ALP¹P²   [66] humanae] haec H [67] accipit] recipit V   [68] tunc] tamen OB

plicior et immaterialior in cognoscente quam in re quae[69] cognoscitur. Si autem fuerit e contrario, scilicet quod res cognita immaterialior sit et simplicior quam cognoscens, tunc species[70] rei cognitae in cognoscente non dicitur abstracta, sed magis impressa vel influxa. Et sic est in proposito.

Ad quintum dicendum quod singulare non repugnat cognitioni intellectus nostri, nisi in quantum individuatur per hanc materiam. Species enim intellectus nostri oportet esse a materia abstractas. Si vero fuerint aliqua singularia in quibus natura speciei[71] non individuatur per materiam, sed[72] unumquodque eorum est quaedam natura speciei immaterialiter subsistens, unumquodque eorum per se intelligibile erit; et hujusmodi singularia sunt substantiae separatae.

Ad sextum dicendum quod imaginatio et intellectus possibilis humanus magis conveniunt subjecto quam intellectus possibilis humanus et intellectus angelicus; qui tamen plus conveniunt specie et ratione, cum utrumque eorum pertineat ad esse intelligibile. Actio enim consequitur formam secundum naturam[73] suae speciei et non ex parte subjecti. Unde quantum ad convenientiam in actione magis attendenda est[74] convenientia duarum formarum ejusdem speciei in diversis substantiis;[75] quam formarum differentium specie in eodem subjecto.

Ad septimum dicendum quod damnati sunt deordinati ab ultimo[76] fine. Unde voluntas eorum non est in bonum secundum hunc ordinem. Tendit tamen in aliquod bonum quia etiam daemones, ut dicit Dionysius, in[77] IV capitulo De Divinis Nominibus,[78] bonum et optimum concupiscunt, esse, vivere et intelligere. Sed hoc[79] bonum non ordinant[80] in summum bonum; et ideo voluntas eorum perversa est. Unde et nihil prohibet quin animae damnatorum multa vera[81] intelligant, sed non illud primum verum, scilicet Deum, cujus visione efficiantur[82] beati.[83]

Ad octavum dicendum quod felicitas ultima hominis non constitit in cognitione alicujus creaturae, sed solum in cognitione Dei. Unde dicit Augustinus, in libro Confessionum :[84] "Beatus est qui te novit etiam si illa nesciat," scilicet creaturas; "infelix autem, si illa sciat, te autem ignoret. Qui autem[85] te et illa novit non propter illa beatior, sed propter te solum beatus." Licet ergo damnati aliqua sciant quae nos nescimus, sunt tamen a

[69] quae] qua ALP¹P²   [70] species] om. ALP¹P add. ss. species P¹₂   [71] speciei] add. immaterialiter subsistens OV   [72] sed] secundum AL   [73] naturam] rationem H   [74] est] om. ALP¹ add. ss. P¹₂   [75] substantiis] subjectis B   [76] ab ultimo] ablato ALP¹P² del. et add. in marg. ab ultimo P¹₂   [77] in] om. LP²   [78] PSEUDO-DIONYSIUS, De Divinis nominibus, IV, 23 (PG 3: 725)   [79] hoc] om. A   [80] ordinant] ordinat ALV ordinatur H   [81] vera] natura H   [82] efficiantur] efficerentur OVBH   [83] beati] boni L   [84] S. AUGUSTINUS, Confessiones, V, 4, 7 (PL 32: 708)   [85] autem] om. L etiam P¹

vera[86] beatitudine remotiores quam nos, qui[87] ad eam possumus pervenire, illi autem non possunt.

Ad nonum dicendum quod anima humana alio modo cognoscet[88] se ipsam cum fuerit separata, et alio modo nunc, ut dictum est.

Ad decimum dicendum quod animae separatae licet competat ille modus cognoscendi quo ea quae sunt notiora simpliciter magis cognoscit, non tamen sequitur quod haec[89] anima separata [90] vel quaecumque alia substantia separata creata per sua naturalia[91] divinam[92] essentiam[93] possit[94] intueri. Sicut enim substantiae separatae alterius modi esse habent quam[95] substantiae materiales, ita Deus alterius modi esse habet quam omnes[96] substantiae separatae.

In rebus enim materialibus tria est considerare, quorum nullum est aliud, scilicet individuum, naturam speciei,[97] et esse. Non enim possumus dicere quod hic homo sit sua humanitas, quia humanitas consistit tantum in speciei principiis ; sed hic homo supra principia speciei addit principia individuata,[98] secundum quod natura speciei in hac materia recipitur et individuatur. Similiter etiam nec humanitas est ipsum esse hominis. In substantiis[99] separatis, quia immateriales sunt, natura speciei non recipitur in aliqua materia individuante ; sed est ipsa natura per se subsistens. Unde non est in eis aliud habens quidditatem et aliud[100] quidditas ipsa. Sed[101] tamen aliud est in eis esse et aliud quidditas. Deus autem est ipsum suum esse subsistens. Unde sicut cognoscendo quidditates materiales[102] non possumus cognoscere substantias separatas, ita nec substantiae separatae per cognitionem suae substantiae possunt cognoscere divinam essentiam.

Ad undecimum dicendum quod per hoc quod impressiones substantiarum separatarum in anima separata deficienter[103] recipiuntur, non sequitur quod eas nullo modo cognoscere possunt,[104] sed quod imperfecte eas cognoscunt.[105]

---

[86] vera] sua L   [87] qui] quia OH   [88] cognoscet] cognoscit LP¹V cognoscat O
[89] haec] *del.* P¹ vel OVH *om.* B   [90] separata] *om.* L   [91] naturalia] *ibi lacuna* L
[92] divinam] per suam L vel per suam V   [93] divinam essentiam] deum per essentiam suam B
[94] divinam essentiam possit] et per suam essentiam possit deum H   [95] quam] *add.* omnes B
[96] omnes] aliae B   [97] speciei] species AL   [98] individuata] individuantia VBH
[99] substantiis] *add.* autem OBH   [100] aliud] *om.* OVBH   [101] Sed] *om.* P¹   [102] materiales] naturales P²O   [103] deficienter] determinate P²   [104] possunt] possit B
[105] cognoscunt] cognoscit B cognoscat H

QUAESTIO OCTAVA DECIMA

Loca parallela: *In IV Sent.*, dist. 45, q. 3, a. 1, ad 1, 2; dist. 50, q. 1, a. 4, ad 1; *De Ver.*, q. 8, a. 4; a. 11, ad 12; q. 9, a. 6, ad 5; *Contra gent.*, II, 101; *Summa theol.*, I, q. 89, a. 3, 8; II-II, q. 83, a. 4; ad 2; *De Anima*, q. 20, ad 3.

Octavodecimo[1] quaeritur utrum ANIMA SEPARATA COGNOSCAT OMNIA NATURALIA. Et videtur quod non.

(1) Quia, sicut dicit Augustinus,[2] daemones multa cognoscunt per experientiam longi temporis; quam quidem non habet anima mox cum fuerit separata. Cum igitur daemon sit[3] perspicacioris intellectus quam anima, quia data naturalia in eis manent[4] clara et lucida ut Dionysius[5] dicit, IV capitulo *De Divinis Nominibus*;[6] videtur ergo quod anima separata non cognoscat omnia naturalia.

(2) Praeterea, animae cum sunt[7] unitae corporibus non cognoscunt omnia naturalia. Si igitur separatae a corporibus omnia naturalia cognoscunt,[8] videtur quod post separationem hujusmodi scientiam acquirant. Sed aliquae animae aliquorum naturalium in hac vita scientiam acquisierunt. Ergo illorum eorundem post separationem habebunt duplicem scientiam, unam acquisitam hic et aliam ibi. Quod videtur impossibile; quia[9] duae formae ejusdem speciei non sunt in eodem subjecto.

(3) Praeterea, nulla virtus finita potest super[10] infinita. Sed virtus animae separatae est finita; quia et essentia ejus finita est. Ergo non potest super[11] infinita. Sed naturalia intellecta sunt infinita; nam species numerorum et figurarum et proportionum infinitae sunt. Ergo anima separata non cognoscit omnia naturalia.

(4) Praeterea, omnis cognitio est per assimilationem cognoscentis et cogniti. Sed impossibile videtur esse quod anima separata, cum sit immaterialis, assimiletur[12] naturalibus,[13] cum sint materialia.[14] Ergo impossibile videtur quod anima separata[15] naturalia cognoscat.

(5) Praeterea, intellectus possibilis se habet in ordine intelligibilium

---

[1] Octavodecimo] Decimoctavo P²B   [2] S. AUGUSTINUS, *De Divinatione daemonum*, III (PL 40: 584)   [3] daemon sit] daemones sint H   [4] manent] manet AP² remanent P¹
[5] Dionysius] *in marg.* P¹₂   [6] PSEUDO-DIONYSIUS, *De Divinis nominibus*, IV, 23 (PG 3: 725)
[7] sunt] sint ALOVBH   [8] cognoscunt] cognoscant LB   [9] quia] quod A   [10] super] sub ! A esse P² fieri OV   [11] super] sub A   [12] assimiletur] assumeretur V   [13] naturalibus] materialibus L   [14] materialia] *om. cum lac.* P² immaterialia H   [15] separata] *add.* omnia B

sicut materia prima in ordine sensibilium. Sed materia prima secundum unum ordinem non est receptiva nisi[16] unius [7] formae. Ergo cum intellectus possibilis separatus non habeat nisi unum ordinem, cum non trahatur[18] ad diversa per sensus, videtur quod non possit recipere nisi unam formam intelligibilem. Et ita non potest cognoscere omnia naturalia, sed unum tantum.

(6) Praeterea, ea quae sunt diversarum specierum non possunt esse uni et eidem similia secundum speciem. Cognitio autem fit per assimilationem speciei. Ergo una anima separata non potest cognoscere omnia naturalia, cum sint specie diversa.

(7) Praeterea, si animae separatae cognoscunt omnia naturalia, oportet quod habeant in se formas quae sunt[19] similitudines rerum naturalium. Aut igitur quantum ad genera et species tantum, et sic non cognoscent individua, et per consequens nec omnia naturalia; quia[20] individua maxime videntur esse in natura. Vel etiam quantum ad individua; et sic cum individua[21] sit infinita, sequetur quod in anima separata sint similitudines infinitae; quod videtur impossibile. Non igitur anima separata cognoscit omnia naturalia.

Sed dicebat quod in anima separata sunt tantum similitudines generum et specierum; sed applicando eas ad singularia[22] potest singularia cognoscere.

(8) Sed contra, intellectus universalem cognitionem, quam habet penes se, non potest applicare nisi ad particularia[23] quae jam novit. Si enim scio quod omnis mula est sterilis, non possum[24] applicare nisi ad hanc mulam quam cognosco. Cognitio enim particularis praecedit naturalem[25] applicationem universalis ad particulare. Non enim applicatio hujusmodi potest esse causa cognitionis particularium; et sic particularia animae separatae remanebunt ignota.

(9) Praeterea, ubicumque est cognitio, ibi est aliquis ordo cognoscentis ad cognitum. Sed animae damnatorum non habent aliquem[26] ordinem. Dicitur enim, *Job* X,[27] quod ibi, scilicet in inferno, nullus ordo, sed sempiternus horror inhabitat. Ergo ad minus animae damnatorum non[28] cognoscent[29] naturalia.[30]

(10) Praeterea, Augustinus dicit, in libro *De Cura pro Mortuis Agenda,*[31]

---

[16] nisi] *in marg.* P$^1_2$ [17] unius] hujusmodi L   [18] trahatur] trahantur A   [19] quae sunt] et P^2 [20] individua... quia] *in marg.* P$^1_2$ [21] et sic cum individua] *in marg.* P$^1_2$ [22] singularia] singula V   [23] particularia] singularia B   [24] possum] *add.* hoc H   [25] naturalem] naturaliter BH   [26] aliquem] *bis exhibit* P^1 [27] *Job,* 10: 22   [28] non] *add. ss.* possunt P$^1_2$ [29] cognoscent] cognoscerent P^1 *corr. ad* cognoscere P$^1_2$ cognoscunt P^{2}OVH   [30] cognoscent naturalia] habent cognitionem naturalium B   [31] Agenda] habenda B   [31] S. Augustinus, *De Cura pro mortuis gerenda,* XIII-XV (PL 40: 604-606)

quod animae mortuorum[32] ea quae hic fiunt omnino scire non possunt. Naturalia autem sunt quae hic fiunt. Ergo animae mortuorum non habent cognitionem naturalium.[33]

(11) Praeterea, omne quod est in potentia reducitur in actum per id quod est in actu. Manifestum est autem quod anima humana quamdiu est corpori unita, est in potentia respectu[34] vel[35] omnium vel plurimorum[36] quae naturaliter sciri possunt; non enim omnia scit actu.[37] Ergo si post separationem scit omnia naturalia, oportet quod per[38] aliquid reducatur in actum. Hoc autem non videtur esse nisi intellectus agens, quo est omnia fieri,[39] ut dicitur in III *De Anima*.[40] Sed per intellectum agentem non potest reduci in actum omnium intelligibilium, quae non intellexit. Comparat enim Philosophus, in III *De Anima*,[41] intellectum agentem lumini, phantasmata vero coloribus. Lumen autem non sufficit ad faciendum[42] visum in actu omnium visibilium, nisi et colores adsint. Ergo nec intellectus agens poterit facere intellectum possibilem[43] actu respectu omnium intelligibilium, cum phantasmata adesse non possint animae separatae, cum non sint nisi[44] in organis corporeis.

Sed dicebat quod non reducitur[45] in actum omnium naturaliter scibilium per intellectum agentem, sed per aliquam superiorem substantiam.

(12) Sed contra, quandocumque[46] aliquid reducitur in actum per agens extraneum, quod non est sui generis, talis reductio non est naturalis. Sicut si aliquod sanabile sanetur per artem vel per virtutem divinam, erit sanatio artificialis[47] vel[48] miraculosa, non autem naturalis nisi quando sanatio fit per principium intrinsecum. Proprium autem agens et connaturale respectu intellectus possibilis humani est intellectus agens. Si igitur intellectus possibilis reducatur in actum per aliquod superius agens et non per intellectum agentem, non erit cognitio naturalis de qua nunc[49] loquimur. Et sic non aderit omnibus animabus separatis, cum in solis naturalibus omnes animae separatae conveniant.[50]

(13) Praeterea, si anima separata reducatur in actum omnium naturaliter intelligibilium, aut hoc erit a Deo aut ab angelo. Non autem ab angelo, ut videtur, quia angelus non est causa naturae ipsius animae.[51]

---

[32] mortuorum] *add.* ibidem AP¹P² *del.* ibidem P¹₂ ibi nisi OV ibi sunt ubi B   [33] Praeterea,... naturalium.] *Post obj. 13 in* B.   [34] respectu] *add.* omni vel A   [35] vel] *om.* L   [36] plurimorum] plurimum eorum OVBH   [37] actu] *ss.* P¹₂   [38] per] *ss.* P¹   [39] fieri] facere B   [40] ARISTOTLE, *De Anima*, III, 5 (430a 10); "sicut in omni natura, ita et in anima est aliquid est omnia fieri, et aliquid quo est omnia facere."   [41] ARISTOTLE, *De Anima*, III, 5 (430a 14-17); 7 (431a 15-17)   [42] faciendum] *om.* L perficiendum O   [43] possibilem] *add.* in OVBH   [44] nisi] *om.* ALP¹P²B   [45] reducitur] reducit ALP¹P² reducitur P¹₂   [46] quandocumque] quantumcumque B   [47] artificialis] artificiosa B   [48] vel] et ALP¹P²OB   [49] nunc] hic OVB   [50] conveniant] communicant B   [51] animae] *om.* P¹

Unde nec naturalis animae cognitio videtur esse per actionem[52] angeli.
Similiter[53] etiam inconveniens videtur quod animae damnatorum a Deo
recipiant tantam perfectionem post mortem ut cognoscant omnia naturalia.
Nullo igitur modo videtur quod animae separatae omnia naturalia cognoscant.

(14) Praeterea, ultima perfectio uniuscujusque existentis in potentia est
ut reducatur[54] quantum ad omnia secundum quae est in potentia.[55] Sed
intellectus possibilis humanus non est in potentia[56] naturali nisi omnium
intelligibilium naturalium, id est quae naturali cognitione intelligi possunt.
Si ergo[57] anima separata intelligit omnia naturalia,[58] videtur quod omnis
substantia[59] separata ex sola separatione habeat ultimam suam perfectionem, quae est felicitas. Frustra igitur sunt alia adminicula ad felicitatem consequendam adhibita, si sola separatio a corpore hoc animae
praestare potest; quod videtur inconveniens.

(15) Praeterea, ad scientiam sequitur delectatio. Si igitur animae
omnes separatae cognoscunt[60] omnia naturalia, videtur quod animae
damnatorum maximo[61] gaudio perfruantur; quod videtur inconveniens.

(16) Praeterea, super illud *Isaiae*,[62] "Abraham nescivit nos,"[63] dicit
Glossa:[64] Nesciunt mortui, etiam sancti, quid agant vivi, etiam eorum filii.
Sed ea quae inter vivos[65] hic aguntur sunt naturalia. Ergo animae separatae non cognoscunt omnia naturalia.

(1) Sed contra, anima separata intelligit substantias separatas. Sed in
substantiis separatis sunt[66] species omnium naturalium. Ergo anima separata cognoscit omnia naturalia.

Sed dicebat quod non est necessarium quod qui videt substantiam separatam videat omnes species in intellectu ejus existentes.

(2) Sed contra est quod Gregorius dicit, "Quid est quod non videat[67]
qui videntem omnia videt."[68] Videntes igitur Deum vident omnia[69]
quae Deus videt. Ergo et eadem ratione et videntes angelos vident ea
quae angeli vident.[70]

(3) Praeterea, anima separata cognoscit substantiam separatam in
quantam est intelligibilis; non enim videt eam visu corporeo. Sed sicut

---

[52] actionem] cognitionem V   [53] Similiter] sibi H   [54] reducatur] *add.* in actum VBH
[55] quantum... potentia] *om.* B   [56] potentia] *add.* quantum ad omnia secundum quod est
in potentia B   [57] ergo] igitur LP¹   [58] naturalia] naturaliter L   [59] substantia] *del. et*
add. ss. anima P¹₂ anima OVBH   [60] cognoscunt] intelligunt B   [61] maximo] maxime H
[62] *Isaias*, 63: 16   [63] nos] *ss.* Vos P¹₂   [64] *Glossa interl.*, IV, 102 v.   [65] vivos] mortuos V
[66] sunt] *add.* omnes B   [67] videat] videant AOVH   [68] S. Gregorius, *Dial.*, IV, 33
(PL 87: 376); *Moral.*, XII, 21 (PL 85: 999)   [68] videt] vident OVBH   [69] omnia]
om. LOVBH   [70] angeli vident] angelus videt OVH

est intelligibilis substantia separata, ita et species in intellectu ejus existens. Ergo anima separata non solum intelligit substantiam separatam, sed etiam species intelligibiles in ipsa existentes.

(4) Praeterea, intellectum in actu est forma intelligentis, et est unum cum intelligente. Si igitur anima separata intelligit substantiam separatam intelligentem[71] omnia naturalia, videtur quod ipsa omnia naturalia intelligat.

(5) Praeterea, quicumque intelligit majora intelligibilia, intelligit etiam minora, ut dicitur etiam[72] in III *De Anima*.[73] Si igitur anima separata intelligit substantias separatas, quae sunt maxime[74] intelligibiles,[75] ut supra dictum est, videtur sequi quod intelligat omnia alia[76] intelligibilia.

(6) Praeterea, si aliquid est in potentia ad multa, reducitur in actum quantum ad omnia illa per aliquid[77] quod est[78] actu omnia illa;[79] sicut materia quae est in[80] potentia calida et sicca, ab igne fit actu calida et sicca. Sed intellectus possibilis animae separatae est in potentia ad omnia intelligibilia. Activum autem a quo recipit influentiam, scilicet substantia separata, est in actu respectu omnium illorum. Ergo vel reducet animam de potentia in actum quantum ad omnia intelligibilia, vel quantum ad nullum. Sed manifestum est quod non quantum ad nullum; quia animae separatae aliqua intelligunt quae etiam hic non intellexerunt. Ergo quantum ad omnia. Sic igitur anima separata intelligit omnia naturalia.

(7) Praeterea, Dionysius dicit, in V capitulo *De Divinis Nominibus*,[81] quod superiora in entibus sunt exemplaria inferiorum. Substantiae autem separatae sunt supra res naturales. Ergo sunt[82] exemplaria rerum naturalium. Et ita animae separatae, per inspectionem substantiarum separatarum, videtur quod cognoscant omnia naturalia.

(8) Praeterea, animae separatae cognoscunt res per formas influxas. Sed formae influxae dicuntur esse formae ordinis universi. Ergo animae separatae cognoscunt totum ordinem universi; et sic cognoscunt omnia naturalia.

(9) Praeterea, quicquid est in inferiori natura totum est in superiori. Sed anima separata est superior[83] rebus naturalibus. Ergo omnia naturalia sunt quodammodo in anima. Sed anima cognoscit se ipsam. Ergo cognoscit omnia naturalia.[84]

---

[71] intelligentem] intelligente P¹   [72] etiam] *om.* P²OVBH   [73] Aristotle, *De Anima*, III, 4 (429b 3-4)   [74] maxime] maxima OVH   [75] intelligibiles] intelligibilium ALP²VH intelligentia O intelligibilia B   [76] alia] *om.* H   [77] per aliquid] ab activo P¹₂ OVH *om. cum lac.* L ab aliquo B   [78] est] habet LP¹₂ OVBH   [79] illa] *add.* actu A   [80] in] *om.* ALO   [81] Pseudo-Dionysius, *De Divinis nominibus*, V, 9 (PG 3: 823)   [82] Ergo sunt] cognoscunt V   [83] superior] *add.* in V   [84] Praeterea,... cognoscit omnia naturalia.] *om.* LOB

(10) Praeterea, quod narratur *Lucae* XVI de Lazaro et divite non est parabola, sed res gesta, ut Gregorius[85] dicit; quod patet per hoc quod persona per nomen proprium exprimitur. Ibi[86] etiam[87] dicitur quod dives in inferno positus Abraham cognovit, quem ante non cognoverat. Ergo pari ratione animae separatae, etiam damnatorum, cognoscunt aliqua[88] quae hic non cognoverunt. Et sic videtur quod cognoscant omnia naturalia.

RESPONSIO. Dicendum quod anima separata secundum quid intelligit omnia naturalia, sed non simpliciter. Ad cujus[89] evidentiam considerandum est quod talis est ordo rerum ad invicem, ut quaecumque inveniuntur in inferiori natura, inveniantur[90] excellentius in superiori. Sicut ea quae sunt in istis generabilibus et corruptibilibus sunt[91] nobiliori modo in corporibus caelestibus, sicut in causis universalibus. Calidum enim et frigidum et alia hujusmodi sunt in istis inferioribus velut quaedam qualitates particulares et formae; sed in corporibus caelestibus sunt velut quaedam universales virtutes a quibus derivantur in haec inferiora. Similiter etiam et quaecumque sunt in natura corporali sunt eminentius in natura intellectuali.[92] Formae enim rerum corporalium in ipsis rebus corporalibus sunt materialiter et particulariter. In ipsis vero substantiis intellectualibus sunt immaterialiter et universaliter. Unde et in *Libro de Causis*[93] dicitur quod omnia intelligentia est plena formis. Ulterius autem, quaecumque sunt in tota creatura, eminentius sunt in ipso Deo. In creaturis enim sunt formae rerum et naturae multipliciter et divisim;[94] sed in Deo simpliciter et unite. Et istud triplex esse rerum designatur, *Genesis* I, per hoc quod in productione[95] rerum tripliciter exprimitur.[96] Primo enim dixit Deus, "Fiat firmamentum," per quod intelligitur esse rerum in Verbo Dei. Secundo dicitur, "Et fecit Deus firmamentum," per quod intelligitur esse firmamenti in intelligentia angelica. Tertio dicitur, "Et factum est ita," per quod intelligitur esse firmamenti in propria natura, ut Augustinus[97] exponit; et similiter de aliis. Sicut enim a Deo[98] profluxerunt res a divina sapientia ut in propria natura subsisterent, ita ex divina sapientia profluxerunt formae rerum in substantias intellectuales[99] quibus res intelligerent.

Unde considerandum est quod eo modo quo aliquid est de perfectione

---

[85] S. GREGORIUS, *In Evang.*, II, 40 (PL 76: 1302, 1304)   [86] Ibi] ita L *add. ss.* autem P[1] *add.* aut P[2]   [87] etiam] autem OVBH   [88] aliqua] alia P[2]OVH omnia B   [89] cujus] ejus AL   [90] inveniantur] *add.* etiam VH   [91] sunt] sicut A   [92] intellectuali] intelligibili O   [93] *Liber de causis*, IX; ed. BARDENHEWER, p. 173: 18   [94] divisim] diversum AP[2] diversim LP[1]   [95] in productione] productio H   [96] exprimitur] exprimuntur LP[1]   [97] S. AUGUSTINUS, *De Genesi ad litteram*, II, 8 (PL 34: 269)   [98] a Deo] *om.* VH   [99] intellectuales] intelligibiles O

naturae, eo modo ad perfectionem intelligibilem pertinet. Singularia namque non sunt de perfectione naturae propter se, sed propter aliud;[100] ut in eis salventur species quas natura intendit. Natura enim intendit generare hominem, non hunc hominem; nisi in quantum homo non potest esse nisi sit homo hic. Et inde est quod Philosophus dicit, in libro *De Animalibus*,[101] quod in assignandis causis accidentium speciei, oportet nos reducere[102] in causam finalem; accidentia vero individui, in causam efficientem vel materialem; quasi solum id quod est speciei sit de intentione naturae. Unde et cognoscere species rerum pertinet ad perfectionem intelligibilem; non autem cognitio individuorum, nisi forte per accidens.

Haec igitur perfectio intelligibilis,[103] quamvis omnibus substantiis intellectualibus adsit, non tamen eodem modo.[104] Nam in superioribus sunt formae intelligibiles rerum magis unitae et universales; in inferioribus[105] magis multiplicantur et sunt minus universales, secundum quod magis recedunt ab uno primo simplici et appropinquant ad particularitatem[106] rerum. Sed tamen quia in superioribus est potentior[107] vis intellectiva, superiores substantiae in paucis formis universalibus[108] obtinent perfectionem intelligibilem[109] ut cognoscant naturas rerum usque ad ultimas species. Si autem in[110] inferioribus substantiis essent formae adeo[111] universales sicut sunt in superioribus, cum hoc quod[112] habent inferiorem virtutem intellectivam, non consequeretur ex hujusmodi formis ultimam perfectionem intelligibilem ut cognoscerent res usque ad indivisibiles[113] species; sed remaneret earum[114] cognitio in quadam universalitate et confusione, quod est cognitionis imperfectae. Manifestum est enim quod quanto intellectus fuerit efficacior, tanto magis ex paucis potest multa[115] colligere; cujus signum est quod rudibus[116] et tardioribus[117] oportet[118] singillatim exponere,[119] et exempla[120] particularia[121] inducere ad singularia.

Manifestum est enim[122] quod anima humana est infima inter omnes intellectuales[123] substantias. Unde ejus capacitas naturalis est ad recipiendum formas rerum conformiter[124] rebus materialibus.[125] Et ideo anima

[100] aliud] *add.* scilicet OVH   [101] ARISTOTLE, *De Generatione animalium*, V, 1 (778a 30-b1) [102] reducere] inducere ALP² [103] intelligibilis] intellectualis H   [104] modo] *ss.* P¹₂ [105] inferioribus] *add.* vero OVBH   [106] particularitatem] *add.* materialium OVH *corr. ad* naturalium V   [107] potentior] posterior ALP²   [108] universalibus] naturalibus V   [109] intelligibilem] intellectualem O   [110] in] *om.* LP²   [111] adeo] a deo O   [112] quod] modo P¹ *add. ss.* quod P¹₂   [113] indivisibiles] invisibiles P² intelligibiles V   [114] earum] eadem LP² [115] multa] plura B   [116] rudibus] rudioribus V   [117] tardioribus] tardibus V *add.* omnia O [118] oportet] *add.* omnia VBH   [119] exponere] componere LP²   [120] exempla] exponere P¹ *corr. ad* exempla P¹₂   [121] singularia] *corr. ad* singula P¹ singula OV   [122] enim] autem LP¹OVBH   [123] intellectuales] intelligibiles O   [124] conformiter] *add. ss.* a P¹₂ [125] materialibus] naturalibus LV

humana unita est corpori ut ex rebus materialibus species intelligibiles possit recipere secundum intellectum possibilem. Nec est ei major virtus naturalis[126] ad intelligendum quam ut[127] secundum hujusmodi formas sic determinatas in cognitione intelligibili perficiatur. Unde et lumen[128] intelligibile quod participat, quod dicitur intellectus agens, hanc operationem habet ut hujusmodi species intelligibiles faciat actu.

Quamdiu igitur anima est unita corpori, ex ipsa unione corporis habet aspectum ad inferiora, a quibus accipit[129] species intelligibiles proportionatas suae[130] intellectivae virtuti, et sic in scientia perficitur. Sed cum fuerit a corpore separata habet aspectum ad superiora tantum a quibus recipit influentiam specierum intelligibilium universalium. Et licet minus[131] universaliter recipiantur in ipsa quam sint in substantiis superioribus, tamen[132] non est sibi tanta efficacia virtutis intellectivae, ut per hujusmodi genus specierum intelligibilium possit perfectam cognitionem consequi, intelligendo specialiter et determinate[133] unumquodque,[134] sed in quadam universalitate et confusione, sicut cognoscuntur[135] res in principiis universalibus. Hanc autem cognitionem acquirunt animae separatae subito per modum influentiae,[136] et non successive per modum instructionis, ut Origenes[137] dicit.

Sic dicendum est igitur quod animae separatae naturali cognitione in universali cognoscunt[138] omnia naturalia, non autem specialiter[139] unumquodque. De cognitione autem quam habent animae sanctorum[140] per gratiam, alia ratio est; nam secundum illam angelis adaequantur,[141] prout vident omnia in Verbo.

Respondendum est ergo ad utrasque objectiones.[142]

AD PRIMUM ergo dicendum quod secundum Augustinum[143] daemones tripliciter res[144] cognoscunt: quaedam[145] per revelationem[146] bonorum angelorum, quae scilicet sunt supra cognitionem naturalem eorum,[147] sicut mysteria Christi et Ecclesiae, et alia hujusmodi; quaedam vero cognoscunt acumine[148] proprii intellectus, scilicet[149] quae sunt naturaliter

---

[126] naturalis] intellectualis OV   [127] ut] *om.* LP¹P²   [128] et lumen] *ss.* P¹₂   [129] accipit] recipit P²   [130] suae] *om.* OV   [131] minus] unus V   [132] tamen] *om.* P¹   [133] determinate] determinare H   [134] unumquodque] nunquam ALP¹P² *del.* nunquam *et add. in marg.* unumquodque P¹₂   [135] cognoscuntur] cognoscunt V   [136] influentiae] influentem H   [137] ORIGENES, *Peri Archon*, I, 6 (PG 11: 169)   [138] cognoscunt] cognoscere ALP¹ *add. ss.* -unt P¹₂   [139] specialiter] simpliciter V in speciali B *et add.* cognoscunt B   [140] sanctorum] separatae V   [141] adaequantur] adaequatur ALP¹OV coaequantur B   [142] Respondendum... objectiones] *om.* LP²   [143] S. AUGUSTINUS, *De Divinatione daemonum*, III-VI (PL 40: 584-587)   [144] res] *om.* AL *ss.* P¹₂   [145] quaedam] quidem OH   [146] revelationem] revelationes OVH   [147] eorum] *om.* LOBH   [148] acumine] a lumine B   [149] scilicet] *add.* ea LP¹P²OVBH

scibilia; quaedam[150] vero per experientiam longi temporis, scilicet eventus futurorum contingentium in singularibus, quae non per se pertinent ad cognitionem intelligibilem, ut dictum est. Unde de eis ad praesens non agitur.

Ad secundum dicendum quod in illis qui scientiam aliquorum naturalium scibilium[151] in hac vita acquisierunt, erit determinata cognitio in speciali[152] eorum quae hic acquisierunt, aliorum vero universalis et confusa. Unde non[153] inutile erit eis[154] scientiam[155] acquisivisse. Nec est inconveniens quod utraque scientia eorundem scibilium adsit eidem, cum non sint ambae[156] unius[157] rationis.

Ad tertium dicendum quod ratio illa non pertinet ad propositum eo quod non ponimus quod anima separata cognoscat[158] omnia naturalia in speciali. Unde non repugnat ejus cognitioni infinitas specierum quae est in numeris, figuris[159] .et[160] proportionibus. Quia cum[161] eodem modo posset concludere haec ratio contra[162] cognitionem angelicam, dicendum est quod species figurarum et numerorum et hujusmodi[163] non sunt infinitae in actu, sed in potentia tantum. Nec est etiam inconveniens quod virtus substantiae intellectualis finitae ad hujusmodi infinita extendat se; quia etiam virtus intellectiva est quodammodo infinita, in quantum non est terminata per materiam. Unde et universale cognoscere potest, quod quodammodo est infinitum, in quantum de sui ratione potentia continet infinita.

Ad quartum dicendum quod formae rerum materialium[164] sunt in substantiis immaterialibus immaterialiter; et sic est assimilatio inter utrumque[165] quantum ad rationes formarum, non quantum ad modum essendi.

Ad quintum dicendum quod materia prima non se habet ad formas nisi dupliciter, vel in potentia pura, vel in actu puro; eo quod formae naturales, statim ut sunt in materia, habent operationes suas nisi sit[166] aliquod impedimentum; quod ideo est, quia forma naturalis non se habet nisi ad unum. Unde statim cum[167] forma ignis est in materia, facit moveri sursum. Sed intellectus possibilis se habet ad species intelligibiles tripliciter: quandoque enim se habet[168] in potentia pura, sicut ante addiscere; quandoque autem in actu puro, sicut cum actu considerat; quandoque autem medio modo inter potentiam et actum, sicut cum est scientia in habitu et non in actu. Comparatur igitur forma intellecta[169] ad intellectum possibilem sicut

---

[150] quaedam] quidam OH   [151] scibilium] om. P¹   [152] speciali] speciem P²   [153] Unde non] alias enim B   [154] erit eis] eis esset B   [155] scientiam] add. hic B   [156] ambae] om. B   [157] unius] ejusdem OV   [158] cognoscat] ibi terminat Ms. B   [159] figuris] om. V add. scilicet P²   [160] et] om. AL   [161] cum] tamen P¹P²O   [162] contra] ss. P¹₂ circa V esse H   [163] et hujusmodi] ss. P¹₂   [164] materialium] naturalium P¹OV   [165] utrumque] utraque H   [166] sit] fit A   [167] cum] om. A quod LVH ss. P¹₂ quando P²O   [168] habet] add. ad eas OVH   [169] intellecta] add. in actu O intellectus in actu V intellectiva H

forma naturalis ad materiam primam, prout est intellecta[170] in actu,[171] non prout inest[172] habitualiter. Et inde est quod sicut materia prima simul et semel non informatur nisi una forma, ita intellectus non[173] intelligit nisi unum intelligibile; potest tamen scire multa habitualiter.

Ad sextum dicendum quod substantiae cognoscenti potest aliquid assimilari[174] dupliciter. Aut secundum suum esse naturale, et sic non assimilantur[175] ei[176] diversa secundum speciem, cum ipsa sit[177] unius speciei. Aut secundum esse intelligibile, et sic secundum quod habet diversas species intelligibiles, sic possunt ei assimilari diversa secundum speciem, cum tamen ipsa sit unius speciei.[178]

Ad septimum dicendum quod animae separatae non solum cognoscunt species sed individua, non tamen omnia sed aliqua. Et ideo non oportet quod sint in ea species infinitae.

Ad octavum dicendum quod applicatio universalis[179] cognitionis ad singularia non est causa cognitionis singularium, sed consequens ad ipsam. Quomodo autem anima separata singularia cognoscat, infra quaeretur.

Ad nonum dicendum quod cum bonum consistat in modo, specie et ordine, secundum Augustinum in libro *De Natura Boni*,[180] in tantum invenitur in re aliqua de ordine, in quantum invenitur ibi de bono.[181] In damnatis autem non est bonum gratiae sed naturae. Unde non est ibi ordo gratiae sed naturae; quod sufficit ad hujusmodi cognitionem.

Ad decimum dicendum quod Augustinus loquitur de singularibus quae hic fiunt, de quibus dictum est quod non pertinent ad cognitionem intelligibilem.

Ad undecimum dicendum quod intellectus possibilis non potest reduci in actum cognitionis omnium naturalium per lumen[182] intellectus[183] solum agentis,[184] sed per aliquam superiorem substantiam, cui actu adest cognitio omnium naturalium. Et si quis recte consideret, intellectus agens, secundum ea quae Philosophus de ipso[185] tradit, non est[186] activum respectu intellectus possibilis directe; sed magis respectu phantasmatum quae facit intelligibilia actu, per quas intellectus possibilis reducitur in actum quando aspectus ejus inclinatur ad inferiora ex unione corporis. Et eadem ratione quando aspectus ejus inclinatur[187] ad superiora propter[188]

---

170 intellecta] intellectus V intellectiva H   171 in actu] *om.* LP²   172 non prout inest] *om.* V inest] est in A est O   173 non] *om.* AL *ss.* P¹₂   174 assimilari] assimilare ALP² 175 assimilantur] assimilatur ALP¹   176 ei] *om.* LP¹P²   177 sit] sint P¹   178 cum... speciei] *om.* LP²OVH *vacat* P¹₂   179 universalis] naturalis V   180 S. Augustinus, *De Natura boni,* III, (PL 42: 553)   181 de bono] homo O   182 lumen] *om.* LP² *add.* naturalium P¹ *tunc del.* lumen naturalium P¹   183 intellectus] intellectum ALP²   184 agentis] agentem P¹ 185 ipso] ipsa ALP²   186 est] *add.* principium L   187 inclinatur] *om.* ALP¹P² *add. ss.* P¹₂ est OVH   188 propter] per P²

separationem a corpore, fit in actu per species actu intelligibiles quae sunt in substantiis superioribus quasi per agens proprium; et[189] sic talis[190] cognitio est naturalis.

Unde patet solutio ad duodecimum.

Ad tertium decimum dicendum quod hujusmodi perfectionem recipiunt animae[191] separatae a Deo mediantibus angelis. Licet enim[192] substantia[193] animae creetur[194] a Deo immediate, tamen perfectiones intelligibiles proveniunt a Deo[195] mediantibus angelis, non solum naturales,[196] sed etiam quae ad mysteria[197] gratiarum pertinent, ut patet per Dionysium, IV capitulo *Caelestis Hierarchiae*.[198]

Ad quartum decimum dicendum quod anima separata, habens universalem cognitionem scibilium[199] naturalium, non est perfecte[200] reducta in actum; quia cognoscere aliquid in universali est cognoscere imperfecte.[201] Unde non attingit ad felicitatem etiam naturalem. Unde non sequitur quod alia auxilia, quibus pervenitur ad felicitatem, sint superflua.

Ad quintum decimum dicendum quod damnati de hoc ipso bono cognitionis quod habent tristantur, in quantum cognoscunt se destitutos esse summo bono, ad quod per[202] alia bona ordinabantur.

Ad sextum decimum dicendum quod glossa illa loquitur de particularibus, quae non pertinent ad perfectionem[203] intelligibilem, ut dictum est.

Ad primum vero[204] in contrarium[205] dicendum quod anima separata non perfecte comprehendit[206] substantiam separatam;[207] et ideo non oportet quod cognoscat omnia quae in ipsa sunt per similitudinem.

Ad secundum dicendum quod verbum Gregorii veritatem habet quantum ad virtutem[208] objecti intelligibilis quod est Deus, quod quantum est de se repraesentat omnia intelligibilia. Non tamen necesse est quod quicumque videt Deum sciat[209] omnia quae ipse scit; nisi comprehenderet ipsum sicut ipse se[210] ipsum[211] comprehendit.[212]

Ad tertium dicendum quod species quae sunt in intellectu angeli sunt intelligibiles intellectui ejus cujus sunt formae, non tamen intellectui animae separatae.

---

[189] et] *om.* A   [190] talis] universalis O utilis V   [191] animae] substantiae O
[192] enim] igitur LP[2]   [193] substantia] substantiae AP[1]   [194] creetur] creentur AP[1] tenetur O causetur V   [195] Deo] *add.* in animam OVH   [196] naturales] naturalis ALP[2]V
[197] mysteria] ministeria OH   [198] PSEUDO-DIONYSIUS, *De Coelesti hierarchia*, IV, 2 (PG 3: 180)   [199] scibilium] sensibilium OV   [200] perfecte] perfecta A per hoc etiam P[2] perfectio V   [201] imperfecte] in potentia LP[2]OVH   [202] per] omnia V   [203] perfectionem] cognitionem V   [204] vero] *add.* eorum quae OVH   [205] contrarium] *add.* objiciuntur OVH
[206] comprehendit] cognoscit L   [207] separatam] animatam LP[2]   [208] virtutem] veritatem P[1]
[209] sciat] sciet ALP[1] sciat P[1]$_2$ [210] se] *om.* LP[2]   [211] ipsum] *om.* LP[2]VH   [212] comprehendit] apprehendit P[2]

Ad quartum dicendum quod licet intellectum sit forma substantiae intelligentis,[213] non tamen oportet quod anima separata, intelligens substantiam separatam, intelligat intellectum ejus, quia[214] non comprehendit ipsam.

Ad quintum dicendum quod licet anima separata aliquo modo cognoscat substantias separatas, non tamen oportet quod alia omnia cognoscat[215] perfecte; quia nec ipsas[216] separatas[217] perfecte cognoscit.

Ad sextum dicendum quod anima separata reducitur a[218] superiore[219] in actum omnium[220] intelligibilium,[221] non perfecte sed universaliter, ut dictum est.

Ad septimum dicendum quod licet substantiae separatae sint quodammodo exemplaria omnium rerum naturalium, non tamen sequitur quod eis cognitis omnia cognoscuntur,[222] nisi perfecte comprehenderentur ipsae substantiae separatae.

Ad octavum dicendum quod anima separata cognoscit per formas influxas, quae tamen non sunt formae ordinis universi in speciali sicut in substantiis[223] superioribus, sed in generali tantum, ut dictum est.

Ad nonum dicendum quod res naturales sunt quodammodo et[224] in substantiis separatis et in anima; sed in substantiis separatis[225] in actu, in anima vero in potentia secundum quod est in potentia[226] ad omnes formas naturales intelligendas.

Ad decimum dicendum quod anima Abraham erat substantia separata; unde et anima divitis poterat eam cognoscere, sicut et alias substantias[227] separatas.

---

[213] intelligentis] intelligibilis O   [214] quia] quod A   [215] cognoscat] cognoscant A
[216] ipsas] *add.* substantias VH   [217] separatas] substantias O   [218] a] *om.* L *add.* substantia OVH   [219] superiore] superiori OV   [220] omnium] causam LP[1] *del. et add. ss.* omnium P[1]₂
[221] intelligibilium] *add. et del.* naturalium A *add.* naturalium LP[2] *add. in marg.* P[1]   [222] cognoscuntur] cognoscantur P[2]OVH   [223] substantiis] *om.* LP[2] subjectis O   [224] et] etiam P[1]
[225] et in anima... separatis] *om.* ALP[1]P[2]   [226] secundum... in potentia] *om.* ALP[1]P[2]
[227] substantias] circumstantias AL

QUAESTIO NONA DECIMA

Loca parallela: *In IV Sent.*, dist. 44, q. 3, a. 3; q. 1, a. 1, 2; dist. 50, q. 1, a. 1; *Quodl.*, X, q. 4, a. 2; *Contra gent.*, II, 81; *Summa theol.*, I, q. 77, a. 8; I-II, q. 67, a. 1; *De Virtut. card.*, a. 4, ad 13.

Nonodecimo quaeritur utrum POTENTIAE SENSITIVAE REMANEANT IN ANIMA SEPARATA. Et videtur quod sic.

(1) Quia potentiae animae vel essentialiter[1] insunt ei, vel sunt proprietates naturales ejus. Sed nec essentialia possunt separari a re, dum ipsa res manet, neque proprietates naturales ejus. Ergo in anima separata manent[2] potentiae sensitivae.

Sed dicebat quod remanent in ea ut in radice.

(2) Sed contra, esse in aliquo[3] ut in radice est esse in eo ut in potentia;[4] quod est esse in aliquo virtute et non actu. Essentialia autem rei et proprietates naturales ejus oportet quod sint in re actu, et non virtute tantum. Ergo potentiae sensitivae non remanent in anima separata solum ut[5] in radice.

(3) Praeterea, Augustinus dicit, in libro *De Spiritu et Anima*,[6] quod anima recedens a corpore trahit secum sensum et imaginationem, concupiscibilem[7] et irascibilem,[8] quae sunt in parte sensitiva. Ergo potentiae sensitivae remanent in anima separata.

(4) Praeterea, totum non est integrum cui desunt aliquae partes ejus. Sed potentiae sensitivae sunt partes animae. Si igitur non essent in anima separata,[9] anima separata non esset integra.

(5) Praeterea, sicut est homo propter rationem et intellectum, ita est animal propter sensum; nam rationale est differentia hominis constitutiva, et sensibile differentia constitutiva animalis. Si ergo non est idem sensus, non erit idem animal. Sed si potentiae sensitivae non remanent in anima separata, non erit[10] idem sensus in homine resurgente qui modo[11] est; quia quod in nihilum cedit non potest resumi[12] idem numero. Ergo homo resurgens non erit idem anima, et sic neque idem homo; quod est contra illud quod dicitur *Job* XXIX,[13] "Quem visurus sum ego ipse,[14] et caetera."

---

[1] essentialiter] naturaliter P²   [2] manent] remanent OVH   [3] aliquo] aliqua AL
[4] potentia] principio P²OVH   [5] ut] *om.* P¹   [6] ALCHERIUS CLARAVALLENSIS (PSEUDO-AUGUSTINUS), *Liber de spiritu et anima*, XV (PL 40: 791)   [7] concupiscibilem] concupiscentem O concupiscibilitatem VH   [8] irascibilem] irascentem O irascibilitatem VH   [9] anima separata] *in marg.* P¹₂   [10] erit] erat A   [11] modo] materia AL   [12] resumi] resurgere OVH   [13] *Job*, 19: 27   [14] ipse] *add.* et non alius LP²

(6) Praeterea, Augustinus dicit, XII *Super Genesim ad Litteram*,[15] quod poenae quas in inferno animae patiuntur sunt similes visis dormientium, id est secundum similitudines[16] corporalium rerum. Sed hujusmodi visa dormientium sunt secundum imaginationem quae pertinet ad partem sensitivam. Ergo potentiae sensitivae sunt in anima separata.

(7) Praeterea, manifestum est quod gaudium est in concupiscibili et ira in irascibili. Sed in animabus separatis bonorum[17] est gaudium, et in animabus malorum est dolor et ira. Est enim ibi fletus et stridor dentium. Ergo cum concupiscibilis et irascibilis sint in parte sensitiva, ut Philosophus, in III *De Anima*,[18] dicit, videtur[19] quod potentiae sensitivae sint in anima separata.

(8) Praeterea, Dionysius dicit, IV capitulo *De Divinis Nominibus*,[20] quod malum daemonis est furor irrationalis, concupiscentia amens, et phantasia proterva. Sed haec pertinent ad potentias sensitivas. Ergo potentiae sensitivae sunt in daemonibus; multo ergo magis in anima separata.

(9) Praeterea, Augustinus dicit, *Super Genesim ad Litteram*,[21] quod anima quaedam[22] sentit sine corpore, scilicet[23] gaudium et tristitiam. Sed quod convenit animae sine corpore est in anima separata. Ergo sensus est in anima separata.[24]

(10) Praeterea, in *Libro de Causis*[25] dicitur quod in omni anima sunt res sensibiles. Sed res sensibiles per hoc sentiuntur, quod sunt in anima. Ergo anima separata sentit res sensibiles; et ita est in ea sensus.

(11) Praeterea, Gregorius[26] dicit quod id quod Dominus narrat, *Lucae* XVI, de divite epulone non est parabola sed res gesta. Dicitur autem ibi quod dives in inferno positus, nec dubium[27] quin secundum animam separatam,[28] vidit Lazarum et audivit[29] Abraham sibi loquentem. Ergo anima separata vidit et audivit;[30] et sic est in ea sensus.

(12) Praeterea, eorum quae sunt idem secundum esse et secundum substantiam, unum non potest esse sine altero. Sed anima sensibilis et rationalis in homine[31] sunt idem secundum esse et secundum substantiam. Ergo non potest esse quin sensus remaneat[32] in anima rationali separata.

(13) Praeterea, quod cedit in nihil non resumitur idem numero. Sed si

---

[15] S. Augustinus, *De Genesi ad litteram*, XII, 32 (PL 34: 480)   [16] similitudines] similitudinem OV   [17] bonorum] beatorum H   [18] Aristotle, *De Anima*, III, 9 (432b 5-7) [19] videtur] *ss.* P¹₂   [20] Pseudo-Dionysius, *De Divinis nominibus*, IV, 23 (PG 3: 725)   [21] S. Augustinus, *De Genesi ad litteram*, XII, 32 (PL 34: 480)   [22] quaedam] quae dormit P² [23] sine corpore scilicet] *om.* P²   [24] Ergo... separata] *om.* LP²OV   [25] *Liber de causis*, XIII; ed. Bardenhewer, p. 176, 8   [26] S. Gregorius, *In Evang.*, II, 40 (PL 76: 1302, 1304) [27] dubium] *add. in marg.* est P¹₂   [28] animam separatam] rei veritatem P²   [29] audivit] *om.* P²   [30] vidit et audivit] videt et audit P²   [31] homine] genere P²   [32] remaneat] remaneant H

potentiae sensitivae non manent[33] in anima separata, oportet quod cedant in nihilum. Ergo in resurrectione non erunt eaedem[34] numero. Et sic,[35] cum potentiae sensitivae sint actus organorum, neque organa erunt eadem numero, neque totus homo erit idem numero; quod est inconveniens.

(14) Praeterea, praemium et poena respondent merito et demerito.[36] Sed meritum et demeritum hominis consistit ut plurimum[37] in actibus sensitivarum potentiarum, dum[38] vel passiones sequimur vel eas refrenamus. Ergo justitia videtur exigere quod actus sensitivarum potentiarum sint[39] in animabus separatis, quae praemiantur vel puniuntur.

(15) Praeterea, potentia nihil est aliud quam principium actionis vel passionis. Anima autem est principium operationum sensitivarum. Ergo potentiae sensitivae sunt in anima sicut in subjecto. Et ita non potest esse quin remaneant in anima separata, cum accidentia contrarietate carentia non corrumpantur nisi corruptione[40] subjecti.

(16) Praeterea, memoria est in parte sensitiva secundum Philosophum.[41] Sed memoria est in anima separata; quod patet per hoc quod dicitur diviti epuloni ab[42] Abraham, "Recordare quia recepisti bona in vita tua."[43] Ergo potentiae sensitivae sunt in anima separata.

(17) Praeterea, virtutes et vitia remanent in animabus separatis. Sed quaedam virtutes et vitia sunt in parte sensitiva. Dicit enim Philosophus, in III *Ethicorum*,[44] quod temperantia et fortitudo sunt irrationabilium partium. Ergo potentiae sensitivae manent in anima separata.

(18) Praeterea, de mortuis qui resuscitari leguntur, legitur[45] in plerisque[46] historiis sanctorum quod quaedam imaginabilia se vidisse recitaverunt, puta domos, campos, flumina et hujusmodi. Ergo animae separatae imaginatione[47] utuntur,[48] quae est in parte sensitiva.

(19) Praeterea, sensus juvat cognitionem intellectivam; nam cui deficit unus sensus deficit una scientia. Sed cognitio intellectiva perfectior erit in anima separata quam in anima conjuncta corpori. Ergo magis aderit[49] ei sensus.

(20) Praeterea, Philosophus dicit, in libro[50] *De Anima*,[51] quod si senex accipiat oculum juvenis, videbit utique sicut[52] et juvenis. Ex quo videtur quod debilitatis organis, non debilitantur potentiae sensitivae; ergo nec

---

[33] manent] *add.* re- P¹₂   [34] eaedem] idem A eodem V   [35] sic] sit A   [36] et demerito] *om.* A   [37] ut plurimum] *in marg.* P¹₂   [38] dum] cum H   [39] sint] sunt ALP¹ sint P¹₂ [40] corruptione] per corruptionem VH   [41] ARISTOTLE, *De Memoria et reminiscentia*, I (450a 14) [42] ab] ad A   [43] *Evang. secundum Lucam*, 16: 25   [44] ARISTOTLE, *Ethica Nicomachea*, III, 9 (1117b 22-23)   [45] legitur] legi ALP²   [46] plerisque] pluribusque AP¹ pluribus P¹₂P²H [47] imaginatione] *in marg.* P¹₂   [48] utuntur] vertuntur AL   [49] aderit] aderat AL aderunt VH   [50] libro] secundo P² tertio O primo VH   [51] ARISTOTLE, *De Anima*, I, 4 (408b 21-22)   [52] sicut] *om.* A

defunctis,[53] destruuntur. Et sic videtur quod potentiae sensitivae remanent in anima separata.

(1) SED CONTRA, est quod Philosophus dicit, in III *De Anima*,[54] de intellectu loquens, quod hoc solum separatur[55] sicut perpetuum a corruptibili.[56] Ergo potentiae sentitivae non remanent in anima separata.

(2) Praeterea, Philosophus dicit, in XVI libro *De Animalibus*,[57] quod quorum principiorum[58] operationes non sunt sine corpore, neque ipsa principia sunt sine corpore. Sed operationes potentiarum sensitivarum non sunt sine corpore; exercentur enim per organa corporalia. Ergo potentiae sensitivae non sunt sine corpore.

(3) Praeterea, Damascenus[59] dicit quod nulla res destituitur[60] propria operatione. Si ergo potentiae sensitivae remanerent in anima separata, haberent proprias operationes; quod est impossibile.

(4) Praeterea, frustra est potentia quae non reducitur ad actum. Nihil autem est frustra in operationibus[61] Dei. Ergo potentiae sensitivae non manent in anima separata, in qua non possunt[62] reduci[63] in[64] actum.

RESPONSIO. Dicendum quod potentiae animae non sunt de essentia animae sed proprietates naturales quae fluunt ab essentia ejus, ut ex prioribus[65] quaestionibus haberi potest. Accidens autem dupliciter corrumpitur: uno modo a suo contrario sicut frigidum corrumpitur a calido; alio modo per corruptionem sui subjecti, non enim accidens remanere potest corrupto[66] subjecto. Quaecumque igitur accidentia sive formae contrarium non habent non destruuntur nisi per destructionem subjecti.

Manifestum est autem[67] quod potentiis animae nihil est contrarium; et[68] ideo si corrumpantur, non corrumpuntur nisi per corruptionem sui subjecti. Ad investigandum igitur utrum potentiae sensitivae corrumpantur corrupto corpore vel remaneant in anima separata, principium investigationis oportet accipere ut consideremus quid sit subjectum potentiarum praedictarum.

Manifestum est autem quod subjectum potentiae[69] oportet esse illud quod secundum potentiam dicitur potens; nam omne accidens suum subjectum denominat. Idem autem est quod[70] potens agere vel pati et quod

[53] defunctis] destructis P¹P²OVH   [54] ARISTOTLE, *De Anima*, II, 2 (413b 24-27)   [55] separatur] separata a corpore V   [56] corruptibili] corporali V   [57] ARISTOTLE, *De Generatione animalium*, II, 3 (736b 22-24)   [58] principiorum] principium ALP¹P²   [59] S. JOANNES DAMASCENUS, *De Fide orthodoxa*, II, 23 (PG 94: 949)   [60] destituitur] destruitur P² destituit V   [61] operationibus] operibus O   [62] possunt] possent P¹   [63] reduci] educi V   [64] in] ad OVH   [65] prioribus] praecedentibus O   [66] corrupto] *add.* suo V   [67] autem] *ss.* P¹₂   [68] et] *ss.* P¹₂   [69] potentiae] potentiarum L   [70] quod] *add.* est OVH

est agens vel patiens. Unde oportet ut illud sit subjectum potentiae quod est subjectum actionis vel passionis, cujus potentia est principium. Et hoc est quod Philosophus dicit, in libro *De Somno et Vigilia*,[71] quod cujus est potentia, ejus est et actio.

Circa operationes autem sensuum diversa fuit opinio. Plato[72] enim posuit quod anima sensitiva per se haberet propriam operationem. Posuit enim quod anima, etiam sensitiva, est movens se ipsam et quod non movet corpus[73] nisi prout est[74] a se mota. Sic igitur in sentiendo[75] est duplex operatio: una qua anima movet se ipsam, alia qua movet corpus. Unde Platonici definiunt quod sensus est motus animae per corpus. Unde[76] et propter hoc quidam hujusmodi positionis sectatores distinguunt duplices operationes partis sensitivae: quasdam scilicet interiores, quibus anima sentit secundum quod se ipsam movet; quasdam exteriores, secundum quod movet corpus. Dicunt[77] etiam[78] quod sunt[79] duplices potentiae sensitivae: quaedam quae sunt in ipsa anima principium[80] interiorum actuum, et istae manent in anima separata, corpore destructo cum suis actibus;[81] quaedam vero sunt principia exteriorum actuum, quae sunt in anima simul et corpore, et pereunte corpore, pereunt.

Sed haec positio stare non potest. Manifestum est enim quod unumquodque secundum hoc operatur secundum quod est ens. Unde quae per se habent esse per se operantur, sicut individua. Substantiarum autem formae, quae per se non possunt esse, sed dicuntur entia in quantum eis[82] aliquid est, non habent per se operationem; sed dicuntur operari in quantum per eas subjecta[83] operantur. Sicut enim calor non est id quod est calidum, sed est id quo aliquid est calidum; ita non calefacit sed est id quo calidum calefacit.[84] Si igitur anima sensitiva haberet per se operationem, sequeretur quod haberet per se subsistentiam; et sic non corrumperetur, corpore corrupto. Unde etiam brutorum animae essent immortales; quod est impossibile. Et tamen Plato[85] dicitur hoc[86] consensisse.[87]

Manifestum est igitur quod nulla operatio partis sensitivae potest esse animae tantum ut operantis;[88] sed est compositi per animam, sicut calefactio est calidi per calorem. Compositum igitur[89] est videns et audiens et omnino sentiens sed per animam; unde et compositum est potens videre et

---

[71] Aristotle, *De Somno et vigilia*, I (454a 8)   [72] Plato, *Phaedrus*, 245C-246A; 253C-256A
[73] corpus] *om.* LP[2]   [74] prout est] *om.* L   [75] in sentiendo] intelligendo L   [76] Unde] *om.* OVH   [77] Dicunt] dicit LP[1]P[2]   [78] etiam] ergo LP[1]P[2] igitur OVH   [79] sunt] *add.* etiam VH   [80] principium] principia OV   [81] actibus] accidentibus H   [82] eis] *om.* AV   [83] subjecta] substantiae P[2]   [84] calefacit] calefiat A   [85] Plato] *add.* haec P[1]   [86] hoc] *om.* LP[1]P[2]OV   [87] consensisse] *om.* LP[2] sensisse P[1] concessisse H   [88] operantis] operanti LP[2] operetur H   [89] igitur] autem LP[1]P[2]

audire et sentire, sed per animam.[90] Manifestum est igitur quod potentiae partis sensitivae sunt[91] in composito sicut in subjecto;[92] sed sunt ab anima sicut a principio. Destructo igitur corpore, destruuntur potentiae sensitivae; sed remanent in anima sicut in principio. Et hoc est quod alia opinio dicit, quod[93] potentiae sensitivae manent in anima separata solum sicut in radice.

AD PRIMUM ergo dicendum quod potentiae sensitivae non sunt de essentia animae sed sunt proprietates naturales: compositi quidem[94] ut subjecti, animae vero ut principii.[95]

Ad secundum dicendum quod hujusmodi potentiae dicuntur in anima separata remanere ut in radice; non quia sint actu in ipsa, sed quia anima separata est talis virtutis ut si uniatur corpori, iterum potest causare has potentias in corpore sicut et vitam.[96]

Ad tertium dicendum quod illam auctoritatem non oportet nos recipere, cum liber iste falsum habet auctorem in titulo; non enim est Augustini sed cujusdam alterius. Posset tamen illa auctoritas exponi ut dicatur quod[97] anima trahit secum hujusmodi potentias, non actu sed virtute.

Ad quartum dicendum quod potentiae animae non sunt partes essentiales vel integrales sed[98] potentiales; ita tamen quod quaedam earum insunt animae secundum se, quaedam vero composito.

Ad quintum dicendum quod sensus dicitur dupliciter: uno modo ipsa anima sensitiva, quae est hujusmodi potentiarum principium, et sic per sensum anima est animal sicut per propriam formam; hoc enim modo a sensu[99] sensibile[100] sumitur prout est differentia constitutiva animalis; alio modo dicitur sensus ipsa potentia sensitiva, quae cum sit proprietas naturalis, ut dictum est, non est constitutiva speciei sed consequens speciem. Hoc igitur modo sensus non manet in anima separata; sed sensus primo modo[101] dictus manet. Nam in homine[102] eadem essentia est animae sensibilis et rationalis; unde nihil prohibet hominem resurgentem esse idem animal numero. Ad hoc enim quod sit aliquid idem numero sufficit quod principia essentialia sint[103] eadem numero; non[104] autem requiritur quod proprietates et accidentia sint eadem[105] numero.

Ad sextum dicendum quod Augustinus videtur hoc retractasse in libro *Retractationum*.[106] Subditur[107] enim in XII *Super Genesim ad Litteram*[108] quod

---

[90] unde et... per animam] *om.* A   [91] sunt] *in marg.* P1₂   [92] sicut in subjecto] *in marg.* P1₂
[93] dicit, quod] *in marg.* P1₂   [94] quidem] quidam A quod est O   [95] principii] principium ALOV principia H   [96] vitam] in vita OV   [97] quod] *in marg.* P1.   [98] sed] si A
[99] a sensu] sensus OV   [100] sensibile] a sensibili OV   [101] modo] *om.* A   [102] homine] *add.* est A   [103] sint] sunt AL   [104] non] si ALP2   [105] eadem] eaedem AP1
[106] S. AUGUSTINUS, *Retractationes*, II, 24 (PL 32 : 640)   [107] Subditur] similiter H
[108] S. AUGUSTINUS, *De Genesi ad litteram*, XII, 33 (PL 34: 481)

poenae inferni secundum imaginariam visionem sunt, et quod locus inferni non est corporeus sed imaginarius.[109] Unde coactus fuit reddere rationem, si infernus non est locus corporeus, quare[110] inferi dicuntur esse sub terra. Et hoc ipsemet reprehendit dicens, "De inferis magis mihi[111] videor[112] docere debuisse quod sub terris sint, quam rationem reddere cur[113] sub terris esse credantur[114] sive dicantur,[115] quasi non ita sint." Hoc autem retracto[116] quod de loco inferni dixerat, videntur omnia alia retractari quae ad hoc pertinent.[117]

Ad septimum dicendum quod in anima separata non est gaudium neque ira[118] secundum quod sunt actus irascibilis et concupiscibilis, quae sunt in sensitiva parte; sed secundum quod his designatur[119] motus voluntatis, quae est in parte intellectiva.

Ad octavum dicendum quod quia[120] malum hominis est circa tria, haec[121] scilicet phantasiam protervam (quae scilicet est[122] principium errandi), concupiscentiam amentem, et irrationabilem[123] furorem, propter hoc Dionysius malum[124] daemonis ex[125] similitudine humani mali[126] describit; non ut intelligatur in daemonibus esse phantasiam[127] aut irascibilem[128] aut[129] concupiscibilem, quae sunt in parte sensitiva, sed aliqua his proportionata secundum quod competit naturae intellectivae.

Ad nonum dicendum quod per[130] verba illa Augustini non intelligitur quod anima aliqua sentiat absque organo corporali, sed quod aliqua sentiat absque ipsis corporibus[131] sensibilibus, utpote metum et tristitiam; aliqua vero per ipsa corpora, utpote calidum et frigidum.

Ad decimum dicendum quod omne quod est in aliquo est in eo per modum recipientis. Unde res sensibiles sunt in anima separata, non per modum sensibilem sed per modum intelligibilem.

Ad undecimum dicendum quod nihil prohibet in narratione[132] rerum gestarum aliqua metaphorice dici. Licet enim[133] quod dicitur in evangelio de Lazaro et divite sit res gesta,[134] tamen[135] metaphorice dicitur quod Lazarus vidit[136] et audivit,[137] sicut et metaphorice dicitur quod linguam habuit.[138]

---

[109] imaginarius] imaginativus V   [110] quare] quia AP²O   [111] mihi] *in marg.* A₂ *om.* LP¹P²   [112] videor] videre ALP¹P²V videtur O   [113] cur] tripliciter ALP¹P² cum H   [114] credantur] creduntur ALP¹P² creantur V   [115] dicantur] dicuntur P¹   [116] retracto] retractato H   [117] pertinent] pertinet A   [118] ira] tristitia P²   [119] designatur] designantur OVH   [120] quia] *om.* A   [121] haec] secundum P²   [122] quae scilicet est] ex *cum lac.* L ex qua est P²OVH   [123] irrationabilem] *om. cum lac.* L *om.* P²   irrationalem OVH   [124] malum] intellectum P²   [125] ex] sub LP²OVH   [126] mali] modi P²   [127] phantasiam] phantasia P²OV   [128] irascibilem] irascibilis P²OVH   [129] aut] et O vel VH concupiscibilis P²OVH   [130] per] *om.* AP²   [131] corporibus] corporalibus P¹H *om.* P²   [132] narratione] naturaratione AP² narratione P¹₂ *post lituram*   [133] enim] igitur LP¹P²OVH   [134] gesta] *add.* non H   [135] tamen] et non O non V   [136] vidit] viderit OVH   [137] audivit] audierit O viderit V audiverit H   [138] habuit] habuerit OH

Ad duodecimum dicendum quod substantia animae sensibilis in homine manet post mortem; non tamen manent potentiae sensitivae.

Ad tertium decimum dicendum quod sicut sensus, prout nominat potentiam, non est forma totius corporis, sed anima sensitiva, sensus autem est proprietas compositi; ita[139] potentia visiva non est actus oculi, sed anima secundum quod est principium talis potentiae; quasi[140] ita dicatur quod anima visiva est actus oculi, sicut anima sensitiva est actus totius corporis. Potentia autem visiva est proprietas consequens. Unde non oportet quod sit alius oculus resurgentis licet alia potentia sensitiva.

Ad quartum decimum dicendum quod praemium non respondet merito sicut praemiando,[141] sed sicut ei pro quo aliquid praemiatur. Unde non oportet quod omnes actus resumantur in remuneratione quibus aliquid meruit; sed sufficit quod sint in divina recordatione. Alias oporteret iterum sanctos occidi, quod est absurdum.

Ad quintum decimum dicendum quod anima est principium sentiendi, non sicut sentiens, sed sicut id quo sentiens sentit. Unde potentiae sensitivae non sunt in anima sicut in subjecto, sed sunt ab anima sicut a principio.

Ad sextum decimum dicendum quod anima separata recordatur per memoriam, non quae est in parte sensitiva, sed quae est in parte intellectiva; prout Augustinus[142] ponit eam partem imaginis.[143]

Ad septimum decimum dicendum quod virtutes et vitia quae sunt irrationabilium partium non manent in anima separata nisi in suis principiis; omnium enim virtutum semina sunt in voluntate et ratione.

Ad octavum decimum dicendum quod, sicut ex supradictis patet, anima separata a corpore non eundem modum habet cognoscendi et cum est in corpore. Eorum igitur quae apprehendit anima separata secundum modum sibi proprium[144] absque phantasmatibus, remanet cognitio in ea postquam ad pristinum statum redit, corpori iterato conjuncta, secundum modum tunc sibi convenientem, scilicet cum conversione ad phantasmata. Et ideo quae intelligibiliter viderunt, imaginabiliter narrant.

Ad nonum decimum dicendum quod intellectus indiget auxilio sensus secundum statum imperfectae cognitionis, prout scilicet accipit a phantasmatibus, non autem secundum perfectiorem cognitionis modum, qui competit animae separatae; sic[145] homo indiget lacte in pueritia, non tamen[146] in perfecta aetate.

Ad vicesimum dicendum quod potentiae sensitivae non debilitantur secundum se, debilitatis organis, sed solum per accidens. Unde et per accidens corrumpuntur, corruptis organis.

[139] ita] add. autem ALP² add. et del. autem P¹ add. etiam OVH   [140] quasi] quia OV   [141] praemiando] om. P² add. vel praemiato O praemiantur V   [142] S. AUGUSTINUS, De Trinitate, XIV, 8; 12 (PL 42: 1044; 1048)   [143] imaginis] imaginationis LP¹P²OVH sed corr. ad imaginis P¹   [144] proprium] add. id est OVH   [145] sic] sicut P¹ add. autem et OVH   [146] tamen] autem OVH

QUAESTIO VICESIMA

Loca parallela: *In IV Sent.*, dist. 50, q. 1, a. 3; *De Ver.*, q. 19, a. 2; *Contra gent.*, II, 100; *Summa theol.*, I, q. 89, a. 4.

Vicesimo quaeritur utrum ANIMA SEPARATA SINGULARIA COGNOSCAT. Et videtur quod non.

(1) Quia de potentiis animae in anima separata remanet solus intellectus. Sed intellectus objectum est universale et non singulare; scientia enim est[1] universalium, sensus autem singularium, ut dicitur in I *De Anima*.[2] Ergo anima separata non cognoscit singularia, sed tantum universalia.

(2) Praeterea, si anima separata cognoscit[3] singularia, aut per formas prius acquisitas cum[4] esset in corpore, aut per formas influxas. Sed non per formas prius acquisitas; nam formarum[5] quas anima per sensus acquirit dum est in corpore, quaedam sunt intentiones individuales,[6] quae conservantur in potentiis partis sensitivae; et sic remanere non possunt in anima separata cum hujusmodi potentiae non maneant[7] in ea, ut ostensum est; quaedam autem intentiones sunt universales, quae sunt in intellectu; unde hae solae manere possunt. Sed per intentiones universales non possunt cognosci singularia. Ergo anima separata non potest cognoscere singularia per species quas acquisivit in corpore. Similiter autem neque per[8] species influxas quia hujusmodi species[9] aequaliter se habent ad omnia singularia. Ergo sequitur quod anima separata omnia singularia cognosceret; quod non videtur esse verum.

(3) Praeterea, cognitio animae separatae impeditur per loci distantiam. Dicit enim Augustinus, in libro *De Cura pro Mortuis Agenda*,[10] quod animae mortuorum ibi sunt, ubi ea quae hic[11] fiunt omnino scire non possunt. Cognitionem autem quae fit per species influxas non impedit loci distantia. Ergo anima non cognoscit singularia per species influxas.

(4) Praeterea, species influxae aequaliter se habent ad praesentia et futura; non enim influxus[12] intelligibilium specierum[13] sub tempore. Si

---

[1] est] *om.* A   [2] ARISTOTLE, *De Anima*, II, 5 (417b 22-23; 27-28)   [3] cognoscit] cognoscat AP[1]O   [4] cum] dum VH   [5] formarum] formas ALP[1]P[2]O   [6] individuales] intellectuales P[2] indivisibiles O   [7] maneant] remaneant VH   [8] per] *in marg.* P[1]   [9] influxas quia hujusmodi species] *om.* A   [10] S. AUGUSTINUS, *De Cura pro mortuis gerenda*, XIII-XV (PL 40: 604-606)   [11] hic] *om.* ALP[1]P[2]V   [12] influxus] influxas A   [13] specierum] *add.* est OVH

igitur anima separata cognoscit singularia per species influxas, videtur
quod non solum cognoscat praesentia vel praeterita sed etiam futura.
Quod esse non potest, ut videtur, cum cognoscere futura sit solius Dei
proprium,[14] dicitur enim,[15] *Isaiae* XLI: "Annunciate quae ventura sunt in
fine, et dicam quod dii estis vos."[16]

(5) Praeterea, singularia sunt infinita. Species autem influxae non sunt
infinitae. Non ergo anima separata per species influxas potest singularia
cognoscere.

(6) Praeterea, illud quod est indistinctum non potest esse principium
distinctae cognitionis. Cognitio autem singularium est distincta. Cum
igitur formae influxae sint indistinctae,[17] utpote universales existentes,[18]
videtur quod per species influxas anima separata singularia cognoscere non
possit.

(7) Praeterea, omne quod recipitur in aliquo recipitur in eo per modum
recipientis. Sed anima[19] est immaterialis. Ergo formae influxae recipiuntur
in ea immaterialiter. Sed quod est immateriale non potest esse principium
cognitionis singularium quae sunt individuata[20] per materiam. Ergo
anima separata per formas influxas non potest cognoscere singularia.

Sed dicebat quod per formas influxas possunt cognosci singularia, licet
sint immateriales, quia sunt similitudines rationum idealium, quibus Deus
et universalia et singularia cognoscit.

(8) Sed contra, Deus per rationes ideales cognoscit singularia in quantum sunt factrices[21] materiae, quae est principium individuationis. Sed
formae influxae animae separatae non sunt[22] materiae factrices quia non
sunt creatrices; hoc enim solius Dei est. Ergo anima separata per formas
influxas non potest cognoscere singularia.

(9) Praeterea, similitudo creaturae ad Deum non potest esse per uni-
vocationem sed solum per analogiam. Sed cognitio[23] quae fit[24] per similitudinem analogiae est imperfectissima; sicut si aliquid cognosceretur per
alterum in quantum convenit cum illo in ente. Si igitur anima separata
cognoscit singularia per species influxas in quantum sunt similes rationibus
idealibus, videtur quod imperfectissime singularia cognoscat.

(10) Praeterea, dictum est in praecedentibus[25] quod anima separata
non cognoscit naturalia[26] per formas influxas, nisi in quadam confusione
et in universali. Hoc autem non est cognoscere singularia. Ergo anima
separata non cognoscit singularia per species influxas.

---

[14] proprium] *om.* H   [15] dicitur enim] enim dicitur A unde dicitur P¹ prout dicitur H
[16] *Isaias*, 41: 23   [17] indistinctae] distinctae V   [18] existentes] essentiae V   [19] anima]
add. separata VH   [20] individuata] individuatae ALP²VH indicata O   [21] factrices] superficies LP²   [22] sunt] *om.* AL *add. in marg.* P¹   [23] cognitio] cognosci O   [24] fit] sit O
[25] Cf. QQ. 15, 17, 18   [26] naturalia] singularia LP²

(11) Praeterea, species illae influxae, per quas anima singularia ponitur cognoscere, non causantur a Deo immediate; quia secundum Dionysium[27] lex divinitatis[28] est infima per media reducere.[29] Nec iterum causantur per angelum; quia angelus hujusmodi species causare non potest, neque creando cum nullius rei sit creator, neque transmutando quia oportet esse aliquod medium deferens. Ergo videtur quod anima separata non habeat species influxas per quas singularia cognoscat.

(12) Praeterea, si anima separata cognoscit singularia per species influxas, hoc non potest esse nisi dupliciter: vel applicando species ad singularia, vel convertendo se ad ipsas species. Si applicando ad singularia, constat quod hujusmodi applicatio non fit accipiendo aliquid a singularibus, cum non habeat potentias[30] sensitivas quae natae sunt a singularibus accipere. Relinquitur ergo quod haec applicatio fit ponendo[31] aliquid circa singularia; et sic non cognoscet ipsa singularia, sed hoc tantum quod circa singularia ponit. Si autem per species dictas cognoscit singularia convertendo se ad ipsas, sequitur quod non cognoscet singularia nisi secundum quod sunt in ipsis speciebus. Sed in speciebus praedictis non sunt singularia nisi universaliter. Ergo anima separata non cognoscet singularia nisi in universali.[32]

(13) Praeterea, nullum finitum[33] super infinita potest. Sed singularia sunt infinita. Cum igitur virtus animae separatae sit finita, videtur quod anima separata non cognoscat singularia.

(14) Praeterea, anima separata non potest cognoscere aliquid nisi visione intellectuali. Sed Augustinus dicit, XII[34] *Super Genesim ad Litteram*,[35] quod visione intellectuali non cognoscuntur neque corpora neque similitudines corporum. Cum igitur singularia sint corpora, videtur quod ab anima separata cognosci non possunt.

(15) Praeterea, ubi est eadem natura et idem modus operandi. Sed anima separata est ejusdem naturae cum anima conjuncta corpori. Cum ergo anima conjuncta corpori non possit cognoscere singularia per intellectum, videtur quod nec anima separata.

(16) Praeterea, potentiae distinguuntur per objecta. Sed propter quod unumquodque, illud magis. Ergo objecta sunt magis distincta quam potentiae. Sed sensus numquam fiet intellectus. Ergo singulare, quod est sensibile, numquam fiet intelligibile.

---

[27] Pseudo-Dionysius, *De Ecclesiastica hierarchia*, V, 4 (PG 3: 504); *De Coelesti hierarchia*, IV, 3 (PG 3: 182)   [28] divinitatis] deitatis OV   [29] rerducere] producere LP²   [30] potentias] species L   [31] ponendo] ponenda V   [32] in universali] universaliter V   [33] finitum] infinitum ALP¹P² *corr. ad* finitum P¹   [34] XII] XXII ALP¹P²   [35] S. Augustinus, *De Genesi ad litteram*, XII, 24 (PL 34: 474)

(17) Praeterea, potentia cognoscitiva superioris ordinis minus multiplicatur respectu eorundem cognoscibilium quam potentia[36] inferioris ordinis. Sensus enim communis est cognoscitivus[37] omnium quae per quinque exteriores sensus apprehenduntur. Et similiter angelus una potentia cognoscitiva, scilicet intellectu, cognoscit universalia et[38] singularia, quae homo sensu et intellectu apprehendit.[39] Sed numquam potentia inferioris ordinis potest apprehendere id quod est alterius potentiae quae ab ea distinguitur; sicut visus numquam potest apprehendere objectum auditus. Ergo intellectus hominis[40] numquam potest apprehendere singulare quod est objectum sensus, licet intellectus angeli cognoscat[41] utrumque.

(18) Praeterea, in *Libro de Causis*[42] dicitur quod intelligentia cognoscit res in quantum est causa eis, vel in quantum regit eas. Sed anima separata neque causat singularia neque regit. Ergo non cognoscit ea.

(1) SED CONTRA, formare propositiones non est nisi intellectus. Sed anima, etiam corpori conjuncta, format propositionem[43] cujus subjectum est singulare et praedicatum universale, ut cum dico, "Socrates est homo." Quod non posset facere nisi cognosceret singulare et comparationem ejus ad universale. Ergo etiam anima separata per intellectum cognoscit singularia.

(2) Praeterea, anima est inferior secundum naturam omnibus angelis. Sed angeli inferioris hierarchiae recipiunt illuminationes singularium effectuum; et in hoc distinguuntur ab angelis mediae hierarchiae qui[44] recipiunt[45] illuminationes secundum rationes universales effectuum, et ab angelis supremae qui recipiunt illuminationes secundum rationes universales existentes in causa. Cum igitur tanto sit magis particularis cognitio, quanto substantia cognoscens est inferioris ordinis, videtur quod anima separata multo fortius singularia cognoscat.

(3) Praeterea, quicquid potest virtus inferior, potest[46] superior. Sed sensus potest cognoscere singularia,[47] qui[48] est inferior intellectu. Ergo et anima separata secundum intellectum potest singularia cognoscere.

RESPONSIO. Dicendum quod necesse est dicere quod anima separata quaedam singularia cognoscat, non tamen omnia. Cognoscit autem

---

[36] potentia] cognoscitiva O *add.* cognoscitiva **VH**   [37] cognoscitivus] reprehensivus O comprehensivus V apprehensivus H   [38] et] per L   [39] apprehendit] comprehendit OV
[40] hominis] humanus L   [41] cognoscat] *add.* in universali ? L   [42] *Liber de causis*, VII; ed. BARDENHEWER, p. 170, 25-27 ; XXII, pp. 183, line 23, 184, 1   [43] propositionem] proportionem AV   [44] qui] *om.* A quod LP² quae O   [45] recipiunt] *om.* AL *ss.* P¹₂
[46] potest] *add.* virtus P¹   [47] singularia] *om.* LP²   [48] qui] et L quod P²

singularia quaedam, quorum prius[49] cognitionem accepit dum corpori esset unita. Aliter enim non recordaretur eorum quae gessit in vita, et sic periret ab anima separata conscientiae vermis.[50] Cognoscit etiam quaedam singularia quorum cognitionem accepit post separationem a corpore. Aliter enim non affligeretur ab igne inferni et ab aliis corporalibus poenis quae in inferno esse dicuntur. Quod autem non omnia singularia cognoscat anima separata secundum[51] naturalem[52] cognitionem, et hoc manifestum est quod animae mortuorum nesciunt ea quae hic aguntur,[53] ut Augustinus[54] dicit.

Habet igitur haec quaestio duas difficultates,[55] unam communem et aliam propriam. Communis quidem difficultas est ex hoc quod intellectus noster non videtur esse cognoscitivus singularium, sed universalium tantum. Unde cum Deo et angelis et animae separatae non competat aliqua[56] cognoscitiva potentia nisi solus intellectus, difficile videtur quod eis singularium cognitio adsit. Unde quidam in tantum erraverunt ut Deo et angelis cognitionem singularium subtraherent. Quod est omnino impossibile; nam hoc posito,[57] et providentia divina excluderetur a rebus et judicium Dei de humanis actibus tolleretur. Auferrentur etiam et ministeria angelorum, quos de salute hominum credimus esse sollicitos, secundum illud Apostoli, "Omnes sunt administratorii spiritus in ministerium missi propter eos qui hereditatem salutis capient."[58]

Et ideo alii dixerunt Deum quidem et angelos necnon et animas separatas singularia[59] cognoscere per cognitionem universalium causarum totius ordinis universi. Nihil enim est in rebus singularibus quod ex illis universalibus causis non deriventur. Et ponunt exemplum, sicut si aliquis cognosceret totum ordinem caeli et stellarum et mensuram[60] et[61] motus eorum[62] sciret per intellectum omnes futuras eclypses, et quantae, et quibus in locis, et quibus temporibus futurae essent. Sed hoc non sufficit ad veram singularium cognitionem. Manifestum est enim quod quantumcumque adunentur[63] aliqua universalia, numquam ex eis perficitur singulare; sicut si dicam hominem album, musicum et quantumcumque hujusmodi addidero,[64] nondum erit singulare. Possibile est enim omnia haec adunata pluribus convenire. Unde qui cognoscit omnes causas in universali numquam proprie propter hoc cognoscet aliquem singularem effectum; nec ille qui cognoscit totum ordinem caeli cognoscit hanc eclyp-

---

[49] prius] primam P² primum O   [50] vermis] veritas P²   [51] secundum] post O
[52] naturalem] veram H   [53] aguntur] agunt AL   [54] Cf. objectionem 3   [55] difficultates]
facultates L   [56] aliqua] alia O   [57] posito] proposito L   [58] *Epistola ad Hebraeos*, 1: 14
[59] singularia] singula V   [60] mensuram] mensuras P²   [61] et] *om.* OVH   [62] eorum]
earum OV   [63] adunentur] invenientur L   [64] addidero] additio A addendo O

sim, ut est hic.[65] Et si enim cognoscat eclypsim futuram esse in tali situ
solis et lunae, et in tali hora, et quaecumque hujusmodi in eclypsibus ob-
servantur,[66] tamen talem eclypsim possibile est pluries evenire.[67] Et ideo
alii, ut veram cognitionem[68] singularium angelis et animabus separatis
adscriberent, dixerunt quod hujusmodi cognitionem ab ipsis singularibus
accipiunt. Sed hoc est omnino inconveniens. Cum enim maxima sit
distantia inter esse intelligibile et esse materiale sensibile, non statim forma
rei materialis ab intellectu accipitur, sed per multa media ad eum de-
ducitur.[69] Puta, forma alicujus sensibilis prius sit in medio, ubi est spiri-
tualior quam in re sensibili; et postmodum in organo sensus; et exinde
derivatur ad phantasiam et ad alias inferiores[70] vires; et ulterius[71] tandem
perducitur ad intellectum. Haec autem media nec etiam fingere possibile
est competere angelis aut animae separatae.

Et ideo aliter dicendum est quod formae rerum per quas intellectus
cognoscit dupliciter se habent ad res: quaedam enim sunt factivae rerum;
quaedam autem sunt a rebus acceptae. Et illae quidem quae sunt rerum
factivae in tantum ducunt in cognitionem rei in quantum ejus factivae
existunt. Unde artifex, qui artificiato tradit formam vel dispositionem
materiae, per formam artis cognoscit artificiatum quantum ad id quod in
eo causat. Et quia nulla ars hominis causat materiam sed accipit eam jam
praeexistentem, quae est individuationis principium, ideo artifex per formam artis, puta aedificator,[72] cognoscit domum in universali, non autem
hanc domum ut est hic[73] nisi in quantum ejus notitiam accipit per sensum.

Deus autem[74] per intellectum suum non solum producit formam, ex
qua sumitur ratio universalis, sed etiam materiam, quae est individuationis
principium; unde per suam artem cognoscit et universalia et singularia.
Sicut enim[75] a divina arte effluunt res materiales[76] ut subsistant in propriis
naturis,[77] ita ab eadem arte effluunt in substantias intellectuales separatas
similitudines rerum intelligibiles, quibus res cognoscant secundum quod
producuntur[78] a Deo. Et ideo substantiae separatae cognoscunt non solum
universalia sed etiam singularia, in quantum species intelligibiles in eas,
a divina arte emanantes, sunt similitudines rerum, et secundum formam
et materiam.[79]

Nec est inconveniens formam quae est factiva rei, quamvis sit immaterialis,[80] esse similitudinem rei, et quantum ad[81] formam et quantum ad[82]

---

[65] hic] haec P[1]OH   [66] observantur] observatur ALP[1] conservantur O   [67] evenire] accidere
OVH   [68] cognitionem] om. LP[2] in marg. P[1]   [69] deducitur] reducitur V   [70] inferiores]
interiores VH   [71] ulterius] ultimo VH   [72] aedificator] aedificare LP[2]   [73] est hic] haec
est OH   [74] autem] add. aut ALP[1]   [75] enim] autem OVH   [76] materiales] naturales P[2]
[77] naturis] necessariis L   [78] producuntur] producunt A   [79] et... materiam] quantum
ad formam et quantum ad materiam OV   [80] immaterialis] materialis ALP[1] corr. ad
immaterialis P[1]   [81] quantum ad] secundum OV   [82] quantum ad] secundum OV

materiam; quia semper in aliquo altiori est aliquid uniformius[83] quam sit in inferiori natura. Unde licet in natura sensibili[84] sit[85] aliud[86] forma et materia, tamen id quod est altius[87] et causa utriusque unum[88] existens se habet ad utrumque. Propter quod superiores[89] substantiae immaterialiter materialia cognoscunt et uniformiter divisa, ut[90] Dionysius dicit, VII capitulo *De Divinis Nominibus*.[91] Formae autem intelligibiles a rebus acceptae per quamdam abstractionem a rebus accipiuntur. Unde non ducunt in cognitionem rei[92] quantum ad id a quo fit abstractio, sed quantum ad id quod abstrahitur[93] tantum. Et sic cum formae receptae in intellectu nostro a rebus sint abstractae a materia et omnibus conditionibus materiae, non ducunt in cognitionem singularis sed universalis tantum. Hujus[94] ergo est ratio quare substantiae separatae possunt per intellectum singularia cognoscere, cum tamen intellectus noster cognoscat universalia tantum.

Sed circa singularium cognitionem aliter se habet intellectus angeli[95] et aliter[96] animae separatae. Diximus enim in superioribus quod efficacia virtutis intellectivae quae est in angelis est proportionata universalitati formarum intelligibilium in eis existentium; et ideo per hujusmodi formas universales cognoscunt omnia ad quae se extendunt. Unde sicut[97] cognoscunt omnes species rerum naturalium sub generibus existentes, ita cognoscunt omnia singularia rerum naturalium quae sub speciebus continentur.

Efficacia autem virtutis intellectivae animae separatae non est proportionata universalitati formarum influxarum; sed magis est proportionata formis a rebus acceptis, propter quod naturale est animae corpori uniri. Et ideo supra dictum est quod anima separata non cognoscit omnia naturalia, etiam[98] secundum species, determinate et complete, sed in quadam universalitate et confusione. Unde nec species influxae sufficiunt in eis cognitionem singularium, ut sic possent cognoscere omnia singularia, sicut angeli cognoscunt. Sed tamen hujusmodi species influxae determinantur in ipsa anima[99] ad cognitionem aliquorum singularium, ad quae anima habet aliquem ordinem specialem vel inclinationem, sicut ad ea quae patitur[100] vel ad ea ad quae efficitur, vel quorum aliquae impressiones et vestigia in ea remanent. Omne enim receptum est[101] in recipiente se-

---

[83] uniformius] informius P² inferius V   [84] sensibili] sensibilium V   [85] sit] scit A et si in P¹ *corr. ad* sit P¹₂   [86] aliud] *add. et* A alia L aliqua P²   [87] altius] alterius A ulterius L   [88] unum] unde ALP¹P² *del. et add.* unum *ss.* P¹₂   [89] superiores] superioris AL   [90] ut] unde AL   [91] PSEUDO-DIONYSIUS, *De Divinis nominibus*, VII, 2 (PG 3: 869)   [92] rei] ita AL   [93] abstrahitur] abstrahit ALP²   [94] Hujus] hujusmodi L haec OVH   [95] angeli] angelicus L   [96] aliter] *add.* intellectus VH   [97] sicut] *om.* LP²O   [98] etiam] et AL   [99] anima] scientia P²   [100] patitur] inficitur O   [101] est] determinatur LP²OVH

cundum modum recipientis. Et sic patet quare[102] anima separata cognoscit singularia, non tamen omnia sed quaedam.

AD PRIMUM ergo dicendum quod intellectus noster nunc cognoscit per species a rebus acceptas, quae sunt abstractae a materia et omnibus materiae conditionibus; et ideo non potest cognoscere singularia, quorum principium est materia, sed universalia tantum. Sed intellectus animae separatae habet formas influxas per quas potest singularia cognoscere, ratione jam dicta.

Ad secundum dicendum quod anima separata non cognoscit singularia per species prius acquisitas dum erat corpori unita, sed per species influxas; non tamen sequitur quod cognoscat omnia singularia, ut ostensum est.

Ad tertium dicendum quod animae separatae non impediuntur a cognoscendis his quae sunt hic propter loci distantiam, sed quia non est in eis tanta efficacia intellectivae virtutis ut per species influxas omnia singularia cognoscere possint.

Ad quartum dicendum quod nec etiam angeli omnia futura contingentia cognoscunt. Per species enim influxas singularia cognoscunt in quantum participant speciem. Unde futura, quae nondum participant speciem in quantum futura sunt, ab eis non cognoscuntur; sed solum in quantum sunt praesentia in suis causis.

Ad quintum dicendum quod angeli qui cognoscunt omnia singularia naturalia[103] non habent tot species intelligibiles quot sunt singularia ab eis cognita; sed per unam speciem cognoscunt multa, ut in superioribus ostensum est. Animae vero separatae non cognoscunt omnia singularia. Unde quantum ad eas[104] ratio non concludit.

Ad sextum[105] dicendum quod species influxa, quamvis sit immaterialis et indistincta,[106] est tamen similitudo rei et quantum ad formam et quantum ad materiam,[107] ut expositum est.[108]

Ad septimum dicendum ut prius.[109]

Ad octavum dicendum quod quamvis formae intelligibiles non sint

---

[102] quare] quod LV quomodo O   [103] naturalia] om. O   [104] eas] ens A
[105] sextum] septimum P$^1_2$ add. et septimum H in marg. hic deest solutio sexti argumenti P$^1_2$
[106] et indistincta] om. ALP^{1}P^2 [107] materiam] add. est distinctionis et individuationis principium O add. quae est distinctionis individualis principium VH   [108] Ad sextum dicendum, quod si species essent a rebus acceptae non possent esse propria ratio singularium a quibus abstrahuntur: sed species influxae cum sint similitudines idealium formarum, quae sunt in mente divina possunt distincte repraesentare singularia, maxime illa ad quae omnia habet aliquam determinationem ex natura sua. Ed. Romana 1570   [109] Ad septimum dicendum ut prius] om. ALP^{1}P^{2}VH

creatrices rerum, sunt tamen similes formis creatricibus, non quidem in virtute creandi[110] sed in virtute repraesentandi res creatas. Aliquis enim artifex[111] potest tradere artem aliquid faciendi alicui, cui tamen non adest[112] virtus ut perficiat illud.

Ad nonum dicendum quod quia formae influxae non sunt similes rationibus idealibus in mente divina existentibus, nisi secundum analogiam, ideo per hujusmodi formas illae rationes ideales non perfecte cognosci possunt. Non tamen sequitur quod per eas imperfecte cognoscuntur res quarum[113] sunt rationes ideales. Hujusmodi enim res non sunt excellentiores formis influxis, sed e converso. Unde per formas[114] influxas perfecte comprehendi possunt.

Ad decimum dicendum quod formae influxae determinantur ad cognitionem quorumdam singularium in[115] anima separata ex ipsius animae dispositione, ut dictum est.

Ad undecimum dicendum quod species influxae causantur in anima separata a Deo, mediantibus angelis. Nec obstat quod quaedam animae separatae sunt superiores quibusdam angelis. Non enim nunc loquimur de cognitione gloriae secundum quam[116] anima potest esse angelis[117] aequalis vel etiam[118] superior; sed loquimur de cognitione naturali in qua anima deficit ab angelo. Causantur autem hujusmodi formae in anima separata per angelum, non per modum creationis, sed sicut id quod est in actu reducit[119] aliquid sui generis de potentia in actum. Et cum hujusmodi actio non sit situalis, non oportet hic quaerere medium deferens situale; sed idem hic operatur ordo naturae quod in corporibus[120] ordo situs.

Ad duodecimum dicendum quod anima separata per species influxas cognoscit singularia in quantum sunt similitudines singularium per modum jam dictum. Applicatio autem et conversio, de quibus in objectione fit mentio, magis hujusmodi cognitionem concomitantur quam eam causent.

Ad tertium decimum dicendum quod singularia non sunt infinita in actu sed in potentia. Nec intellectus angeli aut animae separatae prohibetur cognoscere infinita singularia unum post unum, cum et sensus hoc possit, et intellectus noster hoc modo cognoscat infinitas species numerorum. Sic enim infinitum non est in cognitione nisi successive et secundum actum conjunctum[121] potentiae,[122] sicut et ponitur esse infinitum in rebus materialibus.[123]

---

[110] creandi] causandi H   [111] artifex] *add.* non A *add. et del.* non P[1]   [112] adest] est L additur O   [113] quarum] quorum AP[2]   [114] formas] *add.* hic AL *add. et del.* hic P[1]   [115] in] etiam LP[2]   [116] quam] quod V   [117] angelis] *add.* vel LP[2]OH *add.* vel similis vel P[1]   [118] etiam] *om.* OV   [119] reducit] deducit L   [120] corporibus] corporalibus P[1]   [121] conjunctum] infinitum P[2]   [122] potentiae] ponitur P[2]   [123] materiabilus] naturalibus LP[2]OVH

Ad quartum decimum dicendum quod Augustinus non intendit quod corpora et similitudines corporum non cognoscuntur intellectu, sed quod intellectus non movetur in sua visione a corporibus sicut sensus, nec a similitudinibus corporum sicut imaginatio, sed ab intelligibili veritate.[124]

Ad quintum decimum dicendum quod licet anima separata sit ejusdem naturae cum anima conjuncta corpori, tamen propter separationem a corpore habet aspectum liberum ad substantias superiores,[125] ut possit per eas recipere influxum intelligibilium formarum, per quas singularia cognoscat;[126] quod non potest dum est corpori unita, ut in superioribus ostensum est.

Ad sextum decimum dicendum quod singulare secundum quod est sensibile, scilicet secundum corporalem[127] mutationem,[128] numquam fit intelligibile, sed secundum quod forma immaterialis vel intelligibilis[129] ipsum repraesentare potest, ut ostensum est.

Ad septimum decimum dicendum quod anima separata per suum intellectum recipit species intelligibiles per modum superioris substantiae, in qua una virtute[130] cognoscitur quod homo duabus virtutibus, scilicet sensu et intellectu, cognoscit. Et ideo anima separata utrumque cognoscere potest.

Ad octavum decimum dicendum quod anima separata, quamvis non regat res vel causet eas, tamen habet formas similes causanti et regenti; non enim causans et regens cognoscit quod regitur et causatur, nisi in quantum ejus similitudinem habet.

Ad ea vero quae in contrarium objiciuntur etiam respondere oportet, quia[131] falsum[132] concludunt.

Ad quorum primum dicendum est quod anima conjuncta corpori per intellectum cognoscit singulare, non quidem directe sed per quamdam reflexionem; in quantum scilicet ex hoc quod apprehendit suum intelligibile,[133] revertitur ad considerandum suum actum et speciem intelligibilem quae est principium suae operationis et ejus[134] speciei originem. Et sic venit in considerationem phantasmatum et singularium, quorum sunt phantasmata. Sed haec reflexio compleri non potest nisi per adjunctionem virtutis cogitativae et imaginativae, quae non sunt in anima separata. Unde per modum istum anima separata singularia non cognoscit.

Ad secundum dicendum quod angeli inferioris hierarchiae illuminantur

---

124 intelligibili veritate] intelligente O   125 ad substantias superiores] a substantiis superioribus L   126 cognoscat] cognoscit P¹V cognoscuntur P²   127 corporalem] incorporalem L 128 mutationem] immutationem OV imitationem H   129 vel intelligibilis] om. LP²OVH 130 virtute] in marg. P¹₂   131 quia] quod L quod etiam OV   132 falsum] non O falso VH   133 intelligibile] intelligibilem P²   134 ejus] ejusdem OVH

de rationibus singularium effectuum, non per species singulares sed per rationes universales ex quibus cognoscere singularia possunt propter efficaciam virtutis intellectivae in quo[135] excedunt animam separatam. Et licet rationes ab eis perceptae sint universales simpliciter, tamen dicuntur particulares per comparationem ad rationes[136] universaliores quas angeli superiores percipiunt.

Ad tertium dicendum quod id quod potest virtus inferior potest et[137] superior, non tamen eodem modo sed excellentiori. Unde easdem res quas sensus percipit materialiter et singulariter, intellectus immaterialiter et universaliter cognoscit.

---

[135] quo] qua OVH   [136] rationes] res O   [137] et] etiam virtus O virtus V

QUAESTIO VICESIMA PRIMA

Loca parallela: *In II Sent.*, dist. 6, a. 1, a. 3; *In IV Sent.*, dist. 44, q. 3, a. 3; q. 1, a. 3; dist. 45, q. 1, a. 3; *Quodl.* VII, q. 5, a. 3; *De Ver.*, q. 26, a. 1; *Contra gent.*, IV, 90; *Summa theol.*, I, q. 64, a. 4, ad 1; *De Spir. creat.*, a. 1, ad 20; *De Anima*, q. 6, ad 7; *Quodl.*, III, q. 10, a. 1; q. 9, a. 21; II, q. 7, a. 1; *Compend. theol.*, cap. 180.

Vicesimo primo[1] quaeritur[2] utrum ANIMA SEPARATA POSSIT PATI POENAM AB IGNE CORPOREO.

Et videtur quod non.

(1) Nihil enim patitur nisi secundum quod est in potentia. Sed anima separata non est in potentia nisi secundum intellectum quia potentiae sensitivae in ea non manent, ut ostensum est. Ergo anima separata non potest pati ab igne corporeo nisi secundum intellectum, intelligendo scilicet ipsum. Hoc autem non est poenale sed magis delectabile. Ergo anima non potest pati ab igne corporeo poenam.

(2) Praeterea, agens et patiens communicant in materia,[3] ut dicitur in I *De Generatione.*[4] Sed anima, cum sit immaterialis, non communicat in materia cum igne corporeo. Ergo anima separata non potest pati ab igne corporeo.

(3) Praeterea, quod non tangit non agit. Sed ignis corporeus non potest tangere animam neque[5] secundum ultima quantitatis,[6] cum anima sit incorporea; neque etiam[7] contactu[8] virtutis, cum virtus corporis non possit imprimere in substantiam incorpoream, sed magis e converso. Nullo igitur modo anima separata potest pati ab igne corporeo.

(4) Praeterea, dupliciter dicitur aliquid pati, vel sicut subjectum ut lignum patitur ab igne, vel sicut contrarium ut calidum a frigido. Sed anima[9] non potest pati ab igne corporeo sicut subjectum passionis quia oporteret[10] quod forma ignis fieret in anima, et sic sequeretur[11] quod anima calefieret et igniretur, quod est impossibile. Similiter non potest dici quod anima patiatur ab igne corporeo sicut contrarium a contrario,[12] tum quia animae nihil est contrarium, tum quia sequeretur quod anima

---

[1] primo] *om.* A   [2] primo quaeritur] *add.* P²₂   [3] materia] materiam V   [4] ARISTOTLE, *De Generatione et corruptione*, I, 7 (324a 34-35)   [5] neque] nisi L   [6] ultima quantitatis] ultimam quantitatem P²   [7] etiam] *om.* LP²OVH   [8] contactu] in actu A cum tactu LP² tactu P¹   [9] anima] *add.* separata P²   [10] oporteret] oportet O   [11] sequeretur] oportet O oporteret V   [12] Similiter... a contrario] non secundo modo ut contrarium a contrario O

ab igne corporeo destrueretur,[13] quod est impossibile. Anima igitur non potest pati ab igne corporeo.

(5) Praeterea, inter agens et patiens oportet esse proportionem aliquam. Sed inter animam et ignem corporeum non videtur esse[14] aliqua proportio cum sint diversorum generum. Ergo anima non potest pati ab igne corporeo.

(6) Praeterea, omne quod patitur movetur. Anima autem[15] non movetur cum non sit corpus. Ergo anima non potest pati.[16]

(7) Praeterea, anima est dignior quam corpus quintae essentiae. Sed corpus quintae essentiae est omnino impassibile.[17] Ergo multo magis anima.

(8) Praeterea, Augustinus dicit, XII[18] *Super Genesim ad Litteram,*[19] quod agens est nobilius patiente. Sed ignis corporeus non est nobilior anima. Ergo ignis non potest agere in animam.[20]

Sed dicebat quod ignis[21] non agebat[22] virtute propria et naturali sed in quantum est instrumentum divinae justitiae.

(9) Sed contra, sapientis artificis est uti convenientibus instrumentis ad finem suum. Sed ignis corporeus non[23] videtur esse conveniens[24] instrumentum ad puniendum[25] animam, cum hoc non[26] conveniat ei[27] ratione suae formae per quam instrumentum adaptatur ad effectum, ut dolabra ad dolandum et serra ad secandum. Non enim sapienter ageret artifex si uteretur serra ad dolandum et dolabra ad secandum. Ergo multo minus Deus, qui est sapientissimus, utitur igne corporeo ut instrumento ad puniendum animam.

(10) Praeterea, Deus, cum sit actor[28] naturae, nihil contra naturam facit, ut dicit quaedam glossa,[29] *Rom.* XI.[30] Sed contra naturam est ut corporeum in incorporeum agat. Ergo hoc Deus non facit.

(11) Praeterea, Deus non potest facere quod contradictoria sint simul vera. Hoc autem sequeretur si subtraheretur[31] alicui quod est de essentia ejus; puta si homo non esset rationalis, sequeretur quod esset simul homo et non homo. Ergo Deus non potest facere quod aliqua res careat eo quod est ei essentiale. Sed esse impassibile est essentiale animae; convenit enim

---

[13] destrueretur] describitur O   [14] esse] *in marg.* P¹₂   [15] anima autem] sed anima O autem] *om.* LVH   [16] potest pati] patitur H   [17] est omnino impassibile] pati est impossibile P² pati omnino impossibile est O   [18] XII] XXII ALP¹P² *om.* V   [19] S. Augustinus, *De Genesi ad litteram,* XII, 16 (PL 34: 467)   [20] Ergo... animam] *om.* O ergo anima non potest pati ab igne corporeo V   [21] ignis] poena L   [22] agebat] *add.* in L agit in animam O agit in anima VH   [23] non] *om.* OV   [24] conveniens] inconveniens OV   [25] puniendum] punire O   [26] non] *ss.* P¹₂   [27] ei] *add.* in L   [28] actor] auctor OV   [29] glossa] *add.* ad OH *add.* et ad V   [30] *Glossa ordinaria, Ad Romanos,* 11: 24 (PL 114: 508)   [31] subtraheretur] subtrahetur O subtraheret V

ei in quantum est immaterialis. Ergo Deus non potest facere quod anima patiatur[32] ab igne corporeo.

(12) Praeterea, unaquaeque res habet potentiam agendi secundum suam naturam. Non ergo potest res aliqua accipere potentiam quae[33] sibi non competit sed magis alteri rei,[34] nisi a propria natura immutetur in aliam naturam; sicut aqua non calefacit nisi fuerit ab igne transmutata. Sed habere potentiam[35] in res spirituales non competit naturae ignis corporei, ut ostensum est.[36] Si ergo a Deo hoc habet, ut instrumentum divinae justitiae, quod in animam separatam[37] agere possit, videtur quod jam non sit ignis corporeus sed alterius naturae.

(13) Praeterea, id quod fit virtute divina habet propriam et veram rationem rei in natura existentis. Cum enim divina virtute[38] caecus illuminatur, recipit visum secundum veram et propriam rationem[39] naturalem[40] visus. Si igitur anima virtute divina patiatur ab igne prout est instrumentum divinae justititiae, sequitur quod anima vere[41] patiatur[42] secundum propriam naturam[43] passionis. Pati autem dupliciter dicitur: uno modo secundum quod pati dicitur[44] recipere tantum, sicut intellectus patitur ab intelligibili et sensus a sensibili;[45] alio modo per hoc quod abjicitur aliquid a substantia[46] patientis, sicut cum lignum patitur ab igne. Si igitur anima separata patiatur ab igne corporeo divina virtute, prout ratio passionis consistit in receptione tantum, cum receptum[47] sit in recipiente secundum[48] modum ejus,[49] sequeretur quod anima separata recipiat[50] ab igne corporeo immaterialiter et incorporaliter secundum modum suum. Talis autem receptio non est animae punitiva sed perfectiva. Ergo hoc[51] non erit ad poenam animae. Similiter etiam[52] nec[53] potest pati anima ab igne corporeo prout passio abjicit a substantia, quia sic substantia animae corrumperetur. Ergo non potest esse quod anima patiatur ab igne corporeo, etiam prout est instrumentum divinae justitiae.

(14) Praeterea, nullum instrumentum agit instrumentaliter[54] nisi exercendo operationem propriam, sicut serra agit instrumentaliter ad perfectionem arcae secando. Sed ignis non potest agere in animam actione propria et naturali;[55] non enim potest calefacere animam. Ergo non potest agere in animam ut instrumentum divinae justitiae.

---

[32] patiatur] patitur P¹ *corr. ad* patiatur P¹₂   [33] quae] qui AP¹P²   [34] rei] *in marg.* P¹₂
[35] potentiam] *add.* agendi P²VH   [36] est] *ss.* P¹₂   [37] animam separatam] anima separata
V   [38] virtute] *add.* aliquis OVH   [39] rationem] potentiam V   [40] naturalem] naturalis
OVH   [41] vere] nostra V   [42] patiatur] patitur P¹ *corr. ad* patiatur P¹₂   [43] naturam]
rationem OVH   [44] dicitur] est OVH   [45] et sensus a sensibili] *om.* L   [46] aliquid asubstantia] *bis exhibit* A   [47] receptum] receptio V   [48] secundum] per O   [49] ejus] recipientis O
[50] recipiat] recipiet OVH   [51] hoc] *om.* OVH   [52] etiam] et P¹ *ss.* etiam P¹₂
[53] nec] non OVH   [54] instrumentaliter] in instrumentum taliter V   [55] naturali] materiali H

Sed dicebat quod ignis alia actione propria agit in animam, in quantum scilicet detinet eam ut[56] sibi alligatam.

(15) Sed contra, si anima alligatur igni et ab eo detinetur, oportet quod ei aliquo modo uniatur. Non autem unitur ei ut forma, quia sic anima vivificaret ignem; nec unitur ei[57] ut motor, quia sic magis pateretur ignis ab anima quam e converso. Non est autem alius[58] modus quo substantia incorporea corpori[59] uniri possit. Ergo anima separata non potest alligari ab igne corporeo nec ab eo detineri.[60]

(16) Praeterea, id quod est alligatum alicui non potest ab eo separari. Sed spiritus damnati separantur aliquando ab igne corporeo infernali. Nam daemones dicuntur esse in hoc aere caliginoso; animae etiam damnatorum interdum aliquibus apparuerunt. Non ergo patitur anima ab igne corporeo[61] ut ei alligata.

(17) Praeterea, quod alligatur alicui et detinetur[62] ab eo impeditur per ipsum a propria operatione. Sed propria operatio animae est intelligere, a qua[63] impediri non potest per alligationem ad aliquod corporeum, quia intelligibilia sua in se habet, ut in III[64] De Anima[65] dicitur. Unde non oportet ut ea extra se quaerat. Ergo anima separata non punitur per alligationem ad ignem corporeum.

(18) Praeterea, sicut ignis per modum istum potest detinere animam, ita et alia[66] corpora, vel etiam magis in quantum sunt grossiora et graviora. Si ergo anima non puniretur nisi per detentionem et alligationem, ejus poena non magis[67] deberet soli igni attribui sed magis aliis corporibus.

(19) Praeterea, Augustinus dicit, XII[68] Super Genesim ad Litteram,[69] quod substantiam inferiorum[70] non est credendum esse corporalem sed spiritualem. Damascenus[71] etiam dicit quod ignis inferni non est materialis. Ergo videtur quod anima non patitur[72] ab igne corporeo.

(20) Praeterea, sicut dicit Gregorius, in Moralibus,[73] delinquens servus ad hoc punitur a domino[74] ut corrigatur. Sed illi qui sunt damnati in inferno incorrigibiles sunt. Ergo non debent puniri per ignem corporeum infernalem.

(21) Praeterea, poenae per contrarium fiunt. Sed anima peccavit subdendo se corporalibus rebus per effectum. Ergo non debet per aliqua corporalia puniri, sed magis per separationem a corporalibus.[75]

---

[56] ut] om. OVH   [57] unitur ei] om. O   [58] alius] conveniens L   [59] corpori] om. LOV
[60] ab eo detineri] determinari ab eo O   [61] corporeo] om. O   [62] detinetur] detur O
[63] a qua] quod O   [64] III] II LP²OVH   [65] ARISTOTLE, De Anima, III, 4 (429a 27-28; 429b 5-9)   [66] alia] anima ALP²H   [67] magis] om. OVH   [68] XII] XXII ALP¹P² 13 V 3° H   [69] S. AUGUSTINUS, De Genesi ad litteram, XII, 32 (PL 34: 481)   [70] inferiorum] inferiorem P² inferorum H   [71] S. JOANNES DAMASCENUS, Dialogus contra Manichaeos, 36 (PG 94: 1542)   [72] patitur] patiatur P¹P²V   [73] S. GREGORIUS, Moral., XXXIV, 19 (PL 76: 738)   [74] domino] deo OVH   [75] corporalibus] corporibus OV

(22) Praeterea, sicut ex divina justitia redduntur poenae peccatoribus, ita et praemia justis. Sed justis[76] non redduntur praemia corporalia sed spiritualia tantum. Unde si qua praemia corporalia justa reddenda[77] in Scriptura traduntur, intelliguntur metaphorice, sicut[78] dicitur *Luc*. XXII:[79] Et edatis et bibatis, etc. Ergo et peccatoribus non infligentur[80] poenae corporales sed spirituales tantum, et ea quae de poenis corporalibus in Scripturis dicuntur erunt metaphorice intelligenda. Et sic anima non patitur[81] ab igne corporeo.

SED CONTRA, idem ignis est quo punientur corpora[82] damnatorum et daemones, ut patet per illud *Matthaei* XXV:[83] Ite maledicti in ignem,[84] etc. Sed corpora damnatorum necessarium[85] est quod puniantur igne corporeo. Pari ergo ratione animae separatae igne corporeo puniuntur.[86]

RESPONSIO. Dicendum quod circa passionem animae ab igne multipliciter aliqui locuti sunt. Quidam enim dixerunt quod anima non[87] patietur poenam ab aliquo igne corporeo, sed[88] ejus spiritualis afflictio metaphorice in Scripturis ignis nomine designatur;[89] et haec fuit opinio Origenis.[90] Sed hoc[91] pro tanto non videtur sufficiens; quia, ut Augustinus dicit, XXI *De Civitate Dei*,[92] oportet intelligi[93] ignem esse corporeum quo cruciabuntur corpora damnatorum, quo etiam igne et daemones et animae cruciantur secundum sententiam domini inductam.

Et ideo aliis visum fuit quod ignis ille corporeus est, sed non ab eo immediate anima patitur poenam sed ab ejus similitudine secundum imaginariam visionem; sicut accidit dormientibus quod[94] ex visione[95] aliquorum terribilium quae se perpeti[96] vident veraciter affliguntur, licet ea[97] a quibus affliguntur non sint vera corpora sed similitudines corporum.

Sed haec positio stare non potest quia in superioribus est ostensum quod potentiae sensitivae partis, inter quas est vis imaginaria,[98] non manent in anima separata. Et ideo oportet dicere quod ab ipso corporali igne patitur anima separata sed quomodo patiatur videtur difficile assignare.

---

[76] Sed justis] cum ergo LP²   [77] reddenda] reddi P²   [78] sicut] *add.* quod OVH [79] *Evang. secundum Lucam*, 22: 30   [80] infligentur] intelliguntur O infligerentur V infliguntur H [81] patitur] patietur LP¹P²H   [82] corpora] animae V   [83] *Evang. secundum Matthaeum*, 25: 41   [84] in ignem] *om.* LP¹P²OVH   [85] necessarium] necesse OVH   [86] puniuntur] *add. Praeterea magis est animam justificari quam puniri sed aliqua corpora agunt in animam ad justificationem ipsius in quantum sunt divinae justitiae instrumenta ut patent in sacramentis ecclesiae. Ergo etc.* V   [87] non] *om.* A   [88] sed] *add.* est ALP¹ *add. et del.* P² [89] designatur] designata P¹   [90] ORIGENES, *Peri Archon*, II, 10 (PG 11: 236)   [91] hoc] haec H   [92] S. AUGUSTINUS, *De Civitate Dei*, XXI, 10 (PL 41: 724-725)   [93] intelligi] intelligere OV   [94] quod] qui O   [95] visione] passione L   [96] perpeti] *add. inmarg.* alibi percipere P¹₂   [97] ea] *om.* LP²OVH   [98] imaginaria] imaginativa O

Quidam enim dixerunt quod anima separata patitur ignem[99] hoc ipso quo videt; quod tangit Gregorius, in IV *Dialogorum*,[100] dicens: Ignem eo ipso patitur anima quo videt. Sed cum videre sit perfectio videntis, omnis visio est delectabilis in quantum hujusmodi. Unde nihil in quantum est visum est afflictivum, sed in quantum apprehenditur ut nocivum.

Et ideo alii dixerunt quod anima videns illum ignem et apprehendens[101] ut nocivum sibi ex hoc affligitur; quod tangit Gregorius, in IV *Dialogorum*,[102] dicens quod anima[103] cremari se conspicit cum[104] crematur. Sed tunc considerandum restat utrum ignis[105] secundum rei veritatem sit nocivus animae vel non. Et si quidem non sit animae nocivus secundum rei veritatem, sequeretur quod decipiatur[106] in sua aestimatione qua apprehendit ipsum[107] ut nocivum. Et hoc videtur inopinabile, praecipue quantum ad daemones qui acumine intellectus vigent[108] in rerum naturis cognoscendis. Oportet ergo dicere quod secundum rei veritatem ille ignis corporeus animae sit nocivus. Unde[109] Gregorius, in IV *Dialogorum*,[110] concludit dicens: Colligere ex dictis evangelicis possumus quod[111] incendium anima non solum videndo sed experiendo patiatur.

Ad investigandum ergo quomodo ignis corporeus animae vel daemoni nocivus esse possit, considerandum est quod nocumentum alicui non infertur secundum quod recipit id quo perficitur sed secundum quod a suo contrario impeditur.[112] Unde passio animae per[113] ignem non est secundum receptionem tantum, sicut patitur intellectus ab intelligibili et sensus a sensibili; sed secundum quod aliquid patitur ab altero per viam contrarietatis et obstaculi. Hoc autem contingit dupliciter. Impeditur enim aliquid uno modo a suo contrario quantum ad esse suum quod habet ex aliqua forma inhaerente. Et sic patitur aliquid a suo contrario per alterationem et corruptionem, sicut lignum ab igne comburitur. Aliquid autem impeditur ab aliquo obstante[114] vel contrariante quantum ad suam inclinationem; sicut naturalis inclinatio lapidis est ut feratur deorsum, impeditur autem ab aliquo obstante et vim inferente, ut per violentiam quiescat vel per violentiam[115] moveatur. Neuter autem modus passionis poenalis est in re cognitione carente; nam ubi non potest esse dolor et tristitia, non competit ratio afflictionis et poenae.[116] Sed in habente cognitionem ex utroque modo passionis consequitur afflictio et poena, sed di-

---

[99] ignem] igne V   [100] S. GREGORIUS, *Dial.*, IV, 29 (PL 77: 368)   [101] apprehendens] *add.* eum OVH   [102] S. GREGORIUS, *Dial.*, IV, 29 (PL 77: 368)   [103] anima] *add.* dum OV   [104] cum] *om.* P²H   [105] ignis] *add.* iste P¹   [106] decipiatur] decipietur P¹   [107] ipsum] eum OVH   [108] vigent] *add.* praecipue OV   [109] Unde] *add.* et OH *add.* etiam V   [110] S. GREGORIUS, *Dial.*, IV, 29 (PL 77: 368)   [111] quod] quia ALP¹P²   [112] impeditur] imponitur O   [113] per] ad LP² ab OV   [114] obstante] abstrahente P² distante O   [115] quiescat... violentiam] nihil H   [116] et poenae] *om.* OV

versimode; nam passio quae est secundum alterationem a contrario infert afflictionem et poenam secundum sensibilem dolorem, sicut cum[117] sensibile excellens corrumpit harmoniam sensus. Et ideo excellentiae sensibilium et maxime tangibilium dolorem sensibilem inferunt;[118] contemperationes autem eorum delectant propter convenientiam ad sensum. Sed secunda passio non infert poenam secundum dolorem sensibilem sed secundum interiorem tristitiam, quae oritur in homine vel in animali ex hoc quod[119] aliquid interiori aliqua vi apprehenditur ut repugnans voluntati vel cuicumque appetitui. Unde ea quae sunt contraria voluntati et appetitui affligunt, et magis interdum quam ea quae sunt dolorosa secundum sensum; praeeligeret enim aliquis verberari et graviter secundum sensum affligi, quam vituperia sustinere[120] vel aliqua hujusmodi quae voluntati repugnant.

Secundum igitur primum modum passionis anima non potest pati poenam ab igne corporeo. Non enim possibile est quod ab eo alteretur et corrumpatur. Et ideo non eo modo ab igne affligitur ut ex eo dolorem sensibilem patiatur. Potest autem pati anima ab igne corporeo secundo modo passionis, in quantum per hujusmodi[121] ignem impeditur[122] a sua inclinatione vel voluntate; quod sic patet. Anima enim et quaelibet incorporalis substantia,[123] quantum est de sui natura, non est obligata alicui loco sed transcendit totum ordinem corporalium. Quod ergo alligetur alicui[124] et determinetur ad aliquem locum per quandam necessitatem est contra ejus naturam et contrarium appetitui naturali. Et hoc dico nisi in quantum conjungitur corpori cujus est forma naturalis in quo[125] aliquam perfectionem consequitur.

Quod autem aliqua spiritualis substantia alicui corpori obligetur[126] non est ex virtute corporis potentis substantiam incorpoream detinere, sed[127] ex virtute alicujus superioris substantiae alligantis spiritualem substantiam tali[128] corpori; sicut etiam per artes magicas, permissione divina, virtute superiorum[129] daemonum, aliqui spiritus rebus aliquibus alligantur, vel anulis vel imaginibus vel hujusmodi rebus. Et per hunc modum animae et daemones alligantur[130] virtute divina in sui poenam corporeo igni. Unde Augustinus dicit, XXI *De Civitate Dei*:[131] Cur non dicamus quamvis veris, miris[132] tamen[133] modis,[134] etiam spiritus incorporeos[135] posse poena

[117] cum] *om.* OVH   [118] inferunt] influit ALP[1] *corr. ad* inferunt P[1]₂   [119] quod] *ss.* P[1]₂
[120] sustinere] continere LP[2]   [121] hujusmodi] *om.* OV   [122] impeditur] *add.* anima V
[123] substantia] *add.* et ALP[1] *del.* P[1]   [124] alicui] *add.* corpori OV   [125] quo] qua P[1]
[126] obligetur] alligetur P[2]O   [127] sed] *add.* est OVH   [128] tali] *om.* L corporali P[2]
[129] superiorum] spirituali P[2]   [130] vel anulis... alligantur] *om.* LP[2]   [131] S. Augustinus,
De Civitate Dei, XXI, 10 (PL 41: 724-725)   [132] miris] *om. cum lac.* P[1]   [133] miris tamen]
om. P[2]   [134] veris... modis] miris tamen veris modis OVH   veris miris tamen] *om. cum*
lac. L   [135] incorporeos] corporeos ALP[1] corporeas P[2] incorporeis V incorporei H

corporalis ignis affligi, si spiritus hominum, etiam[136] ipsi[137] profecto incorporei,[138] et nunc[139] poterunt[140] includi corporalibus membris et tunc poterunt[141] corporum suorum vinculis insolubiliter[142] alligari ? Adhaerebunt ergo[143] daemones, licet incorporei, corporibus,[144] ignibus[145] cruciandi; accipientes ex ignibus poenam, non dantes ignibus vitam.

Et sic verum est quod ignis ille, in quantum virtute divina detinet animam[146] alligatam, agit in animam ut instrumentum divinae justitiae;[147] in quantum anima apprehendit illum ignem ut sit sibi nocivum, interiori tristitia affligitur; quae quidem maxima est cum considerat se infimis rebus subdi quae nata fuit Deo per fruitionem[148] uniri. Maxima igitur afflictio damnatorum erit ex eo quod a Deo separabuntur; secunda vero ex hoc quod rebus corporalibus subduntur[149] et infimo[150] et abjectissimo loco.

Et per hoc patet solutio ad VII quae primo objiciuntur. Non enim dicimus quod aniam patiatur ab igne corporeo, vel recipiendo tantum, vel secundum alterationem a contrario prout praedictae objectiones procedunt.

Ad octavum dicendum quod instrumentum non agit virtute sua, sed virtute principalis agentis. Et ideo, cum ignis agat in animam ut instrumentum divinae justitiae, non est attendenda[151] dignitas ignis sed divinae justitiae.

Ad nonum dicendum quod corpora sunt convenientia instrumenta ad puniendum damnatos. Conveniens enim est ut qui suo superiori, scilicet Deo, subdi noluerunt, rebus inferioribus subdantur per poenam.[152]

Ad decimum dicendum quod Deus, etsi non faciat contra naturam, operatur tamen supra naturam dum facit quod natura non potest.

Ad undecimum dicendum quod esse impassibile[153] a re corporali[154] per modum alterationis animae competit secundum rationem suae essentiae. Hoc autem modo non patitur divina virtute, sed sicut dictum est.

Ad duodecimum dicendum quod ignis non habet potentiam[155] agendi in animam ut in[156] virtute propria agat, sicut ea quae naturaliter agunt, sed instrumentaliter tantum. Et ideo non sequitur quod mutetur[157] a sua natura.

Ad tertium decimum dicendum quod neutro illorum modorum anima ab[158] igne corporeo patitur, sed sicut dictum est.

---

136 etiam] et AP[1] *om.* LP[2]   137 ipsi] ipso ALP[2] ipse P[1]   138 incorporei] in corpore V
139 nunc] tunc A   140 poterunt] possunt P[2] potuerunt VH   141 poterunt] potuerunt OV
142 insolubiliter] incorruptibiliter H   143 ergo] *add.* spiritus OVH   144 corporibus]
corporeis H   145 corporibus ignibus] in corporalibus generibus V   146 animam] *ss.* P[1]₂
147 justitiae] *add.* et OVH   148 per fruitionem] perfectione H   149 subduntur] subdentur
OVH   150 infimo] in inferno OV   151 attendenda] amitenda V   152 poenam] peccatum
OV   153 impassibile] impassibilem A passibile OV   154 corporali] corporea OVH
155 habet potentiam] agit potentia LP[2]OV   156 in] *om.* P[2]OVH   157 mutetur] jungetur V
158 ab] sub A

Ad quartum decimum dicendum quod ignis corporeus, etsi non calefaciat animam, habet tamen aliam operationem vel habitudinem ad animam quam corpora nata sunt habere ad spiritum, ut sicilicet eis aliqualiter uniantur.[159]

Ad quintum decimum dicendum quod anima non unitur igni punienti ut forma, quia non dat ei vitam, ut Augustinus dicit. Sed unitur ei eo modo quo spiritus uniuntur locis corporeis, per contactum virtutis, quamvis etiam non sint ipsorum motores.

Ad sextum decimum dicendum quod, sicut jam dictum est, anima affligitur ab igne corporeo in quantum apprehendit eum sibi ut[160] nocivum per modum alligationis et detentionis. Haec autem apprehensio affligere potest etiam cum non est actu alligata, ex hoc[161] solum quod apprehendit se alligationi deputatam. Et per[162] hoc dicuntur daemones secum ferre gehennam quocumque vadunt.

Ad septimum decimum dicendum quod licet anima ex hujusmodi alligatione non impediatur ab intellectuali operatione, impeditur tamen a quadam naturali libertate,[163] quae est esse[164] absoluta[165] ab omni alligatione[166] ad locum corporalem.

Ad octavum decimum dicendum quod poena gehennae non solum est animarum sed etiam corporum; propter hoc ponitur ignis maxime poena gehennalis, quia ignis est maxime corporum afflictivus. Nihilominus[167] tamen et alia erunt afflictiva, secundum illud *Psalmi*:[168] Ignis, sulphur, et caetera. Competit etiam amori inordinato, qui est peccandi principium; ut sicut caelum empyreum respondet igni caritatis, ita ignis inferni[169] respondeat[170] inordinatae cupiditati.[171]

Ad nonum decimum dicendum quod Augustinus hoc dixit, non determinando sed inquirendo. Vel si hoc opinando dixit, expresse postmodum hoc revocat, in XXI *De Civitate Dei*.[172] Vel potest dici quod substantia inferiorum[173] dicitur esse spiritualis quantum ad proximum[174] affligens, quid est ignis apprehensus ut nocivus per modum detentionis et alligationis.

Ad vicesimum dicendum quod Gregorius hoc introducit per modum objectionis quorundam, qui credebant omnes poenas quae a Deo infliguntur[175] esse purgatorias et nullam[176] esse perpetuam; quod[177] quidem falsum est. Inferuntur enim a Deo quaedam poenae, vel in hac vita vel

---

[159] uniantur] uniatur OH   [160] sibi ut] ut sibi LP²H   [161] hoc] *in margine* P¹₂
[162] per] propter OVH   [163] libertate] liberalitate O   [164] esse] *om.* LOVH   [165] absoluta]
absolutum P¹   [166] alligatione] obligatione LP²OVH   [167] Nihilominus] in hominibus V
[168] *Ps.* 10: 7   [169] inferni] inferius A infernalis P¹   [170] respondeat] respondet P¹
[171] cupiditate] concupiscentiae LP¹P²   [172] S. AUGUSTINUS, *De Civitate Dei*, XXI, 10 (PL 41:
724-725)   [173] inferiorum] inferorum H   [174] proximum] proprium O   [175] infliguntur]
inferuntur OV   [176] nullam] *add.* poenam L   [177] quod] *ss.* P¹₂

post[178] vitam, ad emendationem vel purgationem, quaedam vero ad ultimam damnationem. Nec tales poenae a Deo infliguntur[179] eo quod ipse delectetur in poenis, sed eo quod delectatur in justitia, secundum quam peccantibus poena debetur. Sicut etiam[180] apud homines quaedam poenae infliguntur[181] ad correctionem ejus qui punitur, sicut cum pater flagellat filium, quaedam autem ad finalem condemnationem, sicut cum judex suspendit latronem.

Ad vicesimum primum dicendum quod poenae sunt per contrarium quantum ad intentionem peccantis, nam[182] peccans intendit propriae satisfacere voluntati; poena autem est contraria voluntati[183] ipsius. Sed[184] quandoque[185] ex sapientia divina procedit ut illud in quo quaerit aliquis suam voluntatem[186] implere[187] in[188] contrarium[189] vertitur.[190] Et sic dicitur libro *Sapientiae*:[191] Per quae peccat quis, per hoc et torquetur. Unde quia anima peccat corporalibus,[192] ad divinam sapientiam pertinet ut per corporalia puniatur.

Ad vicesimum secundum dicendum quod[193] anima praemiatur per hoc quod est[194] supra se, punitur[195] per hoc quod subditur[196] his quae sunt infra ipsam. Et ideo praemia animarum non sunt convenienter intelligenda nisi spiritualiter; poenae autem intelliguntur[197] corporaliter.[198]

(Rubric): Quaestio est de virtutibus in communi. Expliciunt quaestiones de anima. Incipiunt quaestiones de virtutibus in communi.

---

[178] post] *add.* hanc P²OV   [179] infliguntur] *om.* P² inferuntur O affliguntur V
[180] etiam] et P¹   [181] infliguntur] inferuntur O   [182] Nam] substantia V   [183] poena...
voluntati] *om.* OV   [184] Sed] *om.* P¹   [185] quandoque] in quantum AP¹   [186] voluntatem] singularitatem V   [187] implere] impossibile V adimplere H   [188] in] quae est V
[189] contrarium] *add.* ei P²OVH   [190] vertitur] evitatur A evertatur L vertatur OH *om. cum*
lac. V   [191] *Sapientia*, 11: 17   [192] corporalibus] *add.* inhaerendo OH *add.* in bibendo V
[193] quod] *add.* fruitur eo quod OH   [194] est] fruitur V   [195] punitur] *add.* autem OVH
[196] subditur] *add.* in ALP¹P²   [197] intelliguntur] intelligi possunt LP²OH possunt intelligi V
[198] corporaliter] *add.* et haec dicta sufficiant O

BIBLIOGRAPHY

I. Texts of St. Thomas Aquinas

Saint Thomas Aquinas, *Opera Omnia*, ed. S. E. Fretté et P. Maré. Paris, Vivès, 34 vol., 1871-1882.

—— *Opera Omnia*, Parma, P. Fiaccadori, 25 vol., 1852-1872.

—— *Opera Omnia*, Iussu impensaque Leonis XIII. P. M. Edita. Rome, 1882- (16 vol. have been issued).

—— *Summa Theologiae*, cura et studio Instituti Studiorum Med. Ottaviensis, Ottawa, 5 vol., 1941-45.

—— *Summa Contra Gentiles*. Editio Leonina Manualis, Rome, 1934.

—— *Scriptum super Libros Sententiarum Magistri Petri Lombardi*. ed. P. Mandonnet and M.-F. Moos, Paris, Lethielleux, 4 vol., 1929-1947.

—— *Quaestiones Disputatae*, ed. R. Spiazzi, *et al.* 8th ed. Turin-Rome, Marietti, 2 vol., 1949.

—— *Tractatus De Spiritualibus Creaturis*, ed. Leo W. Keeler, Rome, 1946.

—— *Quaestiones Quodlibetales*, ed. R. Spiazzi, 8th ed. Turin-Rome, Marietti, 1949.

—— *Opuscula Omnia*, ed. P. Mandonnet, Paris, Lethielleux, 5 vol., 1927.

—— *Opuscula Omnia necnon Opera Minora*, Tomus Primus, *Opuscula Philosophica*, ed. J. Perrier, Paris, Lethielleux, 1949.

—— *Tractatus De Unitate Intellectus contra Averroistas*, ed. Leo W. Keeler, Rome, 1946.

—— *In Duodecim Libros Metaphysicorum Aristotelis Expositio*. ed. M.-R. Cathala, rev. ed. R. Spiazzi, Turin-Rome, Marietti, 1950.

—— *In Decem Libros Ethicorum Aristotelis ad Nicomachum Expositio*, ed. R. Spiazzi, Turin-Rome, Marietti, 1949.

—— *In Aristotelis Librum De Anima Commentarium*, 2nd ed. A. M. Pirotta, Turin, Marietti, 1936.

II. Other Sources :

Actes De Leon XIII, Paris, Maison de la Bonne Press, 7 vol. No date.

Acta Sanctorum, Boll. Martius, I. Paris and Rome, 1865.

Axters, Etienne, "Pour l'état des manuscrits des Questions Disputées de Saint Thomas d'Aquin," in *Divus Thomas* (Piacenza) 38 (1935) pp. 129-159.

Bataillon, Louis, O. P., "Aristoteles latinus, Compléments," *Bull. de la Société int. pour l'Étude de la Phil. méd.*, 1959 (1), pp. 115-124.

Bertola, E., "Le proibizioni di Aristotele del 1210 e del 1215 e il problema dell' anima," *Riv. Filos, neoscol.*, 1965 (57), pp. 725-51.

Birkenmajer, A., "Ueber die Reihenfolge und die Entstehungszeit der Quaestiones disputatae des hl. Thomas von Aquin," in *Phil. Jahrbuch*, 34 (1921), pp. 31-49.

Blanche, F. A., "Le vocabulaire de l'argumentation et la structure de l'article dans les œuvres de saint Thomas," in *Revue des sc. phil. et théol.*, 14 (1925), pp. 167-187.

Bochenski, I. M., "Sancti Thomae Aquinatis De Modalibus Opusculum et Doctrina," in *Angelicum*, 17 (1940), pp. 180-218.

A checklist of the Vatican manuscript codices available for consultation at the Knights of Columbus Vatican Film Library at Saint Louis University. *Manuscripta*,

1957 (1), 27-44; 104-16; 159-74; 1958 (2), 41-49; 84-99; 167-81; 1959 (3), 38-46; 89-99.

Chenu, M.-D., *Introduction à l'étude de saint Thomas d'Aquin*, Montreal-Paris, 1950.

Codices Burghesiani Bibliothecae Vaticanae recensuit Anneliese Maier (Studi e testi, 170) Città del Vaticano, Bibliotheca Apostolica Vaticana, 1952.

Copinger, W. A., *Supplement to Hain's Repertorium bibliographicum*. Part I, London, 1895.

Coxe, H., et al. *Catalogi codicum mss. Bibliothecae Bodleianae*. Oxford, 9 parts, 1853-1883.

—— *Catalogus codicum mss. qui in collegiis aulisque Oxoniensibus hodie adservantur*, Oxford, 2 vol., 1852.

Coyecque, E., *Catalogue général des manuscrits des bibliothèques publiques de France*. Départements, Tome 19: Amiens, Paris, Plon, 1893.

De Heredia, Vincente Beltran, "Cronica del movimiento tomista," in *La Ciencia Tomista*, 37 (1928), pp. 58-76.

—— "Los manuscritos de Santo Tomás en la Bibliotheca del Cabildo de Toledo," in *La Ciencia Tomista*, 33 (1926), pp. 398-412.

—— "Los manuscritos de Santo Tomás de la Bibliotheca Nacional de Madrid," in *La Ciencia Tomista*, 34 (1926), pp. 88-111.

—— "Los manuscritos de Santo Tomás en la Bibliotheca Real de Madrid," in *La Ciencia Tomista*, 34 (1926), pp. 196-216.

Delisle, Leopold, *Inventaire des Manuscrits de l'abbaye de Saint-Victor conservés à la Bibliothèque impériale sous les numéros 14232-15175 du fonds latin*, in Bibliothèque de l'école des Chartes, 30 (1869).

—— *Inventaire des Manuscrits latine de la Sorbonne conservés à la Bibliothèque impériale sous les numéros 15176-16718 du fonds latin*, in Bibliothèque de l'École des Chartes, 31 (1870).

Denifle, H., "Quellen zur Gelehrtengeschichte des Predigerordens im 13. und 14. Jahrhundert," in *Archiv fur Litteratur- und Kirchen-Geschichte des Mittelalters*, Zweiter Band, Berlin, 1886.

—— and Chatelain, A., *Chartularium Universitatis Parisiensis*, Paris, 4 vol., 1889-1897.

Destrez, Jean, *Études critiques sur les œuvres de saint Thomas d'Aquin d'après la tradition manuscrite*. (Bibl. thom. 17) I. Paris, Vrin, 1933.

Dondaine, Antoine, O. P., "Apparat critique de l'édition d'un texte universitaire," *Actes du Premier Congrès international de Philosophie médiévale*, Louvain-Bruxelles, 1958, Louvain, Édit. Nauwelaerts, Paris, Beatrice-Nauwelaerts, 1960, pp. 97-116; 211-20.

—— "Autour des secrétaires de saint Thomas", in *Die Metaphysik im Mittelalter*, pp. 745-54.

—— "L'édition des œuvres de saint Thomas," *Arch. Gesch. Philos.*, 1961 (43), pp. 171-90.

—— *Secrétaires de saint Thomas*, (Editores operum Sancti Thomae de Aquino) 2 vol., Romae, Ad Sanctae Sabinae, Commissio Lionina, 1956.

Dozois, C., "Sources patristiques chez saint Thomas" (Suite - à suivre) in *Rev. Univ. Ottawa*, 1963 (33), pp. 145-17.

Ermatinger, Charles J., "Catalogues in the Knights of Columbus Vatican Film Library at Saint Louis University," *Manuscripta*, 1957 (1) pp. 5-21; 89-101.

Fries, A., "Thomas und die Quaestio 'De immortalitate animae,'" *Div. Thomas Freib.*, 1953 (31), pp. 18-52.

Glorieux, P., *La littérature Quodlibétique de 1260 à 1320*, (Bibl. thom. 5), Le Saulchoir, Kain (Belgique), 1925.

Glorieux, P., *La Littérature Quodlibétique II* (Bibl. thom. 21), Paris, Vrin, 1935.

—— "Les questions disputées de saint Thomas et leur suite chronologique," in *Recherches de théol. anc. et méd.*, 4 (1932), pp. 5-33.

—— "Pour la chronologie de la Somme," in *Mélanges de science religieuse*, 2 (1945), pp. 59-88.

—— "*Repertoire des maîtres en théologie de Paris au XIIIe siècle*," Paris, Vrin, 2 vol., 1933.

—— "Une élection priorale à Gand en 1309," in *Archivum Fratrum Praedicatorum*, 7 (1937), pp. 246-267.

—— "Une élection priorale à Gand en 1309," in *Recherches de théologie ancienne et médiévale*, 14 (1947).

Grabmann, Martin, *Die Aristoteleskommentare des Simon von Faversham*. (Sitz. der Bayerischen Akad. der Wissenschaften phil.-hist. abteilung, 1933, heft 3), Munchen, 1933.

—— *Die Werke des hl. Thomas von Aquin*. 3rd ed. in *Beiträge...* Band XII, Heft 1/2. Münster, Westfalen, 1949.

—— *I Papi del Duecento e l'Aristotelismo*. 2 vol. Vol. I, *I Divieti ecclesiastici di Aristotele sotto Innocenzo III e Gregorio IX*. Rome, 1941, Vol. II, *Guglielmo di Moerbeke O.P. il traduttore delle opere di Aristotele*, Rome, 1946.

—— "Les commentaires de saint Thomas d'Aquin sur les ouvrages d'Aristote," in *Annales de l'Institut Supérieur de Philosophie*, 3 (1914), pp. 231-281.

Grech, Gundisalvus M., "The Leonine Edition of the Works of St. Thomas Aquinas, Its Origin, Method and Published Works," in *From an Abundant Spring*, ed. The *Thomist* staff, New York, Kenedy, 1952.

Hain, Ludwig, *Repertorium bibliographicum in quo libri omnes ab arte typographica inventa usque ad annum MD. typi expressi ordine alphabetico vel simpliciter enumerantur vel adcuratius recensentur*. 2 vol. Stuttgart and Paris, 1826-38.

Haskins, Charles Homer, *Studies in the History of Mediaeval Science*, Cambridge, Harvard, 1924.

Henquinet, F. M., "Descriptio Codicis 158 Assisii in Bibliotheca Communali," in *Archivum Franciscanum Historicum*, 24 (1931), pp. 91-108.

Keeler, Leo W., "Editions and critical editions," in *Gregorianum*, 18 (1937), pp. 432-439.

—— "History of the editions of St. Thomas's 'De Unitate Intellectus'", in *Gregorianum*, 17 (1936), pp. 53-81.

—— "The vulgate text of St. Thomas' Commentary on the Ethics," in *Gregorianum*, 17 (1936), pp. 413-436.

Klibansky, R., *The Continuity of the Platonic Tradition*, London, Warburg Institute, 1939.

Koch, J., "Ueber die Reihenfolge der Quaestiones disputatae des hl. Thomas von Aquin," in *Phil. Jahrbuch*, 37 (1924), pp. 359-367.

Lacombe, G., et al. *Aristoteles Latinus*, Pars Prior, Rome, 1939.

Little, A. G., and Pelster, F., *Oxford Theology and Theologians*, Oxford, Hist. Soc. Vol. 96, 1934.

Lottin, O., "La date de la question disputée 'de malo' de saint Thomas d'Aquin," in *Revue d'histoire ecclésiastique*, 24 (1928), pp. 373-388.

Mandonnet, P., "Chronologie des écrits scripturaires de saint Thomas d'Aquin," in *Revue Thomiste*, 33 (1938), pp. 27-45, 116-155, 211-245; 34 (1929), pp. 53-69, 132-145, 489-519.

—— "Chronologie des questions disputées de saint Thomas d'Aquin," in *Revue Thomiste*, 23 (1918), pp. 266-287, 340-371.

Mandonnet, P., "Chronologie sommaire de la vie et des écrits de saint Thomas," in *Revue des sc. phil. et théol.* 9 (1920), pp. 142-152.

—— *Des écrits authentiques de S. Thomas d'Aquin.* 2nd ed. Fribourg, 1910.

—— "Les questions disputées de saint Thomas," intro. to his ed. of *Quaestiones Disputatae.* Paris, Lethielleux, 1925, Vol. I, pp. 1-24.

—— "Saint Thomas d'Aquin créateur de la dispute quodlibétique," in *Revue des sc. phil. et théol.*, 15 (1926), pp. 477-506; 16 (1927), pp. 5-38.

Mansion, Augustin, "Les progrès de l''Aristoteles Latinus'," in *Rev. Philos. Louvain*, 1956 (54), pp. 90-111.

—— "Texte latin d'Aristote utilisé à la fin du moyen âge; éditions et références." in *Bul. Soc. int. Et. Philos. méd.*, 1961 (3), pp. 169-76.

Mascarucci, P., "Le edizioni della Somma Teologica e l'edizione Leonina," in *Sapienza*, 1 (1948), pp. 259-271.

Michalitsch, A., *Thomas-Schriften*, I. Graz und Wien, 1913.

Minio-Paluello, L., "L''Aristoteles latinus'," *Studi medievali*, 1960 (1), pp. 304-27.

—— "Note sull' Aristotele latino medievale," *Riv. Filos. Neoscol.*, 1952 (44), pp. 389-411; 1958 (50), pp. 212-22; 1960 (52), pp. 29-45.

—— "Le texte du 'De anima' d'Aristote: la tradition latine avant 1500, in *Autour d'Aristote*" (Bibliothèque Philosophique de Louvain, 16) Louvain, Publications Universitaire de Louvain, 1955, pp. 217-43.

Moos, M.-F., "Une nouvelle édition de l'écrit de saint Thomas sur les Sentences," in *Revue Thomiste*, 38 (1933), pp. 576-602.

Muckle, J. T., "Greek Works Translated Directly into Latin before 1350," in *Mediaeval Studies*, 4 (1942), pp. 33-42; 5 (1943), pp. 102-114.

Muratori, *Scriptores Rerum Italicarum.* Tome XI. *Ptolomaei Lucensis Historica Ecclesiastica*, pp. 754-1242.

Mynors, R. A. B., *Catalogue of the Manuscripts of Balliol Oxford*, Oxford, Clarendon Press, 1963.

O'Rahilly, Alfred. "Notes on St. Thomas," in *The Irish Ecclesiastical Record*, 43 (1927), pp. 481-490.

Paré, G. et al. *La Renaissance du XII*e *siècle. Les écoles et l'enseignement*, Ottawa-Paris, 1933.

Pellechet, Marie, *Catalogue général des incunables des bibliothèques publiques de France*, 3 vol. Paris, 1897-1909.

Pelster, F., "Beiträge zur Chronologie der Quodlibeta des hl. Thomas von Aquin," in *Gregorianum*, 8 (1927), pp. 508-538; 10 (1929), pp. 52-71, 387-403.

—— "Die Uebersetzungen der aristotelischen Metaphysik in den Werken des hl. Thomas von Aquin," in *Gregorianum*, 16 (1935), pp. 325-348, 531-561; 17 (1936), pp. 377-406.

—— "La quaestio disputata de S. Thomas 'de Unione Verbi Incarnati,'" in *Archives de philosophie*, 3 (1925), pp. 198-245.

—— "Zur Datierung der Quaestio disputata De spiritualibus creaturis," in *Gregorianum*, 6 (1925), pp. 231-247.

Pelzer, Augustus, *Codices Vaticani Latini.* Tomus II, Pars Prior. In Bibliotheca Vaticana, 1931.

Poorter, A. de, *Catalogue des Manuscrits de la Bibliothèque Publique de la Ville de Bruges.* Vol. II of the series, *Catalogue Général des Manuscrits des Bibliothèques de Belgique.* Gembloux and Paris, 1934.

Proctor, Robert, *An index to the early printed books in the British Museum from the invention of printing to the year MD.* with notes of those in the Bodleian Library. 2 vol. London, 1898. 4 supplements, 1899-1902.

Quetif, J. and Echard, J., *Scriptores Ordinis Praedicatorum*, Lutetiae Parisiorum, apud Ballard et Simart, 2 vol., 1719, 1721.

Rashdall, H., *The Universities of Europe in the Middle Ages*. Rev. ed. F. M. Powicke and A. B. Emden, Oxford, Clarendon Press, 3 vol., 1936.

Salman, D., Review of Keeler's *De Unitate Intellectus*, in *Bulletin Thomiste*, 5 (1937), pp. 63-65.

Sarton, George, *Introduction to the History of Science*, Carnegie Inst. of Washington, 3 vol., 5 parts, 1927-1948.

Stegmüller, Fridericus, *Repertorium Commentariorum in Sententias Petri Lombardi*, Würzburg, 2 vol., 1947.

Stillwell, Margaret B., *Incunabula in American Libraries*, New York, 1940.

Suermondt, Clemens, "Il contributo dell' edizione Leonina par la conoscenza di S. Tomasso," in *Scholastica Ratione Historico-Critica Instauranda*, (Bibl. Pont. Athen. Anton, 7), Rome, 1951, pp. 235-282.

Synave, P., "La révélation des vérités divines naturelles d'après saint Thomas," in *Mélanges Mandonnet*, I (1930), pp. 353-365.

—— "Le problème chronologique des questions disputées de saint Thomas d'Aquin," in *Revue Thomiste*, 31 (1926), pp. 154-159.

Walz, Angelus, *Saint Thomas Aquinas*, tr. by Sebastian Bullough. Westminster, Md., Newman, 1951.

Zedler, Beatrice H., "The inner unity of the *De Potentia*," in *The Modern Schoolman*, 25 (1948), pp. 91-106.

—— "Saint Thomas and Avicenna in the 'De Potentia Dei,'" in *Traditio*, 6 (1948), pp. 105-159.

BIBLICAL QUOTATIONS

OTHER AUTHORS CITED